职业教育新形态
财会精品系列教材

财务会计实务

微课版

龙银州 ◆ 编著

Financial
Accounting Practice

人民邮电出版社
北 京

图书在版编目（CIP）数据

财务会计实务：微课版 / 龙银州编著. -- 北京：
人民邮电出版社，2023.12（2024.5重印）
职业教育新形态财会精品系列教材
ISBN 978-7-115-63133-6

Ⅰ. ①财… Ⅱ. ①龙… Ⅲ. ①财务会计－高等职业教
育－教材 Ⅳ. ①F234.4

中国国家版本馆CIP数据核字(2023)第217508号

内 容 提 要

本书以会计报表项目为主线，将企业财务会计课程划分为九个项目，再按一定的标准，将九个项目内容设计为46个具体的教学任务。本书最大的特色就是对教学任务进行了定义和设计，目的是方便教学。每个教学任务内容相对独立，篇幅大体均衡，并且采用了一体化的结构。每个任务均由任务导言、知识准备、业务处理、任务小结和任务训练五个部分组成，既有理论知识介绍，也有实务操作示范和业务操作训练。本书以新版企业会计准则和税收法规为依据，紧扣实务，突出技能操作训练。

本书简明、通俗、实用，适用于高等职业院校企业财务会计课程的教学，也适用于其他职业教育和培训相关课程的教学，还可作为财会工作者的工作手册。

◆ 编　著　龙银州
　　责任编辑　袁慧茹　刘　尉
　　责任印制　王　郁　彭志环
◆ 人民邮电出版社出版发行　　北京市丰台区成寿寺路 11 号
　　邮编　100164　　电子邮件　315@ptpress.com.cn
　　网址　https://www.ptpress.com.cn
　　三河市兴达印务有限公司印刷
◆ 开本：787×1092　1/16
　　印张：18.25　　　　　　　　2023 年 12 月第 1 版
　　字数：570 千字　　　　　2024 年 5 月河北第 2 次印刷

定价：54.00 元

读者服务热线：(010)81055256　印装质量热线：(010)81055316
反盗版热线：(010)81055315
广告经营许可证：京东市监广登字 20170147 号

PREFACE

////////////////////////// 序　言 //////////////////////////

　　人民教育家陶行知先生 1931 年曾在《教学做合一下之教科书》一文中写道："我们要活的书，不要死的书；要真的书，不要假的书；要动的书，不要静的书；要用的书，不要读的书。"并且认为判断一本教科书好不好的第一标准是"看它有没有引导人动作的力量，看它有没有引导人干了一个动作又要干一个动作的力量"。什么是活的、真的、动的、用的教科书？我认为，对于职业能力核心课程来说，知识点持续更新的书就是活的书，教学内容与岗位实际相符的书就是真的书，能够引领课堂"教学做合一"的书就是动的书，能够指导学生做的书就是用的书。而一本职业能力核心课程教材是不是好的教材，关键就是看能否通过教材的引领让课堂"动"起来。

　　《职业院校教材管理办法》提出教材编写应当符合的要求包括："专业课程教材突出理论和实践相统一，强调实践性。适应项目学习、案例学习、模块化学习等不同学习方式要求，注重以真实生产项目、典型工作任务、案例等为载体组织教学单元。"什么是项目学习？首先我们想到的自然是项目教学法。它是在职业教育领域得到最广泛应用的一种教学法。然而，真正实施好项目教学法的基础工作就是以项目为载体组织教学内容，推进项目课程改革。在我国当前职业教育领域一些教师只是"教书"而不是"教课程"的现实背景下，开发好的项目课程教材无疑是推进项目课程改革的最好路径。

　　华东师范大学徐国庆教授认为："项目课程是以工作任务为课程设置与内容选择的参照点，以项目为单位组织内容并以项目活动为主要学习方式的课程模式。"可见，项目课程需要以"任务"作为引领，也就是以"做"来实现项目教学。既然教学过程的核心是"做"项目，那么项目完成时一定会做出一个标志性的成果。比如完成一个零件制作、完成一项服务，甚至做出一笔账务、完成一个纳税申报表的编制工作。可见，项目课程的基本要素是：每个项目都要以任务为引领，每个项目的教学都要有一个理实一体的"做"的过程，每个项目教学的实施都会得到一个标志性成果。没有这三个要素的项目都是假的项目。

　　"做"的教材怎样设计？长期以来，我们关注的第一关键点是"工作过程"或者"工作项目"，似乎把工作流程搬进教材就是最好的职业教育教材。然而，教学有教学的规律，知识技能的构建不是简单地将车间的流水线搬到实训室组织学生操作。正如学习舞蹈一定要先训练动作分解一样，舞台表演有表演的逻辑，舞蹈训练有训练的逻辑，二者的逻辑虽然有联系但一定是不一样的。为什么很多长篇大论的教材让教师在备课的时候需要做大量的"再处理"工作？前些年我们强调了职业教育要注重工作的逻辑，这无疑是对的，然而教学的逻辑是什么则被大家忽视。我们固然要面向岗位确定教学内容，然而，我们一定要特别注意按照课堂需要来设计教材的单元和结构。所谓单元，就是指教学过程的最小构件，也就相当于建房子的一块砖头、一个门框。砖头大小和重量的设计基于建筑工人拿起的方便，教材单元设计当然要考虑教师组织教学和学生学习的方便。

2022 年，全国有约 1320 所高职院校开设了财会类专业，"企业财务会计"是高职院校开设最广泛的课程之一，随之相应的《企业财务会计》教材的版本也比比皆是。然而，大量的《企业财务会计》教材注重了会计要素的完整性和工作流程（包括手工核算流程）的完整性，很少关注对课堂教学的设计。老师们拿到的教材从体系和内容看似乎无可挑剔，然而，好用的教材凤毛麟角。当看到广东财贸职业学院龙银州老师的《财务会计实务（微课版）》书稿时，我眼前一亮。该书从内容方面看，重点关注了学生能做什么，而不是知道什么；重点训练如何完成工作任务，知识、技能、素养结合任务完成过程的活动来融会贯通；教学顺序按照项目编排来展开，每个项目细分为若干个教学任务，项目完成的结果是得到一个标志性成果。从该书的体例上看，每一个任务包括"任务导言""知识准备""业务处理""任务小结"和"任务训练"五个部分，充分体现了理论知识与实践技能的统一，体现了对教学过程的引导、示范、操作和归纳的教学流程设计，最终完成的成果便于考核和量化，体现了在业务场景中通过业务活动构建知识技能的建构思想。

党的二十大报告指出，教育是国之大计、党之大计。我认为，龙银州老师的这本教材充分体现了职业教育教学规律和课程开发规律的要求，是一本活的教材、真的教材、动的教材和用的教材，符合当前职业教材改革的新要求。相信使用这本教材的师生在使用过程中一定能体会到编者独具匠心的设计，感受到这本 30 多年教学经验结晶的教材带来的课堂改变。

国家教学名师　广州番禺职业技术学院教授　杨则文
2023 年 9 月

FOREWORD

///////////////// 前　言 /////////////////

　　导演依照剧本拍戏，教师依照教材上课。为了拍出好看的戏，导演总要寻找好的剧本；为了上好课，教师也要挑选好用的教材。本书写的是财务会计那些事儿，颇有特色，也希望成为教师们挑选教材时的一个选项。本书最大的特色就是方便教学。具体来说，本书的特色主要体现在以下三个方面。

　　（1）以标准化的单元构建教学任务。项目教学法下，任务是最基本的教学单元。为了方便教学并体现企业财务会计课程的特点，本书对任务进行了定义和设计。作为一个教学任务，必须同时具备两个条件：第一，必须是业务事项或技能，纯粹的理论知识不单独构成任务；第二，至少能满足一堂（次）课（2课时）的教学需要。按此定义，本书将企业财务会计课程设计为46个教学任务，每个任务篇幅大体均衡，并且采用了一体化的结构。每一任务均由任务导言、知识准备、业务处理、任务小结和任务训练五个部分组成，内容密切相关，紧扣主题，突出重点。

　　（2）以理论实践相结合的方式设计教学过程。由于独特的定义和设计，每一教学任务不仅容量均衡，而且结构相同，既有理论知识介绍，也有业务操作示范和操作训练，理论知识与实际操作训练相结合。每个任务的教学过程基本相同，先理论，后示范，再训练，避免了连续、枯燥的理论知识学习或连续、单纯的实训操作。此外，本书在业务处理上也尽可能基于实务，遵从实务，具有很强的实用性。可以说，本书现在是学习者的学习手册，将来也可以作为学习者的工作手册。

　　（3）以教学做一体化为主要教学方法。标准化的任务容量和结构化的任务内容不仅为教学提供了极大的便利，也将改变教学的方法，即教学做贯穿于每一个任务的教学之中。教学时，一堂课完成一个任务（少数任务需两堂课完成），教师不再为"今天讲什么？讲到哪儿？做什么练习？"等问题而费心，只需按照任务的五个部分依次实施即可。其中，任务导言、知识准备和业务处理三个部分，可以串讲一下。不论是线下教学，还是线上教学，教师串讲的时间都不宜过长。任务小结主要供学习者自己阅读以及课后复习。在做任务训练之前，教师可以让学生思考、提问或讨论。任务训练才是每一堂课的核心和关键。按照设计，大部分任务训练可以利用课堂的时间来完成。全书共有55个任务训练，被设计成A、B两个答题簿（可从人邮教育社区下载）。教学之前，教师可以将答题簿电子版提供给学生，由学生自行打印成册。

　　此外，本书的编写依据与一般教材也有所不同：以《企业会计准则》为主，兼顾《小企业会计准则》，这也主要基于实用性的考虑。目前我国执行《企业会计准则》的企业毕竟是少数，而绝大多数企业执行的是《小企业会计准则》。学习者将来就业的单位大多还是普通的中小企业。

　　本书初稿完成之后，征求了广州番禺职业技术学院杨则文教授的意见。杨则文教授在百忙之中，认真仔细地审阅了书稿，并提出了很多宝贵的意见和建议。本书在出版过程中也得到了杨则文教授的大力支持和帮助。在此，谨向杨则文教授致以诚挚的感谢！此外，本书的编写得到了广东财贸职业学院会计学院院长苏飏老师的支持和帮助，为本书编写提供帮助的还有广东嘉毕信财税策划有限公司黄佳元先生以及我的同事曾东明、张从容、林岱玲、刘毅豪、区长英、宋慧霞等老师，在此一并致谢！

书中的每一个字虽然都经过了反复推敲和揣摩，但是，由于编者水平和能力有限，书中难免存在不足，欢迎各位同仁提出宝贵意见！

编者

2023 年 9 月

CONTENTS

目 录

导言

什么是财务会计？这是一个理论知识。按照本书教学任务的设计标准，它与某一具体业务或技能没有关系，不能编入教学任务之中，所以，只好在导言中回答了。此外，学习本课程需要做些什么准备？有什么注意事项？也有必要交代一下。

一、什么是财务会计

（一）财务会计的概念

现代企业会计一般分为财务会计和管理会计两大领域。

财务会计是以货币为主要计量尺度，依据会计规范，通过确认、计量和报告等程序，对企业或其他主体范围内的业务数据进行加工，从而向企业外部提供有用会计信息的经济信息系统。

管理会计是从传统的会计系统中分离出来的，与财务会计并列，利用财务会计、统计及其他有关资料进行整理、计算、对比和分析并产生一系列信息，以满足企业内部各级管理人员在编制预算、做出决策、控制经济活动等方面的信息需要，并直接参与企业决策控制过程，以改善经营管理，提高经济效益。

本书内容属于财务会计范畴。

（二）财务会计的目标

财务会计目标，也称财务报告目标或财务报表目标，是财务会计系统运行所期望达到的目的或境界。财务会计目标可以概括为以下两个方面。

（1）向财务报告使用者提供对决策有用的会计信息。

企业编制财务报告的主要目的是满足报告使用者的信息需要，有助于报告使用者做出经济决策。财务报告使用者主要包括企业管理层、投资人、债权人、政府部门和社会公众等。

（2）反映企业管理层受托责任履行情况。

现代公司制下，企业所有权和经营权相分离，企业经营者受企业所有者之托经营管理企业及其各项资产，负有受托责任。财务报告应当反映企业经营者受托责任的履行情况，有助于评价企业的经营管理责任和资源使用的有效性。

（三）财务会计的特征

相对管理会计而言，财务会计具有三个基本特征。

（1）财务会计信息服务的对象主要是企业外部的会计信息使用者。企业外部的会计信息使用者包括投资人、债权人、政府部门以及社会共众等。

（2）财务会计使用一系列的方法，最终形成会计信息。这些方法包括填制和审核会计凭证、设置账户、复式记账、登记账簿、成本计算、财产清查、编制财务报告等。

（3）财务会计运用统一的核算原则，着重提供财务信息。

（四）财务会计的内容

财务会计的内容主要是对企业已经发生的交易或事项进行确认、计量和报告。

会计确认是指某一会计事项作为资产、负债、所有者权益、收入、费用和利润等会计要素正式加以记录和列入财务报表的过程。会计确认分为初始确认和再确认。初始确认解决会计记录问题，再确认解决报表的披露问题。财务会计确认的基础是权责发生制。

会计计量是为了将符合确认条件的会计要素登记入账，并列报于财务报表而确定其金额的过程。会计计量的属性有历史成本、重置成本、可变现净值、现值和公允价值。历史成本通常反映的是资产或负债过去的价值，而重置成本、可变现净值、现值和公允价值通常反映的是资产或负债的现时成本或现时价值。企业在对会计要素进行计量时，一般应当采用历史成本。在某些情况下，如果采用其他计量属性提供的财务报告信息更加可靠、更加公允，可以使用其他计量属性。

财务报告又称会计报告或财务会计报告，是指企业对外提供的反映企业某一特定日期的财务状况和某一会计期间的经营成果、现金流量等会计信息的文件。财务报告包括财务报表和其他应当披露的相关信息和资料。财务报表包括资产负债表、利润表、现金流量表、所有者权益变动表及其附注。

二、企业常用会计科目

财务会计是一门应用课程，它的基础工作或基本技能就是对企业已经发生的各种经济业务事项进行记录。记录经济业务事项，就是运用复式记账的原理，将业务事项引起的有关会计要素的变动，记录在有关的会计科目（账户）之中。也就是说，记录任何业务事项都离不开运用会计科目。如果用错了会计科目，该业务事项的记录必然也不正确。所以，学习财务会计除了熟悉借贷复式记账法以外，还必须熟悉企业常用的会计科目。

会计分录的书写要求

怎么才算熟悉会计科目？要知道它的名称、类别、核算内容（范围）及其明细科目的设置方法。

那么，怎样才能熟悉常用会计科目呢？有的会计教师让学生背诵会计科目表，这也不失为一种有效的办法。编者的意见是：在开始本课程的学习之前要对企业常用会计科目表进行初步的认识，要求做到大体记住常用科目的名称，通过科目的名称来识别、判断该科目的属性、核算内容以及明细科目的设置方法；然后在平时的学习和训练中再慢慢地加深对各科目的印象与理解。这就需要经常查阅会计科目表。为了方便学习者查阅，现将企业常用的会计科目整理列表如下。

需要注意的是，学习者在记不清某一科目名称或不知道使用哪个科目时，一定要查表确认，切不可想当然。科目名称的书写要规范，不得随意加字、减字或写错别字。编者在教学中发现学生写错科目名称的情况比较普遍，例如，"其他应收款"写成"其他应收账款"、"管理费用"写成"管理费"、"生产成本"写成"生产成品"、"待处理财产损溢"写成"待处理财产损益"，等等。

企业常用会计科目表

序号	科目名称	序号	科目名称	序号	科目名称
一、资产类		18	商品进销差价	36	无形资产
1	库存现金	19	委托加工物资	37	累计摊销
2	银行存款	20	周转材料	38	无形资产减值准备
3	其他货币资金	21	存货跌价准备	39	长期待摊费用
4	交易性金融资产	22	债权投资	40	递延所得税资产
5	应收票据	23	债权投资减值准备	41	待处理财产损溢
6	应收账款	24	其他债权投资	二、负债类	
7	预付账款	25	其他权益工具投资	42	短期借款
8	应收股利	26	长期股权投资	43	应付票据
9	应收利息	27	长期股权投资减值准备	44	应付账款
10	其他应收款	28	投资性房地产	45	预收账款
11	坏账准备	29	长期应收款	46	应付职工薪酬
12	材料采购	30	固定资产	47	应交税费
13	在途物资	31	累计折旧	48	应付利息
14	原材料	32	固定资产减值准备	49	应付股利
15	材料成本差异	33	在建工程	50	其他应付款
16	库存商品	34	工程物资	51	递延收益
17	发出商品	35	固定资产清理	52	长期借款

续表

序号	科目名称	序号	科目名称	序号	科目名称
53	应付债券	64	生产成本	76	其他收益
54	长期应付款	65	制造费用	77	营业外收入
55	专项应付款	66	劳务成本	78	主营业务成本
56	预计负债	67	研发支出	79	其他业务成本
57	递延所得税负债	68	工程施工	80	税金及附加
三、所有者权益类		69	工程结算	81	销售费用
58	实收资本	70	机械作业	82	管理费用
59	资本公积	五、损益类		83	财务费用
60	其他综合收益	71	主营业务收入	84	资产减值损失
61	盈余公积	72	其他业务收入	85	信用减值损失
62	本年利润	73	公允价值变动损益	86	营业外支出
63	利润分配	74	投资收益	87	所得税费用
四、成本类		75	资产处置损益	88	以前年度损益调整

三、业务处理举例事项说明

为了方便学习者阅读和理解本书内容，现将书中业务处理例题中的有关事项说明如下。

（一）例题中的会计主体一般不说明纳税人的身份，默认为一般纳税人，已注明为小规模纳税人的除外。

（二）例题中涉及的交易结算方式如果没有说明，默认为银行转账结算。

（三）例题中使用的会计科目，除不需进行明细核算的科目外（如本年利润、以前年度损益调整），一律注明必要的明细科目，但"库存现金"和"银行存款"的明细科目省略。

（四）为了避免会计科目的级次太多，将"低值易耗品""包装物"设为一级科目，不使用"周转材料"科目；将"基本生产成本""辅助生产成本"设为一级科目，不使用"生产成本"科目。会计实务中也应尽量避免因科目级次过多带来的麻烦，例如，记账凭证一般只有"一级科目"栏和"明细科目"栏，如果科目级次太多，那么在记账凭证中会无法书写，且会增加记账的工作量。

项目一

货币资金

项目导图 ↓

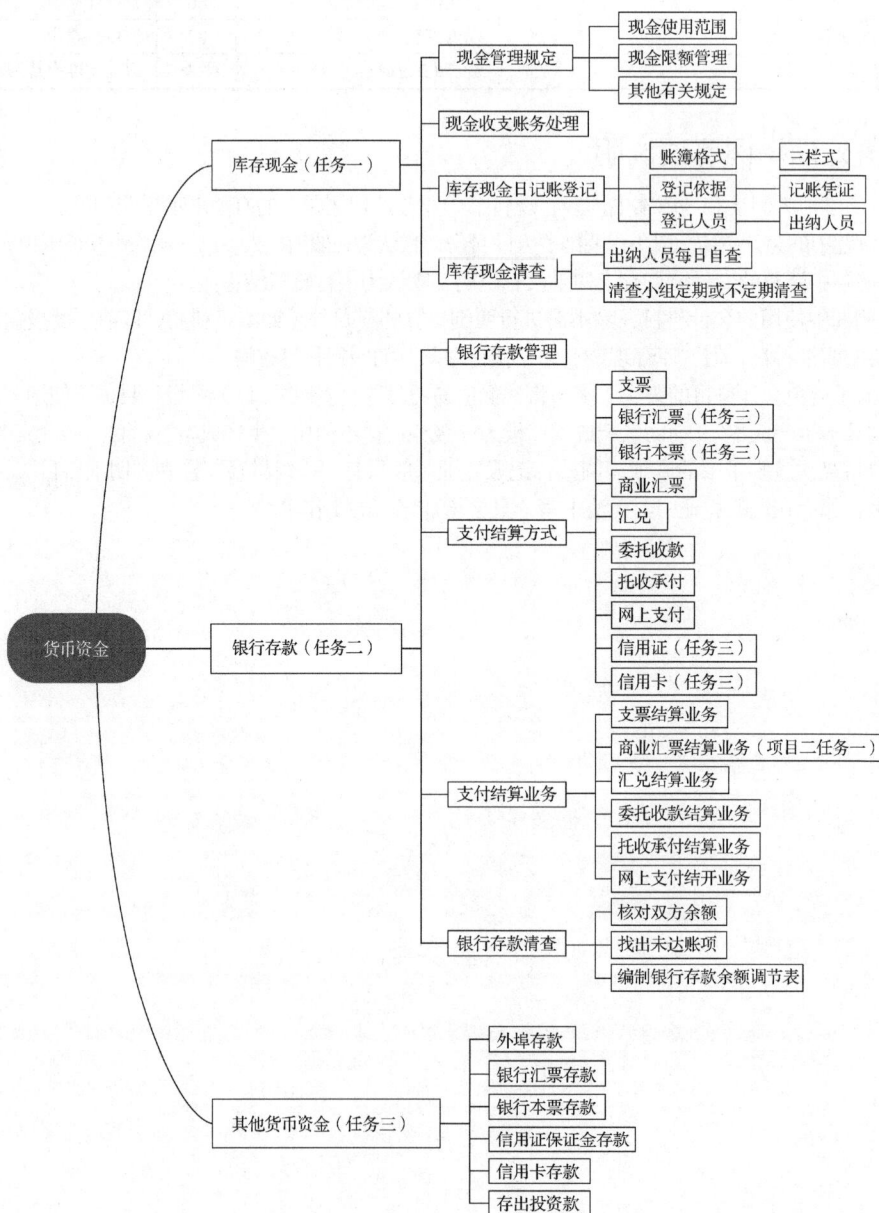

项目导言 ↓

　　货币资金是指企业生产经营过程中处于货币形态的资产，包括库存现金、银行存款和其他货币资金。货币资金最主要的形态是银行存款。银行存款的收付主要是利用各种银行结算方式来实现的。现行银行结算方式大致有 10 种，为了平衡任务间的篇幅，10 种结算方式分别在"任务二　银行存款核算"和"任务三　其他货币资金核算"中介绍。本项目的重点是涉及货币资金业务的账务处理，难点是银行结算方式和银行存款的清查。

项目目标 ↓

知识目标

　　理解货币资金、库存现金、银行存款、其他货币资金、未达账项等概念的基本含义；熟悉现金管理的主要规定；熟悉银行存款管理的主要内容；熟悉各种银行结算方式的主要规定。

技能目标

　　能正确做出与货币资金有关业务的账务处理；能正确登记库存现金和银行存款日记账；能找出未达账项并编制银行存款余额调节表。

素养目标

　　培养学生遵守《现金管理暂行条例》的规定，遵守银行存款管理及支付结算办法的规定，及时办理各种业务款项的结算，如实记录货币资金收支业务，维护企业货币资金安全完整的职业素养。

任务一 库存现金核算

任务导言 ↓

现金通常指现钞。现金是一种资产形态，也是一种支付手段。曾几何时，现金是一种最简单、使用最普遍、最值得信赖且最受欢迎的交易媒介。然而，随着时代的变迁、科技的进步，非现金结算越来越快捷、方便和安全，现金结算反而成为一种累赘。如今，个人基本上可以不使用现金，企业的现金收支业务也越来越少。但是，财会人员要做好现金业务的核算，仍有必要熟悉现金管理的相关规定，严格按照相关规定管理和使用现金。

知识准备 ↓

一、现金的含义

现金有狭义和广义之分。狭义的现金是指货币现钞，我国的现金就是人民币现钞。企业的库存现金是指存放在财会部门、由出纳人员经管的货币现钞，包括人民币现钞和外币现钞。广义的现金泛指货币资金，包括库存现金、银行存款和其他货币资金等。例如"现金流量表"中的现金就是广义的。

二、现金管理的主要规定

企业在生产经营中，通常需要利用现金进行结算。企业使用现金结算必须遵守现金管理的相关规定。国务院于 1988 年 8 月发布了《现金管理暂行条例》，该条例自 1988 年 10 月 1 日起施行。该条例的主要内容包括以下几个方面。

（一）现金使用范围的规定

开户单位可以在下列范围内使用现金：

（1）职工工资、津贴；

（2）个人劳务报酬；

（3）根据国家规定颁发给个人的科学技术、文化艺术、体育等各种奖金；

（4）各种劳保、福利费用以及国家规定的对个人的其他支出；

（5）向个人收购农副产品和其他物资的价款；

（6）出差人员必须随身携带的差旅费；

（7）结算起点（1 000 元）以下的零星支出；

（8）中国人民银行确定需要支付现金的其他支出。

除上述第（5）和（6）两项外，开户单位支付给个人的款项，超过使用现金限额的部分，应当以支票或者银行本票支付；确需全额支付现金的，经开户银行审核后，予以支付现金。

（二）库存现金限额的规定

开户银行应当根据实际需要，核定开户单位 3～5 天的日常零星开支所需的库存现金限额。边远地区和交通不便地区的开户单位的库存现金限额，可以多于 5 天，但不得超过 15 天的日常零星开支。

经核定的库存现金限额，开户单位必须严格遵守。需要增加或者减少库存现金限额的，应当向开户银行提出申请，由开户银行核定。企业超过限额的现金应及时存入银行；库存现金低于限额的，可以从银行提取，补足定额。

（三）库存现金收支的有关规定

（1）开户单位现金收入应当于当日送存开户银行。当日送存确有困难的，由开户银行确定送存时间。

（2）开户单位支付现金，可以从本单位库存现金限额中支付或者从开户银行提取，不得从本单位的现金收入中直接支付（即坐支）。因特殊情况需要坐支现金的，应当事先报经开户银行审查批准，由开户银行核定坐支范围和限额。坐支单位应当定期向开户银行报送坐支金额和使用情况。

（3）开户单位从开户银行提取现金，应当写明用途，由本单位财会部门负责人签字盖章，经开户银行审核后，予以支付现金。

（4）因采购地点不固定、交通不便、生产或者市场急需、抢险救灾以及其他特殊情况必须使用现金的，开户单位应当向开户银行提出申请，由本单位财会部门负责人签字盖章，经开户银行审核后，予以支付现金。

（5）开户单位应当建立健全现金账目，逐笔记载现金支付。账目应当日清月结，做到账款相符。不准用不符合财务制度的凭证顶替库存现金；不准单位之间相互借用现金；不准谎报用途套取现金；不准利用银行账户代其他单位和个人存入或支取现金；不准将单位收入的现金以个人名义存入储蓄；不准保留账外公款（即小金库）；禁止发行变相货币，不准以任何票券代替人民币在市场上流通。

开户单位如违犯《现金管理暂行条例》，开户银行有权责令其停止违法活动，并根据情节轻重给予警告或罚款。

三、库存现金核算的会计科目

库存现金核算的科目叫"库存现金"。本科目核算企业库存现金的收入、支出及结余情况。库存现金除了设置总分类账户以外，还应设置"库存现金日记账"进行明细核算。如果企业库存现金的币种不止人民币一种，则应按现金的币种分设"库存现金日记账"。

业务处理 ↓

一、现金收支业务的账务处理

【例 1-1】珠江公司 2022 年 1 月发生有关现金收支业务如下。

（1）1 月 3 日，从银行提取备用金 20 000 元。

（2）1 月 4 日，以现金支付采购员黄莺差旅费 5 000 元。

（3）1 月 6 日，以现金购买行政管理部门办公用品一批，取得增值税专用发票，发票列示购入价为 867.26 元，增值税税额为 112.74 元。

（4）1 月 10 日，向职工个人销售甲产品一批，售价 30 000 元，价外增值税 3 900 元，收到现金。

（5）1 月 10 日，将销售产品取得的现金收入 33 900 元送存开户银行。

（6）1 月 12 日，将房屋一间出租给个人张智勇，应收押金 4 000 元，当日收到现金。

（7）1 月 12 日，收到张智勇的房屋租金 2 180 元，其中：价款 2 000 元，增值税 180 元，款项收到现金。

（8）1 月 15 日，行政管理部门招待客户，以现金支付客户的住宿费 3 000 元，用餐费 1 500 元。

（9）1 月 16 日，采购员黄莺出差回来，报销差旅费 4 700 元，余款 300 元交回现金。

（10）1 月 20 日，出租的一间房屋到期，租客李国荣不再续约，以现金退还押金 3 000 元。

根据上述业务，珠江公司编制会计分录（记账凭证）如下。

（1）1 月 3 日，提取备用金。

借：库存现金	20 000
贷：银行存款	20 000

（2）1 月 4 日，支付黄莺差旅费。

借：其他应收款——黄莺	5 000
贷：库存现金	5 000

（3）1 月 6 日，购买办公用品。

借：管理费用——办公费	867.26
应交税费——应交增值税（进项税额）	112.74
贷：库存现金	980.00

（4）1月10日，销售甲产品。

借：库存现金   33 900

  贷：主营业务收入——甲产品 30 000

    应交税费——应交增值税（销项税额） 3 900

（5）1月10日，现金存入银行。

借：银行存款 33 900

  贷：库存现金 33 900

（6）1月12日，收入出租房押金。

借：库存现金 4 000

  贷：其他应付款——张智勇 4 000

（7）1月12日，收入出租房租金。

借：库存现金 2 180

  贷：其他业务收入——房屋出租 2 000

    应交税费——应交增值税（销项税额） 180

（8）1月15日，支付业务招待费。

借：管理费用——业务招待费 4 500

  贷：库存现金 4 500

（9）1月16日，黄莺报销差旅费。

借：管理费用——差旅费 4 700

    库存现金 300

  贷：其他应收款——黄莺 5 000

（10）1月20日，退还出租房押金。

借：其他应付款——李国荣 3 000

  贷：库存现金 3 000

二、库存现金日记账的登记

为了全面、连续地反映和监督库存现金的收支和结存情况，企业应当设置"库存现金日记账"。"库存现金日记账"由出纳人员负责登记。登记方法是：根据审核之后的记账凭证，按照业务发生先后顺序逐笔登记，每日终了，应将当日的结存数与库存现金的实存数进行核对，保证账款相符。

【例1-2】以【例1-1】的业务资料为例，假设珠江公司月初库存现金的余额为18 600元，根据当月有关现金业务的会计分录（记账凭证）登记库存现金日记账如表1-1所示（假设凭证号码与业务序号相同）。

表1-1　　库存现金日记账　　单位：元

2022年 月	日	凭证号码	摘要	收入	支出	结余
1	1		月初余额			18 600.00
1	3	1	提取备用金	20 000.00		38 600.00
1	4	2	支付黄莺差旅费		5 000.00	33 600.00
1	6	3	购买办公用品		980.00	32 620.00
1	10	4	销售甲产品	33 900.00		66 520.00
1	10	5	现金存入银行		33 900.00	32 620.00
1	12	6	收入张智勇押金	4 000.00		36 620.00
1	12	7	收入张智勇租金	2 180.00		38 800.00
1	15	8	支付业务招待费		4 500.00	34 300.00
1	16	9	收入黄莺差旅费余款	300.00		34 600.00
1	20	10	退还李国荣押金		3 000.00	31 600.00
			本月合计	60 380.00	47 380.00	31 600.00

三、库存现金的清查

库存现金的清查包括每日终了前出纳人员进行的现金账实核对和清查小组进行的定期或不定期的清查。库存现金的清查一般采用实地盘点法。清查小组清查时，出纳人员必须在场，清查后应编制"库存现金盘点报告单"。如有现金短款或长款，应先通过"待处理财产损溢"科目核算，按照管理权限经批准后，根据情况分别进行处理：对于现金短款，属于应由责任人赔偿的部分，在收到赔款前记入"其他应收款"账户；属于无法查明原因的，记入"管理费用"账户。对于现金长款，属于应支付给有关人员或单位的，在支付前记入"其他应付款"账户；属于无法查明原因的，记入"营业外收入"账户。

01

任务小结 ↓

（一）现金有狭义和广义之分。狭义的现金是指货币现钞；广义的现金是指货币资金，包括库存现金、银行存款和其他货币资金等。

（二）企业使用现金结算必须遵守《现金管理暂行条例》的规定。该条例的主要内容包括：现金使用范围的规定；库存现金限额的规定和库存现金收支的有关规定。

（三）"库存现金日记账"应由出纳人员负责登记。登记方法是：根据审核之后的记账凭证，按照业务发生先后顺序逐笔登记，每日终了，应将当日的结存数与库存现金的实存数进行核对，保证账实相符。

（四）库存现金的清查包括每日终了前出纳人员进行的现金账实核对和清查小组进行的定期或不定期的清查。

（五）对于现金短款，属于应由责任人赔偿的部分，在收到赔款前记入"其他应收款"账户；属于无法查明原因的，记入"管理费用"账户。对于现金长款，属于应支付给有关人员或单位的，在支付前记入"其他应付款"账户；属于无法查明原因的，记入"营业外收入"账户。

任务训练 ↓

任务训练 1　练习库存现金的核算

资料：珠江公司 2022 年 2 月初库存现金余额为 16 000 元。2 月份发生有关现金收支业务如下。

（1）2 月 2 日，从银行提取备用金 30 000 元。

（2）2 月 3 日，以现金支付推销员周浩然预借差旅费 4 500 元。

（3）2 月 5 日，以现金购买行政管理部门所需办公用品一批，取得增值税专用发票，发票列示购入价为814.16 元，增值税税额为 105.84 元。

（4）2 月 8 日，向职工个人销售甲产品一批，售价 26 000 元，增值税 3 380 元，收到现金 29 380 元。

（5）2 月 8 日，将销售产品取得的现金收入 29 380 元送存开户银行。

（6）2 月 14 日，将房屋一间出租给个人李燕玲，应收押金 4 000 元，当日收到现金。

（7）2 月 14 日，收到李燕玲以现金支付的房屋租金 2 725 元，其中：价款 2 500 元，增值税 225 元。

（8）2 月 19 日，以现金支付销售部门招待费 3 600 元。

（9）2 月 21 日，采购员周浩然出差回来，报销差旅费 4 700 元，借款不足的部分以现金支付。

（10）2 月 26 日，房屋租客刘燕不再续约，以现金退还押金 4 000 元。

要求：

（1）根据上述经济业务分别编制会计分录；

（2）根据本月现金业务的会计分录登记库存现金日记账。（提示：应先登记库存现金的期初余额。）

任务二　银行存款核算

任务导言　↓

　　财会人员要做好银行存款业务的核算，首先，应熟悉银行存款管理的相关规定，严格按照国家的法律、法规办理银行存款业务；其次，应熟悉各种银行结算方式，选择合适、快捷、方便、有利的结算方式，及时结清各种业务往来款项；最后，应熟练掌握银行存款的清查方法，定期与银行核对账目，保证银行存款账实相符。

　　我国现行的银行结算方式大致有 10 种。为了平衡任务间的篇幅，本任务介绍支票、商业汇票、汇兑、委托收款、托收承付和网上支付等 6 种结算方式，而银行汇票、银行本票、信用卡和信用证等 4 种结算方式将在"任务三　其他货币资金核算"中介绍。对于银行结算方式，学习者应当熟悉每一种结算方式的含义、适用范围及主要规定，掌握各种结算方式下购销双方的账务处理。

　　银行存款的清查，是财会人员每月必须做的工作，主要是与银行对账，找出未达账项，编制银行存款余额调节表。它是本任务的重点和难点。

知识准备　↓

一、银行存款的管理

（一）银行存款账户的种类

　　银行存款是指企业存放在银行或其他金融机构，可以随时支取的货币资金。企业应当在当地银行或其他金融机构开立银行结算账户，用以办理存款、取款和转账等结算。银行结算账户是指存款人在经办银行开立的办理资金收付结算的人民币活期存款账户。单位银行结算账户按用途分为基本存款账户、一般存款账户、临时存款账户和专用存款账户。

　　基本存款账户是企业办理日常结算和现金收付的账户。该账户可以办理日常经营活动的资金收付及工资、奖金和现金的支取。企业只能在一家银行的营业机构开立一个基本存款账户。

　　一般存款账户是企业因借款或其他结算需要，在基本存款账户开户银行以外的银行开立的银行结算账户。该账户可以办理借款转存、借款归还和其他结算的资金收付，以及现金缴存，但不得办理现金支取。

　　临时存款账户是指企业因临时需要并在规定期限内使用而开立的银行结算账户，如设立临时机构、异地临时经营活动、注册验资等的需要。该账户用于办理临时机构以及存款人临时经营活动发生的资金收付。

　　专用存款账户是指企业按照法律、行政法规和规章，对其特定用途资金进行专项管理和使用而开立的银行结算账户，如基本建设资金、社会保障基金、证券交易结算资金等。

（二）银行结算账户的管理

　　企业通过银行办理支付结算时，应当认真执行国家各项管理办法和结算制度。《支付结算办法》规定了银行结算原则和银行结算纪律。

　　银行结算原则是：恪守信用，履约付款；谁的钱进谁的账，由谁支配；银行不垫款。

　　银行结算纪律为：单位和个人办理支付结算，不准签发没有资金保证的票据或远期支票，套取银行信用；不准签发、取得和转让没有真实交易和债权债务的票据，套取银行和他人资金；不准无理由拒绝付款，任意占用他人资金；不准违反规定开立和使用账户。

二、支付结算方式

　　结算方式是指用一定的形式和条件来实现企业间或企业与其他单位和个人间货币收付的程序和方法。

它分为现金结算和支付结算（非现金结算）两种。

支付结算是指单位、个人在社会经济活动中使用票据、信用卡、汇兑、托收承付、委托收款等结算方式进行货币给付及其资金清算的行为。企业除按规定的范围使用现金结算外，大部分货币收付应使用支付结算。

根据《支付结算办法》的规定，目前，我国现行的支付结算方式大致有10种：银行汇票、银行本票、商业汇票、支票、汇兑、委托收款、托收承付、信用证、信用卡和网上支付。

（一）支票结算方式

支票是由单位或个人签发的，委托办理支票存款业务的银行在见票时无条件支付确定的金额给收款人或者持票人的票据。

单位和个人在同一票据交换区域的各种款项结算，均可使用支票。支票一律记名，转账支票可以背书转让。支票的提示付款期限为自出票日起10日内。

支票分为现金支票、转账支票和普通支票。现金支票只能用于支取现金；转账支票只能用于转账；普通支票又分为划线支票和不划线支票。在普通支票左上角划两条平行线的，为划线支票，划线支票只能用于转账。

（二）商业汇票结算方式

商业汇票是由出票人签发的，委托付款人在指定日期无条件支付确定的金额给收款人或者持票人的票据。严格地说，商业汇票还不算结算方式，因为商业汇票只是一个期票，签发商业汇票只是约定未来收付款的时间，当下双方并未实现资金收付。

商业汇票适用于在银行开立账户的法人之间以及其他组织之间，具有真实的交易或债权债务关系的款项结算。商业汇票一律记名，允许背书转让，但出票人在汇票正面注明"不得转让"的，不得转让。商业汇票的承兑期限由交易双方商定，最长不得超过6个月。商业汇票的提示付款期为10天（从到期日起）。持票人可持未到期的商业汇票向银行申请贴现。

商业汇票按承兑人的不同分为商业承兑汇票和银行承兑汇票。商业承兑汇票是由银行以外的付款人承兑的一种商业汇票。银行承兑汇票是由在承兑银行开立存款账户的企业、单位签发，经银行审查同意后承兑的商业汇票。

（三）汇兑结算方式

汇兑是汇款人委托银行将其款项支付给收款人的结算方式。汇兑适用于异地之间的单位和个人的各种款项的结算。汇兑分为信汇和电汇两种。

（四）委托收款结算方式

委托收款是收款人委托银行向付款人收取款项的结算方式。委托收款适用于同城和异地各种款项的结算，单位和个人均可使用。委托收款结算方式被电信、供电、供水、供气等单位（公司）广泛使用，但商品交易货款的结算则很少使用这一方式。

（五）托收承付结算方式

托收承付是根据购销合同由收款人发货后委托银行向异地付款人收取款项，由付款人向银行承认付款的结算方式。使用托收承付结算方式的收款单位和付款单位必须是国有企业、供销合作社，以及经营管理较好并经开户银行审查同意的城乡集体所有制的工业企业。托收承付结算的金额起点为10 000元，新华书店系统每笔金额起点为1 000元。

> **问题探讨：托收承付结算方式还有人用吗？**
>
> 托收承付结算方式，是计划经济时代国营企业（包括供销合作社和经银行许可的集体工业企业）之间普遍采用的结算方式。时过境迁，这一结算方式虽然没有取消，但是现在已经很少使用。因为结算双方不仅要求身份"门当户对"，而且结算环节多、结算时间长、对收款方不利。

（六）网上支付结算方式

网上支付是电子支付的一种形式，是指电子交易的当事人（包括消费者、商户、银行或者支付机构）使用电子支付手段通过信息网络进行的货币支付或资金流转。

网上支付主要有网上银行和第三方支付两种。网上银行也称"网络银行"，简称"网银"，就是银行在互联网上设立的虚拟银行柜台，使传统银行服务不再通过物理的银行分支来实现，而是借助于网络与信用技术手段在互联网上实现。网银可分为企业网银和个人网银。第三方支付是指具备一定实力和信誉保障的独立机构，采用与各大银行签约的方式，通过与银行支付结算系统接口对接而促成交易双方进行交易的网络支付模式。目前，国内第三方支付平台主要有支付宝、微信支付、百度钱包、PayPal、中汇支付、拉卡拉、财付通、融宝、盛付通、腾付通、通联支付、易宝支付、中汇宝、快钱、国付宝、物流宝、网易宝、网银在线、乐富等。

三、银行存款核算的会计科目

银行存款核算的会计科目就叫"银行存款"。本科目核算企业存入银行或其他金融机构的各种活期款项。本科目应按开户银行、存款种类（或账号）设置"银行存款日记账"。

> **问题探讨：定期存款和理财产品在哪个科目核算？**
>
> 编者在审计工作中发现，有的企业将一部分闲置的银行存款转为定期存款或购买短期理财产品，却不做任何账务处理。这样，"银行存款"科目核算的就不仅仅是活期存款，还包括定期存款和理财产品。定期存款和理财产品显然不属于"银行存款"科目核算的内容，那么，它们应当在哪个科目核算呢？编者的意见是：定期存款可在"其他货币资金"科目下设置"定期存款"明细科目核算；短期理财产品应通过"交易性金融资产"或"短期投资"科目（小企业）核算。

业务处理 ↓

一、支付结算业务的处理

（一）支票结算业务

【例1-3】2022年2月10日，珠江公司向东江公司销售甲产品一批，增值税专用发票列示价款200 000元，增值税26 000元。货物及发票已交付给东江公司，珠江公司收到东江公司签发的金额为226 000元转账支票一张，当日送银行进账。东江公司购入的货物为原材料。

珠江公司账务处理如下。

借：银行存款	226 000	
贷：主营业务收入——甲产品		200 000
应交税费——应交增值税（销项税额）		26 000

东江公司账务处理如下。

借：原材料——原料及主要材料	200 000	
应交税费——应交增值税（进项税额）	26 000	
贷：银行存款		226 000

（二）商业汇票结算业务

见"项目二任务一 应收票据与应付票据核算"，为避免重复，此处从略。

（三）汇兑结算业务

【例1-4】2022年2月15日，东海公司购入珠江公司的乙产品为原材料，专用发票列示价款150 000元，增值税 19 500 元。货物当日验收入库，东海公司采用汇兑方式将货款汇给珠江公司。

东海公司根据银行汇款凭证及收料单等做如下账务处理。

借：原材料——原料及主要材料 150 000
　　应交税费——应交增值税（进项税额） 19 500
　　贷：银行存款 169 500

珠江公司根据汇兑收款凭证、销售发票及产品出库单等做如下账务处理。

借：银行存款 169 500
　　贷：主营业务收入——乙产品 150 000
　　　　应交税费——应交增值税（销项税额） 19 500

（四）委托收款结算业务

【例 1-5】2022 年 2 月 19 日，珠江公司向黄海公司销售丙产品一批，增值税专用发票列示价款 300 000 元，增值税 39 000 元。珠江公司采用委托收款方式结算货款，当日已通过开户银行办妥托收货款的手续。2 月 20 日，黄海公司收到开户银行转来的珠江公司的委托收款凭证，并向银行表示同意付款。2 月 21 日，黄海公司收到开户银行支付珠江公司货款的通知。2 月 23 日，珠江公司收到开户银行转来的向黄海公司托收货款的到账通知。黄海公司购入的货物为原材料。双方的账务处理如下。

2022 年 2 月 19 日，珠江公司办妥托收货款的手续时：

借：应收账款——黄海公司 339 000
　　贷：主营业务收入——丙产品 300 000
　　　　应交税费——应交增值税（销项税额） 39 000

2022 年 2 月 21 日，黄海公司收到银行转来的支付珠江公司货款通知时：

借：原材料——原料及主要材料（在途物资） 300 000
　　应交税费——应交增值税（进项税额） 39 000
　　贷：银行存款 339 000

2022 年 2 月 23 日，珠江公司收到开户银行转来的托收黄海公司货款的到账通知时：

借：银行存款 339 000
　　贷：应收账款——黄海公司 339 000

（五）托收承付结算业务

托收承付结算双方的账务处理与委托收款结算双方的账务处理同相，不再重复。

（六）网上支付结算业务

网上支付结算购销双方的账务处理与支票、汇兑结算方式相同，即双方均通过"银行存款"科目核算，不再举例。

二、银行存款的清查

银行存款清查的目的是检查银行存款的记录是否正确，核实银行存款的现有余额。在正常情况下，企业应于每月月末进行一次银行存款的清查。银行存款清查的方法是：将"银行存款日记账"与"银行对账单"进行核对。具体清查方法如下。

第一步：核对双方余额

首先查看双方的月末余额是否相符。如果双方的余额完全一致，则说明企业的"银行存款日记账"没有记账差错，并且账上存款余额就是月末实有存款余额。如果未发现其他问题，清查至此结束。如果双方的月末余额不一致，则进行第二步。

第二步：找出未达账项

如果"银行存款日记账"的余额与"银行对账单"的余额不一致，可能存在两个方面的原因：一是存在未达账项；二是存在记账错误。相对而言，存在未达账项的可能性大，出现记账错误的可能性小，所以，

银行存款余额调节表的编制

此时应先找出未达账项。

未达账项是指企业与银行之间，一方已取得有关凭证登记入账，另一方由于有关凭证没有到达，尚未入账的款项。一般来说，未达账项存在以下四种情况。

（1）收款——银行已入账，企业尚未入账。

（2）收款——企业已入账，银行尚未入账。

（3）付款——银行已入账，企业尚未入账。

（4）付款——企业已入账，银行尚未入账。

那么，如何找出未达账项呢？基本方法是：将"银行存款日记账"与"银行对账单"逐笔进行核对，双方都有记录的账项说明是已达账项，就用笔打"√"，作为标记。最后，凡是双方账上没有打"√"标记的，就是要找的未达账项。未达账项找出来之后，则进行第三步。

注意事项

同一笔业务在"银行存款日记账"与"银行对账单"上登记的方向是相反的，即银行存款日记账上记在"借方"栏，银行对账单上则记在"贷方"栏。因为银行存款对于企业来说是资产，对于银行来说则是负债。

第三步：编制银行存款余额调节表。

编制银行存款余额调节表的目的是，在消除未达账项的情况下，核实双方的余额是否相符。所以，银行存款余额调节表的编制方法是：以双方账面余额为基础，各自补记未达账项，收款记增加，付款记减少。换句话说，在调节表中，哪一方账项"未达"，则在哪方补记。然后计算出双方调节后的余额，看看双方调节后的余额是否一致。

【例1-6】珠江公司2022年4月30日银行存款日记账的余额为986 569元，银行对账单余额为1 025 529元，经逐笔核对，发现以下未达账项。

（1）珠江公司签发给白云公司一张金额为26 900元的转账支票，持票人尚未到银行办理转账。

（2）珠江公司委托银行代收西沙公司货款102 600元，银行已收款入账，但珠江公司尚未收到收款凭证。

（3）银行代珠江公司支付电话费2 680元，珠江公司尚未收到付款凭证。

（4）银行代珠江公司支付物业管理费19 860元，珠江公司尚未收到付款凭证。

（5）收到东江公司签发的转账支票一张，金额为68 000元，珠江公司根据银行进账单已登记入账，银行暂未入账。

根据以上资料，编制银行存款余额调节表如表1-2所示。

表1-2　　　　　　银行存款余额调节表（2022年4月30日）　　　　　　单位：元

项目	金额	项目	金额
银行存款日记账余额	986 569.00	银行对账单余额	1 025 529.00
（2）收西沙公司货款	102 600.00	（1）付白云公司支票款	-26 900.00
（3）付电话费	-2 680.00		
（4）付物业管理费	-19 860.00		
（5）收东江公司货款	68 000.00		
调节后余额	1 066 629.00	调节后余额	1 066 629.00

从【例1-6】可以看出，调节之后双方的余额相等，说明双方的账目没有差错，调节后的余额为月末银行存款的实有余额，本次银行存款清查结束。

如果编制的银行存款余额调节表调节之后双方的余额仍然不相符，则需进一步查明原因，直至找到原因，调节之后的双方余额完全相符为止。

任务小结 ↓

（一）银行存款是指企业存放在银行或其他金融机构，可以随时支取的货币资金。单位银行结算账户按用途分为基本存款账户、一般存款账户、临时存款账户和专用存款账户。企业通过银行办理支付结算时，应当认真执行国家各项管理办法和结算制度。

（二）我国现行的支付结算方式大致有 10 种：银行汇票、商业汇票、银行本票、支票、汇兑、委托收款、托收承付、信用证、信用卡和网上支付。

（三）支票是由单位或个人签发的，委托办理支票存款业务的银行在见票时无条件支付确定的金额给收款人或者持票人的票据。支票仅限于同城之间的结算。

（四）商业汇票是由出票人签发的，委托付款人在指定日期无条件支付确定的金额给收款人或者持票人的票据。商业汇票限于单位之间、具有真实交易或债权债务的结算。

（五）汇兑是汇款人委托银行将其款项支付给收款人的结算方式。汇兑适用于异地间各种款项的结算。

（六）委托收款是收款人委托银行向付款人收取款项的结算方式。委托收款同城和异地、单位和个人均可采用。

（七）托收承付是根据购销合同由收款人发货后委托银行向异地付款人收取款项，由付款人向银行承认付款的结算方式。

（八）网上支付是电子支付的一种形式，是指电子交易的当事人（包括消费者、商户、银行或者支付机构）使用电子支付手段通过信息网络进行的货币支付或资金流转。网上支付适用单位和个人所有款项的结算，是现在使用最广泛的支付结算方式。

（九）未达账项是指企业与银行之间，一方已取得有关凭证登记入账，另一方由于有关凭证没有到达，尚未入账的款项。会计实务中，未达账项一般只有三种情况。

（十）银行存款余额调节表的编制方法是：以双方账面余额为基础，各自补记未达账项，收款记增加，付款记减少。然后计算出双方调节后的余额，看看双方调节后的余额是否一致。

任务训练（一） ↓

任务训练 2　练习银行存款收支业务的账务处理

资料：珠江公司 2022 年 6 月 28 日银行存款日记账余额为 1 242 000 元。本月最后两天发生的有关业务如下。

（1）6 月 29 日，通过网银支付前欠东江公司货款 246 400 元。

（2）6 月 29 日，签发转账支票一张，金额为 2 938 元，购买办公用品一批，专用发票列示价款 2 600 元，增值税 338 元。

（3）6 月 29 日，通过网银收到南海公司支付前欠货款 323 200 元。

（4）6 月 29 日，通过网银收到 1 000 000 元，系南岭公司汇入的出资款。

（5）6 月 30 日，采购员杨帆出差预借差旅费 3 000 元，签发现金支票支付。

（6）6 月 30 日，从西江公司购进原材料一批，专用发票列示价款 160 000 元，增值税 20 800 元。签发转账支票一张支付货款，材料验收入库。

（7）6 月 30 日，销售甲产品一批，价款 360 000 元，增值税 46 800 元，通过网银收到天山公司支付的货款。

（8）6 月 30 日，收到银行转来的远大房产公司委托收款通知及增值税专用发票，支付当月行政管理部门办公用房租金 98 100 元，其中：租金 90 000 元，增值税为 8 100 元。

（9）6 月 30 日，收到银行转来的大旺物业公司委托收款通知及增值税专用发票，支付当月行政管理部门办公用房物业管理费 15 900 元，其中：物业费 15 000 元，增值税 900 元。

（10）6 月 30 日，销售给东海公司甲产品一批，价款 200 000 元，增值税 26 000 元，填写委托收款结算凭证，已办妥托收货款手续。

要求：根据上述业务编制会计分录。

01 任务训练（二）↓

任务训练 3　练习银行存款日记账的登记及银行存款的清查

资料：沿用"任务训练 2"的资料。此外，珠江公司 6 月份最后两天的银行对账单如表 1-3 所示。

表 1-3　　　　　　　　　　　银行对账单　　　　　　　　　　　单位：元

2022 年		业务类型	凭证号码	对方户名	摘要	借方	贷方	余额
月	日							
6	28				当日余额			1 242 000
6	29	网上支付		东江公司	货款	246 400		995 600
6	29	转账支票			购办公用品	2 938		992 662
6	29	网上汇入		南海公司	货款		323 200	1 315 862
6	29	网上汇入		南岭公司	投资款		1 000 000	2 315 862
6	30	网上汇入		天山公司	货款		406 800	2 722 662
6	30	委托收款		远大房产公司	租金	98 100		2 624 562
6	30	委托收款		远大物业公司	物业管理费	15 900		2 608 662
6	30	委托收款		中国电信公司	电费	65 800		2 542 862
6	30	网上支付		工商银行	利息	12 960		2 529 902
6	30	委托收款		西山公司	托收收款		154 000	2 683 902
6	30	委托收款		北山公司	托收收款		204 890	2 888 792

要求：

（1）根据"任务训练 2"的资料及所编制的会计分录，登记珠江公司 6 月份最后两天的银行存款日记账。

（2）将所登记的"银行存款日记账"与"银行对账单"进行核对，找出"未达账项"，然后填制"银行存款余额调节表"。

任务三 其他货币资金核算

任务导言 ↓

01

其他货币资金也都是存放在银行的款项，所不同的是，其他货币资金都是指定了专门用途的存款，不能他用；而银行存款则是未指定用途可以随时使用的活期存款。

本任务除了讲解其他货币资金的核算外，还介绍 4 种相关支付结算方式：银行汇票、银行本票、信用证和信用卡。外埠存款不属于结算方式，它只是一种采购方式。由于网上支付、信用卡等方便、快捷结算方式的出现，银行汇票、银行本票、支票等结算方式也已经很少使用。中国人民银行制定的《支付结算办法》自 1997 年 12 月 1 日起沿用至今，历时 20 余年未修订。有的结算方式虽然不再有人使用或者很少有人使用，但也没有废除。

其他货币资金的账务处理比较简单，本任务的关键在于熟悉银行汇票、银行本票、信用证、信用卡等结算方式的基本内容。

知识准备 ↓

一、其他货币资金相关知识

其他货币资金是指企业除了库存现金、银行存款以外的各种货币资金，主要包括外埠存款、银行汇票存款、银行本票存款、信用证保证金存款、信用卡存款、存出投资款、定期存款等。

（一）外埠存款的含义及主要规定

外埠存款是指企业到外地进行临时或零星采购时，汇往采购地银行开立采购专户的款项。

企业到外地采购物资，如果供应单位分散，采购数量零星，采购时间较长，可委托开户银行将资金汇往采购地银行，开立临时采购专户进行结算。该账户只付不收，付完结清，不计利息。除采购人员可以从中提取少量的现金外，一律采用转账结算。采购完毕，外地银行应将多余存款退回企业本埠开户银行。

（二）银行汇票的含义及主要规定

银行汇票是指由出票银行签发的，承诺自己在见票时按照实际结算金额无条件支付给收款人或持票人的票据。银行汇票存款是指企业为取得银行汇票，按规定存入银行的款项。

同城和异地、单位和个人的各种款项结算均可使用银行汇票。银行汇票可以用于转账，注明"现金"字样的银行汇票也可以用于支取现金。银行汇票的付款期限为自出票日起 1 个月，逾期银行不予受理。银行汇票一律记名，收款人可以将银行汇票背书转让，但注明"现金"字样的银行汇票不得背书转让。银行汇票结算金额起点为 500 元。

（三）银行本票的含义及主要规定

银行本票是银行签发的，承诺自己在见票时无条件支付确定金额给收款人或者持票人的票据。银行本票存款是指企业为了取得银行本票，按规定存入银行的款项。

单位和个人在同一票据交换区域支付各种款项都可以使用银行本票。银行本票分为定额本票和不定额本票两种。定额本票面值分别为 1 000 元、5 000 元、10 000 元和 50 000 元。银行本票一律记名，允许背书转让，但注明"现金"字样的，不得背书转让。银行本票的提示付款期为 2 个月，逾期银行不予受理。

（四）信用证的含义及主要规定

信用证是指开证银行依照申请人的申请开出的，凭符合信用证条款的单据支付的付款承诺。信用证为不可撤销、不可转让的跟单信用证。

信用证起源于国际贸易结算，银行充当进出口商之间的中间人和保证人，以银行信用代替商业信用。在我国，信用证是国际贸易中使用的主要结算方式。为了适应国内贸易的需要，1997年6月中国人民银行发布了《国内信用证结算办法》，信用证遂可用于国内结算。

信用证保证金存款是指采用信用证结算方式的企业为开具信用证而存入银行信用证保证金专户的款项。

信用证只限于转账结算，不得支取现金。开证银行根据申请人提交的开证申请书、信用证申请人承诺书及购销合同决定是否受理开证业务。开证银行在决定受理该项业务时，应向申请人收取不低于开证金额20%的保证金，并可根据申请人资信情况要求其提供抵押、质押或由其他金融机构出具保函。信用证有效期为受益人向银行提交单据的最迟期限，最长不得超过6个月。申请人交存的保证金和其存款账户余额不足支付的，开证银行仍应在规定的时间内进行付款。对不足支付的部分作逾期贷款处理。对申请人提供抵押、质押、保函等担保的，按《中华人民共和国担保法》的有关规定索偿。开证银行开立信用证，应按规定向申请人收取开证手续费及邮电费。开证手续费按开证金额的0.15%收取，最少不低于100元。

（五）信用卡的含义及主要规定

信用卡是商业银行向个人和单位发行的凭以向特约单位购物、消费和向银行存取现金的信用凭证。信用卡按使用对象分为单位卡和个人卡。信用卡存款是指企业存入信用卡专户的款项。

凡在中国境内金融机构开立基本存款账户的单位可申领单位卡；凡具有完全民事行为能力的公民可申领个人卡。单位卡账户的资金一律从基本存款账户转入，不得交存现金，不得将销货收入的款项存入。单位卡不得用于10万元以上的交易款项的结算，不得支取现金。信用卡允许善意透支，透支额、透支期限由发卡银行确定。

（六）存出投资款的含义

存出投资款是指企业存入证券公司准备用来购买金融产品的专项存款。

二、其他货币资金核算的会计科目

其他货币资金核算的科目就叫"其他货币资金"。本科目核算企业的外埠存款、银行汇票存款、银行本票存款、信用证保证金存款、信用卡存款、存出投资款等其他货币资金。本科目应按其他货币资金的种类进行明细核算。

业务处理 ↓

一、外埠存款业务

【例1-7】2022年3月2日，珠江公司将款项100 000元汇往上海的××银行开立采购专户。3月12日，采购员交来在上海采购原材料的增值税专用发票，材料价为82 000元，增值税为10 660元，货款共计92 660元由上海的××银行的采购专户支付，材料已验收入库。3月15日，上海采购专户的余款7 340元转回公司本埠开户银行。珠江公司有关账务处理如下。

3月2日，汇出外埠存款。

借：其他货币资金——外埠存款（上海××银行）　　100 000
　　贷：银行存款　　100 000

3月12日，外埠存款购入材料。

借：原材料——原料及主要材料　　82 000
　　应交税费——应交增值税（进项税额）　　10 660
　　贷：其他货币资金——外埠存款（上海××银行）　　92 660

3月15日，外埠存款退回。

借：银行存款   7 340
　　贷：其他货币资金——外埠存款（上海××银行）   7 340

二、银行汇票业务

【例1-8】2022年3月2日，珠江公司委托开户银行签发金额为100 000元的银行汇票一张，票款从公司的结算户中划转。当日将该银行汇票交给采购员张某去南京的东海公司采购原材料。3月8日，张某将银行汇票交给东海公司支付货款。当日东海公司将珠江公司的银行汇票送往开户银行进账，进账金额为96 050元。3月10日，珠江公司收到张某从东海公司采购原材料的增值税专用发票，材料价款为85 000元，增值税为11 050元，当日材料已验收入库。3月10日，接开户银行通知，该银行汇票的余款3 950元已经退回。

珠江公司账务处理如下。

3月2日，支付银行汇票存款。

借：其他货币资金——银行汇票存款   100 000
　　贷：银行存款   100 000

3月10日，银行汇票购入材料。

借：原材料——原料及主要材料   85 000
　　应交税费——应交增值税（进项税额）   11 050
　　　贷：其他货币资金——银行汇票存款   96 050

3月10日，退回银行汇票余款。

借：银行存款   3 950
　　贷：其他货币资金——银行汇票存款   3 950

东海公司账务处理如下。

3月8日，销售产品。

借：银行存款   96 050
　　贷：主营业务收入——××产品   85 000
　　　应交税费——应交增值税（销项税额）   11 050

三、银行本票业务

【例1-9】2022年3月2日，珠江公司委托开户银行签发金额为96 050元的银行本票一张，票款从公司的结算户中划转。当日将该银行本票交给采购员张某向南海公司采购原材料。3月3日，张某将银行本票交给南海公司支付货款。当日南海公司将珠江公司的银行本票送往开户银行进账，进账金额为96 050元。3月3日，珠江公司收到张某从南海公司采购原材料的增值税专用发票，材料价款为85 000元，增值税为11 050元，当日材料已验收入库。

珠江公司账务处理如下。

3月2日，支付银行本票存款。

借：其他货币资金——银行本票存款   96 050
　　贷：银行存款   96 050

3月3日，银行本票购入材料。

借：原材料——原料及主要材料   85 000
　　应交税费——应交增值税（进项税额）   11 050
　　　贷：其他货币资金——银行本票存款   96 050

南海公司账务处理如下。

3月3日，销售产品。

借：银行存款   96 050

  贷：主营业务收入——××产品   85 000

    应交税费——应交增值税（销项税额）   11 050

四、信用证业务

【例 1-10】2022 年 4 月 2 日，珠江公司向南海公司购买原材料，委托银行开信用证，交存信用证保证金 30 000 元，支付开证手续费 169.50 元。4 月 10 日，从南海公司购买的原材料验收入库，增值税专用发票列示价款 100 000 元，增值税 13 000 元，当日通过银行支付保证金不足部分的货款。珠江公司有关账务处理如下。

4 月 2 日，交存信用证保证金。

借：其他货币资金——信用证保证金存款   30 000.00

  财务费用——手续费   169.50

  贷：银行存款   30 169.50

4 月 10 日，信用证购入材料。

借：原材料——原料及主要材料   100 000

  应交税费——应交增值税（进项税额）   13 000

  贷：其他货币资金——信用证保证金存款   30 000

    银行存款   83 000

假如 4 月 10 日，珠江公司存款账户余额只有 50 000 元，则进行如下处理。

借：原材料——原料及主要材料   100 000

  应交税费——应交增值税（进项税额）   13 000

  贷：其他货币资金——信用证保证金存款   30 000

    银行存款   50 000

    短期借款——××银行   33 000

五、信用卡业务

【例 1-11】2022 年 1 月 3 日，珠江公司向开户银行申领两张信用卡，卡号尾数分别为 2345、2346，每张卡存入金额 20 000 元。两张信用卡分别交给采购员张某和李某使用。1 月 30 日，张某报销差旅费 19 000 元，李某报销差旅费 18 000 元，二人的差旅费全部用信用卡支付。有关账务处理如下。

1 月 3 日，划转信用卡存款。

借：其他货币资金——信用卡存款（2345）   20 000

        ——信用卡存款（2346）   20 000

  贷：银行存款   40 000

1 月 30 日，信用卡报销差旅费。

借：管理费用——差旅费   37 000

  贷：其他货币资金——信用卡存款（2345）   19 000

        ——信用卡存款（2346）   18 000

六、存出投资款业务

【例 1-12】2022 年 2 月 12 日，珠江公司通过网上支付，转入证券公司专户 2 000 000 元。2 月 15 日购入 P 上市公司股票 300 000 股，每股买价 6.5 元，确认为交易性金融资产。假设不考虑交易费用，珠江公司的账务处理如下。

2 月 12 日，划转存出投资款。

借：其他货币资金——存出投资款　　　　　　　　　　　2 000 000
　　贷：银行存款　　　　　　　　　　　　　　　　　　　　　　2 000 000
2 月 15 日，购入 P 公司股票。
借：交易性金融资产——P 公司（成本）　　　　　　　　1 950 000
　　贷：其他货币资金——存出投资款　　　　　　　　　　　　1 950 000

任务小结 ↓

（一）其他货币资金是指企业除了库存现金、银行存款以外的各种货币资金，主要包括外埠存款、银行汇票存款、银行本票存款、信用证保证金存款、信用卡存款、存出投资款、定期存款等。

（二）外埠存款是指企业到外地进行临时或零星采购时，汇往采购地银行开立采购专户的款项。

（三）银行汇票是汇款人将款项交存当地出票银行，由出票银行签发的，承诺自己在见票时按照实际结算金额无条件支付给收款人或持票人的票据。银行汇票同城和异地均可采用。银行汇票存款是指企业为取得银行汇票，按规定存入银行的款项。

（四）银行本票是由银行签发的，承诺自己在见票时无条件支付确定的金额给收款人或者持票人的票据。银行本票仅限于同城采用。银行本票存款是指企业为了取得银行本票，按规定存入银行的款项。

（五）信用证是指开证银行依照申请人的申请开出的，凭符合信用证条款的单据支付的付款承诺。信用证主要用于国际贸易的结算。信用证保证金存款是指采用信用证结算方式的企业为开具信用证而存入银行信用证保证金专户的款项。

（六）信用卡是商业银行向个人和单位发行的凭以向特约单位购物、消费和向银行存取现金的信用凭证。信用卡按使用对象分为单位卡和个人卡。信用卡存款是指企业存入信用卡专户的款项。

（七）存出投资款是指企业存入证券公司准备用来购买金融产品的专项存款。

任务训练 ↓

任务训练 4　练习其他货币资金的核算

资料：珠江公司 2022 年 3 月发生有关经济业务如下。

（1）3 月 2 日，填写"电汇"结算凭证，委托银行将款项 500 000 元汇往北京的××银行，开立采购专户。

（2）3 月 3 日，向尾号为 2345 的信用卡划转款项 30 000 元。

（3）3 月 4 日，填写"银行汇票申请书"，将款项 200 000 元交存银行，取得银行汇票一张，交由采购员去上海采购材料。

（4）3 月 8 日，收到银行转来"银行汇票"付款通知、余款收账通知及有关发票账单，系上海采购原材料价款 176 000 元，增值税 22 880 元，多余款项 1 120 元已退回。材料已验收入库。

（5）3 月 15 日，收到北京采购员转来供应单位发票账单等凭证，注明采购原材料价款 420 000 元，增值税 54 600 元。材料已验收入库。

（6）3 月 20 日，北京采购业务完毕，剩余款项 25 400 元转回本埠银行结算户。

（7）3 月 21 日，业务员报账，用尾号 2345 的信用卡支付业务招待费 8 500 元。

（8）3 月 25 日，填写"银行本票申请书"，将款项 56 500 元交存银行，取得银行本票一张。

（9）3 月 25 日，采购员持"银行本票"在当地购买原材料一批，专用发票上列示价款 50 000 元，增值税 6 500 元。材料已验收入库。

（10）3 月 26 日，将银行存款 1 000 000 元，转为期限为 1 年的定期存款。

要求：根据上述经济业务编制会计分录。

01

项目测试

一、判断题（每小题 2 分，本题 20 分）

（1）广义的现金泛指货币资金，包括库存现金、银行存款和其他货币资金等。 （   ）

（2）企业只能在一家银行的营业机构开立一个基本存款账户。 （   ）

（3）开户银行应当根据实际需要，核定开户单位 5 天至 10 天的日常零星开支所需的库存现金限额。 （   ）

（4）企业不得从销货款现金收入中直接支付进货款。 （   ）

（5）银行存款是指企业存放在银行或其他金融机构，可以随时支取的货币资金，包括活期存款和定期存款。 （   ）

（6）托收承付是收款人委托银行向付款人收取款项的结算方式，同城与异地、单位和个人均可采用。 （   ）

（7）未达账项是指企业与银行之间，一方已取得有关凭证登记入账，另一方由于有关凭证没有到达，尚未入账的款项。 （   ）

（8）编制银行存款余额调节表的目的是为了补记未达账项。 （   ）

（9）银行汇票存款是指企业汇往采购地银行开立采购专户的款项。 （   ）

（10）信用卡存款是指企业采用信用证结算方式存入银行的款项。 （   ）

二、单选题（每小题 3 分，本题 30 分）

（1）"应收票据"科目核算的票据是（   ）。

    A. 支票   B. 银行汇票   C. 银行本票   D. 商业汇票

（2）下列不属于支付结算方式的存款是（   ）。

    A. 银行汇票存款   B. 银行本票存款   C. 外埠存款   D. 信用卡存款

（3）商业汇票的承兑期限由交易双方商定，最长不得超过（   ）。

    A. 3 个月   B. 6 个月   C. 9 个月   D. 12 个月

（4）银行汇票的付款期限为自出票日起（   ），逾期银行不予受理。

    A. 10 天   B. 15 天   C. 1 个月   D. 2 个月

（5）银行本票的提示付款期为（   ），超过付款期的银行不予受理。

    A. 10 天   B. 1 个月   C. 2 个月   D. 3 个月

（6）单位信用卡不得用于（   ）以上的交易款项的结算。

    A. 5 万元   B. 10 万元   C. 20 万元   D. 30 万元

（7）企业发生现金长款或短款，在查明原因前应记入（   ）账户。

    A. 待处理财产损溢   B. 其他应收款   C. 营业外收入   D. 营业外支出

（8）现金清查中，仍无法查明原因的现金短缺，经批准后记入（   ）。

    A. 管理费用   B. 其他应收款   C. 营业外支出   D. 资产减值损失

（9）下列不涉及"其他货币资金"科目核算的结算方式是（   ）。

    A. 银行汇票   B. 信用证   C. 信用卡   D. 委托收款

（10）库存现金日记账和银行存款日记账应由（   ）登记。

    A. 出纳员   B. 会计员   C. 会计主管   D. 出纳或会计员

三、多选题（每小题 5 分，本题 50 分）

（1）库存现金日记账的登记方法是（   ）。

    A. 根据审核之后的记账凭证登记

    B. 按照业务发生先后顺序逐笔登记

C. 每日终了应将当日的结存数与库存现金的实存数进行核对

D. 每月终了应将当日的结存数与库存现金的实存数进行核对

（2）库存现金的清查包括（　　　）。

A. 每日终了前出纳人员进行的现金账实核对　　　B. 清查小组进行的定期清查

C. 清查小组进行的不定期清查　　　D. 清查小组进行的突袭清查

（3）单位银行结算账户按用途分为（　　　）。

A. 基本存款账户　　B. 一般存款账户　　C. 临时存款账户　　D. 专用存款账户

（4）下列属于银行结算纪律的是（　　　）。

A. 不准签发没有资金保证的票据或远期支票

B. 不准签发、取得和转让没有真实交易和债权债务的票据

C. 不准无理由拒绝付款，任意占用他人资金

D. 不准违反规定开立和使用账户

（5）提示付款期为 10 天的票据有（　　　）。

A. 支票　　　　B. 银行汇票　　　　C. 银行本票　　　　D. 商业汇票

（6）银行存款清查的具体方法有（　　　）。

A. 核对双方余额　　　　B. 找出未达账项

C. 编制银行存款余额调节表　　　　D. 将未达账项登记入账

（7）实务中未达账项的种类有（　　　）。

A. 收款——银行已入账，企业尚未入账　　　B. 收款——企业已入账，银行尚未入账

C. 付款——银行已入账，企业尚未入账　　　D. 付款——企业已入账，银行尚未入账

（8）下列可以背书转让的票据有（　　　）。

A. 支票　　　　B. 银行汇票　　　　C. 银行本票　　　　D. 商业汇票

（9）下列结算方式同城和异地均可使用的有（　　　）。

A. 银行汇票　　B. 银行本票　　　　C. 委托收款　　　　D. 信用卡

（10）下列属于网上支付结算方式的有（　　　）。

A. 网络银行　　B. 支票宝　　　　C. 微信支付　　　　D. 信用卡

项目二
应收款项

项目导图 ↓

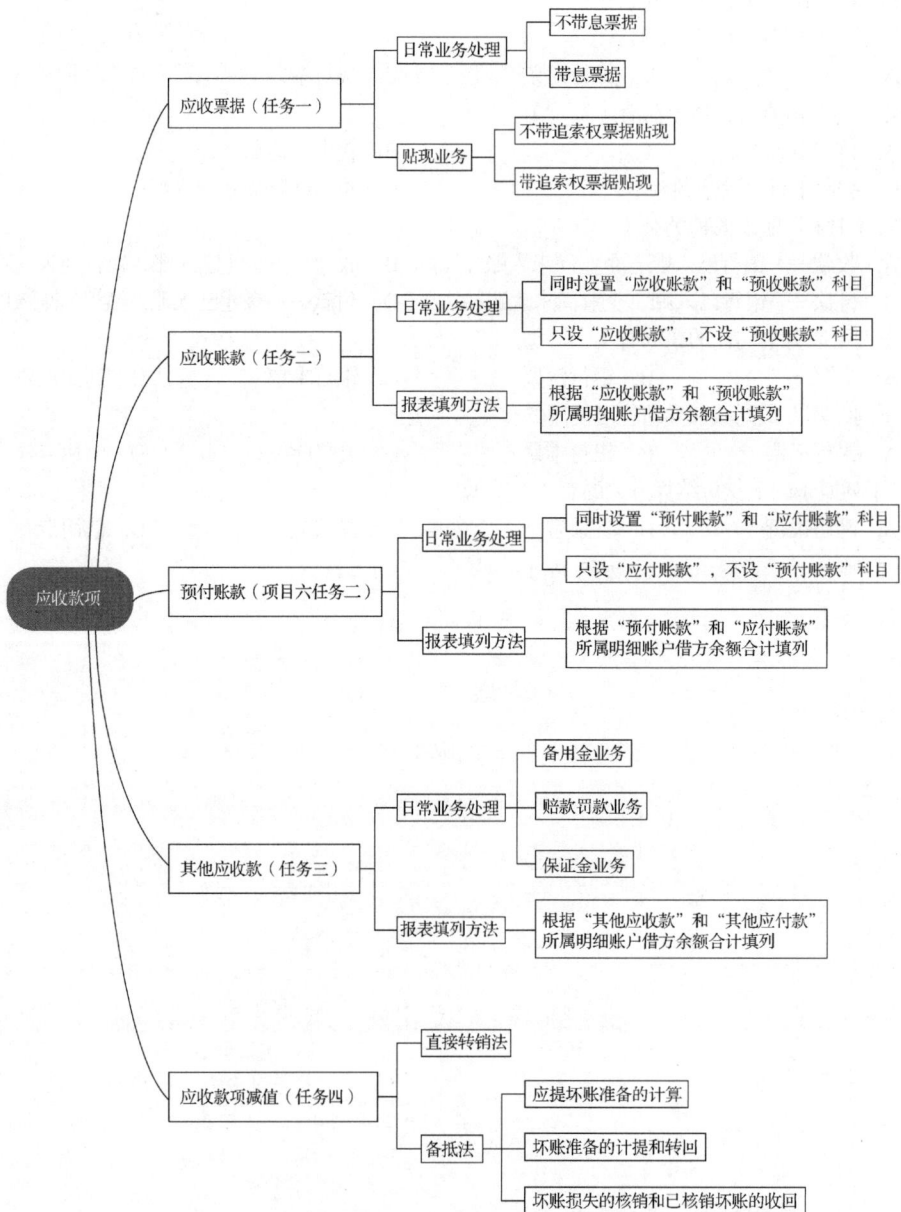

```
应收款项
├─ 应收票据（任务一）
│   ├─ 日常业务处理
│   │   ├─ 不带息票据
│   │   └─ 带息票据
│   └─ 贴现业务
│       ├─ 不带追索权票据贴现
│       └─ 带追索权票据贴现
├─ 应收账款（任务二）
│   ├─ 日常业务处理
│   │   ├─ 同时设置"应收账款"和"预收账款"科目
│   │   └─ 只设"应收账款"，不设"预收账款"科目
│   └─ 报表填列方法
│       └─ 根据"应收账款"和"预收账款"所属明细账户借方余额合计填列
├─ 预付账款（项目六任务二）
│   ├─ 日常业务处理
│   │   ├─ 同时设置"预付账款"和"应付账款"科目
│   │   └─ 只设"应付账款"，不设"预付账款"科目
│   └─ 报表填列方法
│       └─ 根据"预付账款"和"应付账款"所属明细账户借方余额合计填列
├─ 其他应收款（任务三）
│   ├─ 日常业务处理
│   │   ├─ 备用金业务
│   │   ├─ 赔款罚款业务
│   │   └─ 保证金业务
│   └─ 报表填列方法
│       └─ 根据"其他应收款"和"其他应付款"所属明细账户借方余额合计填列
└─ 应收款项减值（任务四）
    ├─ 直接转销法
    └─ 备抵法
        ├─ 应提坏账准备的计算
        ├─ 坏账准备的计提和转回
        └─ 坏账损失的核销和已核销坏账的收回
```

项目导言 ↓

应收款项，也称应收及预付款项，通常是指企业在日常经营过程中发生的属于流动资产的各项债权，包括应收票据、应收账款、预付账款、应收股利、应收利息、其他应收款等。其中，应收股利和应收利息在对外投资中都会涉及，不宜单独作为学习任务。所以，本项目主要介绍应收票据、应收账款、其他应收款以及应收款项减值的核算。需要说明的是，本书没有严格按照会计要素来设计学习任务。应收票据、应收账款和其他应收款的部分分别同时讲解应付票据、预收账款和其他应付款，而预付账款则放在应付账款中讲解。把分别属于不同会计要素，但二者关系密切的业务内容放在一起讲解，易于比较和理解，也容易说明有关往来款项在报表中的填列方法。本项目的重点是各种往来业务的账务处理；难点是票据贴现的计算和应提坏账准备的计算。

项目目标 ↓

知识目标

掌握应收票据与应付票据的相关知识；掌握应收账款与预收账款的相关知识；掌握其他应收款与其他应付款的相关知识；掌握应收款项减值的相关知识。

技能目标

能正确做出应收票据、应付票据、应收账款、预收账款、其他应收款和其他应付款业务的账务处理；能正确计算应收票据的贴现金额；能正确计算期末应提坏账准备的金额；能对应收账款、预收账款、其他应收款、其他应付款做出报表重分类处理。

素养目标

培养学生按照相关企业会计准则的规定，真实、准确地记录企业发生的各种往来款项业务，及时结清企业的各种往来业务款项，不无故占用他人资金，也尽可能地避免他人占用企业的资金，公平交易、诚实守信的职业素养。

任务一　应收票据与应付票据核算

任务导言　↓

应收票据与应付票据皆因商品交易或劳务供应采用商业汇票结算而产生，二者虽然分别属于不同的会计要素，但因买卖行为而结缘，关系密切。同一票据买卖双方核算的会计科目不同，卖方叫作应收票据，买方叫应付票据；交易成功时，卖方确认收入，买方确认资产；交易的物品，卖方叫作产品或商品，买方通常叫作原材料或周转材料。

企业急需资金时，可以将未到期的应收票据（商业汇票）送银行贴现。票据贴现实质上是一种融资行为，相当于以应收票据作抵押，从银行取得贷款。贷款是要付出代价的，票据贴现付出的代价叫作贴息，它是贴现利息的简称。一张应收票据能贴多少钱？这取决于票据到期值、贴现利率和贴现期限 3 个因素。

票据贴现的计算其实并不复杂，但是，不少学习者经常掌握不好。贴现金额计算的关键是确定贴现期限。贴现期限也叫贴现天数，是指贴现日至票据到期日前一天之间的天数。很多学习者错误计算贴现金额，多半是因为贴现天数计算不正确所致。

知识准备　↓

一、应收票据与应付票据相关知识

（一）应收票据与应付票据的含义

应收票据是指企业持有的还没有到期兑现的票据，其含义为"应收票款"。应收票据应为商业汇票，包括商业承兑汇票和银行承兑汇票，不包括支票、银行本票、银行汇票。

应付票据是指企业已签发并承兑或由银行承兑但还没有到期付的票据，其含义为"应付票款"。应付票据也应为商业汇票，与应收票据的范围一致。

（二）商业汇票及其种类

商业汇票是指由出票人签发的，委托付款人在指定日期无条件支付确定的金额给收款人或者持票人的票据。

（1）商业汇票按承兑人不同，分为商业承兑汇票和银行承兑汇票。商业承兑汇票的承兑人是出票企业，银行承兑汇票的承兑人是承兑银行。

（2）商业汇票按是否带息，分为不带息商业汇票和带息商业汇票。不带息商业汇票是指商业汇票到期时，付款人只按票面金额（面值）向收款人支付款项的汇票。带息商业汇票是指商业汇票到期时，付款人应按票面金额加上应计利息向收款人支付款项的汇票。

（3）商业汇票按是否带追索权，分为带追索权商业汇票和不带追索权商业汇票。带追索权商业汇票的特色是持票人在汇票到期未获兑付时，可以请求其前手（承兑人或背书人）偿还票据金额。一般来说，商业承兑汇票属于带追索权商业汇票。不带追索权商业汇票的特色是持票人在汇票到期未获兑付时无权请求其前手（承兑人或背书人）偿还票据金额。一般来说，银行承兑汇票属于不带追索权商业汇票。

（三）应收票据与应付票据的计量

企业收到的商业汇票，无论是否带息，均按面值入账。带息应收票据应于期末按票据的面值和确定的利率计提利息。

企业签发的商业汇票，无论是否带息，均按面值入账。带息应付票据应于期末按票据的面值和确定的利率计提利息。

（四）票据贴现

贴现是企业将未到期的票据转让给银行，由银行按票据到期值扣除贴现日至票据到期日的利息后，将余额付给企业的融资行为。票据贴现的计算方法如下：

$$贴现天数（贴现期）=贴现日至票据到期日的天数-1$$

$$贴现利息=票据到期值×贴现率÷360×贴现天数$$

（不带息票据到期值为票据面值，带息票据到期值为票据面值与应计利息之和。）

$$贴现所得（贴现金额）=票据到期值-贴现利息$$

二、应收票据与应付票据核算的会计科目

（一）"应收票据"科目

"应收票据"科目属于资产类科目，核算企业因销售商品、提供劳务等而收到的商业汇票。本科目一般设置"商业承兑汇票"和"银行承兑汇票"两个明细科目即可，至于应收票据的详细信息可由"应收票据备查簿"记录。

"应收票据备查簿"应逐笔登记商业汇票的种类、号码、出票日、面值金额、交易合同号、付款人的名称、到期日、背书转让日、贴现日、贴现率、贴现金额以及收款日和收款金额等信息。

（二）"应付票据"科目

"应付票据"科目属于负债类科目，核算企业购买材料、商品和接受劳务供应等开出、承兑的商业汇票。本科目一般设置"商业承兑汇票"和"银行承兑汇票"两个明细科目即可，至于应付票据的详细信息可由"应付票据备查簿"记录。

"应付票据备查簿"应逐笔登记商业汇票的种类、号码、出票日期、到期日、票据金额、交易合同号、收款人名称以及付款日期和金额等信息。

业务处理 ↓

一、应收票据与应付票据一般业务

（一）不带息商业汇票业务

【例2-1】2021年8月10日，珠江公司向东江公司销售甲产品一批，增值税专用发票列示价款200 000元，增值税26 000元。商品及发票已交付给东江公司，珠江公司收到东江公司签发承兑的期限为3个月的不带息商业承兑汇票一张，票面金额为226 000元。11月10日，珠江公司收到东江公司支付的该商业汇票票款。东江公司购入的货物为原材料。

珠江公司（销货方）的账务处理如下。

（1）2021年8月10日，取得商业汇票。

借：应收票据——商业承兑汇票　　　　　　　　　　　　　226 000
　　贷：主营业务收入——甲产品　　　　　　　　　　　　　200 000
　　　　应交税费——应交增值税（销项税额）　　　　　　　 26 000

（2）2021年11月10日，收回票款。

借：银行存款　　　　　　　　　　　　　　　　　　　　　226 000
　　贷：应收票据——商业承兑汇票　　　　　　　　　　　　226 000

（3）如果2021年11月10日未能收回票款，则应进行如下处理。

借：应收账款——东江公司　　　　　　　　　　　　　　　226 000
　　贷：应收票据——商业承兑汇票　　　　　　　　　　　　226 000

东江公司（购货方）的账务处理如下。

（1）2021年8月10日，签发商业汇票。

借：原材料——原料及主要材料　　　　　　　　　　　　　　　200 000

　　应交税费——应交增值税（进项税额）　　　　　　　　　　　26 000

　　　贷：应付票据——商业承兑汇票　　　　　　　　　　　　　　　　226 000

（2）2021年11月10日，支付票款。

借：应付票据——商业承兑汇票　　　　　　　　　　　　　　　226 000

　　　贷：银行存款　　　　　　　　　　　　　　　　　　　　　　　226 000

（3）如果2021年11月10日未能支付票款，则应进行如下处理。

借：应付票据——商业承兑汇票　　　　　　　　　　　　　　　226 000

　　　贷：应付账款——珠江公司　　　　　　　　　　　　　　　　　　226 000

（4）如果2021年11月10日未能支付票款，且该商业汇票为银行承兑汇票，则应进行如下处理。

借：应付票据——商业承兑汇票　　　　　　　　　　　　　　　226 000

　　　贷：短期借款——××银行　　　　　　　　　　　　　　　　　226 000

（二）带息商业汇票业务

【例2-2】沿用【例2-1】的资料，假设珠江公司收到的是一张带息商业承兑汇票，票面利率为5%，其他资料不变。

珠江公司（销货方）的账务处理如下。

（1）2021年8月10日，取得商业汇票。

借：应收票据——商业承兑汇票（面值）　　　　　　　　　　　226 000

　　　贷：主营业务收入——甲产品　　　　　　　　　　　　　　　　200 000

　　　　　应交税费——应交增值税（销项税额）　　　　　　　　　　26 000

（2）2021年8月31日，计提当月票据利息。

计息期不足一个月的，按日计算，当月计息期从11日算起为21天。当月应收利息=226 000×5%÷360×21=659.17（元）。

借：应收票据——商业承兑汇票（利息）　　　　　　　　　　　659.17

　　　贷：财务费用——利息　　　　　　　　　　　　　　　　　　　659.17

（3）2021年9月30日，计提当月票据利息。

计息期满一个月的，按月计算。当月应收利息=226 000×5%÷12=941.67（元）。

借：应收票据——商业承兑汇票（利息）　　　　　　　　　　　941.67

　　　贷：财务费用——利息　　　　　　　　　　　　　　　　　　　941.67

（4）2021年10月31日，计提票据利息与9月份相同。

（5）2021年11月10日，票据到期，收到票据面值及利息共计228 825元。

借：银行存款　　　　　　　　　　　　　　　　　　　　　　　228 825

　　　贷：应收票据——商业承兑汇票（面值）　　　　　　　　　　　226 000

　　　　　　　　　　——商业承兑汇票（利息）　　　　　　　　　　　2 825

同时，计提当月票据利息。当月票据利息=2 825-659.17-941.67×2=282.49（元）。

借：应收票据——商业承兑汇票（利息）　　　　　　　　　　　282.49

　　　贷：财务费用——利息　　　　　　　　　　　　　　　　　　　282.49

东江公司（购货方）的账务处理如下。

（1）2021年8月10日，签发商业汇票。

借：原材料——原料及主要材料　　　　　　　　　　　　　　　200 000

　　应交税费——应交增值税（进项税额）　　　　　　　　　　　26 000

　　　贷：应付票据——商业承兑汇票（面值）　　　　　　　　　　　26 000

（2）2021年8月31日，计提当月票据利息（当月利息的计算与珠江公司相同）。

借：财务费用——利息　　　　　　　　　　　　　　　　　　　659.17

　　　贷：应付票据——商业承兑汇票（利息）　　　　　　　　　　　659.17

（3）2021年9月30日，计提当月票据利息（当月利息的计算与珠江公司相同）。

借：财务费用——利息　　　　　　　　　　　　　　　　　941.67

　　贷：应付票据——商业承兑汇票（利息）　　　　　　　　　941.67

（4）2021年10月31日，计提票据利息与9月份相同。

（5）2021年11月10日，票据到期，支付票据面值及利息共计228 825元。

借：应付票据——商业承兑汇票（面值）　　　　　　　　226 000

　　　　　　——商业承兑汇票（利息）　　　　　　　　　2 825

　　贷：银行存款　　　　　　　　　　　　　　　　　　　228 825

同时，计提当月票据应付利息（当月利息的计算与珠江公司相同）。

借：财务费用——利息　　　　　　　　　　　　　　　　　282.49

　　贷：应付票据——商业承兑汇票（利息）　　　　　　　　282.49

二、应收票据贴现业务

（一）不带追索权票据贴现业务

追索权是指企业转让票据后，持票人在应收票据遭到拒付时，向应收票据的转让方索取票款的权利。一般来说，银行承兑汇票贴现后不带追索权，商业承兑汇票贴现后带有追索权。

票据贴现的计算

【例2-3】2021年9月15日，珠江公司将持有的南江公司的出票日为8月10日、金额为226 000元、期限为3个月的不带息银行承兑汇票送银行贴现，贴现率为6%。贴现利息的计算及账务处理如下。

（1）计算贴现金额。

票据到期日：11月10日。

贴现天数=16+31+10-1=56（天）。

贴现利息=226 000×6%÷360×56=2 109.33（元）。

贴现金额=226 000-2 109.33=223 890.67（元）。

（2）编制贴现的会计分录。

借：银行存款　　　　　　　　　　　　　　　　　　　223 890.67

　　财务费用——利息　　　　　　　　　　　　　　　　2 109.33

　　贷：应收票据——银行承兑汇票　　　　　　　　　　　226 000

（二）带追索权票据贴现业务

【例2-4】2021年6月12日，珠江公司将持有的北江公司的出票日为6月1日、金额为339 000元、期限为3个月的不带息商业承兑汇票送银行贴现，贴现率为6%。贴现利息的计算及账务处理如下。

（1）计算贴现金额。

票据到期日：9月1日。

贴现天数=19+31+31+1-1=81（天）。

贴现利息=339 000×6%÷360×81=4 576.50（元）。

贴现金额=339 000-4 576.50=334 423.50（元）。

（2）编制贴现的相关会计分录。

6月1日收到贴现金额。

借：银行存款　　　　　　　　　　　　　　　　　　　334 423.50

　　财务费用——利息　　　　　　　　　　　　　　　　4 576.50

　　贷：短期借款——××银行　　　　　　　　　　　　　339 000

9月1日，假如北江公司向贴现银行支付了票款，珠江公司应进行如下处理。

借：短期借款——××银行　　　　　　　　　　　　　　339 000

　　贷：应收票据——商业承兑汇票　　　　　　　　　　　339 000

9月1日，假如北江公司未能向贴现银行支付票款，珠江公司应先将票款垫付给贴现银行并进行如下处理。

借：短期借款——××银行　　　　　　　　　　　　　　339 000
　　贷：银行存款　　　　　　　　　　　　　　　　　　　　　339 000
借：应收账款——北江公司　　　　　　　　　　　　　　339 000
　　贷：应收票据——商业承兑汇票　　　　　　　　　　　　　339 000

任务小结 ↓

（一）应收票据与应付票据核算的仅是商业汇票。商品交易或劳务供应采用商业汇票结算时，销货方为应收票据，购货方为应付票据。

（二）应收票据与应付票据无论是否带息，均按面值入账。带息票据的购销双方均应在期末计提票据利息。

（三）"应收票据"与"应付票据"科目一般只设置"商业承兑汇票"和"银行承兑汇票"两个明细科目即可，但应设置"备查簿"登记每一张票据的详细信息。

（四）应收票据的票款如果未能如期收回，应转作应收账款；应付票据的票款如果未能按期支付，则应转作应付账款。

（五）贴现是企业将未到期的票据转让给银行，由银行按票据到期值扣除贴现日至票据到期日的利息后，将余额付给企业的融资行为。贴现利息的计算，关键是确定贴现期限。贴现期限又称贴现天数，是指贴现日至票据到期日之间的天数，但头尾两天只能计算一天。

（六）票据贴现的账务处理根据是否带追索权有所不同。不带追索权的票据贴现后可以直接转销"应收票据"的账面价值；带追索权的票据贴现后应进行"短期借款"处理，待追索权消失之后才能转销"应收票据"的账面价值。

任务训练（一） ↓

任务训练 5　练习应收票据和应付票据一般业务的账务处理

资料：珠江公司发生有关经济业务如下。

业务一：2022 年 11 月 15 日，珠江公司向西江公司销售乙产品一批，增值税专用发票列示价款 300 000 元，增值税 39 000 元。商品及发票已交付给西江公司，珠江公司收到西江公司签发并承兑的期限为 2 个月的不带息商业承兑汇票一张，票面金额为 339 000 元。2023 年 1 月 15 日，珠江公司收到西江公司支付的商业汇票票款。西江公司购入的货物为原材料。

业务二：2022 年 11 月 30 日，珠江公司向东江公司销售乙产品一批，增值税专用发票列示价款 400 000 元，增值税 52 000 元。商品及发票已交付给东江公司，珠江公司收到东江公司签发承兑的期限为 2 个月、年利率为 3.6% 的带息商业承兑汇票一张，票面金额为 452 000 元。2023 年 1 月 31 日，珠江公司收到东江公司支付的商业汇票票款。东江公司购入的货物为原材料。

要求：根据上述业务分别编制销货方和购货方的会计分录。

任务训练（二） ↓

任务训练 6　练习应收票据贴现的计算及账务处理

资料：2022 年珠江公司有关票据贴现业务如下。

业务一：2022 年 3 月 20 日，将持有的东江公司的出票日为 3 月 1 日、金额为 300 000 元、期限为 4 个月的不带息银行承兑汇票送银行贴现，贴现率为 6%。

业务二：2022 年 4 月 12 日，将持有的西江公司的出票日为 3 月 10 日、金额为 400 000 元、期限为 6 个月的不带息商业承兑汇票送银行贴现，贴现率为 5%。到期日西江公司未能向贴现银行支付票款。

要求：根据上述资料计算贴现金额并编制相应的会计分录。

任务二　应收账款与预收账款核算

任务导言　↓

应收账款与预收账款虽然不是"一家人"（分别属于资产家族和负债家族成员），但是，二者均因销售业务而产生，同根同源。

编者在审计工作中发现，很多企业应收账款和预收账款的核算存在两个方面的问题。一是同一往来单位分别在"应收账款"和"预收账款"科目下设置明细科目，导致本来已经结清的往来款项分别在"应收账款"账户和"预收账款"账户下出现余额，一个为借方余额，一个为贷方余额，并且余额相等，这一现象俗称"两边挂账"，这必然导致企业资产总额和负债总额同时虚增。二是资产负债表的"应收账款"项目和"预收账款"项目填列负数。很显然，这一定是根据"应收账款"和"预收账款"总账的余额直接填列的，没有对其明细账户按照余额方向进行重分类调整，这必然会导致企业的资产总额和负债总额同时虚减。

上述实务中容易犯的错误，一点也不深奥。通过本任务的学习，学习者在今后的学习与工作中应不犯同样的错误！

知识准备　↓

一、应收账款与预收账款相关知识

（一）应收账款的确认

应收账款是指企业因销售商品、提供劳务等业务，应向购货或接受劳务的单位或个人收取的款项。一笔应收款项能否确认为"应收账款"，主要取决于它产生的原因，即它必须是由于商品销售或劳务供应等原因形成的应收款项，其他原因产生的应收款项原则上不能确认为"应收账款"。不过也有例外，比如，销货单位为购货单位代垫的运杂费也可以确认为应收账款。应收代垫费用不属于商品交易的款项，不属于"应收账款"核算的内容，本应在"其他应收款"科目核算，但在会计实务中，一般把它与货款一起通过"应收账款"科目核算并一起结算，这是一种简便、实用的处理方法。

（二）应收账款的初始计量

应收账款的初始计量是指确定应收账款在发生的时候的金额，即入账价值。一般来说，应收账款的入账价值是指因销售商品或提供劳务应向客户收取的所有款项，包括销售货物或提供劳务的价款、价外的增值税税款以及代垫费用等。

（三）预收账款的确认

预收账款是指企业因销售商品或提供劳务，按照合同规定预先向购货单位或接受劳务单位收取的款项（定金）。由于预收货款时，销售并未实现，不能确认为收入，只能暂时确认为预收账款。

二、应收账款与预收账款业务核算的会计科目

（一）"应收账款"科目

"应收账款"科目属于资产类科目，核算企业因销售商品、提供劳务等经营活动应收取的款项。本科目应按债务人进行明细核算。债务人如为单位，应写单位的全称；债务人如为个人，应写个人的姓名。

（二）"预收账款"科目

"预收账款"科目属于负债类科目，核算企业按照合同规定预收的款项。本科目应按购货人进行明细核算。购货人如为单位，应写单位的全称；购货人如为个人，应写个人的姓名。

🌱 **注意事项**

在会计实务中，企业可以同时设置"应收账款"和"预收账款"两个科目，也可以只设置"应收账款"科目，不设置"预收账款"科目。当企业同时设置"应收账款"与"预收账款"科目时，切记这两个科目下不能有同一名称的明细科目，即同一客户不能同时在这两个科目下开设明细账户。否则既不便于货款的结算，也很容易造成一笔往来款项两边挂账，使得企业的资产与负债同时产生虚增现象。

业务处理 ↓

02 一、应收账款与预收账款日常业务的处理

（一）同时设置"应收账款"与"预收账款"科目

【例 2-5】2021 年 12 月 2 日，珠江公司向东江公司销售甲产品一批，增值税专用发票列示价款 200 000 元，增值税 26 000 元。商品及发票已交付给东江公司，货款暂未收到。12 月 6 日，珠江公司收到东江公司支付的甲产品的全部货款。珠江公司的账务处理如下。

往来账户的设置

12 月 2 日，销售甲产品。

借：应收账款——东江公司 226 000
　　贷：主营业务收入——甲产品 200 000
　　　　应交税费——应交增值税（销项税额） 26 000

12 月 6 日，收到东江公司货款。

借：银行存款 226 000
　　贷：应收账款——东江公司 226 000

本例假设珠江公司的"预收账款"科目下已设有"东江公司"这个明细科目，则应收东江公司的货款不能通过"应收账款"科目核算，而应通过"预收账款——东江公司"科目核算。此时账务处理如下。

12 月 2 日，销售甲产品。

借：预收账款——东江公司 226 000
　　贷：主营业务收入——甲产品 200 000
　　　　应交税费——应交增值税（销项税额） 26 000

12 月 6 日，收到东江公司货款。

借：银行存款 226 000
　　贷：预收账款——东江公司 226 000

【例 2-6】2021 年 12 月 8 日，珠江公司按照合同预收西江公司购买甲产品的定金 30 000 元。12 月 28 日珠江公司向西江公司交付产品，增值税专用发票列示价款 300 000 元，价外增值税 39 000 元。12 月 30 日收到西江公司支付的其余货款。珠江公司的账务处理如下。

12 月 8 日，预收西江公司货款。

借：银行存款 30 000
　　贷：预收账款——西江公司 30 000

12 月 28 日，销售甲产品。

借：预收账款——西江公司 339 000
　　贷：主营业务收入——甲产品 300 000
　　　　应交税费——应交增值税（销项税额） 39 000

12 月 30 日，收到西江公司货款。

借：银行存款 309 000
　　贷：预收账款——西江公司 309 000

本例假设珠江公司的"应收账款"科目下已设有"西江公司"这个明细科目，则预收货款业务应通过"应收账款——西江公司"科目核算，不能在"预收账款"科目下再开设"西江公司"明细科目。此时，珠江公司的账务处理如下。

12月8日，预收西江公司货款。

借：银行存款　　　　　　　　　　　　　　　　　　　　　　　　　30 000
　　贷：应收账款——西江公司　　　　　　　　　　　　　　　　　　　　30 000

12月28日，销售甲产品。

借：应收账款——西江公司　　　　　　　　　　　　　　　　　　　339 000
　　贷：主营业务收入——甲产品　　　　　　　　　　　　　　　　　　300 000
　　　　应交税费——应交增值税（销项税额）　　　　　　　　　　　　 39 000

12月30日，收到西江公司货款。

借：银行存款　　　　　　　　　　　　　　　　　　　　　　　　　309 000
　　贷：应收账款——西江公司　　　　　　　　　　　　　　　　　　　309 000

02

（二）只设"应收账款"科目不设"预收账款"科目

这种情况下，销售商品时，不管发生应收账款，还是发生预收账款，都应在"应收账款"科目下设置明细科目进行核算，其账务处理不再举例。

那么，期末如何知道应收账款和预收账款各有多少呢？核实应收账款明细账户的余额方向即可：凡是出现借方余额的，都属于应收账款，凡是出现贷方余额的，都属于预收账款。

二、应收账款与预收账款在资产负债表中的填列方法

在资产负债表中，"应收账款"和"预收账款"这两个项目不能根据其总账的余额直接填列，应根据这两个账户的明细账户的余额计算填列。

【例2-7】珠江公司同时设置"应收账款"和"预收账款"两个科目，2021年12月末应收账款和预收账款总账及明细账户的余额如表2-1所示。

表2-1　　　　　　　　应收账款和预收账款总账及明细账户余额表　　　　　　　　单位：元

总账科目	明细科目	借方余额	贷方余额
应收账款			90 000
	东江公司	90 000	
	西江公司		250 000
	南江公司	80 000	
	珠江公司		120 000
	白云公司	50 000	
	越秀公司	60 000	
	明细账户余额小计	280 000	370 000
预收账款		70 000	
	东山公司		50 000
	西山公司		60 000
	南山公司		30 000
	北山公司	60 000	
	天河公司	190 000	
	南沙公司		40 000
	明细账户余额小计	250 000	180 000

要求：根据上述资料，在不考虑坏账准备的情况下，计算资产负债表中的"应收账款"和"预收账款"项目的期末余额。

很多企业资产负债表的应收账款和预收账款的期末余额之所以填列负数，说明是根据这两个账户总账的期末余额直接填列的。就本例而言，应收账款总账的余额为贷方 90 000 元，便填写 "-90 000" 元，预收账款总账的余额为借方 70 000 元，便填写 "-70 000" 元。这样填写，显然没有反映"应收账款"和"预收账款"的真相。因为总账的余额是所属明细账户借方、贷方余额相互抵消的结果，各明细账户的余额才是"应收账款"和"预收账款"的真相。这两个账户的明细账户，凡是出现借方余额的，说明它是应收账款；凡是出现贷方余额的，说明它是预收账款。所以，本例"应收账款"和"预收账款"在资产负债表的期末余额的正确计算过程如下（不考虑坏账准备）。

"应收账款"期末余额="应收账款"所属明细账户借方合计+"预收账款"所属明细账户借方余额合计= 280 000+250 000=530 000（元）

"预收账款"期末余额="应收账款"所属明细账户贷方合计+"预收账款"所属明细账户贷方余额合计= 370 000+180 000=550 000（元）

根据明细账户的余额方向来判断并计算应收账款和预收账款的期末余额的方法，我们通常称之为"重新分类"，简称为"重分类"。

注意事项

如今，企业的会计核算一般都使用财务软件，但是，在生成资产负债表时，如果财务软件没有往来款项重分类功能，则需要财会人员自己动手做重分类处理。

【例 2-8】沿用【例 2-7】的资料，假设珠江公司只设置"应收账款"科目，未设置"预收账款"科目。则该公司 2021 年 12 月末应收账款总账及明细账户的余额如表 2-2 所示。

表 2-2　　　　　　　　　　　应收账款总账及明细账户余额表　　　　　　　　　　单位：元

总账科目	明细科目	借方余额	贷方余额
应收账款			20 000
	东江公司	90 000	
	西江公司		250 000
	南江公司	80 000	
	珠江公司		120 000
	白云公司	50 000	
	越秀公司	60 000	
	东山公司		50 000
	西山公司		60 000
	南山公司		30 000
	北山公司	60 000	
	天河公司	190 000	
	南沙公司		40 000
明细账户余额合计		530 000	550 000

此种情况下，如果根据总账余额直接填列，则"应收账款"项目期末余额为"-20 000"元，"预收账款"项目期末余额为"0"，这种做法其实是错误的。正确的填列方法与【例 2-7】相同，"应收账款"项目期末余额为 530 000 元，"预收账款"项目期末余额为 550 000 元。

任务小结 ↓

（一）应收账款是指企业因销售商品、提供劳务等业务，应向购货或接受劳务的单位或个人收取的款项。

（二）应收账款的入账价值是指因销售商品或提供劳务应向客户收取的所有款项，包括销售货物或提供劳务的价款、价外的增值税税款以及代垫费用等。

（三）预收账款是指企业因销售商品或提供劳务，按照合同规定预先向购货单位或接受劳务单位收取的款项（定金）。

（四）在会计实务中，企业可以同时设置"应收账款"和"预收账款"两个科目，也可以只设置"应收账款"科目，不设置"预收账款"科目。同时设置"应收账款"和"预收账款"两个科目时，同一客户不能同时在这两个科目下开设明细账户。

（五）在资产负债中，"应收账款"和"预收账款"这两个项目不能根据其总账的余额直接填列，应根据这两个账户所属的明细账户余额方向进行重分类处理。

任务训练 ↓

02

任务训练 7　练习应收账款和预收账款一般业务的账务处理

资料：珠江公司同时设置"应收账款"和"预收账款"两个科目，2022 年 9 月发生有关经济业务如下。

业务一：9 月 2 日，向东江公司销售甲产品一批，增值税专用发票列示价款 300 000 元，增值税 39 000 元。商品及发票已交付给东江公司，货款暂未收到。9 月 8 日，收到东江公司支付的甲产品的全部货款。

业务二：9 月 5 日，向西江公司销售甲产品一批，增值税专用发票列示价款 400 000 元，增值税 52 000 元。商品及发票已交付给西江公司，货款暂未收到。9 月 8 日，珠江公司收到西江公司支付的甲产品的全部货款。（提示：珠江公司的"预收账款"科目下，已有"西江公司"明细科目。）

业务三：9 月 8 日，按照合同预收南江公司购买甲产品的定金 50 000 元。9 月 28 日珠江公司向南江公司交付产品，增值税专用发票列示价款 500 000 元，增值税 65 000 元。9 月 30 日收到南江公司支付的其余货款。

业务四：9 月 9 日，按照合同预收北江公司购买甲产品的定金 60 000 元。9 月 28 日珠江公司向北江公司交付产品，增值税专用发票列示价款 600 000 元，增值税 78 000 元。9 月 30 日收到北江公司支付的其余货款。（提示：珠江公司的"应收账款"科目下已设有"北江公司"明细科目。）

要求：根据上述资料分别编制会计分录。

任务三　其他应收款与其他应付款核算

在专门的应收款科目下不能核算的应收款就在"其他应收款"科目下核算；在专门的应付款科目下不能核算的应付款就在"其他应付款"科目下核算。二位心地善良的"其他同志"虽然"性别"不同，但是从编制资产负债表的角度来看，二者的关系也是亲如姊妹。

在会计实务中，其他应收款和其他应付款核算存在的问题，与应收账款和预收账款核算存在的问题类似：一是同一往来单位（或个人）分别在"其他应收款"和"其他应付款"账户中开设明细账户；二是资产负债表中的"其他应收款"项目和"其他应付款"项目填列负数。这两个问题造成的后果也一样：前者将导致资产总额与负债总额虚增；后者将导致资产总额与负债总额虚减。解决问题的办法也相同：前者要避免同一往来单位（或个人）多头开户；后者在编制资产负债表时要对其他应收款和其他应付款所属的明细账户做重分类处理。

本任务的重点是其他应收款的核算。其他应收款核算的重点是备用金核算。备用金核算有两种办法，分别对应备用金的两种管理制度：定额备用金制度和非定额备用金制度。学习者一般在会计基础（基础会计）课程中学习过备用金的核算，即采购员出差前预借差旅费，出差回来后报账的业务处理，但均为非定额备用金制度下的账务处理方法。那么，同样的业务在定额备用金制度下，账务处理有何不同呢？

一、其他应收款与其他应付款相关知识

（一）其他应收款的内容

其他应收款是指企业除应收票据、应收账款、预付账款、应收股利、应收利息、长期应收款以外的其他各种应收及暂付款项。其他应收款的主要内容包括应收的各种赔款、罚款，应收的出租包装物租金，应向职工收取的各种垫付款项，备用金，存出保证金，预付账款转入等。

（二）其他应付款的内容

其他应付款是指除应付票据、应付账款、预收账款、应付职工薪酬、应交税费、应付利息、应付股利、长期应付款以外的其他各种应付及暂收款项。如应付经营性租入固定资产和包装物租金、存入保证金（押金）等。

二、其他应收款与其他应付款核算的会计科目

（一）"其他应收款"科目

"其他应收款"科目属于资产类科目，核算除应收票据、应收账款、预付账款、应收股利、应收利息、长期应收款以外的其他各种应收及暂付款项。本科目应按对方单位或个人进行明细核算。对方是单位的，要写单位的全称；对方是个人的要写个人的真实姓名，不要写对个人的称谓，如张总、王书记等。

（二）"其他应付款"科目

"其他应付款"科目属于负债类科目，核算除应付票据、应付账款、预收账款、应付职工薪酬、应交税费、应付利息、应付股利、长期应付款以外的其他各种应付及暂收款项。本科目应按对方单位或个人进行明细核算。对方为单位的，要写单位的全称；对方是个人的要写个人的真实姓名。

一般情况下，企业应当同时设置"其他应收款"科目和"其他应付款"科目进行有关业务的会计核算。

企业也可以只设置"其他应收款"科目，不设置"其他应付款"科目，发生的其他应付款业务也在"其他应收款"科目核算；或者只设置"其他应付款"科目，不设置"其他应收款"科目，发生的其他应收款业务也在"其他应付款"科目核算。

> **注意事项**
>
> 　同时设置"其他应收款"与"其他应付款"科目时，同一往来单位或个人不能同时在这两个科目下开设明细账户，即避免"多头开户"。否则既不便于款项的结算，还有可能导致资产和负债同时虚增。

业务处理 ↓

一、其他应收款与其他应付款日常业务处理

（一）备用金业务

备用金是指企业拨付给内部用款单位或职工个人作为零星开支的备用款项。备用金的管理制度有定额备用金制度和非定额备用金制度两种。对于不同的备用金制度，核算方法也不相同。企业可以根据不同的备用金使用对象，自行选择备用金管理制度。

（1）非定额备用金业务

非定额备用金是指企业内部的用款单位或个人，为满足临时需要而不按定额持有的备用金。这是企业最基本、最常用的备用金管理制度。其基本做法是：用前借款，用后归还，逐次结清。这种管理制度适合不经常出差、用款的单位或个人。

【例2-9】2021年12月3日，珠江公司管理部门职工李苹临时出差，预借差旅费5 000元，出纳人员以现金拨付。12月15日李苹出差回来报账，发生差旅费共计4 850元，交回现金150元。有关账务处理如下。

12月3日，拨付李苹差旅费。

借：其他应收款——李苹　　　　　　　　　　　　　　5 000
　　贷：库存现金　　　　　　　　　　　　　　　　　　　　5 000

12月15日，李苹报销差旅费。

借：管理费用——差旅费　　　　　　　　　　　　　　4 850
　　库存现金　　　　　　　　　　　　　　　　　　　150
　　贷：其他应收款——李苹　　　　　　　　　　　　　　　5 000

假设李苹回来报账，实际发生差旅费共计5 300元，则进行如下处理。

借：管理费用——差旅费　　　　　　　　　　　　　　5 300
　　贷：其他应收款——李苹　　　　　　　　　　　　　　　5 000
　　　　库存现金　　　　　　　　　　　　　　　　　　　300

（2）定额备用金业务

定额备用金是指企业内部的用款单位或个人按核定的定额持有的备用金。一般经常出差、经常用款的单位或个人适合采用定额备用金管理办法。其基本做法是：年初按定额拨付备用金，平时报账以现金补足定额，年末收回定额备用金。

【例2-10】珠江公司对采购员张文兵实行定额备用金制度。2021年1月3日，拨付张文兵定额备用金6 000元，以现金支付；1月31日，张文兵报销差旅费5 600元；2月28日，张文兵报销差旅费6 500元。3月31日，张文兵报销差旅费4 900元。12月30日，张文兵交回定额备用金现金6 000元。有关账务处理如下。

1月3日，拨付张文兵定额备用金。

借：其他应收款——张文兵　　　　　　　　　　　　　6 000
　　贷：库存现金　　　　　　　　　　　　　　　　　　　　6 000

1月31日，张文兵报销差旅费。

借：管理费用——差旅费   5 600

    贷：库存现金   5 600

2 月 28 日，张文兵报销差旅费。

借：管理费用——差旅费   6 500

    贷：库存现金   6 500

3 月 31 日，张文兵报销差旅费。

借：管理费用——差旅费   4 900

    贷：库存现金   4 900

12 月 30 日，收回张文兵定额备用金。

借：库存现金   6 000

    贷：其他应收款——张文兵   6 000

（二）赔款、罚款业务

【例 2-11】珠江公司与东江公司曾签订一份购销合同，后来东江公司违约。2021 年 12 月 8 日，双方经协商达成协议：东江公司应向珠江公司支付违约金 50 000 元。12 月 15 日，珠江公司收到东江公司支付的违约金。

珠江公司账务处理如下。

12 月 8 日，应收东江公司违约金。

借：其他应收款——东江公司   50 000

    贷：营业外收入——赔款收入   50 000

12 月 15 日，收到东江公司违约金。

借：银行存款   50 000

    贷：其他应收款——东江公司   50 000

东江公司账务处理如下。

12 月 8 日，应付珠江公司违约金。

借：营业外支出——赔款支出   50 000

    贷：其他应付款——珠江公司   50 000

12 月 15 日，支付珠江公司违约金。

借：其他应付款——珠江公司   50 000

    贷：银行存款   50 000

（三）保证金（押金）业务

【例 2-12】2021 年 6 月 2 日，珠江公司向西江公司支付租用包装物押金 30 000 元。2021 年 9 月 3 日，西江公司退还珠江公司的包装物押金 30 000 元。

珠江公司账务处理如下。

6 月 2 日，支付包装物押金。

借：其他应收款——西江公司   30 000

    贷：银行存款   30 000

9 月 3 日，收回包装物押金。

借：银行存款   30 000

    贷：其他应收款——西江公司   30 000

西江公司账务处理如下。

6 月 2 日，收包装物押金。

借：银行存款   30 000

    贷：其他应付款——珠江公司   30 000

9 月 3 日，退还包装物押金。

借：其他应付款——珠江公司 　　　　　　　　　　　　　　　30 000
　　贷：银行存款 　　　　　　　　　　　　　　　　　　　　　　30 000

二、其他应收款与其他应付款在资产负债表中的填列方法

"其他应收款"项目与"其他应付款"项目在资产负债表中的填列方法与"应收账款"项目和"预收账款"项目是一样的，二者也是一对"冤家"，平时核算时，可以你中有我，我中有你，但是在编制资产负债表时，就要"重新站队"：明细账户为借方余额的，站到"其他应收款"队伍中；明细账户为贷方余额的，站到"其他应付款"队伍中。其重分类方法与【例2-7】类似，这里不再举例。

任务小结 ↓

（一）其他应收款是指企业除应收票据、应收账款、预付账款、应收股利、应收利息、长期应收款以外的其他各种应收及暂付款项。

（二）其他应付款是指除应付票据、应付账款、预收账款、应付职工薪酬、应交税费、应付利息、应付股利、长期应付款以外的其他各种应付及暂收款项。

（三）备用金是指企业拨付给内部用款单位或职工个人作为零星开支的备用款项。备用金的管理制度有定额备用金制度和非定额备用金制度。对于不同的备用金制度，核算方法也不相同。

（四）在编制资产负债表时，"其他应收款"和"其他应付款"这两个项目应根据其所属明细账户的余额方向做重分类处理。

任务训练 ↓

任务训练8　练习其他应收款与其他应付款业务的账务处理

资料：珠江公司2022年发生有关经济业务如下。

（1）1月3日，向销售部拨付定额备用金8 000元，签发现金支票一张。

（2）1月10日，厂部人员张清临时出差，向财务部预借差旅费5 000元，以现金支付。

（3）1月28日，张清报销差旅费4 680元，余款以现金方式交回。

（4）1月30日，销售部报销差旅费4 900元，业务招待费2 600元，办公费1 200元，以现金补足定额。

（5）2月28日，销售部报销差旅费2 500元，业务招待费3 200元，以现金补足定额。

（6）3月31日，销售部报销业务招待费6 500元，以现金补足定额。

（7）4月20日，支付东江公司包装物押金20 000元。

（8）6月28日，收到东江公司退还的包装物押金20 000元。

（9）7月25日，经协商，西江公司同意赔偿违约金100 000元。

（10）8月2日，收到西江公司支付的违约金100 000元。

要求：根据上述资料编制会计分录。

任务四 应收款项减值核算

任务导言 ↓

应收款项减值的核算方法有两种：一是"直接转销法"；二是"备抵法"。两种方法各有利弊。"备抵法"符合权责发生制和稳健性原则，使得企业各期的经营成果比较均衡、合理，财务状况真实、可靠，但在账务处理上比较麻烦；"直接转销法"虽然不如"备抵法"稳健，但是简便易行。

应收款项减值的两种核算方法，其实也是对应收款项减值的两种应对策略。如果说"备抵法"是居安思危、未雨绸缪，那么，"直接转销法"则属于临渴掘井、亡羊补牢。目前两种方法在我国的具体运用情况为：执行《企业会计准则》的企业采用"备抵法"；执行《小企业会计准则》的企业采用"直接转销法"。

本任务主要讲"备抵法"，它既是本任务的重点，也是难点。"备抵法"的难点不在于账务处理，而在于应提坏账准备的计算。

知识准备 ↓

一、应收款项减值的相关知识

（一）应收款项减值的确认

企业的各种应收款项可能会因购货人拒付、破产、死亡等原因而无法收回。这类无法收回的应收款项叫作"坏账"。企业因坏账而遭受的损失叫作"坏账损失"。

企业应在资产负债表日对应收款项的账面价值进行检查，有客观证据表明应收款项发生减值的，应当确认减值损失，计提坏账准备。应收款项发生减值的客观证据主要包括以下几项。

（1）债务人发生严重财务困难。

（2）债务人违反了合同条款，如违约或逾期等。

（3）债权人出于经济或法律等方面因素的考虑，对发生财务困难的债务人做出让步。

（4）债务人很可能倒闭或进行其他债务重组。

（二）应收款项减值的估计方法

应收款项减值的估计方法一般有以下三种。

（1）应收款项余额百分比法。即根据期末应收款项余额和估计的坏账率，估计坏账损失的方法。

（2）账龄分析法。即根据应收款项账龄的长短以及当前的具体情况，估计坏账损失的方法。应收款项的账龄越长，收不回来的可能性就越大，确定的坏账率就越高。

（3）个别认定法。即根据每一笔应收款项的情况来估计坏账损失的方法。

上述三种坏账的估计方法，企业可以选用其中的一种，也可以选取其中的两种方法并用。比如同时采用方法（1）和方法（3），或同时采用方法（2）和方法（3）。但是，同时采用方法（1）和方法（2）则无必要。需要注意的是，坏账损失的估计方法一经确定，不得随意变更。如有变更，需在财务报表中加以披露。

（三）应收款项减值核算的方法

1. 直接转销法

直接转销法是指在实际发生坏账时确认坏账损失并计入当期损益的方法。

2. 备抵法

备抵法是指按期估计坏账损失，计提坏账准备，当某一应收款项全部或部分被确认为坏账时，则用计提的坏账准备予以核销的方法。使用这种方法时，企业应设置"坏账准备"科目进行核算。

（四）备抵法下计提坏账准备的应收款项范围

按照企业会计准则的规定，所有的应收款项，包括应收票据、应收账款、预付账款、其他应收款、长期应收款等，只要有可能收不回来，都可以计提坏账准备。但是"预付账款"和"应收票据"不能直接计提坏账准备。如有证据表明不能收回，应分别转入"其他应收款"账户和"应收账款"账户，再计提坏账准备。

二、备抵法下应收款项减值核算的会计科目

（一）"坏账准备"科目

"坏账准备"科目属于资产类备抵科目，核算企业坏账准备的计提、转销及结余等情况。本科目应按应收款项的类别进行明细核算。由于"预付账款"和"应收票据"不能直接计提坏账准备，所以本科目通常可以设置"应收账款""其他应收款"和"长期应收款"等明细科目。

> 📚 **注意事项**
>
> "坏账准备"账户的结构与负债类账户相同，即贷方登记坏账准备的增加额，借方登记坏账准备的减少额，期末余额通常在贷方。为什么它不属于负债类科目而属于资产类科目呢？那是因为"坏账准备"账户的期末余额是在资产负债表的资产方填列，即作为应收款项的减项来填列。

（二）"信用减值损失"科目

"信用减值损失"科目属于损益类科目，核算企业计提的各项金融工具减值所形成的预期信用损失。本科目的明细科目应按计提损失的金融资产种类设置，如"计提坏账准备""计提长期股权投资减值准备""计提债权投资减值准备"等。

> 📚 **注意事项**
>
> 计提坏账准备为什么要用"信用减值损失"科目，不用"资产减值损失"科目呢？这是因为根据新修订的《金融工具确认和计量》准则规定，应收款项也属于金融资产（工具）。

业务处理 ↓

一、应提坏账准备的计算

备抵法下，企业应按年估计坏账损失，计提坏账准备。年末应计提坏账准备的多少取决于三个因素：（1）应收款项余额的大小；（2）坏账准备的计提比例；（3）当前"坏账准备"账户的余额及方向。以"应收款项余额百分比法"为例，其计算公式为：

应提坏账准备的计算

当期应提取的坏账准备=当期"应收款项"期末余额×坏账准备计提比例-当前"坏账准备"账户的贷方余额（或+当前"坏账准备"账户的借方余额）

根据以上公式计算的结果，如果为正数，则是本期应当补提坏账准备的金额；如果为负数，则表明累计已计提的坏账准备比本期应保留的坏账准备金额还多，本期不但不能计提坏账准备，还要将多提的坏账准备冲回去。

二、坏账准备的计提和转回

【例2-13】2020年12月31日，珠江公司"应收账款"期末余额为3 000 000元，按5%计提坏账准备。

计提坏账准备前，假设"坏账准备"账户的余额有以下 4 种情况：（1）没有余额；（2）贷方余额 90 000 元；（3）借方余额 30 000 元；（4）贷方余额 180 000 元。现根据上述 4 种不同的情况，分别计算应计提坏账准备的金额并做相应账务处理如下。

（1）"坏账准备"账户当前没有余额。

应提坏账准备=3 000 000×5%=150 000（元）。

借：信用减值损失——计提坏账准备 150 000

  贷：坏账准备——应收账款 150 000

（2）"坏账准备"账户当前为贷方余额 90 000 元。

应提坏账准备=3 000 000×5%-90 000=60 000（元）。

借：信用减值损失——计提坏账准备 60 000

  贷：坏账准备——应收账款 60 000

（3）"坏账准备"账户当前为借方余额 30 000 元。

应提坏账准备=3 000 000×5%+30 000=180 000（元）。

借：信用减值损失——计提坏账准备 180 000

  贷：坏账准备——应收账款 180 000

（4）"坏账准备"账户当前为贷方余额 180 000 元。

应提坏账准备=3 000 000×5%-180 000=-30 000（元）。

借：信用减值损失——计提坏账准备 30 000

  贷：坏账准备——应收账款 30 000

> **问题探讨：冲销多提的坏账准备，是用红字冲销好，还是用蓝字冲销好？**
> 冲销多提的坏账准备，采用红字冲销法更好，因为它避免了损益类账户发生额虚增的现象。

三、坏账损失的核销及已核销坏账的收回

【例 2-14】2021 年 5 月 20 日，珠江公司有证据表明，应收南沙公司的货款 56 000 元无法收回。2021 年 12 月 10 日，已确认为坏账的南沙公司货款收回 25 000 元。有关账务处理如下。

2021 年 5 月 20 日，确认无法收回南沙公司货款。

借：坏账准备——应收账款 56 000

  贷：应收账款——南沙公司 56 000

2021 年 12 月 10 日，收回南沙公司部分货款。

借：银行存款 25 000

  贷：坏账准备——应收账款 25 000

四、坏账损失核算综合举例

【例 2-15】东江公司按应收账款余额的 3%计提坏账准备，各年有关情况如下。

（1）2018 年年末"应收账款"余额为 200 万元，计提坏账准备前，"坏账准备"账户无余额。

（2）2019 年确认应收南沙公司的货款 9 万元无法收回，年末"应收账款"余额为 300 万元。

（3）2020 年年末"应收账款"余额为 420 万元。

（4）2021 年确认应收西沙公司的货款 3 万元无法收回，年末"应收账款"余额为 200 万元。

各年应提取坏账准备的计算及相关账务处理如下。

（1）2018 年年末应提坏账准备=2 000 000×3%=60 000（元）。

借：信用减值损失——计提坏账准备 60 000

  贷：坏账准备——应收账款 60 000

（2）2019年核销坏账损失。

借：坏账准备——应收账款　　　　　　　　　　　　　　　　　90 000
　　贷：应收账款——南沙公司　　　　　　　　　　　　　　　　　　90 000

（3）2019年年末应提坏账准备=3 000 000×3%+30 000=120 000（元）。

借：信用减值损失——计提坏账准备　　　　　　　　　　　　　120 000
　　贷：坏账准备——应收账款　　　　　　　　　　　　　　　　　　120 000

（4）2020年年末应提坏账准备=4 200 000×3%-90 000=36 000（元）。

借：信用减值损失——计提坏账准备　　　　　　　　　　　　　36 000
　　贷：坏账准备——应收账款　　　　　　　　　　　　　　　　　　36 000

（5）2021年核销坏账损失。

借：坏账准备——应收账款　　　　　　　　　　　　　　　　　30 000
　　贷：应收账款——西沙公司　　　　　　　　　　　　　　　　　　30 000

（6）2021年应提坏账准备=2 000 000×5%-96 000=-36 000（元）。

借：信用减值损失——计提坏账准备　　　　　　　　　　　　　36 000
　　贷：坏账准备——应收账款　　　　　　　　　　　　　　　　　　36 000

任务小结 ↓

（一）企业的各种应收款项，可能会因购货人拒付、破产、死亡等原因而无法收回。这类无法收回的应收款项叫作坏账。企业因坏账而遭受的损失叫作坏账损失。

（二）应收款项减值的估计方法一般有应收账款余额百分比法、账龄分析法和个别认定法。

（三）所有的应收款项只要有可能收不回来，都可以计提坏账准备。但是"预付账款"和"应收票据"不能直接计提坏账准备。如有证据表明不能收回，应分别转入"其他应收款"账户和"应收账款"账户，再计提坏账准备。

（四）应收款项减值的核算方法有直接转销法和备抵法。采用"备抵法"核算坏账损失时，应增设"坏账准备"科目进行核算。

（五）计提坏账准备金额的多少取决于三个因素：应收款项余额的大小；坏账准备的计提比例；当前"坏账准备"账户的余额及方向。

（六）在资产负债上，"坏账准备"账户的余额作为应收款项的减项填列。

任务训练（一）↓

任务训练9　练习应收款项减值的核算

资料：北江公司2018年年末的应收账款余额为3 000 000元，该公司按应收账款余额的5%计提坏账准备。2018年年末计提坏账准备前，"坏账准备"账户无余额。2019年发生了坏账损失200 000元，年末应收账款余额为3 400 000元。2020年发生坏账损失50 000元，年末应收账款余额为2 000 000元。2021年发生坏账损失30 000元，年末应收账款余额为2 100 000元。

要求：根据上述资料编制各年相关的会计分录（涉及计算的，应列出计算过程）。

任务训练（二）↓

任务训练10　练习应收款项减值的核算

资料：北江公司2018年年末的应收账款余额为3 800 000元，该公司按应收账款余额的5%计提坏账准备。2018年年末计提坏账准备前，"坏账准备"账户为借方5 000元。2019年发生了坏账损失160 000元，年末应收账款余额为 3 500 000 元。2020 年发生坏账损失 80 000 元，年末应收账款余额为 2 800 000 元。2021 年发生坏账损失 10 000 元，年末应收账款余额为 2 000 000 元。

要求：根据上述资料编制各年相关的会计分录（涉及计算的，应列出计算过程）。

项目测试

一、判断题（每小题 2 分，本题 20 分）

（1）商业汇票是指出票人签发的，委托付款人在指定日期无条件支付确定的金额给收款人或者持票人的票据。（　　）

（2）贴现是企业将已到期的票据转让给银行，由银行按票据到期值扣除贴现日至票据到期日的利息后，将余额付给企业的融资行为。（　　）

（3）商业承兑汇票贴现后不带追索权，银行承兑汇票贴现后带有追索权。（　　）

（4）同一客户可以同时在"应收账款"和"预收账款"科目下开设明细账户。（　　）

（5）在资产负债表中，"应收账款"和"预收账款"这两个项目可以根据其总账的余额直接填列。（　　）

（6）资产负债表中的"其他应收款"项目和"其他应付款"项目可以填列负数。（　　）

（7）备用金是指企业拨付给内部用款单位或职工个人作为零星开支的备用款项。（　　）

（8）"坏账准备"账户期末通常出现贷方余额，所以，它属于负债类科目。（　　）

（9）贴现期限也叫贴现天数，是指贴现日至票据到期日之间的天数。（　　）

（10）应收票据的票款如果未能如期收回，应转作应收账款；应付票据的票款如果未能按期支付，则应转作应付账款。（　　）

二、单选题（每小题 3 分，本题 30 分）

（1）通过应收票据科目核算的票据是（　　）。
　　A. 商业汇票　　B. 支票　　C. 银行本票　　D. 银行汇票

（2）企业销售商品时代垫的运杂费应通过（　　）科目核算。
　　A. 应收账款　　B. 其他应收款　　C. 预付账款　　D. 销售费用

（3）计提坏账准备时，应借记（　　）科目。
　　A. 资产减值损失　　B. 信用减值损失　　C. 应收账款　　D. 坏账准备

（4）核销坏账损失时，应借记（　　）科目。
　　A. 资产减值损失　　B. 信用减值损失　　C. 应收账款　　D. 坏账准备

（5）行政管理部门报销定额备用金时，应贷记（　　）科目。
　　A. 其他应收款　　B. 管理费用　　C. 库存现金　　D. 销售费用

（6）行政管理部门报销非定额备用金时，应贷记（　　）科目。
　　A. 其他应收款　　B. 管理费用　　C. 库存现金　　D. 销售费用

（7）年末应收账款余额为 1 000 000 元，按 5% 计提坏账准备，当前"坏账准备"账户有贷方余额 10 000 元，应计提坏账准备（　　）元。
　　A. 50 000　　B. 10 000　　C. 40 000　　D. 60 000

（8）年末应收账款余额为 1 000 000 元，按 5% 计提坏账准备，当前"坏账准备"账户有借方余额 10 000 元，应计提坏账准备（　　）元。
　　A. 50 000　　B. 10 000　　C. 40 000　　D. 60 000

（9）下列不属于"其他应收款"科目核算内容的是（　　）。
　　A. 应收赔款　　B. 备用金　　C. 存出保证金　　D. 存入保证金

（10）应收票据的入账价值是（　　）。

A. 票据面值　　　　　　　　　　　　　B. 票据到期值

C. 票据面值加应计利息　　　　　　　　D. 票据贴现金额

三、多选题（每小题 5 分，本题 50 分）

（1）作为应收票据核算的票据有（　　）。

　　A. 商业承兑汇票　　B. 银行承兑汇票　　C. 银行汇票　　　　D. 银行本票

（2）应收款项减值的核算方法有（　　）。

　　A. 直接转销法　　　B. 备抵法　　　　　C. 预提法　　　　　D. 实际列支法

（3）采用应收账款余额百分比法计提坏账准备，影响坏账准备计提的因素有（　　）。

　　A. 应收款项余额的大小　　　　　　　B. 坏账准备的计提比例

　　C. 当前"坏账准备"账户的余额及其方向　　D. 应收账款账龄的长短

（4）应收款项减值的估计方法一般有（　　）。

　　A. 应收账款余额百分比法　　　　　　B. 账龄分析法

　　C. 营业收入比例法　　　　　　　　　D. 个别认定法

（5）下列各项中，会引起应收账款账面价值发生变化的有（　　）。

　　A. 计提坏账准备　　　　　　　　　　B. 核销坏账损失

　　C. 冲销多提的坏账准备　　　　　　　D. 收回已核销的坏账

（6）下列各项中，应记入"坏账准备"账户借方（或用红字记贷方）的有（　　）。

　　A. 计提坏账准备　　　　　　　　　　B. 核销坏账损失

　　C. 冲销多提的坏账准备　　　　　　　D. 收回已核销的坏账

（7）当企业同时设置"应收账款"和"预收账款"科目时，发生的应收账款有可能通过（　　）科目核算。

　　A. 应收账款　　　　B. 预收账款　　　　C. 预付账款　　　　D. 应付账款

（8）应收账款的入账价值是指因销售商品或提供劳务应向客户收取的所有款项，包括（　　）。

　　A. 销售货物或提供劳务的价款　　　　B. 价外的增值税税款

　　C. 代垫费用　　　　　　　　　　　　D. 自负费用

（9）下列各项应通过"其他应收款"科目核算的有（　　）。

　　A. 应收的罚款　　　B. 收取的押金　　　C. 支付的押金　　　D. 补足定额备用金

（10）影响票据贴现金额的因素有（　　）。

　　A. 票据面值　　　　B. 票据期限　　　　C. 贴现利率　　　　D. 贴现期限

项目三

存货

项目导图 ↓

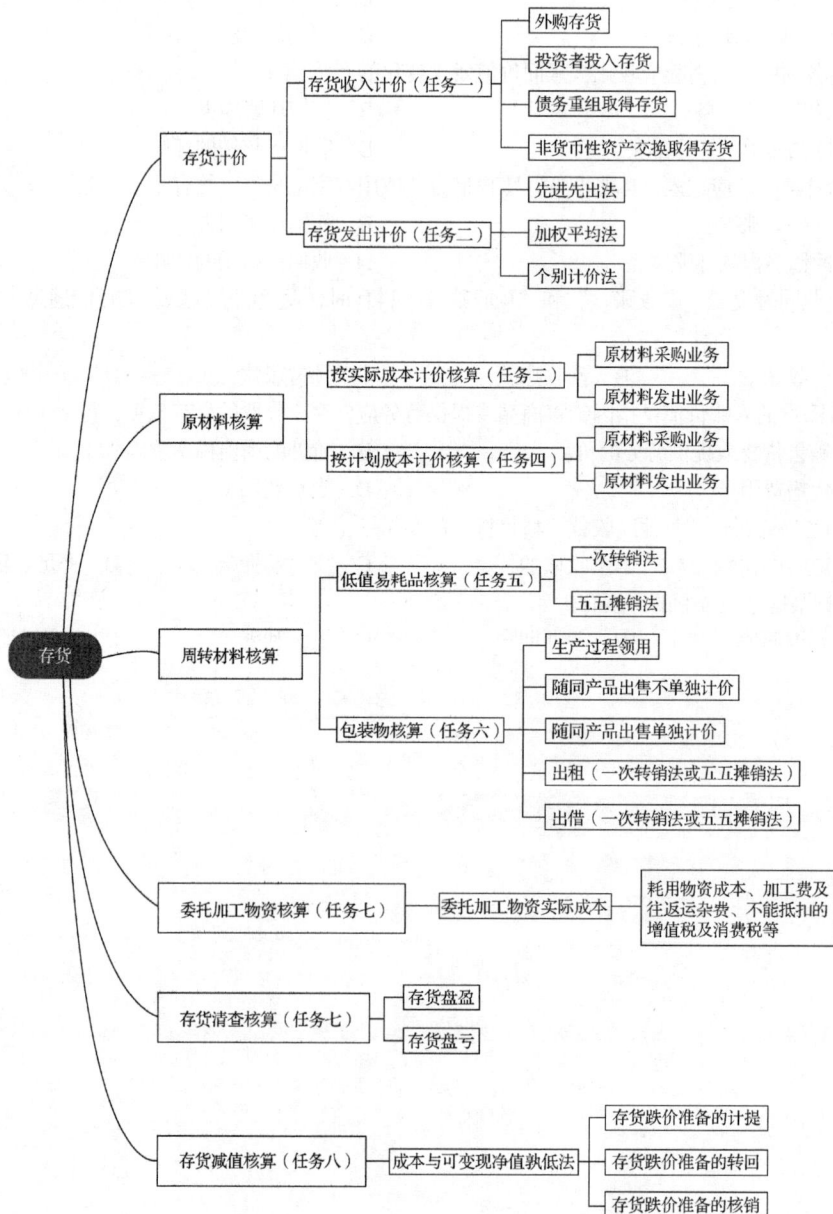

存货
- 存货计价
  - 存货收入计价（任务一）
    - 外购存货
    - 投资者投入存货
    - 债务重组取得存货
    - 非货币性资产交换取得存货
  - 存货发出计价（任务二）
    - 先进先出法
    - 加权平均法
    - 个别计价法
- 原材料核算
  - 按实际成本计价核算（任务三）
    - 原材料采购业务
    - 原材料发出业务
  - 按计划成本计价核算（任务四）
    - 原材料采购业务
    - 原材料发出业务
- 周转材料核算
  - 低值易耗品核算（任务五）
    - 一次转销法
    - 五五摊销法
  - 包装物核算（任务六）
    - 生产过程领用
    - 随同产品出售不单独计价
    - 随同产品出售单独计价
    - 出租（一次转销法或五五摊销法）
    - 出借（一次转销法或五五摊销法）
- 委托加工物资核算（任务七）
  - 委托加工物资实际成本
    - 耗用物资成本、加工费及往返运杂费、不能抵扣的增值税及消费税等
- 存货清查核算（任务七）
  - 存货盘盈
  - 存货盘亏
- 存货减值核算（任务八）
  - 成本与可变现净值孰低法
    - 存货跌价准备的计提
    - 存货跌价准备的转回
    - 存货跌价准备的核销

项目导言 ↓

　　存货是指企业在日常活动中持有以备出售的产成品或商品、处在生产过程中的在产品、在生产过程或提供劳务过程中耗用的材料和物资等。存货是一个报表项目。存货的种类及存在的形态较多，因而存货核算的会计科目也较多。存货按内容分为材料和商品。商品存货主要包括库存商品和生产成本，其会计核算比较复杂，将由专门的"成本会计"课程讲解，所以本项目主要讲材料存货的核算，重点是原材料和周转材料的核算。本项目的难点是：原材料按计算成本计价的核算；低值易耗品和包装物摊销的五五摊销法；存货减值业务的核算。

项目目标 ↓

知识目标

　　理解存货、原材料、周转材料、低值易耗品、包装物等概念的含义，熟悉存货收入、发出的计价方法，熟悉各种存货核算的会计科目。

技能目标

　　能够正确做出原材料、低值易耗品、包装物按实际成本计价核算的账务处理；能够正确做出原材料按计划成本计价核算的账务处理；能够正确做出掌握低值易耗品、包装物的账务处理；能够正确做出委托加工物资、存货清查、存货减值等业务的账务处理。

素养目标

　　培养学生按照相关企业会计准则的规定，采用适当的计价方法，真实、准确地记录企业发生的各种存货收入、发出业务，保证企业生产经营成果的真实、稳健，定期进行存货清查，保证存货账实相符，维护企业存货资产的安全、完整的职业素养。

03

任务一　存货收入计价

任务导言　↓

存货收入是指存货的取得。企业存货的来源有外购、自制、委托加工、投资者投入、债务重组取得、非货币性资产交换取得、盘盈等。不同来源存货的入账价值构成内容虽然有所不同，但都遵循一个共同的计价原则，就是历史成本。历史成本，又称为实际成本，就是取得或制造某项财产物资时所实际支付的现金或现金等价物的金额。当取得存货时的历史成本无法确定时，则采用公允价值计价。历史成本实际上就是存货取得时的公允价值。

企业存货的来源虽然比较多，但主要来源只有两个方面：外购与自制。自制存货入账价值的计量，属于产品成本核算的内容，将由专门的课程讲解。所以本任务主要讲外购存货入账价值的计量。

外购货物，需要支付的款项比较多，最常见的有买价、价外增值税、运输费、装卸费、保险费等，如果是进口货物还要支付关税、消费税、资源税等，那么哪些支出构成货物的采购成本呢？

知识准备　↓

一、存货相关知识

（一）存货的含义

存货是指企业在日常活动中持有以备出售的产成品或商品、处在生产过程中的在产品、在生产过程或提供劳务过程中耗用的材料和物资等。

（二）存货的确认

存货的确认是指期末在资产负债表中作为存货予以反映。存货只有在符合存货定义的前提下，并同时满足以下两个条件，才能予以确认，并在报表中反映。

（1）与该存货有关的经济利益很可能流入企业。

（2）该存货的成本能够可靠计量。

（三）存货的内容

制造业和商品流通企业的存货主要包括下列内容。

（1）原材料，指企业在生产过程中经加工将改变其形态或性质并构成产品主要实体的各种原料及主要材料、辅助材料、外购半成品（外购件）、修理用备件（备品备件）、包装材料、燃料等。

（2）在产品，指企业正在制造尚未完工的生产物，包括正在生产工序加工的产品和已加工完毕但尚未办理入库手续的产品。

（3）半成品，指经过一定生产过程并已检验合格交付半成品仓库，但尚未制造完工，仍需进一步加工的中间产品。

（4）产成品，指企业已经完成全部生产过程并已验收入库，可以对外销售的产品。

（5）商品，指商品流通企业外购或委托加工收回的用于销售的各种产品。

（6）包装物，指为了包装本企业的产品或商品而储备的各种包装容器。

（7）低值易耗品，指不能作为固定资产核算的各种用具物品。

（8）委托代销商品，指企业委托其他单位代销的商品。

（9）委托加工物资，指企业委托其他单位加工尚未收回的材料或商品。

二、存货收入的计价方法

（一）外购存货

通过购买而取得存货的初始成本是由采购成本构成的。采购成本是指企业外购存货所发生的各类合理、必要的相关支出，包括购买价款、相关税费、运输费、装卸费、保险费以及其他可归属于存货采购成本的费用。

购买价款是指企业购入材料或商品的发票上列明的价款，但不包括按规定可以抵扣的增值税税额。

相关税费是指企业购买货物发生的进口关税、消费税、资源税和不能抵扣的增值税进项税额等。

其他可归属于存货采购成本的费用是指采购过程中发生的仓储费、包装费、运输途中的合理损耗、入库前的挑选整理费等。

（二）自制存货

自制存货的初始成本包括投入的原材料或半成品、直接人工和制造费用。制造费用是指企业为生产产品或提供劳务而发生的各项间接费用。

（三）委托加工存货

委托外单位加工完成的存货，以实际耗用的原材料或半成品、加工费、运输费、装卸费以及按规定计入成本的税金作为实际成本。

（四）投资者投入存货

投资者投入的存货，按照投资合同或协议约定的价值作为实际成本。

（五）债务重组取得存货

债务重组是指在不改变交易对方的情况下，经债权人和债务人协定或法院裁定，就清偿债务的时间、金额或方式等重新达成协议的交易。

通过债务重组取得的存货，按照放弃债权的公允价值和使该资产达到当前位置和状态所发生的可直接归属于该资产的税金、运输费、装卸费、保险费等作为实际成本。

（六）非货币性资产交换取得存货

非货币性资产交换是指企业主要以固定资产、无形资产、投资性房地产和长期股权投资等非货币性资产进行的交换。该交换不涉及或只涉及少量的货币性资产（即补价）。

非货币性资产交换具有商业实质且公允价值能够可靠计量的，应当以换出资产的公允价值和应支付的相关税费作为换入资产的成本。

通过非货币性资产交换取得的存货，以换出资产的公允价值、支付的相关税费以及使该存货达到目前场所和状态所发生的运输费、装卸费、保险费等作为实际成本。

（七）盘盈存货

盘盈的存货按照同类或类似存货的市场价格作为实际成本。

注意事项

下列费用应当在发生时确认为当期损益，不计入存货成本：（1）非正常消耗的直接材料、直接人工和制造费用；（2）仓储费用（不包括在生产过程中为达到下一个生产阶段所必需的费用）；（3）不能归属于使存货到达目前场所和状态的其他支出。

业务处理 ↓

一、外购存货

【例3-1】2022年11月2日，珠江公司从南沙公司购入A原材料一批，增值税专用发票上列示数量为3 000千克，单价为50元，价款为150 000元，增值税为19 500元。该批材料由西沙公司负责运输，运费专用发票列示运输费3 000元，增值税270元。货款及运输费已支付，材料已验收入库。珠江公司A原材料采购总成本、单位成本的计算及相应的账务处理如下。

A原材料采购总成本=150 000+3 000=153 000（元）。

A原材料采购单位成本=153 000÷3 000=51（元）。

借：原材料——原料及主要材料（A原材料）　　　　　　　　　153 000
　　应交税费——应交增值税（进项税额）　　　　　　　　　　19 770
　　　贷：银行存款　　　　　　　　　　　　　　　　　　　　　　169 500
　　　　　银行存款　　　　　　　　　　　　　　　　　　　　　　　3 270

📖 注意事项

本例贷记"银行存款"科目为什么写了两行？因为货款和运费是分别支付给了两家不同的公司，在银行的账上一定是支付了两笔款项。为了方便日后与银行对账，企业的银行存款日记账最好也应登记两笔账。只有会计分录（记账凭证）上写了两个数字，账簿上才能登记两笔款项。

【例3-2】2022年11月8日，珠江公司从白云公司同时购入A、B两种原材料，其中：A原材料3 000千克，单价为50元；B原材料2 000千克，单价60元。增值税专用发票注明价款270 000元，增值税35 100元。另支付运输费6 000元，增值税540元，由西沙公司提供运输服务。货款及运费已支付，原材料已验收入库。运费按材料质量比例分配，A、B原材料采购成本的计算如表3-1所示。

表3-1　　　　　　　　　　A、B原材料采购成本计算表　　　　　　　　　金额单位：元

材料名称	材料买价	材料质量/千克	运费分配率	运费分配	采购总成本	单位成本
A材料	150 000	3 000		3 600	153 600	51.20
B材料	120 000	2 000		2 400	122 400	61.20
合计	270 000	5 000	1.20	6 000	276 000	-

珠江公司根据"原材料采购成本计算表"编制会计分录如下。

借：原材料——原料及主要材料（A原材料）　　　　　　　　　153 600
　　　　　——原料及主要材料（B原材料）　　　　　　　　　122 400
　　应交税费——应交增值税（进项税额）　　　　　　　　　　35 640
　　　贷：银行存款　　　　　　　　　　　　　　　　　　　　　　305 100
　　　　　银行存款　　　　　　　　　　　　　　　　　　　　　　　6 540

【例3-3】沿用【例3-1】的资料，假如A原材料已验收入库，但实际入库数为2 980千克，短缺20千克为合理损耗。其他资料不变，A原材料采购总成本、单位成本的计算如下。

A原材料采购总成本=150 000+3 000=153 000（元）。

A原材料采购单位成本=153 000÷2 980=51.34（元）。

由此可见，外购原材料虽然发生了合理损耗，但其采购总成本并不会发生变动，只是单位成本提高了，相应的账务处理也不会发生变动。本例购入A原材料的会计分录与【例3-1】完全相同，不再重复。

【例3-4】2022年9月12日，珠江公司通过南洋进出口公司代理进口C原材料5 000千克，到岸价格为300 000元，支付关税90 000、消费税30 000元、增值税54 600元。另向南海运输公司支付C原材料的国内运输费2 000元，增值税180元。各项进口款项以预付账款结算，国内运输费以银行存款支付。C原材料已验收入库。C原材料的总成本、单位成本及相应的账务处理如下。

C原材料采购总成本=300 000+90 000+30 000+2 000=422 000（元）。

C原材料采购单位成本=422 000÷5 000=84.40（元）。

借：原材料——原料及主要材料（C原材料）　　　　　　　　　　422 000
　　应交税费——应交增值税（进项税额）　　　　　　　　　　54 780
　　贷：预付账款——南洋进出口公司　　　　　　　　　　　　474 600
　　　　银行存款　　　　　　　　　　　　　　　　　　　　　2 180

【例3-5】沿用【例3-4】的资料，假设珠江公司为增值税小规模纳税人，其他资料不变，则C原材料的采购总成本、单位成本及相应的账务处理如下。

C原材料采购总成本=300 000+90 000+30 000+54 600+2 000+180=476 780（元）。

C原材料采购单位成本=474 600÷5 000=94.92（元）。

借：原材料——原料及主要材料（C原材料）　　　　　　　　　　476 780
　　贷：预付账款——南洋进出口公司　　　　　　　　　　　　474 600
　　　　银行存款　　　　　　　　　　　　　　　　　　　　　2 180

二、投资者投入存货

【例3-6】2022年1月10日，南沙公司收到北海公司作为股权投资的自产产品一批，按照投资协议约定，该批产品的价值为2 000 000元，北海公司开具增值税专用发票，价款为1 769 911.50元，增值税为230 088.50元。南沙公司收到的北海公司产品作为原材料使用。投资双方的账务处理如下。

南沙公司：

借：原材料——原料及主要材料　　　　　　　　　　　　　　　1 769 911.50
　　应交税费——应交增值税（进项税额）　　　　　　　　　　230 088.50
　　贷：实收资本——北海公司　　　　　　　　　　　　　　　2 000 000.00

北海公司：

借：长期股权投资——南沙公司　　　　　　　　　　　　　　　2 000 000.00
　　贷：主营业务收入——××产品　　　　　　　　　　　　　1 769 911.50
　　　　应交税费——应交增值税（销项税额）　　　　　　　　230 088.50

三、债务重组取得存货

【例3-7】2022年12月2日，珠江公司应收天山公司货款1 000 000元，账龄超过一年，已计提坏账准备50 000元。现天山公司发生财务困难，无法按期偿还债务，双方协议如下：天山公司以其生产的M产品一批抵偿欠珠江公司的全部债务，该批M产品的售价为800 000元，价外增值税为104 000元，开具增值税专用发票。珠江公司取得的M产品作为A原材料使用。重组双方的账务处理如下。

珠江公司：

借：原材料——原料及主要材料（A原材料）　　　　　　　　　800 000
　　应交税费——应交增值税（进项税额）　　　　　　　　　　104 000
　　坏账准备——应收账款　　　　　　　　　　　　　　　　　50 000
　　投资收益——债务重组损失　　　　　　　　　　　　　　　46 000
　　贷：应收账款——天山公司　　　　　　　　　　　　　　　1 000 000

天山公司：

借：应付账款——珠江公司   1 000 000

贷：主营业务收入——M 产品   800 000

应交税费——应交增值税（销项税额）   104 000

投资收益——债务重组收益   96 000

四、非货币性资产交换取得存货

【例 3-8】2022 年 9 月 10 日，江南水泥厂以自己生产的水泥一批交换江北包装厂生产的水泥包装袋一批。该批水泥与水泥袋价值相等，售价为 1 500 000 元，增值税为 195 000 元。双方互开增值税专用发票。该批水泥的生产成本为 1 200 000 元，该批水泥袋的生产成本为 1 100 000 元，江北包装厂换入的水泥用于自建厂房。交换双方的账务处理如下。

江南水泥厂：

（1）9 月 10 日，确认收入。

借：包装物——水泥袋   1 500 000

应交税费——应交增值税（进项税额）   195 000

贷：主营业务收入——水泥   1 500 000

应交税费——应交增值税（销项税额）   195 000

（2）9 月 30 日，结转换出水泥成本。

借：主营业务成本——水泥   1 200 000

贷：库存商品——水泥   1 200 000

江北包装厂：

（1）9 月 10 日，确认收入。

借：工程物资——水泥   1 500 000

应交税费——应交增值税（进项税额）   195 000

贷：主营业务收入——水泥袋   1 500 000

应交税费——应交增值税（销项税额）   195 000

（2）9 月 30 日，结转换出水泥袋成本。

借：主营业务成本——水泥袋   1 100 000

贷：库存商品——水泥袋   1 100 000

任务小结 ↓

（一）存货是指企业在日常活动中持有以备出售的产成品或商品、处在生产过程中的在产品、在生产过程或提供劳务过程中耗用的材料和物资等。存货包括原材料、在产品、半成品、产成品、商品、包装物、低值易耗品、委托代销商品、委托加工物资等。

（二）存货采购成本是指企业外购存货所发生的各类合理、必要的相关支出，包括购买价款、相关税费、运输费、装卸费、保险费以及其他可归属于存货采购成本的费用。

（三）自制存货的初始成本包括投入的原材料或半成品、直接人工和制造费用。

（四）委托加工存货，以实际耗用的原材料或半成品、加工费、运输费、装卸费以及按规定计入成本的税金作为实际成本。

（五）投资者投入的存货，按照投资合同或协议约定的价值作为实际成本。

（六）债务重组取得的存货，按照放弃债权的公允价值和使该资产达到当前位置和状态所发生的可直接归属于该资产的税金、运输费、装卸费、保险费等作为实际成本。

（七）非货币性资产交换取得的存货，以换出资产的公允价值、支付的相关税费以及使该存货到达目前场所和状态所发生的运输费、装卸费、保险费等作为实际成本。

（八）盘盈的存货按照同类或类似存货的市场价格作为实际成本。

任务训练

任务训练 11　练习存货采购成本的计价

资料：珠江公司发生有关业务如下。

业务一：2022 年 10 月 2 日，从东江公司购入 A 材料 3 000 千克，单价为 150 元，价款为 450 000 元，增值税为 58 500 元；另向南海运输公司支付 A 材料的运输费 3 000 元，增值税为 270 元。A 材料的价款、税款及运输费等均以银行存款支付，材料已验收入库，实收数量为 2 990 千克，短少的 10 千克为途中合理损耗。

业务二：2022 年 11 月 6 日，从天河公司购入 A、B、C 三种材料，其中：A 材料 200 吨，每吨 400 元；B 材料 350 吨，每吨 300 元；C 材料 450 吨，每吨 200 元。材料价款合计 275 000 元，增值税 35 750 元，另向南海运输公司支付三种材料的运输费共计 20 000 元 增值税为 1 800 元。上述材料价款、税款及运输费等均通过银行支付，材料已验收入库（运输费按材料质量比例分配）。

业务三：2022 年 12 月 9 日，通过南洋进出口公司代理进口 C 原材料 6 000 千克，到岸价格为 360 000 元，支付关税 108 000 元、消费税 36 000 元、增值税 65 520 元。另向南海运输公司支出国内运输费 3 000 元，增值税 270 元。各项进口款项以预付账款结算，国内运输费以银行存款支付。C 原材料已验收入库。

要求：根据上述资料计算每种材料的采购总成本及单位成本，并编制有关会计分录。

任务二　存货发出计价

任务导言　↓

　　实际企业运营中同种货物通常是分次、分批从不同的渠道购入的，每次购入的单位采购成本（单价）往往是不同的。同种货物的消耗或销售也是分次、分批进行的。那么发出货物使用哪个单价（进价）来计算其发出成本呢？这就必然面临着一个发出存货如何计价的问题。

　　按照《企业会计准则》规定，企业可以使用的发出存货的计价方法有三种：先进先出法、加权平均法和个别计价法。对于企业来说，这是个三选一的"单选题"。但是，实际上除了珠宝店适合采用"个别计价法"外，对于一般的企业来说，实际上是二选一：先进先出法或加权平均法。那么，在会计实务中，企业普遍采用哪一种计价方法呢？

知识准备　↓

03

　　对于发出存货的计价，《企业会计准则》和《小企业会计准则》的规定相同。企业应当采用先进先出法、加权平均法或者个别计价法确定发出存货的实际成本。计价方法一经选用，不得随意变更。

一、先进先出法

（一）先进先出法的含义

　　先进先出法是以先收到的存货先发出为假定前提，并按这种假定的存货流转程序对发出存货和期末存货进行计价的方法。

（二）先进先出法的操作方法

　　先进先出法下，收入存货时，应在存货明细账中逐笔登记每批存货的数量、单价和金额；发出存货时，按照先进先出的原则确定单价，计算发出存货的成本及库存存货的成本。

（三）先进先出法的评价

　　先进先出法能及时反映存货收入、发出、结存的数量和金额，期末存货成本比较接近市场价值。但计算与记账的工作量都很大，物价上涨时会高估当期利润，物价下跌时会低估当期利润。

二、加权平均法

（一）加权平均法的含义

　　加权平均法是指以每批存货数量作为权数计算平均单位成本，再用平均单位成本计算本月发出存货成本及月末结存存货成本的一种方法。加权平均法又可分为全月一次加权平均法和移动加权平均法。

　　全月一次加权平均法是指以本月全部进货数量与月初存货数量的和作为权数，去除本月全部进货成本与上月初存货成本的和，计算出存货的加权平均单位成本，从而确定存货的发出成本和期末存货成本的一种方法。

　　移动加权平均法是指每次进货的成本加上原有库存存货的成本，除以本次进货数量与原有库存存货的数量的和，据以计算加权平均单位成本，作为在下次进货前计算各次发出存货成本依据的一种方法。

　　由于"移动加权平均法"每次进货之后都要重新计算平均单价，计算的工作量较大，使用起来比较麻烦，在会计实务中，企业一般都是采用全月一次加权平均法。在日常生活中，人们所说的加权平均法实际上就是指"全月一次加权平均法"。所以，本任务也只举例说明全月一次加权平均法（以下统称"加权平均法"）。

加权平均法下，存货明细账的登记与先进先出法不同，发出栏只需登记发出数量，结存栏也只需结存数量，单价与金额因无法确定，不予登记，只在月末计算出加权平均单价之后，才在"本月合计"的发出栏以及结存栏登记数量、单价和金额。

（二）加权平均法的计算公式

加权平均单价=（期初结存存货成本+本期购入存货成本）÷（期初结存存货数量+本期购入存货数量）

本期发出存货成本=本期发出存货数量×加权平均单价

期末结存存货成本=期初结存存货成本+本期购入存货成本-本期发出存货成本

（三）加权平均法的评价

加权平均法计算方法比较简单，账簿登记工作量小，各期发出存货成本比较均衡、合理。缺点是平时无法从账户上提供发出和结存存货的单价及金额，不利于存货成本的日常管理与控制。在会计实务中，企业普遍采用加权平均法。

三、个别计价法

（一）个别计价法的含义

个别计价法也称个别认定法、具体辨认法、分批实际法，是以每次（批）收入存货的实际成本作为发出各次（批）存货成本的方法。采用这种方法要求企业要按品种和批次设置详细的存货记录，并在存货实物上附加标签或编号，以便正确辨认，确定发出存货的个别实际成本。

（二）个别计价法的适用范围

个别计价法适用于容易识别、数量不多、单价较高的贵重物品的计价。

（三）个别计价法的评价

个别计价法能准确计算发出存货及库存存货的成本。但分批认定和记录存货的批次以及各批的单价、数量，工作量较大。

业务处理　↓

一、先进先出法

【例3-9】珠江公司2022年8月A材料收入、发出及结存情况如表3-2所示。

表3-2　　　　　　　　　　　　A材料收入、发出及结存情况表　　　　　　　　　　　　单位：元

时间	业务事项	数量/千克	单价	金额
8月1日	月初余额	1 000	50.20	50 200
8月3日	购入	2 000	51.58	103 160
8月5日	领用	2 200		
8月10日	购入	3 000	53.13	159 390
8月15日	领用	2 600		
8月20日	购入	2 500	54.36	135 900
8月23日	领用	2 800		

采用先进先出法计算本月发出A材料的成本及月末库存A材料的成本，计算结果直接登记在原材料明细账中，原材料明细账如表3-3所示。

表3-3　　　　　　　　　　原材料明细账（先进先出法）

材料名称：A材料　　　　　　　　　　计量单位：千克　　　　　　　　　　金额单位：元

| 2022年 | | 凭证号码 | 摘要 | 收入 | | | 发出 | | | 结存 | | |
月	日			数量	单价	金额	数量	单价	金额	数量	单价	金额
8	1	（略）	期初存结							1 000	50.20	50 200
8	3		购入	2 000	51.58	103 160				1 000	50.20	50 200
										2 000	51.58	103 160
8	5		领用				2 200		112 096	800	51.58	41 264
8	10		购入	3 000	53.13	159 390				800	51.58	41 264
										3 000	53.13	159 390
8	15		领用				2 600		136 898	1 200	53.13	63 756
8	20		购入	2 500	54.36	135 900				1 200	53.13	63 756
										2 500	54.36	135 900
8	23		领用				2 800		150 732	900	54.36	48 924
			本月合计	7 500		398 450	7 600		399 726			

假设本月发出的A材料均为生产甲产品领用，则本月每次领用A材料时，应分别进行如下账务处理。

8月5日：

发出A材料的成本=1 000×50.20+1 200×51.58=50 200+61 896=112 096（元）。

借：基本生产成本——甲产品（直接材料）　　　　　　　　　112 096
　　贷：原材料——原料及主要材料（A材料）　　　　　　　　　112 096

8月15日：

发出A材料的成本=800×51.58+1 800×53.13=41 264+95 634=136 898（元）。

借：基本生产成本——甲产品（直接材料）　　　　　　　　　136 898
　　贷：原材料——原料及主要材料（A材料）　　　　　　　　　136 898

8月23日：

发出A材料的成本=1 200×53.13+1 600×54.36=63 756+86 976=150 732（元）。

借：基本生产成本——甲产品（直接材料）　　　　　　　　　150 732
　　贷：原材料——原料及主要材料（A材料）　　　　　　　　　150 732

二、加权平均法

【例3-10】沿用【例3-9】的资料，采用加权平均法计算本月发出A材料的成本并登记原材料明细账。原材料明细账如表3-4所示。

表3-4　　　　　　　　　　原材料明细账（加权平均法）

材料名称：A材料　　　　　　　　　　计量单位：千克　　　　　　　　　　金额单位：元

| 2022年 | | 凭证号码 | 摘要 | 收入 | | | 发出 | | | 结存 | | |
月	日			数量	单价	金额	数量	单价	金额	数量	单价	金额
8	1	（略）	期初存结							1 000	50.20	50 200
8	3		购入	2 000	51.58	103 160				2 000		
8	5		领用				2 200			800		
8	10		购入	3 000	53.13	159 390				3 000		
8	15		领用				2 600			1 200		
8	20		购入	2 500	54.36	135 900				2 500		
8	23		领用				2 800			900		
			本月合计	7 500	-	398 450	7 600	52.78	401 128	900	52.78	47 522

A材料加权平均单价=（50 200+398 450）÷（1 000+7 500）=52.78（元）。

本月发出A材料的成本=7 600×52.78=401 128（元）。

月末结存 A 材料的成本=50 200+398 450-401 128=47 522（元）。

🌱 **注意事项**

加权平均法下，月末是先确定本月发出存货的实际成本，还是先确定月末库存存货的实际成本？两种做法都可以。但是，先确定者的成本用"乘法"（数量×平均单价）计算，后确定者的成本一定要用"减法"（倒挤）计算。因为平均单价往往是一个除不尽的约数，都用乘法计算会产生误差。

假如本月发出的 A 材料均为生产甲产品领用，则月末编制发出 A 材料的会计分录如下。

借：基本生产成本——甲产品（直接材料）　　　　　　　　　401 128
　　贷：原材料——原料及主要材料（A 材料）　　　　　　　　　401 128

任务小结 ↓

（一）企业应当采用先进先出法、加权平均法或者个别计价法确定发出存货的实际成本。存货计价方法一经确定，不得随意变更。

（二）先进先出法是以先收到的存货先发出为假定前提，并按这种假定的存货流转程序对发出存货和期末存货进行计价的方法。先进先出法能及时反映存货收入、发出、结存的数量和金额，期末存货成本比较接近市场价值。但计算与记账的工作量都很大，物价上涨时会高估当期利润，物价下跌时会低估当期利润。

（三）加权平均法通常是指全月一次加权平均法，它是以每批存货数量作为权数计算平均单位成本，再用平均单位成本计算本月发出存货成本及月末结存存货成本的一种方法。加权平均法简便易行，并使得发出存货成本均衡、合理，因而这一方法在会计实务中被广泛应用。

（四）个别计价法是以每次（批）收入存货的实际成本作为发出各次（批）存货成本的方法。个别计价法适用于容易识别、数量不多、单价较高的贵重物品的计价。

任务训练（一）↓

任务训练 12　练习发出存货的计价

资料：珠江公司 2022 年 5 月 B 材料收入、发出及结存情况如表 3-5 所示。

表 3-5　　　　　　　　B 材料收入、发出及结存情况表　　　　　　　　金额单位：元

时间	业务事项	数量/千克	单价	金额
5 月 1 日	月初余额	3 000	60.52	181 560
5 月 4 日	购入	2 000	62.49	124 980
5 月 6 日	领用	2 500		
5 月 8 日	购入	5 000	64.62	323 100
5 月 10 日	领用	6 000		
5 月 20 日	购入	3 200	63.98	204 736
5 月 25 日	领用	3 900		

要求：分别采用"先进先出法"和"加权平均法"计算当月发出 B 材料的成本和月末结存 B 材料的成本，并编制本月发出 B 材料的会计分录，假设发出的 B 材料均用于乙产品的生产。

任务训练（二） ↓

任务训练 13　练习存货发出的计价

资料：珠江公司 2022 年 10 月末甲产品结存 180 件，单价 800 元。11 月份甲产品收、发资料如下。

（1）11 月 2 日入库 100 件，单价 810 元。

（2）11 月 8 日销售 150 件。

（3）11 月 10 日入库 200 件，单价 820 元。

（4）11 月 15 日销售 210 件。

（5）11 月 18 日入库 280 件，单价 830 元。

（6）11 月 22 日销售 300 件。

要求：分别采用"先进先出法"和"加权平均法"计算当月销售甲产品的成本和月末库存甲产品的成本，并编制结转本月销售甲产品成本的会计分录。

03

任务三　原材料按实际成本计价核算

任务导言

　　原材料的核算通常有两种方法：按实际成本计价核算法（以下简称"实际成本法"）和按计划成本计价核算法（以下简称"计划成本法"）。这两种核算方法差别很大，其中计划成本法难度较大。本任务先讲实际成本法。

　　在实际成本法下，原材料收入按实际成本入账，原材料发出则要选用先进先出法、加权平均法或个别计价法来确定发出成本。会计入门课程"会计基础"（基础会计）在讲材料采购业务时，采用的就是实际成本法。

　　原材料的核算，主要是两个方面：一是原材料收入的核算；二是原材料发出的核算。原材料收入的来源虽然有很多种，但就一般企业而言，其来源只有一个，那就是外购。所以，本任务和任务四只以外购原材料为例，说明原材料收入的核算。至于其他来源取得的原材料，只需按规定确定其实际成本就可以了，其账务处理与外购原材料没有太大的差别。原材料发出的核算一般集中在月末进行，将发出原材料的实际成本按照其用途分别归集到有关账户。需要注意的是，如果不是正常生产领用原材料，如对外捐赠、用于职工福利等，则需进行相关的增值税处理。

03

知识准备

一、原材料按实际成本计价核算法

　　原材料按实际成本计价核算，是指原材料的收入、发出和结存，无论是总分类核算还是明细分类核算，均按照实际成本计价。购入原材料按实际采购成本计价，发出原材料采用先进先出法、加权平均法或个别计价法确定其成本。

二、实际成本法下原材料核算的会计科目

（一）"原材料"科目

　　"原材料"科目属于资产类科目，核算企业库存的各种原材料，包括原料及主要材料、辅助材料、外购半成品（外购件）、修理用备件（备品备件）、包装材料、燃料等的实际成本。本科目可按材料的保管地点（仓库）、材料的类别、品种和规格等进行明细核算。原材料明细账户应采用"数量金额式"。

（二）"在途物资"科目

　　"在途物资"科目属于资产类科目，核算企业采用实际成本计价核算时，货款已付但尚未验收入库的在途物资的采购成本。本科目应按供应单位进行明细核算，账页一般采用"平时式"（横线登记式），也可以采用"三栏式"。

业务处理

一、实际成本法下原材料采购业务

　　采购业务主要由两个方面构成，一是付款，二是收货。所以，采购业务可能存在三种情况：一是货款付清，同时收货；二是付款在前，收货在后；三是收货在前，付款在后。不同情况下的账务处理有所不同。

（一）货款付清，同时收货

【例3-11】2022年12月2日，珠江公司从南沙公司购入A原材料一批，增值税专用发票上列示价款为300 000元，增值税为39 000元。该批材料由西沙公司负责运输，运费专用发票列示运输费3 000元，增值税270元。材料货款及运费均已支付，材料已验收入库。珠江公司的账务处理如下。

借：原材料——原料及主要材料（A原材料）		303 000
应交税费——应交增值税（进项税额）		39 270
贷：银行存款		339 000
银行存款		3 270

（二）付款在前，收货在后

【例3-12】2022年12月8日，珠江公司从南海公司购入B原材料一批，增值税专用发票上列示价款为400 000元，增值税为52 000元。货款当日通过银行支付；该批材料由西沙公司负责运输，12月9日支付运费5 450元，运费专用发票列示运输费5 000元，增值税450元。12月11日，B原材料运达并验收入库。珠江公司的账务处理如下。

12月8日支付B原材料货款。

借：在途物资——南海公司（B原材料）		400 000
应交税费——应交增值税（进项税额）		52 000
贷：银行存款		452 000

12月9日支付B原材料运费。

借：在途物资——南海公司（B原材料）		5 000
应交税费——应交增值税（进项税额）		450
贷：银行存款		5 450

12月11日B原材料验收入库。

借：原材料——原料及主要材料（B原材料）		405 000
贷：在途物资——南海公司（B原材料）		405 000

（三）收货在前，付款在后

1. 货到单未到

货到单未到是指货物先到并已验收入库但发票账单尚未到达，以致暂未付款。此种情况下，为简化核算手续，平时不做账务处理，等发票账单到达并支付货款之后按"货款付清，同时收货"的情况做账务处理。但是，如果到了月末，仍然是货到单未到，则应将该批材料估价入账，下月初用红字冲销，待发票账单到达并付款后，按"货款付清，同时收货"的情况做账务处理。

【例3-13】2022年11月27日，珠江公司从东海公司购入C原材料一批，材料运达并验收入库，发票账单尚未到达。11月30日，该批材料的发票账单仍未到达，根据该批材料的数量及以往的采购单价，估计买价为500 000元。12月2日，该批材料的发票账单达到，增值税专用发票上列示价款为520 000元，增值税为67 600元。货款当日通过银行支付。珠江公司的账务处理如下。

11月27日，办理C原材料的入库手续，不做账务处理。

11月30日，将该批C原材料估计入账。

借：原材料——原料及主要材料（C原材料）		500 000
贷：应付账款——暂估应付账款		500 000

12月1日，冲销C原材料的暂估价款。

借：原材料——原料及主要材料（C原材料）		500 000
贷：应付账款——暂估应付账款		500 000

12月2日，支付C原材料的货款。

借：原材料——原料及主要材料（C原材料）		520 000
应交税费——应交增值税（进项税额）		67 600
贷：银行存款		587 600

2. 货到单到暂未付款

货到发票账单也已到达，只是暂未付款，无论发生在什么时间，均应如实进行账务处理。

【例3-14】2022年11月20日，珠江公司从黄海公司购入D原材料一批，材料运达并验收入库，增值税专用发票列示材料价款为200 000元，增值税为26 000元。当日银行存款账上余额不足，暂未付款。珠江公司的账务处理如下。

借：原材料——原料及主要材料（D原材料）　　　　　　　　　　　200 000
　　应交税费——应交增值税（进项税额）　　　　　　　　　　　　26 000
　　　贷：应付账款——黄海公司　　　　　　　　　　　　　　　　　　226 000

二、实际成本法下原材料发出业务

原材料发出业务的核算，一般是在月末把领料单汇总，根据每一种材料的发出数量和加权平均单价，计算发出材料的实际成本，并编制"发料凭证汇总表"，然后根据"发料凭证汇总表"进行材料发出的账务处理。

【例3-15】珠江公司2022年12月发料凭证汇总表如表3-6所示。

表3-6　　　　　　　　　　发料凭证汇总表（2022年12月）　　　　　　　　　单位：元

材料用途		材料种类			合计
		A原材料	B原材料	C原材料	
基本生产	甲产品	200 000	150 000	100 000	450 000
	乙产品	250 000	300 000	160 000	710 000
	丙产品	190 000	150 000	180 000	520 000
辅助生产	机修车间			86 000	86 000
对外销售			40 000		40 000
对外捐赠		50 000			50 000
职工福利			60 000		60 000
合计		690 000	700 000	526 000	1 916 000

根据上述"发料凭证汇总表"按照材料的不同用途分别编制会计分录如下。

（1）结转基本生产产品领用原材料成本。

借：基本生产成本——甲产品（直接材料）　　　　　　　　　　　450 000
　　　　　　　　　——乙产品（直接材料）　　　　　　　　　　　710 000
　　　　　　　　　——丙产品（直接材料）　　　　　　　　　　　520 000
　　　贷：原材料——原料及主要材料（A原材料）　　　　　　　　　　640 000
　　　　　　　　——原料及主要材料（B原材料）　　　　　　　　　　600 000
　　　　　　　　——原料及主要材料（C原材料）　　　　　　　　　　440 000

（2）结转辅助生产机修车间领用原材料成本。

借：辅助生产成本——机修车间（材料费）　　　　　　　　　　　86 000
　　　贷：原材料——原料及主要材料（C原材料）　　　　　　　　　　86 000

（3）结转对外销售原材料成本。

借：其他业务成本——材料销售　　　　　　　　　　　　　　　　40 000
　　　贷：原材料——原料及主要材料（B原材料）　　　　　　　　　　40 000

（4）结转对外捐赠原材料成本（假设该批材料售价与成本价相同）。

借：营业外支出——捐赠支出　　　　　　　　　　　　　　　　　56 500
　　　贷：原材料——原料及主要材料（A原材料）　　　　　　　　　　50 000
　　　　　应交税费——应交增值税（销项税额）　　　　　　　　　　6 500

增值税相关法律规定，将自产、委托加工或者购进的货物无偿赠送其他单位或者个人，视同销售。

（5）结转用于职工福利的原材料成本（假设该批材料的进项税额为 7 800 元）。

借：应付职工薪酬——职工福利   67 800

 贷：原材料——原料及主要材料（B 原材料）   60 000

  应交税费——应交增值税（进项税额转出） 7 800

增值税相关法律规定，用于集体福利或者个人消费的购进货物，其进项税额不得从销项税额中抵扣。

  需要说明的是，会计实务中，此例也可以根据"发料凭证汇总表"只编制一笔复合会计分录（记账凭证）。本例之所以按材料的用途分别编制了 5 笔分录，主要是为了方便理解。

任务小结 ↓

  （一）原材料按实际成本计价核算，是指原材料的收入、发出和结存，无论总分类核算还是明细分类核算，均按照实际成本计价。购入原材料按实际采购成本计价，发出原材料采用先进先出法、加权平均法或个别计价法确定其成本。

  （二）原材料采用实际成本计价核算时，应设置"原材料"和"在途物资"科目进行核算。"原材料"科目核算原材料收入、发出和结存的实际成本。

  （三）购入材料货款付清，同时收货时，只需编制一笔会计分录。购入材料付款在前，收货在后时，应通过"在途物资"科目核算。

  （四）购入材料货到单未到时，平时不做账务处理，月末则估价入账。下月初应将估价入账的记录用红字冲销，待发票账单到达后按实际情况进行账务处理。

  （五）材料发出的核算一般是在月末通过编制"发料凭证汇总表"集中进行。发出材料的实际成本应根据材料用途的不同分别计入有关账户。

任务训练 ↓

任务训练 14 练习原材料按实际成本计价的核算

资料：2022 年 2—3 月珠江公司发生有关经济业务如下。

（1）2 月 2 日，从南沙公司购入 A 原材料一批，增值税专用发票上列示价款为 260 000 元，增值税为 33 800 元。该批材料由西沙公司负责运输，运费专用发票列示运输费 2 000 元，增值税 180 元。材料货款及运费均通过银行分别支付，材料已验收入库。

（2）2 月 8 日，从南海公司购入 B 原材料一批，增值税专用发票上列示价款为 290 000 元，增值税为 37 700 元。货款当日通过银行支付，材料尚未到达。

（3）2 月 9 日，从南海公司购入的 B 原材料由西沙公司负责运输，通过银行支付运费 3 270 元，运费专用发票列示运输费 3 000 元，增值税 270 元。

（4）2 月 10 日，从南海公司购入的 B 原材料运达并验收入库。

（5）2 月 26 日，从东海公司购入 C 原材料一批，材料运达并验收入库，发票账单尚未到达。2 月 28 日，该批材料的发票仍未到达，根据该批材料的数量及以往的价格，估计买价为 300 000 元。

（6）3月1日，冲销从东海公司购入C原材料的暂估价款。

（7）3月2日，从东海公司购入C原材料的发票账单到达，增值税专用发票上列示价款为320 000元，增值税为41 600元。货款当日通过银行支付。

（8）3月份发料凭证汇总表如表3-7所示。

表3-7　　　　　　　　　　　　　　　发料凭证汇总表　　　　　　　　　　　　　　单位：元

材料用途		A原材料	B原材料	C原材料	D原材料	合计
		材料种类				合计
基本生产	甲产品	100 000	200 000	150 000	180 000	630 000
	乙产品	120 000	160 000	190 000	250 000	720 000
	丙产品	260 000	130 000	140 000	160 000	690 000
辅助生产	机修车间		30 000		60 000	90 000
对外销售				50 000		50 000
对外捐赠（公益性）		80 000				80 000
职工福利					90 000	90 000
合计		560 000	520 000	530 000	740 000	2 350 000

要求：根据上述业务编制会计分录。（提示：对外捐赠材料的售价与成本价相同；职工福利使用材料的增值税按成本价与现行一般商品税率计算。）

03

任务四　原材料按计划成本计价核算

任务导言 ↓

原材料核算的"计划成本法"在我国计划经济时代曾经流行一时，但是进入市场经济时代后，就很少有人采用了。究其原因，一是经济环境发生了变化，商品物资不再有国家的计划价格；二是"计划成本法"比较复杂，使用难度大；三是"计划成本法"相比"实际成本法"优势较少，前者唯一的好处就是随时可以反映原材料收入、发出和结存的计划成本。但是，在信息技术时代，这点好处是微不足道的。可以说，"计划成本法"作为一种核算方法，带有很深的时代烙印。

"计划成本法"对于初学者来说有点困难。不仅材料入库时要计算和结转材料成本差异，更麻烦的是在月末要将发出材料的计划成本调整为实际成本。怎么调整？先要计算当月材料成本差异率，再计算各种用途材料应分摊的差异额，最后编制分摊差异的调整分录。材料差异率和差异额又有正（超支差异）、负（节约差异）之分。可见，"计划成本法"的难度远大于"实际成本法"。

知识准备 ↓

一、原材料按计划成本计价核算法

原材料按计划成本计价核算，是指每种原材料的日常收入、发出和结存核算都按预先确定的计划单位成本计价。其特点是先制定各种材料的计划成本目录，计划单位成本（单价）在年度内不做调整。原材料总账及明细账按计划成本登记；实际成本与计划成本的差异，通过"材料成本差异"科目核算。月末，通过分配材料成本差异，将发出原材料的计划成本调整为实际成本。

"计划成本法"的好处是避免了发出存货计价的烦琐方法，能随时反映发出存货的计划成本，有利于加强对存货的管理和监督。

二、计划成本法下原材料核算的会计科目

（一）"原材料"科目

"原材料"科目属于资产类科目，核算企业库存的各种原材料，包括原料及主要材料、辅助材料、外购半成品（外购件）、修理用备件（备品配件）、包装材料、燃料等的计划成本。明细科目的设置及账页的格式与"实际成本法"相同。

（二）"材料采购"科目

"材料采购"科目属于资产类科目，核算企业采用计划成本进行材料日常核算而购入材料的采购成本。本科目应按供应单位进行明细核算，账页一般采用"平时式"（横线登记式），也可以采用"三栏式"。

（三）"材料成本差异"科目

"材料成本差异"科目属于资产类调整科目，核算企业采用计划成本进行日常核算的材料计划成本与实际成本的差额。本科目应按材料的大类如"原材料""周转材料"等设置明细科目。

> **注意事项**
>
> "材料成本差异"科目是"原材料"科目的备抵或附加科目。原材料的实际成本="原材料"科目借方余额+"材料成本差异"科目借方余额（或-"材料成本差异"科目贷方余额）

一、计划成本法下外购原材料业务

（一）货款付清，同时收货

原材料按计划成本核算，不论材料是否入库，均应通过"材料采购"科目核算。材料入库时，同时结转材料成本差异。本任务的所有举例均假设企业原材料核算采用计划成本法，例题中不再说明。

【例3-16】2022年12月2日，珠江公司从南沙公司购入A原材料一批，增值税专用发票上列示价款为300 000元，增值税为39 000元。该批材料由西沙公司负责运输，运费专用发票列示运输费3 000元，增值税270元。材料货款及运费均已支付，材料已验收入库。该批材料的计划成本为320 000元。珠江公司的账务处理如下。

借：材料采购——南沙公司　　　　　　　　　　　　　　　303 000
　　应交税费——应交增值税（进项税额）　　　　　　　　 39 270
　　贷：银行存款　　　　　　　　　　　　　　　　　　　　　　339 000
　　　　银行存款　　　　　　　　　　　　　　　　　　　　　　　3 270
借：原材料——原料及主要材料（A原材料）　　　　　　　 320 000
　　贷：材料采购——南沙公司　　　　　　　　　　　　　　　　303 000
　　　　材料成本差异——原材料　　　　　　　　　　　　　　　 17 000

（二）付款在前，收货在后

【例3-17】2022年12月8日，珠江公司从南海公司购入B原材料一批，增值税专用发票上列示价款为400 000元，增值税为52 000元。货款当日通过银行支付；该批材料由西沙公司负责运输，12月9日通过银行支付运费5 450元，运费专用发票列示运输费5 000元，增值税450元。12月11日，B原材料运达并验收入库。该批材料的计划成本为390 000元。珠江公司的账务处理如下。

12月8日，支付B原材料货款。

借：材料采购——南海公司　　　　　　　　　　　　　　　400 000
　　应交税费——应交增值税（进项税额）　　　　　　　　 52 000
　　贷：银行存款　　　　　　　　　　　　　　　　　　　　　452 000

12月9日，支付B原材料运费。

借：材料采购——南海公司　　　　　　　　　　　　　　　　5 000
　　应交税费——应交增值税（进项税额）　　　　　　　　　　450
　　贷：银行存款　　　　　　　　　　　　　　　　　　　　　 5 450

12月11日，B原材料验收入库。

借：原材料——原料及主要材料（B原材料）　　　　　　　 390 000
　　材料成本差异——原材料　　　　　　　　　　　　　　　 15 000
　　贷：材料采购——南海公司　　　　　　　　　　　　　　　 405 000

（三）收货在前，付款在后

1. 货到单未到

此种情况下的处理方法与"实际成本法"下的处理方法相同，即货到单未到，平时不做账务处理，月末估价入账，下月初用红字冲销，待发票账单到达并付款后，再按"货款付清，同时收货"的情况做账务处理。

【例3-18】2022年11月27日，珠江公司从东海公司购入C原材料一批，材料运达并验收入库，发票账单尚未到达。11月30日，该批材料的发票账单仍未到达。12月2日，该批材料的发票账单到达，增值税专用发票上列示价款为 520 000 元，增值税为 67 600 元。货款当日支付。该批材料的计划成本为 500 000 元。珠江公司的账务处理如下。

11 月 27 日，办理 C 原材料的入库手续，不做账务处理。

11 月 30 日，将该批 C 原材料按计划成本估价入账。

借：原材料——原料及主要材料（C 原材料）	500 000
贷：应付账款——暂估应付账款	500 000

12 月 1 日，冲销 C 原材料的暂估价款。

借：原材料——原料及主要材料（C 原材料）	500 000
贷：应付账款——暂估应付账款	500 000

12 月 2 日，支付 C 原材料的货款。

借：材料采购——东海公司	520 000
应交税费——应交增值税（进项税额）	67 600
贷：银行存款	587 600

同时结转入库 C 原材料的成本差异。

借：原材料——原料及主要材料（C 原材料）	500 000
材料成本差异——原材料	20 000
贷：材料采购——东海公司	520 000

2. 货到单到暂未付款

此种情况下的处理方法与"实际成本法"下的处理方法相同，货到发票账单也到，只是暂未付款，无论发生在什么时间，均应如实进行账务处理。

【例 3-19】2022 年 11 月 20 日，珠江公司从黄海公司购入 D 原材料一批，材料运达并验收入库，增值税专用发票列示材料价款为 200 000 元，增值税为 26 000 元。当日银行存款账上余额不足，暂未付款。该批材料的计划成本为 190 000 元。珠江公司的账务处理如下。

借：材料采购——黄海公司	200 000
应交税费——应交增值税（进项税额）	26 000
贷：应付账款——黄海公司	226 000
借：原材料——原料及主要材料（D 原材料）	190 000
材料成本差异——原材料	10 000
贷：材料采购——黄海公司	200 000

二、计划成本法下发出原材料业务

"计划成本法"下，原材料发出核算的方法是：平时按照材料的用途结转发出材料的计划成本，也可于月末集中结转发出材料的计划成本，但是月末要将发出材料的计划成本调整为实际成本。

发出材料应分摊成本差异的计算与结转

将发出材料的计划成本调整为实际成本是通过分摊材料成本差异的方式来实现的。具体方法是：先计算当月的材料成本差异率，然后根据材料成本差异率计算发出材料应分摊的差异额。计算公式如下：

本月材料成本差异率=（月初结存材料的成本差异+本月购入材料的成本差异）÷（月初结存材料的计划成本+本月购入材料的计划成本）

本月发出材料应分摊的成本差异额=本月发出材料的计划成本×材料成本差异率

需要说明的是，超支差异（借方差异）用正数表示；节约差异（贷方差异）用负数表示。计算的差异率如为正数，表示实际成本大于计划成本的超支差异；差异率如为负数，则表示实际成本小于计划成本的节约差异。

【例 3-20】珠江公司 2022 年 11 月初"原材料"账户借方余额为 2 180 000 元，月初"材料成本差异"

账户贷方余额为 43 600 元。本月购入原材料的计划成本为 5 820 000 元，本月购入原材料的成本差异为超支差异 283 600 元。本月发出材料的计划成本如表3-8所示。

表 3-8　　　　　　　　　　　　发料凭证汇总表（2022 年 11 月）　　　　　　　　　　　　单位：元

材料用途		材料种类			合计
		A 原材料	B 原材料	C 原材料	
基本生产	甲产品	200 000	450 000	600 000	1 250 000
	乙产品	550 000	850 000	460 000	1 860 000
	丙产品	690 000	650 000	980 000	2 320 000
辅助生产	机修车间			286 000	286 000
对外销售			30 000	100 000	130 000
合计		1 440 000	1 980 000	2 426 000	5 846 000

根据上述资料，编制本月发出材料的计划成本及分摊材料成本差异的会计分录如下。

（1）结转本月发出材料的计划成本。

借：基本生产成本——甲产品（直接材料）　　　　　　　　　　　1 250 000
　　　　　　　　　——乙产品（直接材料）　　　　　　　　　　　1 860 000
　　　　　　　　　——丙产品（直接材料）　　　　　　　　　　　2 320 000
　　辅助生产成本——机修车间（材料费）　　　　　　　　　　　　 286 000
　　其他业务成本——材料销售　　　　　　　　　　　　　　　　　 130 000
　　贷：原材料——原料及主要材料（A 原材料）　　　　　　　　　1 440 000
　　　　　　　——原料及主要材料（B 原材料）　　　　　　　　　1 980 000
　　　　　　　——原料及主要材料（C 原材料）　　　　　　　　　2 426 000

（2）分摊本月发出材料的成本差异。

本月材料成本差异率=（-43 600+283 600）÷（2 180 000+5 820 000）=3%
甲产品应分摊材料成本差异=1 250 000×3%=37 500（元）
乙产品应分摊材料成本差异=1 860 000×3%=55 800（元）
丙产品应分摊材料成本差异=2 320 000×3%=69 600（元）
机修车间应分摊材料成本差异=286 000×3%=8 580（元）
对外销售材料应分摊材料成本差异=130 000×3%=3 900（元）

借：基本生产成本——甲产品（直接材料）　　　　　　　　　　　　 37 500
　　　　　　　　　——乙产品（直接材料）　　　　　　　　　　　　 55 800
　　　　　　　　　——丙产品（直接材料）　　　　　　　　　　　　 69 600
　　辅助生产成本——机修车间（材料费）　　　　　　　　　　　　　 8 580
　　其他业务成本——材料销售　　　　　　　　　　　　　　　　　　 3 900
　　贷：材料成本差异——原材料　　　　　　　　　　　　　　　　　175 380

【例 3-21】沿用【例 3-20】的资料，假设本月购入材料成本差异为节约差异 156 400 元，其他资料不变。则编制本月发出材料的计划成本及分摊材料成本差异的会计分录如下。

（1）结转本月发出材料的计划成本。

与【例 3-20】相同。

（2）分摊本月发出材料的成本差异。

本月材料成本差异率=（-43 600-156 400）÷（2 180 000+5 820 000）=-2.5%
甲产品应分摊材料成本差异=1 250 000×（-2.5%）=-31 250（元）
乙产品应分摊材料成本差异=1 860 000×（-2.5%）=-46 500（元）
丙产品应分摊材料成本差异=2 320 000×（-2.5%）=-58 000（元）
机修车间应分摊材料成本差异=286 000×（-2.5%）=-7 150（元）

对外销售材料应分摊材料成本差异=130 000×（-2.5%）=-3 250（元）

借：基本生产成本——甲产品（直接材料）	31 250
——乙产品（直接材料）	46 500
——丙产品（直接材料）	58 000
辅助生产成本——机修车间（材料费）	7 150
其他业务成本——材料销售	3 250
贷：材料成本差异——原材料	146 150

任务小结 ↓

（一）原材料按计划成本计价核算，是指每种原材料的日常收入、发出和结存核算都按预先确定的计划单位成本计价。

（二）原材料采用"计划成本法"核算的情况下，应设置"原材料""材料采购"和"材料成本差异"科目核算。其中，"材料成本差异"科目是"原材料"科目的附加或备抵科目。

（三）原材料按计划成本核算，无论材料是否入库，均应通过"材料采购"科目核算。材料入库时，应同时结转材料成本差异。

（四）"计划成本法"下，原材料发出核算的方法是：平时按照材料的用途结转发出材料的计划成本，也可于月末集中结转发出材料的计划成本，但是月末要将发出材料的计划成本调整为实际成本。

（五）将发出材料的计划成本调整为实际成本是通过分摊材料成本差异的方式来实现的。具体方法是：先计算当月的材料成本差异率，然后根据材料成本差异率计算发出材料应分摊的差异额。

任务训练（一） ↓

任务训练 15　练习原材料按计划成本计价的核算

资料：珠江公司原材料采用计划成本核算。2022 年 2 月初"原材料"账户借方余额为 200 000 元，"材料成本差异"账户借方余额为 8 800 元，该公司 2 月份有关经济业务如下。

（1）2 月 2 日，从南沙公司购入 A 原材料一批，增值税专用发票上列示价款为 2 620 000 元，增值税为 340 600 元。该批材料由西沙公司负责运输，运费专用发票列示运输费 20 000 元，增值税 1 800 元。材料货款及运费均已支付，材料已验收入库。该批材料的计划成本为 2 600 000 元。

（2）2 月 8 日，从南海公司购入 B 原材料一批，增值税专用发票上列示价款为 3 020 000 元，增值税为 392 600 元。货款当日支付，材料尚未到达。

（3）2 月 9 日，从南海公司购入的 B 原材料由西沙公司负责运输，当日支付运费 32 700 元，运费专用发票列示运输费 30 000 元，增值税 2 700 元。

（4）2 月 10 日，从南海公司购入的 B 原材料运达并验收入库，该批材料的计划成本总额为 3 000 000 元。

（5）2 月 28 日，根据发料凭证汇总表，本月发出原材料计划成本为 5 250 000 元，其中：生产甲产品领用 1 830 000 元，生产乙产品领用 1 890 000 元，生产丙产品领用 980 000 元，机修车间领用 230 000 元，对外出售 320 000 元。

（6）计算并结转本月发出材料应分摊的成本差异。

要求：根据上述经济业务，编制相应的会计分录。

任务训练（二） ↓

任务训练 16　练习原材料按计划成本计价的核算

资料：珠江公司原材料采用计划成本核算。2022 年 2 月初"原材料"账户借方余额为 200 000 元，"材料成本差异"账户贷方余额为 8 800 元，该公司 2 月份有关经济业务如下。

（1）2 月 2 日，从南沙公司购入 A 原材料一批，增值税专用发票上列示价款为 2 600 000 元，增值税为 338 000 元。该批材料由西沙公司负责运输，运费专用发票列示运输费 20 000 元，增值税 1 800 元。材料货款及运费均已支付，材料已验收入库。该批材料的计划成本为 2 800 000 元。

（2）2 月 8 日，从南海公司购入 B 原材料一批，增值税专用发票上列示价款为 2 900 000 元，增值税为 377 000 元。货款当日支付，材料尚未到达。

（3）2 月 9 日，从南海公司购入的 B 原材料由西沙公司负责运输，当日支付运费 30 520 元，运费专用发票列示运输费 28 000 元，增值税 2 520 元。

（4）2 月 10 日，从南海公司购入的 B 原材料运达并验收入库，该批材料的计划成本总额为 3 000 000 元。

（5）2 月 28 日，根据发料凭证汇总表，本月发出原材料计划成本为 5 370 000 元，其中：生产甲产品领用 1 930 000 元，生产乙产品领用 1 990 000 元，生产丙产品领用 900 000 元，机修车间领用 250 000 元，对外出售 300 000 元。

（6）计算并结转本月发出材料应分摊的成本差异。

要求：根据上述经济业务，编制相应的会计分录。

03

任务五　低值易耗品核算

任务导言　↓

原材料核算可以采用"实际成本法"或者"计划成本法"。作为周转材料的低值易耗品与包装物，其核算也可以采用"实际成本法"或者"计划成本法"。但是，由于"计划成本法"太过复杂，并且实际意义不大，所以，本书在介绍低值易耗品和包装物核算时，只讲"实际成本法"，不再涉及"计划成本法"。

低值易耗品核算也有采购与发出两个方面，由于低值易耗品采购与原材料采购核算方法相同，所以，本任务只讲低值易耗品发出的核算。

低值易耗品发出的核算有一个难点，就是五五摊销法。该摊销方法说起来容易（领用时摊销一半，报废时再摊销另一半），做起来难。会计实务中，由于五五摊销法本身比较复杂，因此较少使用。但是，从企业管理与内部控制的角度来看，五五摊销法却是一个公允、合理、控制严密的核算方法，是一个值得推崇和推广的核算方法。

知识准备　↓

一、低值易耗品相关知识

（一）低值易耗品的含义

低值易耗品是指不能作为固定资产核算的各种用具物品，如工具、管理用具、玻璃器皿、劳动保护用品以及在经营过程中周转使用的容器等。

（二）低值易耗品的种类

低值易耗品的特点是单位价值较低，或者使用期限相对于固定资产较短，在使用过程中保持原有实物形态基本不变。按照不同的用途，低值易耗品可以分为以下几类。

（1）一般工具，指生产中常用的工具，如刀具、量具、夹具等。

（2）专用工具，指专门用于制造某一特定产品或在某一特定工序上使用的工具、专用模具等。

（3）替换设备，指容易磨损或为制造不同产品需要替换使用的各种设备。

（4）管理用具，指在管理上使用的各种家具、用具，如办公用具等。

（5）劳动保护用品，指为安全生产而发给工人作为劳动保护用的工作服、工作鞋和各种防护用品等。

（三）低值易耗品的摊销方法

对于低值易耗品的摊销方法，《企业会计准则》和《小企业会计准则》的规定相同：企业应当采用一次转销法或五五摊销法对低值易耗品进行摊销。

一次转销法是指在领用低值易耗品时，将其价值一次记入有关成本、费用的摊销方法。该方法适用于价值较低、使用期限短的低值易耗品的摊销。

五五摊销法是指低值易耗品在领用时摊销其账面价值的一半，在报废时再摊销其价值的另一半并注销其总成本的一种摊销方法。该方法适用于价值较高、使用期限较长的低值易耗品的摊销。

二、低值易耗品核算的会计科目

低值易耗品核算的会计科目为"周转材料"，即在"周转材料"科目下设置"低值易耗品"二级科目。为了避免会计科目的级次过多，本书将"低值易耗品"设为一级科目。

"低值易耗品"科目核算企业库存低值易耗品的实际成本或计划成本。本科目明细科目的设置应根据低值易耗品的摊销方法而定。采用"一次转销法"时，应按低值易耗品的类别、品种进行明细核算，与原材料明细科目的设置方法相同。采用"五五摊销法"时，应先设置"在库低值易耗品""在用低值易耗品"和"低值易耗品摊销"三个二级科目。然后，"在库低值易耗品"再按低值易耗品的类别、品种进行明细核算（设置三级科目）；"在用低值易耗品"应按使用部门进行明细核算（设置三级科目）；"低值易耗品摊销"不设三级科目。

业务处理 ↓

一、一次转销法

【例3-22】珠江公司2019年6月领用低值易耗品情况如表3-9所示，采用一次转销法摊销。

表3-9   低值易耗品发出汇总表   单位：元

领用部门		低值易耗品种类				合计
		一般工具	专用工具	管理用具	劳保用品	
基本生产	第一车间	20 000	30 000	5 000	15 000	70 000
	第二车间	15 000	46 000	6 000	18 000	85 000
辅助生产	机修车间	16 000			9 000	25 000
行政管理部门				19 000	16 000	35 000
专设销售部门				12 000	8 000	20 000
合计		51 000	76 000	42 000	66 000	235 000

上述低值易耗品于2022年10月全部报废，废品对外出售，价税款收到现金，具体情况如表3-10所示。

表3-10   报废低值易耗品售价分配表   单位：元

部门		出售价款	增值税	合计
基本生产	第一车间	3 500	455	3 955
	第二车间	4 250	552	4 802
辅助生产	机修车间	1 250	162.5	1 412.5
行政管理部门		1 750	227.5	1 977.5
专设销售部门		1 000	130	1 130
合计		11 750	1 527	13 277

根据上述资料，珠江公司的有关账务处理如下。

（1）2019年6月领用低值易耗品时。

借：制造费用——第一车间（低值易耗品摊销）　　　　　　　　70 000
　　　　　　　——第二车间（低值易耗品摊销）　　　　　　　　85 000
　　辅助生产成本——机修车间（低值易耗品摊销）　　　　　　　25 000
　　管理费用——低值易耗品摊销　　　　　　　　　　　　　　35 000
　　销售费用——低值易耗品摊销　　　　　　　　　　　　　　20 000
　　贷：低值易耗品——一般工具　　　　　　　　　　　　　　　　51 000
　　　　　　　　　——专用工具　　　　　　　　　　　　　　　　76 000
　　　　　　　　　——管理用具　　　　　　　　　　　　　　　　42 000
　　　　　　　　　——劳保用品　　　　　　　　　　　　　　　　66 000

（2）2022 年 10 月收到报废低值易耗品变价收入时。

借：库存现金   13 277

    贷：制造费用——第一车间（低值易耗品摊销）   3 500

              ——第二车间（低值易耗品摊销）   4 250

        辅助生产成本——机修车间（低值易耗品摊销）   1 250

        管理费用——低值易耗品摊销   1 750

        销售费用——低值易耗品摊销   1 000

        应交税费——应交增值税（销项税额）   1 527

> **注意事项**
>
>   本例中不同的低值易耗品报废的时间肯定是不同的，但是，不管何时报废，其账务处理方法却是相同的。

二、五五摊销法

【例 3-23】沿用【例 3-22】的资料，假设珠江公司 2019 年 6 月领用的低值易耗品全部采用五五摊销法摊销，则有关账务处理如下。

（1）2019 年 6 月，将在库低值易耗品结转为在用低值易耗品。

借：低值易耗品——在用低值易耗品（第一车间）   70 000

             ——在用低值易耗品（第二车间）   85 000

             ——在用低值易耗品（机修车间）   25 000

             ——在用低值易耗品（行政部门）   35 000

             ——在用低值易耗品（销售部门）   20 000

    贷：低值易耗品——在库低值易耗品（一般工具）   51 000

             ——在库低值易耗品（专用工具）   76 000

             ——在库低值易耗品（管理用具）   42 000

             ——在库低值易耗品（劳保用品）   66 000

（2）2019 年 6 月，摊销在用低值易耗品实际成本的一半。

借：制造费用——第一车间（低值易耗品摊销）   35 000

             ——第二车间（低值易耗品摊销）   42 500

    辅助生产成本——机修车间（低值易耗品摊销）   12 500

    管理费用——低值易耗品摊销   17 500

    销售费用——低值易耗品摊销   10 000

    贷：低值易耗品——低值易耗品摊销   117 500

（3）2022 年 10 月，摊销报废低值易耗品实际成本的另一半。

借：制造费用——第一车间（低值易耗品摊销）   35 000

             ——第二车间（低值易耗品摊销）   42 500

    辅助生产成本——机修车间（低值易耗品摊销）   12 500

    管理费用——低值易耗品摊销   17 500

    销售费用——低值易耗品摊销   10 000

    贷：低值易耗品——低值易耗品摊销   117 500

（4）2022年10月，收到报废低值易耗品残料收入。

借：库存现金　　　　　　　　　　　　　　　　　　　　　　13 277
　　贷：制造费用——第一车间（低值易耗品摊销）　　　　　　3 500
　　　　　　　　——第二车间（低值易耗品摊销）　　　　　　4 250
　　　　辅助生产成本——机修车间（低值易耗品摊销）　　　　1 250
　　　　管理费用——低值易耗品摊销　　　　　　　　　　　　1 750
　　　　销售费用——低值易耗品摊销　　　　　　　　　　　　1 000
　　　　应交税费——应交增值税（销项税额）　　　　　　　　1 527

（5）2022年10月，注销已报废在用低值易耗品成本。

借：低值易耗品——低值易耗品摊销　　　　　　　　　　　235 000
　　贷：低值易耗品——在用低值易耗品（第一车间）　　　　70 000
　　　　　　　　　　——在用低值易耗品（第二车间）　　　　85 000
　　　　　　　　　　——在用低值易耗品（机修车间）　　　　25 000
　　　　　　　　　　——在用低值易耗品（行政部门）　　　　35 000
　　　　　　　　　　——在用低值易耗品（销售部门）　　　　20 000

注意事项

　　五五摊销法在账务处理上比较麻烦，但是，在管理上比较严密。在五五摊销法下，正在使用的低值易耗品在账簿上都有记录。只有在低值易耗品办理了报废手续之后，账上的记录才能注销。所以，正在使用的低值易耗品如果出现了盘亏，通过财产清查就可以发现。而采用一次转销法时，正在使用的低值易耗品如果出现盘亏，通过财产清查是无法发现的。

低值易耗品的摊销

任务小结 ↓

　　（一）低值易耗品是指不能作为固定资产核算的各种用具物品，如工具、管理用具、玻璃器皿、劳动保护用品以及在经营过程中周转使用的容器等。

　　（二）"低值易耗品"明细科目的设置因低值易耗品的摊销方法不同而不同。采用"五五摊销法"时，应先设置"在库低值易耗品""在用低值易耗品"和"低值易耗品摊销"三个二级科目。

　　（三）一次转销法是指在领用低值易耗品时，将其价值一次性记入有关成本、费用的摊销方法。

　　（四）五五摊销法是指低值易耗品在领用时摊销其账面价值的一半，在报废时再摊销其价值的另一半并注销其总成本的一种摊销方法。

　　（五）低值易耗品不管采用哪种摊销方法，收回的报废低值易耗品的残料变价收入不做收入处理，应冲减其摊销的有关成本费用。

任务训练 ↓

任务训练17　练习低值易耗品的核算

资料：珠江公司2019年1月发出低值易耗品汇总如表3-11所示。

表3-11 低值易耗品发出汇总表 单位：元

领用部门		低值易耗品种类				合计
		一般工具	专用工具	管理用具	劳保用品	
基本生产	第一车间	30 000	36 000	8 000	18 000	92 000
	第二车间	16 000	46 000	6 000	22 000	90 000
辅助生产	机修车间	16 000	4 000	3 000	9 000	32 000
行政管理部门				18 000	26 000	44 000
专设销售部门				16 000	8 000	24 000
合计		62 000	86 000	51 000	83 000	282 000

上述低值易耗品于2022年12月全部报废，废品对外出售，价税款收到现金，具体情况列表如表3-12所示。

表3-12 报废低值易耗品售价分配表 单位：元

部门		出售价款	增值税	合计
基本生产	第一车间	4 600	598	5 198
	第二车间	4 500	585	5 085
辅助生产	机修车间	1 600	208	1 808
行政管理部门		2 200	286	2 486
专设销售部门		1 200	156	1 356
合计		14 100	1 833	15 933

要求：根据上述资料分别采用"一次转销法"和"五五摊销法"编制相关的会计分录。

任务六 包装物核算

任务导言

包装物的用途不同，其账务处理也有所不同。如果包装物随同产品一起出售，则属于一次性消耗，类似于原材料，那么其账务处理与发出原材料的情况相同；如果包装物用于出租或出借，则属于反复周转使用，类似于低值易耗品，那么其账务处理与发出低值易耗品的情况相同，其摊销也可以采用一次转销法或五五摊销法。

本任务除了五五摊销法外，还有一个难点就是摊销出租、出借包装物时，借记什么科目？学习者往往混淆不清。出租属于有偿使用，会取得租金收入，租金收入核算的科目是"其他业务收入"，那么，摊销其成本核算的科目必定是"其他业务成本"；而出借属于无偿使用，没有收入，则摊销其成本核算的科目只能是"销售费用"。

此外，需要注意的是，"包装物"与"包装材料"这两个概念非常相似，但其含义完全不同，二者核算的会计科目也不相同，要注意区分。

知识准备

一、包装物的含义及核算范围

包装物是指为了包装本企业的产品（商品）而储备的各种包装容器，如桶、箱、瓶、坛、袋等。包装物的用途主要包括以下几类。

（1）生产过程中用于包装产品并作为产品的组成部分的包装物。

（2）随同产品出售不单独计价的包装物。

（3）随同产品出售并单独计价的包装物。

（4）出租给购货单位使用的包装物。

（5）出借给购货单位使用的包装物。

不属于上述使用范围的包装物品，不属于包装物。例如，下列物资不属于包装物核算的范围。

（1）包装材料，如包装用的纸、绳、铁丝、铁皮等。

（2）自用而不对外出售、出租或出借的包装物。

（3）自产而只作为商品出售的包装物。

二、包装物核算的会计科目

包装物核算的会计科目为"周转材料"，即在"周转材料"科目下设置"包装物"二级科目。为了避免会计科目的级次过多，本书将"包装物"设为一级科目。

"包装物"科目核算企业库存的各种包装物的实际成本或计划成本。本科目明细科目的设置应根据包装物的摊销方法而定。采用一次转销法时，本科目应按包装物的类别、品种进行明细核算；采用五五摊销法时，本科目应先设置"在库包装物""出租包装物""出借包装物"和"包装物摊销"等二级科目。然后，"在库包装物"应按包装物的类别、品种进行明细核算；"出租包装物"应按租用单位进行明细核算；"出借包装物"应按借用单位进行明细核算。"包装物摊销"不设置三级科目。

业务处理 ↓

一、生产过程领用包装物

【例3-24】2022年12月，珠江公司经汇总，基本生产车间领用包装箱实际成本共计269 000元，其中：包装甲产品136 000元，包装乙产品133 000元。账务处理如下。

借：基本生产成本——甲产品（直接材料）	136 000
——乙产品（直接材料）	133 000
贷：包装物——包装箱	269 000

二、随同产品出售不单独计价包装物

【例3-25】2022年12月，珠江公司经汇总，在销售过程领用包装箱实际成本共计398 000元，随同产品出售不单独计价。账务处理如下。

借：销售费用——包装费	398 000
贷：包装物——包装箱	398 000

三、随同产品出售并单独计价包装物

【例3-26】2022年12月2日，珠江公司领用包装箱实际成本为180 000元，随同产品出售并单独计价，不含税售价为200 000元，增值税为26 000元，包装物的价税款通过银行收讫。账务处理如下。

（1）确认包装物收入。

借：银行存款	226 000
贷：其他业务收入——包装物销售	200 000
应交税费——应交增值税（销项税额）	26 000

（2）结转包装物成本。

借：其他业务成本——包装物销售	180 000
贷：包装物——包装箱	180 000

四、出租包装物

【例3-27】2020年11月1日，珠江公司向南海公司出租包装箱一批，实际成本为240 000元。收取押金50 000元，每月租金10 000元，增值税1 300元。当日通过银行收到当月的租金及押金共计61 300元。2022年11月1日，珠江公司收到南海公司退还的出租包装箱，同时将押金50 000元全部退还。此外，收回的出租包装物不能再用，经批准将其当废品出售，取得含税收入3 000元，收到现金。出租包装箱采用五五摊销法摊销。珠江公司有关账务处理如下。

（1）2020年11月1日，收取包装箱押金及当月租金。

借：银行存款	61 300
贷：其他业务收入——包装物出租	10 000
应交税费——应交增值税（销项税额）	1 300
其他应付款——南海公司	50 000

（2）2020年11月1日，结转出租包装箱成本。

借：包装物——出租包装物（南海公司）	240 000
贷：包装物——在库包装物（包装箱）	240 000

（3）2020年11月1日，摊销出租包装箱成本的一半。

借：其他业务成本——出租包装物摊销	120 000
贷：包装物——包装物摊销	120 000

（4）2022 年 11 月 1 日，退还押金。

借：其他应付款——南海公司 　　　　　　　　　　　　　 50 000

　　贷：银行存款 　　　　　　　　　　　　　　　　　　　　 50 000

（5）2022 年 11 月 1 日，摊销出租包装箱成本的另一半。

借：其他业务成本——出租包装物摊销 　　　　　　　　 120 000

　　贷：包装物——包装物摊销 　　　　　　　　　　　　　 120 000

（6）2022 年 11 月 1 日，注销出租包装箱成本。

借：包装物——包装物摊销 　　　　　　　　　　　　　 240 000

　　贷：包装物——出租包装物（南海公司） 　　　　　　　 240 000

（7）2022 年 11 月 1 日，收到报废包装箱残值收入。

借：库存现金 　　　　　　　　　　　　　　　　　　　　 3 000

　　贷：其他业务成本——出租包装箱摊销 　　　　　　　 2 654.87

　　　　应交税费——应交增值税（销项税额） 　　　　　　 345.13

五、出借包装物

【例 3-28】2020 年 2 月 1 日，珠江公司向东海公司出借包装箱一批，实际成本为 280 000 元。当日收取押金 60 000 元。2022 年 2 月 10 日，珠江公司出借给东海公司包装箱的合约到期，东海公司无法退还包装箱，珠江公司将其押金予以没收。出借包装箱采用五五摊销法摊销。珠江公司有关账务处理如下。

（1）2020 年 2 月 1 日，收取押金。

借：银行存款 　　　　　　　　　　　　　　　　　　　　 60 000

　　贷：其他应付款——东海公司 　　　　　　　　　　　　 60 000

（2）2020 年 2 月 1 日，结转出借包装物成本。

借：包装物——出借包装物（东海公司） 　　　　　　　 280 000

　　贷：包装物——在库包装物（包装箱） 　　　　　　　 280 000

（3）2020 年 2 月 1 日，摊销出借包装物实际成本的一半。

借：销售费用——出借包装物摊销 　　　　　　　　　　 140 000

　　贷：包装物——包装物摊销 　　　　　　　　　　　　　 140 000

（4）2022 年 2 月 10 日，没收出借包装箱押金。

借：其他应付款——东海公司 　　　　　　　　　　　　　 60 000

　　贷：其他业务收入——出租包装箱出售 　　　　　　　 53 097.35

　　　　应交税费——应交增值税（销项税额） 　　　　　　 6 902.65

（5）2022 年 2 月 10 日，摊销出借包装箱成本另一半。

借：销售费用——出借包装物摊销 　　　　　　　　　　 140 000

　　贷：包装物——包装物摊销 　　　　　　　　　　　　　 140 000

（6）注销出借包装箱成本。

借：包装物——包装物摊销 　　　　　　　　　　　　　 280 000

　　贷：包装物——出借包装物（东海公司） 　　　　　　　 280 000

包装物的摊销

任务小结 ↓

（一）包装物是指为了包装本企业的产品（商品）而储备的各种包装容器，如：桶、箱、瓶、坛、袋等。包装物必须是用于包装产品的容器，用于包装的非容器属于包装材料，包装材料在"原材料"科目核算。

（二）包装物如果一次性消耗，应将其实际成本一次性记入有关成本费用账户；包装物如果反复周转使用，则应将其实际成本进行摊销，摊销方法可以采用一次转销法或五五摊销法。

（三）报废包装物残值收入的处理，与报废低值易耗品残值收入处理相同，不确认为收入，应作冲销其摊销的成本、费用处理。

（四）没收包装物押金应视同包装物出售，应将没收的金额视为含税收入，按增值税税率换算，分别确认收入和销项税额。

任务训练 ↓

任务训练 18　练习包装物的核算

资料：珠江公司发生有关包装物业务如下。

（1）2021 年 12 月，经汇总本月基本生产车间领用包装箱实际成本共计 368 000 元，其中：包装甲产品 253 000 元，包装乙产品 115 000 元。

（2）2021 年 12 月，经汇总本月在销售过程领用包装箱实际成本共计 246 000 元，随同产品出售不单独计价。

（3）2021 年 12 月，经汇总本月在销售过程中领用包装箱实际成本为 160 000 元，随同产品出售并单独计价。

（4）2021 年 12 月 10 日，向南海公司出租包装箱一批，实际成本为 300 000 元。月收租金 12 500 元，增值税 1 625 元，另收押金 30 000 元。当日通过银行收到当月的租金及押金。出租包装箱采用五五摊销法摊销。

（5）2023 年 12 月 10 日，收到南海公司退还的出租包装箱，同时退还押金 30 000 元。此外，收回的出租包装物不能再用，经批准予以报废，废品出售取得含税收入 5 000 元，收到现金。

要求：根据上述经济业务编制会计分录。

任务七　委托加工物资与存货清查核算

任务导言 ↓

委托加工物资业务与存货清查业务之间没有直接关系，只因二者内容均有限，故组成一个任务。这两个业务的账务处理并不难，但是它们均涉及增值税，而且委托加工业务还涉及消费税。所以，要掌握本任务的内容，还需熟悉增值税和消费税的相关知识。

知识准备（委托加工物资）↓

一、委托加工物资相关知识

（一）委托加工物资的含义

委托加工物资是指企业将现有的材料物资委托外单位加工成另一种材料物资并向受托方支付加工费及相关税费的一种业务行为。

如何判断一项业务是否属于委托加工业务？我国《消费税暂行实施细则》对委托加工的含义进行了明确的界定：委托加工的应税消费品，是指由委托方提供原料和主要材料，受托方只收取加工费和代垫部分辅助材料加工的应税消费品。对于由受托方提供原材料生产的应税消费品，或者受托方先将原材料卖给委托方，然后再接受加工的应税消费品，以及由受托方以委托方名义购进原材料生产的应税消费品，不论在财务上是否视为销售处理，都不得作为委托加工应税消费品，而应当按照销售自制应税消费品缴纳消费税。

（二）委托加工物资实际成本的构成

委托加工物资的实际成本包括加工中耗用物资的实际成本、支付的加工费及往返运杂费、支付的税费（包括不能抵扣的增值税及消费税）等。

（三）委托加工应税消费品的相关规定

委托加工的应税消费品，受托方在交货时已代收代缴消费税，委托方收回后直接对外的，不再征收消费税。纳税人用委托加工收回后的应税消费品（限于委托加工烟丝、高档化妆品、珠宝玉石、鞭炮焰火、汽油、高尔夫球杆材料、木制一次性筷子、实木地板）连续生产应税消费品，在计征消费税时可以扣除委托加工收回应税消费品的已纳消费税税款。

二、委托加工物资核算的会计科目

企业如有委托加工物资业务，应通过"委托加工物资"科目核算。"委托加工物资"科目为资产类科目，核算企业委托外单位加工的各种材料、商品等物资的实际成本。本科目可按加工合同、受托加工单位以及加工物资的品种等进行明细核算。

业务处理（委托加工物资）↓

【例3-29】2022年3月，白云公司发出烟叶一批，委托黄埔公司加工成烟丝，烟丝收回后准备继续加工成卷烟，发生有关业务如下。

（1）3月1日，发出烟叶实际成本850 000元。

（2）3月1日，支付发出委托加工烟叶运费9 000元、增值税810元。

（3）3月20日，支付委托加工烟叶加工费100 000元、增值税13 000元。

（4）3月20日，支付委托加工烟叶由受托方代收代缴的消费税50 000元、城市维护建设税3 500元、教育费附加1 500元及地方教育附加1 000元。

（5）3月21日，支付运回委托加工烟丝的运费9 000元、增值税810元。

（6）3月21日，委托加工收回的烟丝验收入库。

白云公司有关账务处理如下。

（1）3月1日，发出加工材料。

借：委托加工物资——黄埔公司 850 000

贷：原材料——原料及主要材料（烟叶） 850 000

（2）3月1日，支付委托加工运费。

借：委托加工物资——黄埔公司 9 000

应交税费——应交增值税（进项税额） 810

贷：银行存款 9 810

（3）3月20日，支付烟叶加工费。

借：委托加工物资——黄埔公司 100 000

应交税费——应交增值税（进项税额） 13 000

贷：银行存款 113 000

（4）3月20日，支付委托加工烟叶消费税及相关税费。

借：委托加工物资——黄埔公司 6 000

应交税费——应交消费税 50 000

贷：银行存款 56 000

（5）3月21日，支付委托加工返回运费。

借：委托加工物资——黄埔公司 9 000

应交税费——应交增值税（进项税额） 810

贷：银行存款 9 810

（6）3月21日，委托加工烟丝验收入库。

借：原材料——原料及主要材料（烟丝） 974 000

贷：委托加工物资——黄埔公司 974 000

本例假设白云公司委托加工的烟丝，收回后直接对外销售，则委托加工支付的消费税应记入委托加工成本。上述业务（4）和业务（6）修改如下，其他业务处理不变。

（4）3月20日，支付委托加工烟叶消费税及相关税费。

借：委托加工物资——黄埔公司 56 000

贷：银行存款 56 000

（6）3月21日，委托加工烟丝验收入库。

借：原材料——原料及主要材料（烟丝） 1 024 000

贷：委托加工物资——黄埔公司 1 024 000

知识准备（存货清查）↓

一、存货清查相关知识

（一）存货清查的含义

存货清查是指通过对存货的实地盘点，确定存货的实存数，并与账存数进行核对，从而确定存货是否账实相符的一种方法。造成存货账实不符的原因有很多，比如计量错误、计算错误、自然损耗等，还有可能发生损坏变质以及贪污、盗窃等。为了保证账实相符，企业应当定期进行存货清查。

（二）存货清查的方法

存货清查的方法一般采用实地盘点法。盘点后，对于存货的盘盈、盘亏应填写"存货盘点报告表"，并及时查明原因，按照规定的程序报批处理。

（三）存货盘盈、盘亏的处理

盘盈存货在报经批准后，进行冲销"管理费用"处理。盘亏存货在报经批准后应根据造成盘亏的原因，分别根据以下情况进行处理：属于定额内合理损耗的，列作"管理费用"；属于计量、收发差错和管理不善等原因造成的，能确定过失人的，应由过失人赔偿；属于保险责任范围内的，应向保险公司索赔；属于自然灾害造成的，应列作"营业外支出"。

二、存货清查核算的会计科目

存货清查结果如有盘盈、盘亏和毁损等情况，应通过"待处理财产损溢"科目进行核算。"待处理财产损溢"科目核算企业在清查财产过程中查明的各种财产盘盈、盘亏和毁损的价值。本科目可按盘盈、盘亏的资产种类和项目进行明细核算。

业务处理（存货清查）↓

一、存货盘盈业务

【例3-30】珠江公司的2022年12月31日"存货盘点报告表"显示，A原材料盘盈250千克，单价32元，金额8 000元。事后查明：A原材料盘盈由收、发计量差错造成。账务处理如下。

审批前调账：

```
借：原材料——原料及主要材料（A原材料）              8 000
    贷：待处理财产损溢——待处理流动资产损溢                    8 000
```

审批后核销：

```
借：待处理财产损溢——待处理流动资产损溢              8 000
    贷：管理费用——存货盘盈                                    8 000
```

二、存货盘亏业务

【例3-31】珠江公司的2022年12月31日"存货盘点报告表"显示，B原材料盘亏300千克，单价36元，金额10 800元，C原材料盘亏200千克，单价30元，金额6 000元。事后查明原因：B原材料盘亏属于自然灾害造成的毁损；C原材料盘亏属于被盗损失，由责任人赔偿30%。盘亏C原材料的进项税额为780元。

审批前调账：

```
借：待处理财产损溢——待处理流动资产损溢              17 580
    贷：原材料——原料及主要材料（B原材料）                    10 800
        ——原料及主要材料（C原材料）                          6 000
        应交税费——应交增值税（进项税额转出）                    780
```

📠✓ 税法提示

根据增值税相关法律的规定，非正常损失的购进货物的进项税不能抵扣。非正常损失是指因管理不善造成货物被盗、丢失、霉烂变质的损失，以及被执法部门依法没收或强令自行销毁的货物。对于正常损失货物以及非常损失货物的进项税额允许抵扣。非常损失是由于自然灾害所引起的各项损失，如因遭受火灾、水灾、风灾等发生的流动资产和固定资产的毁损，造成停工损失、善后清理费用等。本例盘亏B原材料的进项税额可以扣抵；盘亏C原材料的进项税额不能抵扣。

审批后核销：

```
借：营业外支出——非常损失                          10 800
    其他应收款——保管员                              2 034
    管理费用——存货盘亏                              4 746
    贷：待处理财产损溢——待处理流动资产损溢                  17 580
```

三、"待处理财产损溢"账户余额的列报

根据《企业会计准则》的规定，企业的待处理财产损溢应查明原因，在期末结账前处理完毕，处理后，"待处理财产损溢"账户应无余额。

对于年中各月末的"待处理财产损溢"账户余额，可以根据该财产的流动性分别列示于资产负债表中的"其他流动资产"或"其他非流动资产"项下。

任务小结 ↓

（一）委托加工物资是指企业将现有的材料物资委托外单位加工成另一种材料物资并向受托方支付加工费及相关税费的一种业务行为。委托加工物资的实际成本包括加工中耗用物资的实际成本、支付的加工费及往返运杂费、支付的税费等。

（二）委托方在委托加工应税消费品收回后，直接对外销售的，不再征收消费税；委托加工应税消费品收回后，用于连续生产应税消费品的，其已纳税款准予从生产的应税消费品应纳消费税税额中扣除。

（三）存货清查是指通过对存货的实地盘点，确定存货的实存数，并与账存数进行核对，从而确定存货是否账实相符的一种方法。

（四）存货盘盈的处理一般是冲减"管理费用"。存货盘亏或毁损的处理，属于自然损耗的，列作"管理费用"；属于计量差错和管理不善造成的，由过失人赔偿的部分列作"其他应收款"，扣除赔偿后的净损失列作"管理费用"；属于自然灾害等非正常原因造成，列作"营业外支出"。

（五）因管理不善造成的存货盘亏，其进项税额不能抵扣；因自然灾害造成的存货盘亏，其进项税额可以抵扣。

任务训练 ↓

任务训练 19　练习委托加工物资及存货清查的核算

资料：珠江公司 2022 年 12 月发生有关业务如下。

（1）12 月 1 日，发出木材一批，实际成本 800 000 元，委托天河公司加工成实木地板。委托加工的实木地板直接对外销售。

（2）12 月 1 日，支付发出木材运费 6 000 元及增值税 540 元，取得增值税专用发票。

（3）12 月 18 日，支付加工费 80 000 元，增值税 10 400 元，取得增值税专用发票。

（4）12 月 18 日，支付由受托方代收代缴的消费税 46 300 元、城市维护建设税 3 241 元，教育费附加 1 389 元，地方教育附加 926 元。

（5）12 月 19 日，支付运回实木地板运费 6 000 元及增值税 540 元，取得增值税专用发票。

（6）12 月 19 日，委托天河公司加工的实木地板验收入库。

（7）12 月 31 日，A 原材料盘盈 180 千克，每千克成本为 16 元，盘盈原因待查。

（8）12 月 31 日，B 原材料盘亏 550 千克，每千克成本为 10 元，C 原材料盘亏 700 千克，每千克成本为 5 元，盘亏原因待查（盘亏材料的进项税额按成本价和 13%的税率计算）。

（9）12 月 31 日，查明上述 A 原材料盘盈为收、发差错所致，经批准予以转销。

（10）12 月 31 日，查明上述 B 原材料及 C 原材料盘亏均为被盗造成，经批准由过失人张某赔偿 20%，其余损失按规定处理。

要求：根据上述资料编制会计分录。

任务八 存货减值核算

任务导言

存货减值业务，其实也是存货期末计价业务。存货是企业的一项重要流动资产，在资产负债表上通常以其账面实际成本（即历史成本）列报。但是，当存货发生贬值时，如果还以历史成本列报，则存货这项资产就不真实。为了防止这种资产不实情况的发生，《企业会计准则》规定，在资产负债表中，存货应当采用成本与可变现净值孰低法计量（列报）。这是对历史成本法的修正和完善，也是谨慎性原则的体现。

当存货可变现净值低于账面成本时，说明存货减值了。为了让存货在报表上以可变现净值列报，必须将存货的账面成本调整为可变现净值，这就需要计提存货减值准备。

存货减值核算与应收款项减值核算的备抵法基本相同。二者都是在减值损失实际发生之前，先计提减值准备。应收款项减值核算的科目叫"坏账准备"，存货减值核算的科目叫"存货跌价准备"。"存货跌价准备"与"坏账准备"的账户性质、账户结构、期末余额在报表中的列示方法等都是相同的。

知识准备

一、成本与可变现净值孰低法

企业期末存货的价值通常是以历史成本来计量的。但是，由于存货市价下跌、存货陈旧、过时、毁损等原因，会导致存货价值的减少，此时历史成本不能真实地反映存货的价值。因此《企业会计准则》规定，在资产负债表中，存货应当按照成本与可变现净值孰低法计量。

（一）成本与可变现净值孰低法的含义

成本与可变现净值孰低法，是指期末存货按照成本与可变现净值两者之中较低者计价的方法。

"成本"是指存货的实际成本（历史成本）。

"可变现净值"，是指在日常活动中，存货的估计售价减去至完工时估计将要发生的成本、估计的销售费用以及相关税费后的金额。

当存货成本低于其可变现净值时，期末存货以账面价值（成本）列示，无需进行账务处理；当存货成本高于其可变现净值时，期末存货则以可变现净值列示，此时应计提存货跌价准备。

（二）可变现净值的确定

1. 确定存货可变现净值应考虑的因素

企业确定存货的可变现净值，应当以取得的确凿证据为基础，并且考虑持有存货的目的、资产负债表日后事项的影响等因素。

存货可变现净值的确凿证据是指对确定存货的可变现净值有直接影响的确凿证明，如产品或商品的市场销售价格、与产品或商品相同或类似商品的市场销售价格、销货方提供的有关资料和生产成本资料等。

企业持有存货的目的不同，存货可变现净值的计算方法也不同。存货持有的目的通常有两种：一是准备出售；二是准备在生产过程中耗用。

2. 可变现净值的确定方法

（1）为执行销售合同或劳务合同而持有的存货，其可变现净值应当以合同价格为基础计算。

（2）企业持有存货的数量多于销售合同订购数量的，超出部分的存货的可变现净值应当以一般销售价格为基础计算。

（3）为生产而持有的材料等，用其生产的产成品的可变现净值高于成本的，该材料仍然应当按照成本计量；材料价格的下降表明产成品的可变现净值低于成本的，该材料应当按照可变现净值计量。

（三）成本与可变现净值的比较

成本与可变现净值的比较方法有以下3种。

（1）单项比较法，也称个别比较法，是指将存货中每一项存货的成本与可变现净值逐项进行比较，以其中的较低者来确定存货的期末价值。

（2）分类比较法，是指按存货类别比较其成本与可变现净值，以其中的较低者来确定存货的期末价值。

（3）总额比较法，也称综合比较法，是指将全部存货的总成本与可变现净值总额进行比较，以较低者作为期末全部存货的价值。

企业应当将每个存货项目的成本与其可变现净值逐一进行比较，以较低者计量存货的期末价值，并且按成本高于可变现净值的差额计提存货跌价准备。如果某一类存货的数量众多并且单价较低，可以按存货类别计量成本与可变现净值，以其较低者确定存货的期末价值。

二、存货减值业务核算的会计科目

（一）"存货跌价准备"科目

"存货跌价准备"科目属于资产类备抵科目，核算企业存货发生减值时计提的存货跌价准备。本科目应按存货项目或类别进行明细核算。

（二）"资产减值损失"科目

"资产减值损失"科目属于损益类科目，核算企业计提各项资产减值准备所形成的损失。本科目可按资产减值损失的项目进行明细核算。

业务处理 ↓

一、存货跌价准备的计提

当存货的可变现净值低于成本时，应计提存货跌价准备。计算公式为：

存货跌价准备应提取金额=存货账面成本-存货可变现净值

存货跌价准备当年实际提取金额=存货跌价准备应提取金额-存货跌价准备已提金额

【例3-32】2020年12月31日，珠江公司有关存货成本与可变现净值比较如表3-13所示。

表3-13　　　　　　　　　　　　存货成本与可变现净值比较表　　　　　　　　　　单位：元

存货种类		账面成本	可变现净值	成本与可变现净值的差额
库存商品	甲产品	260 000	250 000	10 000
	乙产品	410 000	405 000	5 000
	丙产品	160 000	160 000	0
	丁产品	320 000	310 000	10 000
原材料	A原材料	350 000	340 000	10 000
	B原材料	540 000	520 000	20 000
	C原材料	650 000	640 000	10 000
	D原材料	210 000	220 000	-10 000

假设珠江公司此前未计提任何存货跌价准备，根据表3-13所示的资料按单项比较法计算，则2020年年末计提存货跌价准备如下。

借：资产减值损失——计提存货跌价准备　　　　　　　　　　65 000
　　贷：存货跌价准备——库存商品　　　　　　　　　　　　　　25 000
　　　　　　　　　　——原材料　　　　　　　　　　　　　　　40 000

【例3-33】2021年12月31日，珠江公司有关存货成本与可变现净值比较如表3-14所示。

表3-14　　　　　　　　　　　存货成本与可变现净值比较表　　　　　　　　　　单位：元

存货种类		账面成本	可变现净值	成本与可变现净值的差额
库存商品	甲产品	230 000	200 000	30 000
	乙产品	460 000	450 000	10 000
	丙产品	150 000	160 000	−10 000
	丁产品	320 000	300 000	20 000
原材料	A原材料	360 000	340 000	20 000
	B原材料	540 000	510 000	30 000
	C原材料	650 000	610 000	40 000
	D原材料	210 000	230 000	−20 000

珠江公司2020年度计提存货跌价准备情况见【例3-32】，根据表3-14所示的资料按单项比较法计算，则2021年年末应提存货跌价准备如下。

库存商品应提跌价准备=60 000−25 000=35 000（元）

原材料应提跌价准备=90 000−40 000=50 000（元）

借：资产减值损失——计提存货跌价准备　　　　　　　　　　　　85 000

　　贷：存货跌价准备——库存商品　　　　　　　　　　　　　　　35 000

　　　　　　　　　　——原材料　　　　　　　　　　　　　　　　50 000

二、存货跌价准备的转回

如果以前减记存货价值的影响因素已经消失的，减记的金额应当予以恢复，并在原已计提的存货跌价准备金额内转回。即当存货可变现净值上升时，以前计提的存货跌价准备可以恢复。

【例3-34】2022年12月31日，珠江公司有关存货成本与可变现净值比较如表3-15所示。

表3-15　　　　　　　　　　　存货成本与可变现净值比较表　　　　　　　　　　单位：元

存货种类		账面成本	可变现净值	成本与可变现净值的差额
库存商品	甲产品	230 000	210 000	20 000
	乙产品	460 000	460 000	0
	丙产品	150 000	145 000	−5 000
	丁产品	320 000	310 000	10 000
原材料	A原材料	360 000	350 000	10 000
	B原材料	540 000	520 000	20 000
	C原材料	650 000	625 000	25 000
	D原材料	210 000	220 000	−10 000

接续【例3-33】的资料，2022年年末库存商品应计提跌价准备30 000元，上年末累计已计提跌价准备60 000元，应转回30 000元；2022年年末原材料应计提跌价准备55 000元，上年末累计已计提跌价准备90 000元，应转回35 000元。转回分录如下。

借：资产减值损失——计提存货跌价准备　　　　　　　　　　　65 000

　　贷：存货跌价准备——库存商品　　　　　　　　　　　　　30 000

　　　　　　　　　　——原材料　　　　　　　　　　　　　　35 000

三、存货跌价准备的核销

已计提存货跌价准备的存货全部或部分销售或耗用的，在结转销售成本或耗用成本时，应同时核销其已计提的跌价准备。

【例3-35】珠江公司2022年年末甲产品账面成本为230 000元，可变现净值为210 000元，已计提跌价准备20 000元。2023年1月，甲产品出售了40%；2023年2月，甲产品全部出售完毕。有关账务处理如下。

2023年1月末，结转库存甲产品成本的40%。

  借：主营业务成本——甲产品   92 000
    贷：库存商品——甲产品   92 000

同时核销甲产品已计提跌价准备40%。

  借：存货跌价准备——原材料   8 000
    贷：主营业务成本——甲产品   8 000

2023年2月末，结转库存甲产品成本剩余的60%。

  借：主营业务成本——甲产品   138 000
    贷：库存商品——甲产品   138 000

同时核销甲产品已计提跌价准备剩余的60%。

  借：存货跌价准备——原材料   12 000
    贷：主营业务成本——甲产品   12 000

任务小结

（一）成本与可变现净值孰低法，是指期末存货按照成本与可变现净值两者之中较低者计价的方法。在资产负债表中，存货应当按照成本与可变现净值孰低法计量。

（二）可变现净值是指在日常活动中，存货的估计售价减去至完工时估计将要发生的成本、估计的销售费用以及相关税费后的金额。

（三）企业确定存货的可变现净值，应当以取得的确凿证据为基础，并且考虑持有存货的目的、资产负债表日后事项的影响等因素。

（四）企业应当将每个存货项目的成本与其可变现净值逐一进行比较，以较低者计量存货的期末价值，并且按成本高于可变现净值的差额计提存货跌价准备。如果某一类存货的数量众多并且单价较低，可以按存货类别计量成本与可变现净值，以其较低者确定存货的期末价值。

（五）如果以前减记存货价值的影响因素已经消失的，减记的金额应当予以恢复，并在原已计提的存货跌价准备金额内转回。

（六）已计提存货跌价准备的存货全部或部分销售或耗用的，在结转销售成本或耗用成本时，应同时核销其已计提的跌价准备。

任务训练

任务训练20　练习存货减值业务的核算

资料：珠江公司有关存货资料如下。

（1）2020—2022年各年末有关存货成本与可变现净值比较如表3-16所示。

表3-16   存货成本与可变现净值比较表   单位：元

年度	存货种类	账面成本	可变现净值	可变现净值与成本的差额
2020年年末	原材料	2 500 000	2 350 000	-150 000
	库存商品	1 860 000	1 700 000	-160 000
2021年年末	原材料	2 900 000	2 600 000	-300 000
	库存商品	2 350 000	2 100 000	-250 000
2022年年末	原材料	3 200 000	3 210 000	10 000
	库存商品	2 050 000	1 900 000	-150 000

（2）2022年年末库存商品账面成本为2 050 000元，累计计提跌价准备150 000元。2023年1月已提跌价准备的库存商品销售了60%；2023年2月已提跌价准备的库存商品全部销售完毕。

要求：根据上述资料编制相关会计分录。

项目测试

一、判断题（每小题2分，本题20分）

（1）存货是指企业在日常活动中持有以备出售的产成品或商品、处在生产过程中的在产品、在生产过程或提供劳务过程中耗用的材料和物资等。（　　）

（2）采用先进先出法计价，物价上涨时会低估当期利润，物价下跌时会高估当期利润。（　　）

（3）原材料采用实际成本计价核算时，应设置"原材料""物资采购""材料成本差异"等科目进行核算。（　　）

（4）购入材料货到单未到时，平时不做账务处理，月末则估价入账。下月初应将估价入账的记录用红字冲销，待发票账单到达后按实际情况进行账务处理。（　　）

（5）"材料成本差异"科目核算企业采用计划成本进行日常核算的材料计划成本与实际成本的差额。该科目出现借方余额时，表示节约差异，出现贷方余额时，表示超支差异。（　　）

（6）五五摊销法比较难，但从企业管理与内部控制的角度来看，五五摊销法是一个公允、合理、控制严密的核算方法。（　　）

（7）低值易耗品不管采用哪种摊销方法，收回的报废低值易耗品的残料变价收入不做收入处理，应冲减其摊销的有关成本费用。（　　）

（8）包装物是指为了包装本企业的产品而储备的各种包装材料，如桶、箱、瓶、坛、袋等。（　　）

（9）因管理不善造成的存货盘亏，其进项税额可以抵扣；因自然灾害造成的存货盘亏，其进项税额不能抵扣。（　　）

（10）成本与可变现净值孰低法，是指期末存货按照成本与可变现净值两者之中较低者计价的方法。（　　）

二、单选题（每小题3分，本题30分）

（1）下列原材料相关项目中，应记入管理费用的是（　　）。

A. 计量差错引起的原材料盘亏　　　　B. 自然灾害造成的原材料净损失

C. 原材料途中的合理损耗　　　　　　D. 人为责任造成的原材料损失

（2）物价上涨时会高估当期利润、物价下跌时会低估当期利润的存货计价方法是（　　）。

A. 先进先出法　　B. 后进先出法　　C. 加权平均法　　D. 个别计价法

（3）纳税人用委托加工收回后的应税消费品连续生产应税消费品，其由受托方代收代缴的消费税应记入（　　）账户。

A. 委托加工物资　　　　　　　　　　B. 税金及附加

C. 应交税费——应交消费税　　　　　D. 管理费用

（4）出借包装物的摊销应记入的账户是（　　）。

A. 管理费用　　B. 销售费用　　C. 其他业务成本　　D. 营业外支出

（5）出租包装物的摊销应记入的账户是（　　）。

A. 管理费用　　B. 销售费用　　C. 其他业务成本　　D. 营业外支出

（6）下列应通过"包装物"科目核算的是（　　）。

A. 包装材料　　　　　　　　　　　　B. 包装产品并出售的包装容器

C. 生产并准备出售的包装容器　　　　D. 自用的包装容器

（7）取得报废低值易耗品的残料收入，正确的处理方法是（　　　）。

　　A. 记入"其他业务收入"账户　　　　　　　B. 记入"营业外收入"账户

　　C. 记入"财务费用"账户　　　　　　　　　D. 冲销该低值易耗品摊销的成本或费用

（8）存货盘盈经批准核销时，应记入（　　　）账户。

　　A. 营业外收入　　　B. 其他业务收入　　　C. 管理费用　　　D. 财务费用

（9）下列不属于存货采购成本的是（　　　）。

　　A. 买价　　　　　　　　　　　　　　　　B. 可以抵扣的价外增值税

　　C. 运杂费　　　　　　　　　　　　　　　D. 进口关税

（10）库存存货属于定额内合理损耗的，应记入（　　　）账户。

　　A. 管理费用　　　B. 营业外支出　　　C. 其他应收款　　　D. 其他应付款

三、多选题（每小题5分，本题50分）

（1）委托外单位加工收回后用于连续生产应税消费品的，其发生的下列支出应记入委托加工物资成本的有（　　　）。

　　A. 发出材料的实际成本　　　　　　　　　B. 支付的加工费

　　C. 支付的运输费　　　　　　　　　　　　D. 受托方代收代缴的消费税

（2）购入下列存货，在付款在前收货在后的情况下，应通过"在途物资"科目核算的有（　　　）。

　　A. 原材料　　　B. 低值易耗品　　　C. 包装物　　　D. 库存商品

（3）自制存货的初始成本包括（　　　）。

　　A. 直接材料　　　B. 直接人工　　　C. 制造费用　　　D. 管理费用

（4）企业可以使用的发出存货的计价方法有（　　　）。

　　A. 先进先出法　　　B. 后进先出法　　　C. 加权平均法　　　D. 个别计价法

（5）原材料采用"计划成本法"核算的情况下，应设置的会计科目有（　　　）。

　　A. 原材料　　　B. 材料采购　　　C. 材料成本差异　　　D. 在途物资

（6）低值易耗品采用五五摊销法时，应设置的二级科目有（　　　）。

　　A. 在库低值易耗品　　　B. 在用低值易耗品　　　C. 在途低值易耗品　　　D. 低值易耗品摊销

（7）下列物资不属于包装物核算的范围的有（　　　）。

　　A. 包装材料　　　　　　　　　　　　　　B. 自用而不对外出售、出租或出借的包装物

　　C. 自产作为商品出售的包装物　　　　　　D. 包装产品并随着产品出售的包装物

（8）下列应记入"其他业务成本"账户的有（　　　）。

　　A. 随同产品出售不单独计价的包装物成本　　　B. 出租包装物成本摊销

　　C. 随同产品出售单独计价的包装物成本　　　　D. 出借包装物成本摊销

（9）下列各项构成外购存货入账价值的有（　　　）。

　　A. 买价　　　　　　　　　　　　　　　　B. 运输途中合理损耗

　　C. 入库前的挑选整理费用　　　　　　　　D. 入库后的仓储费用

（10）存货盘亏或毁损的处理，可能记入的账户有（　　　）。

　　A. 管理费用　　　B. 其他应收款　　　C. 营业外支出　　　D. 其他业务成本

项目四

对外投资

项目导图 ↓

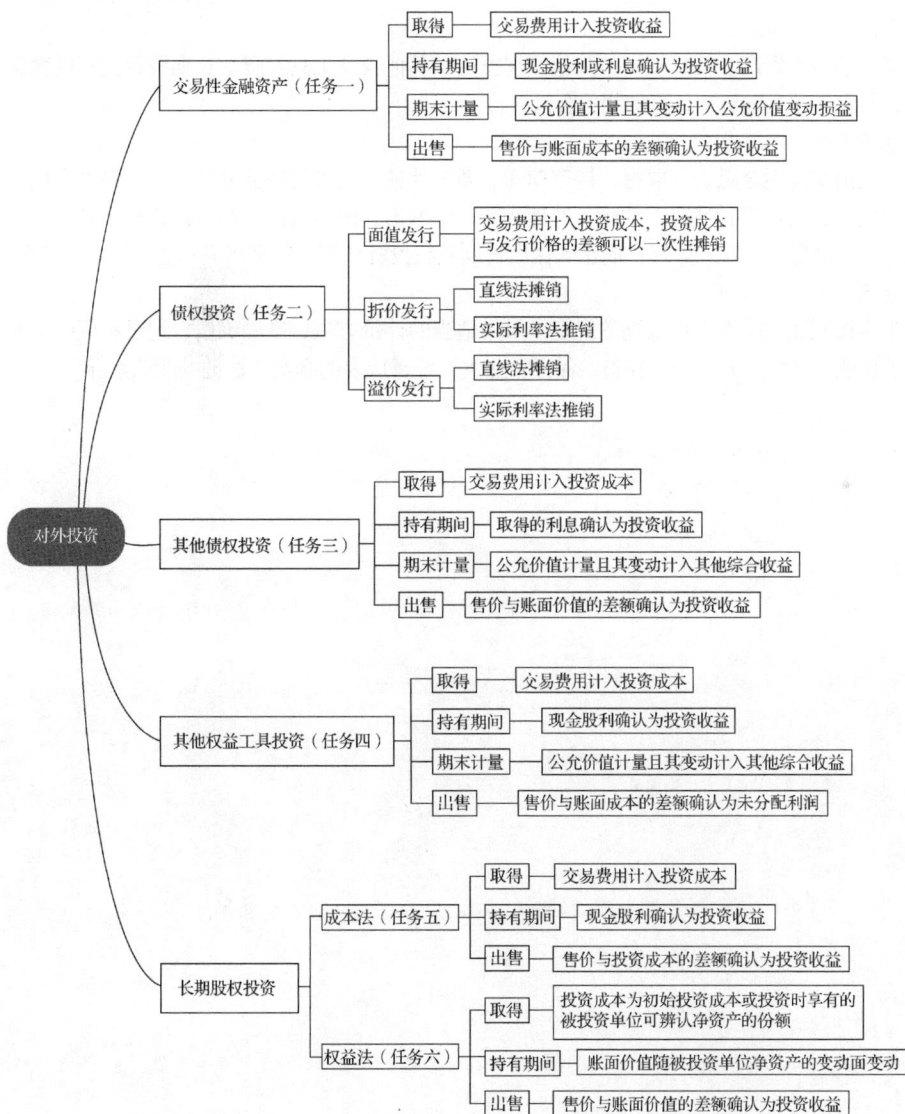

交易性金融资产（任务一）
- 取得 —— 交易费用计入投资收益
- 持有期间 —— 现金股利或利息确认为投资收益
- 期末计量 —— 公允价值计量且其变动计入公允价值变动损益
- 出售 —— 售价与账面成本的差额确认为投资收益

债权投资（任务二）
- 面值发行 —— 交易费用计入投资成本，投资成本与发行价格的差额可以一次性摊销
- 折价发行
  - 直线法摊销
  - 实际利率法摊销
- 溢价发行
  - 直线法摊销
  - 实际利率法摊销

其他债权投资（任务三）
- 取得 —— 交易费用计入投资成本
- 持有期间 —— 取得的利息确认为投资收益
- 期末计量 —— 公允价值计量且其变动计入其他综合收益
- 出售 —— 售价与账面价值的差额确认为投资收益

其他权益工具投资（任务四）
- 取得 —— 交易费用计入投资成本
- 持有期间 —— 现金股利确认为投资收益
- 期末计量 —— 公允价值计量且其变动计入其他综合收益
- 出售 —— 售价与账面成本的差额确认为未分配利润

长期股权投资
- 成本法（任务五）
  - 取得 —— 交易费用计入投资成本
  - 持有期间 —— 现金股利确认为投资收益
  - 出售 —— 售价与投资成本的差额确认为投资收益
- 权益法（任务六）
  - 取得 —— 投资成本为初始投资成本或投资时享有的被投资单位可辨认净资产的份额
  - 持有期间 —— 账面价值随被投资单位净资产的变动面变动
  - 出售 —— 售价与账面价值的差额确认为投资收益

对外投资

项目导言 ↓

对外投资是指企业以购买股票、债券等有价证券方式或以现金、实物资产、无形资产等方式向企业以外的其他经济实体进行的投资。对外投资的目的是获取投资收益、分散经营风险、加强企业间联合、控制或影响其他企业。对外投资按投资方式分为股票投资、债券投资和其他投资。对外投资所形成的资产称为金融资产。金融资产的核算与其他资产有所不同，其他资产一般采用历史成本计量，而金融资产主要采用公允价值计量。本项目的重点是交易性金融资产核算、债权投资核算和长期股权投资核算；难点是金融资产核算的公允价值核算法、债权投资核算的实际利率摊销法、长期股权投资核算的权益法。

项目目标 ↓

知识目标

理解交易性金融资产、债权投资、其他债权投资、其他权益工具投资、长期股权投资的含义、确认与计量方法，熟悉各项金融资产核算的相关会计科目。

技能目标

能正确做出交易性金融资产取得、持有期间、期末计量、出售的账务处理；能正确做出债权投资面值发行、溢价发行、折价发行情况下的账务处理；能正确做出其他债权投资和其他权益工具投资取得、持有期间、期末计量及出售的账务处理；能正确做出长期股权投资核算分别采用成本法和权益法的账务处理。

素养目标

培养学生按照相关企业会计准则的规定，采用适当的计价方法，准确确认、记录和反映企业各项金融资产，维护企业金融资产的安全、完整，保证企业生产经营成果的真实、稳健的职业素养。

04

任务一　交易性金融资产核算

任务导言　↓

企业资产大都采用历史成本计量，只有交易性金融资产等金融资产采用公允价值计量。相比而言，公允价值计量的资产比历史成本计量的资产要客观、真实、可靠。但是，不是所有的资产都能采用公允价值计量。采用公允价值计量必须有一个条件，就是该资产的公允价值容易获取。这是大部分资产只能采用历史成本计量的重要原因。

从账务处理方面看，历史成本计量简便易行，而公允价值计量则比较麻烦。因为采用公允价值计量时，每到会计期末，都要将资产的账面价值调整为公允价值，从而在报表上以公允价值列报。那么，交易性金融资产的账面价值是如何调整为公允价值的呢？

知识准备　↓

一、交易性金融资产相关知识

（一）金融资产的含义

金融资产是指单位和个人所拥有的以价值形态存在的资产，是一切可以在有组织的金融市场上进行交易、具有现实价格和未来估价的金融工具的总称。企业的金融资产通常包括库存现金、银行存款、其他货币资金、应收账款、应收票据、贷款、其他应收款、股权投资、债权投资、基金投资和衍生金融工具形成的资产等。

（二）金融资产的分类

企业应当根据其管理金融资产的业务模式和金融资产的合同现金流量特征，将金融资产划为以下三类。

（1）以摊余成本计量的金融资产。这类金融资产核算的科目是"债权投资"。

（2）以公允价值计量且其变动计入其他综合收益的金融资产。这类金融资产核算的科目是"其他债权投资"和"其他权益工具投资"。

（3）以公允价值计量且其变动计入当期损益的金融资产。这类金融资产核算的科目是"交易性金融资产"。

（三）交易性金融资产的含义

交易性金融资产是指企业为了近期内出售而持有的金融资产。通常情况下，以赚取差价为目的从二级市场购入的股票、债券和基金等，应分类为交易性金融资产。交易性金融资产的取得和持有均以公允价值计量，公允价值变动计入当期损益。

二、交易性金融资产核算的会计科目

（一）"交易性金融资产"科目

"交易性金融资产"科目属于资产类科目，核算企业为交易目的所持有的债券投资、股票投资、基金投资等交易性金融资产的公允价值。本科目应按交易性金融资产的类别和品种，分别设置"成本""公允价值变动"等科目进行明细核算。

（二）"公允价值变动损益"科目

"公允价值变动损益"科目属于损益类科目，核算企业交易性金融资产、交易性金融负债，以及采用公允价值模式计量的投资性房地产、衍生工具、套期保值业务等公允价值变动形成的应计入当期损益的利得或损失。本科目应按交易性金融资产、交易性融资负债、投资性房地产等进行明细核算。

（三）"投资收益"科目

"投资收益"科目属于损益类科目，核算企业确认的投资收益或投资损失。本科目应按投资项目进行明细核算。

> 🌱 **注意事项**
>
> 交易性金融资产核算涉及两个损益类科目："公允价值变动损益"和"投资收益"。这两个科目都是用来核算对外投资损益的，但二者的区别也是明显的。"投资收益"核算的是已实现的投资收益或损失；而"公允价值变动损益"核算的则是未实现的投资收益或损失。所谓已实现的投资收益或损失是指已赚取到手的投资收益或已无法挽回的投资损失；未实现的投资收益或损失是指手里的金融资产按照公允价值计算的账面上的收益或损失。只要金融资产还在手里，账面上的收益还有可能失去，账面上的损失也有可能挽回。

业务处理 ↓

一、交易性金融资产的取得

企业取得交易性金融资产时，应按公允价值计量。取得交易性金融资产所支付的价款中包含的已宣告但尚未发放的现金股利或已到付息期但尚未领取的债券利息，应单独确认为应收项目。

【例4-1】2022年1月8日，珠江公司从上海证券交易所购入M公司股票500 000股，支付股款7 500 000元，不准备长期持有。另支付交易费用19 000元，增值税1 140元。珠江公司账务处理如下。

```
借：交易性金融资产——M公司股票（成本）          7 500 000
    投资收益——交易费用                          19 000
    应交税费——应交增值税（进项税额）             1 140
    贷：其他货币资金——存出投资款                          7 520 140
```

【例4-2】2022年3月1日，珠江公司从深圳证券交易所购入N公司发行的债券，支付价款5 300 000元（含已到付息期但尚未领取的利息300 000元），另发生交易费用15 000元，增值税900元。珠江公司将其划分为交易性金融资产。该债券面值为5 000 000元，每年付息一次，票面利率为6%。珠江公司账务处理如下。

```
借：交易性金融资产——N公司债券（成本）          5 000 000
    应收利息——N公司                            300 000
    投资收益——交易费用                          15 000
    应交税费——应交增值税（进项税额）             900
    贷：其他货币资金——存出投资款                          5 315 900
```

日后收到该笔利息。

```
借：其他货币资金——存出投资款                    300 000
    贷：应收利息——N公司                                   300 000
```

二、交易性金融资产持有期间的现金股利和利息

企业持有交易性金融资产期间，对于被投资单位宣告发放的现金股利或在资产负债表日按规定计算的应收债券利息，应当确认为投资收益。

【例4-3】承接【例4-1】2022年4月15日，M公司宣告每股支付现金股利0.50元，珠江公司应收股利250 000元，于4月25日到账证券专户。珠江公司账务处理如下。

4月15日，确认应收股利。

借：应收股利——M公司　　　　　　　　　　　　　　　　　　　250 000

　　贷：投资收益——M公司股票　　　　　　　　　　　　　　　　　250 000

4月25日，收到应收股利。

借：其他货币资金——存出投资款　　　　　　　　　　　　　　　250 000

　　贷：应收股利——M公司　　　　　　　　　　　　　　　　　　250 000

【例4-4】承接【例4-2】2022年12月31日，珠江公司按购入N公司债券的面值及利率计算，本年度应收该债券利息300 000元，该利息于2023年1月6日到账证券专户。珠江公司的账务处理如下。

2022年12月31日，确认应收债券利息。

借：应收利息——N公司　　　　　　　　　　　　　　　　　　　300 000

　　贷：投资收益——N公司债券　　　　　　　　　　　　　　　　300 000

2023年1月6日，收到债券利息。

借：其他货币资金——存出投资款　　　　　　　　　　　　　　　300 000

　　贷：应收利息——N公司　　　　　　　　　　　　　　　　　　300 000

三、交易性金融资产的期末计量

资产负债表日，交易性金融资产应当按照公允价值计量，公允价值与账面余额之间的差额计入当期损益。

【例4-5】承接【例4-1】珠江公司持有的M公司股票在2022年1月31日每股市价为16.50元；2月28日每股市价为19.20元；3月31日每股市价为17.90元。珠江公司有关账务处理如下。

2022年1月31日：

公允价值与账面余额的差额=500 000×16.50-7 500 000=750 000（元）

借：交易性金融资产——M公司股票（公允价值变动）　　　　　　750 000

　　贷：公允价值变动损益——交易性金融资产　　　　　　　　　　750 000

2022年2月28日：

公允价值与账面余额的差额=500 000×（19.20-16.50）=1 350 000（元）

借：交易性金融资产——M公司股票（公允价值变动）　　　　　　1 350 000

　　贷：公允价值变动损益——交易性金融资产　　　　　　　　　　1 350 000

2022年3月31日：

公允价值与账面余额的差额=500 000×（17.90-19.20）=-650 000（元）

借：交易性金融资产——M公司股票（公允价值变动）　　　　　　650 000

　　贷：公允价值变动损益——交易性金融资产　　　　　　　　　　650 000

注意事项

调整减少交易性金融资产的公允价值时，也可以用蓝字编制会计分录（记账凭证），即做调增公允价值借、贷相反的会计分录，但是用红字编制该分录，避免了损益类账户发生额出现虚增的现象。

四、交易性金融资产的出售

企业出售交易性金融资产时，应当将该金融资产的公允价值（卖价）与其账面成本之间的差额作为投资损益，同时调整公允价值变动损益。

【例4-6】承接【例4-1】、【例4-5】，假设2022年4月20日，珠江公司将持有的M公司股票500 000股全部出售，每股售价为19.30元，发生交易费用20 000元，增值税1 200元。股票售价扣除交易费用及增值税后，已转入证券专户。珠江公司有关账务处理如下。

（1）结转"交易性金融资产——M公司股票（成本）"账户余额并确认投资收益。

交易性金融资产出售的账务处理

借：其他货币资金——存出投资款 9 628 800
　　应交税费——应交增值税（进项税额） 1 200
　　贷：交易性金融资产——M公司股票（成本） 7 500 000
　　　　投资收益——M公司股票 2 130 000
（2）结转"交易性金融资产——公允价值变动"账户余额。
借：公允价值变动损益——交易性金融资产 1 450 000
　　贷：交易性金融资产——M公司股票（公允价值变动） 1 450 000

五、转让金融商品的增值税处理

金融商品转让按照卖出价扣除买入价的差额作为销售额计算增值税。若出现亏损，可结转下一纳税期弥补，但年末仍出现亏损的，不得转入下一会计年度弥补。

【例4-7】承接【例4-6】计算并计提该转让金融商品应交的增值税。

出售M公司股票的差价=500 000×19.30-7 500 000=2 150 000（元）

不含税计税金额=2 150 000/（1+6%）=2 028 301.89（元）

应交增值税=2 028 301.89×6%=121 698.11（元）

借：投资收益——M公司股票 121 698.11
　　贷：应交税费——转让金融商品应交增值税 121 698.11

任务小结 ↓

（一）交易性金融资产是指企业为了近期内出售而持有的金融资产。通常情况下，以赚取差价为目的从二级市场购入的股票、债券和基金等，应分类为交易性金融资产。交易性金融资产采用公允价值计量。

（二）取得交易性金融资产所支付的价款中包含的已宣告但尚未发放的现金股利或已到付息期但尚未领取的债券利息，应单独确认为应收项目。

（三）企业持有交易性金融资产期间，对于被投资单位宣告发放的现金股利或在资产负债表日按规定计算的应收债券利息，应当确认为投资收益。

（四）资产负债表日，交易性金融资产应当按照公允价值计量，公允价值与账面余额之间的差额计入当期损益。

（五）企业出售交易性金融资产时，应当将该金融资产的公允价值（卖价）与其账面成本之间的差额作为投资损益，同时调整公允价值变动损益。

（六）金融商品转让按照卖出价扣除买入价的差额作为销售额计算增值税。

任务训练（一） ↓

任务训练21　练习交易性金融资产的核算

资料：珠江公司2022年发生的交易性金融资产业务如下。

（1）3月2日，以证券专户存款购入A公司股票100万股，每股8元，另发生相关的交易费用20 000元及增值税1 200元，并将股票划分为交易性金融资产。

（2）3月31日，该股票在证券交易所的收盘价格为每股7.70元。

（3）4月30日，该股票在证券交易所的收盘价格为每股8.10元。

（4）5月31日，该股票在证券交易所的收盘价格为每股7.90元。

（5）6月30日，该股票在证券交易所的收盘价格为每股8.20元。

（6）7月6日，将所持有的该股票全部出售，售价为8 250 000元，支付交易费用30 000元，增值税1 800元，所得价款扣除交易税费后已存入证券专户。

（7）7月6日，计算并结转出售A公司股票应交的增值税。

要求：根据上述业务编制会计分录。

任务训练（二）　↓

任务训练22　再练习交易性金融资产的核算

资料：北江公司2022年在证券市场购入B公司股票作为交易性金融资产，有关业务如下。

（1）3月6日，购入B公司股票100 000股，每股买价15元，同时支付交易费用5 000元及增值税300元。

（2）3月31日，B公司股票价格为每股16.3元。

（3）4月30日，B公司股票价格为每股17.8元。

（4）5月31日，B公司股票价格为每股16.5元。

（5）6月30日，B公司股票价格为每股18.2元。

（6）7月8日，将持有的B公司股票全部出售，售价2 000 000元，支付交易费用6 000元，增值税360元，所得价款扣除交易税费后已存入证券专户。

（7）7月8日，计算并结转出售B公司股票应交的增值税。

要求：根据上述业务编制会计分录。

任务二　债权投资核算

　　"债权投资"是一项资产形态，也是核算该资产的会计科目名称。债权投资核算是财务会计中的一个难点，在于债券溢、折价摊销的实际利率法。

　　债券为什么要溢价发行或折价发行呢？因为债券的票面利率与实际利率不一致！债券的票面利率与实际利率为什么不一致呢？因为过去发行纸质债券时期，票面利率已写在纸质债券上无法更改，几年之后才发行债券，实际利率（市场利率）已经变了！如今企业发行债券，不再是纸质债券，而是电子记录债券。电子记录债券的票面利率是可以更改的。因此在实务中，债券的票面利率与实际利率通常是一致的，即便不一致，其差异也是很小的。根据重要性原则，当债券溢、折价金额很小的时候，我们采用简便的直线法摊销也是可以的。

　　本任务的讲法与传统教材不同，账务处理先讲面值发行的处理，再讲溢、折价发行的处理；溢、折价摊销先讲直线摊销法，再讲实际利率法。

04

一、债权投资相关知识

（一）债权投资的确认

　　债权投资是指为取得债权所进行的投资，如购买公司债券、购买国库券等。但是，企业购买的债券就一定属于债权投资吗？不一定！

　　债权投资是指企业划分为以摊余成本计量的金融资产。企业购入的债券如果同时具备以下两个条件，则应划分为债权投资。

　　（1）以收取合同现金流量为目标。

　　（2）该金融资产的合同条款规定，在特定日期产品的现金流量，仅为对本金和利息的支付。

（二）债权投资的计量

　　企业取得债权投资时，应当以历史成本即取得时的公允价值（含相关交易费用）进行初始计量，在持有期间则应当采用实际利率法，按摊余成本进行后续计量。

二、债权投资核算的会计科目

（一）"债权投资"科目

　　"债权投资"科目属于资产类科目，核算企业债权投资的摊余成本。本科目应按投资的类别，分别设置"成本""利息调整"和"应计利息"科目进行明细核算。

（二）"投资收益"科目（见本项目任务一）

（三）"债权投资减值准备"科目

　　"债权投资减值准备"科目属于资产类备抵科目，核算企业债权投资的减值准备。本科目应按债权投资的项目进行明细核算。

业务处理　↓

一、面值发行的债权投资

【例4-8】2019年12月31日，珠江公司通过证券市场支付3 006 000元（包括交易费用6 000元），购入天山公司发行的3年期债券，债券面值为3 000 000元，票面利率5%，按年支付利息（年末付息），本金到期一次归还。珠江公司将该债券确认为债权投资，有关账务处理如下。

（1）购入债券时。

借：债权投资——天山公司债券（成本）　　　　　　　　　　　　3 000 000
　　　　　　——天山公司债券（利息调整）　　　　　　　　　　　　6 000
　　贷：其他货币资金——存出投资款　　　　　　　　　　　　　　3 006 000

（2）每年计提债券利息时（会计实务中应按月计提）。

债券年利息额=3 000 000×5%=150 000（元）

第一年计提利息时。

借：应收利息——天山公司　　　　　　　　　　　　　　　　　　150 000
　　贷：投资收益——天山公司债券　　　　　　　　　　　　　　　144 000
　　　　债权投资——天山公司债券（利息调整）　　　　　　　　　　6 000

> 🌱 **注意事项**
>
> 购入面值发行债券时支付的交易费用，因金额较小，可以一次性摊销。分期摊销反而麻烦，没有必要。

04

第二年、第三年计提利息时。

借：应收利息——天山公司　　　　　　　　　　　　　　　　　　150 000
　　贷：投资收益——天山公司债券　　　　　　　　　　　　　　　150 000

（3）每年收到债券利息时。

借：其他货币资金——存出投资款　　　　　　　　　　　　　　　150 000
　　贷：应收利息——天山公司　　　　　　　　　　　　　　　　　150 000

（4）债券到期收回本金时。

借：其他货币资金——存出投资款　　　　　　　　　　　　　　3 000 000
　　贷：债权投资——天山公司债券（成本）　　　　　　　　　　3 000 000

二、折价发行的债权投资

（一）直线法摊销

【例4-9】沿用【例4-8】的资料，假设珠江公司购买该债券实际支付款项为2 892 000元（包括交易费用），其他资料不变。采用直线法摊销，有关账务处理如下。

（1）购入债券时。

借：债权投资——天山公司债券（成本）　　　　　　　　　　　　3 000 000
　　贷：其他货币资金——存出投资款　　　　　　　　　　　　　2 892 000
　　　　债权投资——天山公司债券（利息调整）　　　　　　　　　108 000

（2）每年计提利息时。

债券折价年摊销额=108 000÷3=36 000（元）

借：应收利息——天山公司　　　　　　　　　　　　　　　　　　150 000
　　债权投资——天山公司债券（利息调整）　　　　　　　　　　　36 000
　　贷：投资收益——天山公司债券　　　　　　　　　　　　　　　186 000

（3）每年收到债券利息时。

借：其他货币资金——存出投资款   150 000

贷：应收利息——天山公司   150 000

（4）债券到期收回本金时。

借：其他货币资金——存出投资款   3 000 000

贷：债权投资——天山公司债券（成本）   3 000 000

（二）实际利率法摊销

【例4-10】沿用【例4-9】的资料，假设珠江公司购买该债券实际支付款项为2 892 000元，票面利率为5%，实际利率为6.36%，其他资料不变。采用实际利率法摊销。此种情况下，只是每年折价摊销的金额不同，现计算如表4-1所示。

表4-1   债权投资摊销计算表   单位：元

年份	期初摊余成本	实际利息	应收利息	利息调整摊销	期末摊余成本
2020	2 892 000.00	183 931.20	150 000.00	33 931.20	2 925 931.20
2021	2 925 931.20	186 089.22	150 000.00	36 089.22	2 962 020.42
2022	2 962 020.42	188 384.50	150 000.00	37 979.58	3 000 000.00

（注：实际利息=期初摊余成本×6.36%；应收利息=债券面值×5%；利息调整摊销=实际利息-应收利息；期末摊余成本=期初摊余成本+本期利息调整摊销。此外，为避免出现误差，最后1年的利息调整摊销额用"减法"计算得出。）

（1）2020年年末计提利息时。

借：应收利息——天山公司   150 000.00

债权投资——天山公司债券（利息调整）   33 931.20

贷：投资收益——天山公司债券利息   183 931.20

（2）2021年年末计提利息时。

借：应收利息——天山公司   150 000.00

债权投资——天山公司债券（利息调整）   36 089.22

贷：投资收益——天山公司债券利息   186 089.22

（3）2022年年末计提利息时。

借：应收利息——天山公司   150 000.00

债权投资——天山公司债券（利息调整）   37 979.58

贷：投资收益——天山公司债券利息   187 979.58

三、溢价发行的债权投资

（一）直线法摊销

【例4-11】沿用【例4-8】的资料，假设珠江公司购买该债券实际支付款项为3 144 000元（包括交易费用），票面利率为5%，实际利率为3.29%，其他资料不变。采用直线法摊销，有关账务处理如下。

（1）购入债券时。

借：债权投资——天山公司债券（成本）   3 000 000

——天山公司债券（利息调整）   144 000

贷：其他货币资金——存出投资款   3 144 000

（2）每年计提利息时。

债券溢价年摊销额=144 000÷3=48 000（元）

借：应收利息——天山公司   150 000

贷：投资收益——天山公司债券利息   102 000

债权投资——天山公司债券（利息调整）   48 000

（3）每年收到债券利息时。

借：其他货币资金——存出投资款　　　　　　　　　　　　　　150 000

　　贷：应收利息——天山公司　　　　　　　　　　　　　　　　　　　150 000

（4）债券到期收回本金时。

借：其他货币资金——存出投资款　　　　　　　　　　　　　3 000 000

　　贷：债权投资——天山公司债券（成本）　　　　　　　　　　　　3 000 000

（二）实际利率法摊销

【例4-12】沿用【例4-11】的资料，假设珠江公司购买该债券实际支付款项为3 144 000元，票面利息为5%，实际利率为3.29%，其他资料不变。采用实际利率法摊销。此种情况下，只是每年溢价摊销的金额不同，现计算如表4-2所示。

表4-2　　　　　　　　　　　　　　债权投资摊销计算表　　　　　　　　　　　　　单位：元

年份	期初摊余成本	实际利息	应收利息	利息调整摊销	期末摊余成本
2020	3 144 000.00	103 437.60	150 000.00	46 562.40	3 097 437.60
2021	3 097 437.60	101 905.70	150 000.00	48 094.30	3 049 343.30
2022	3 049 343.30	100 323.39	150 000.00	49 343.30	3 000 000.00

（注：实际利息=期初摊余成本×3.29%；应收利息=债券面值×5%；利息调整摊销=应收利息-实际利息；期末摊余成本=期初摊余成本-本期利息调整摊销。此外，为避免出现误差，最后1年的利息调整摊销额用"减法"计算得出。）

（1）2020年年末计提利息时。

借：应收利息——天山公司　　　　　　　　　　　　　　　　150 000

　　贷：投资收益——天山公司债券利息　　　　　　　　　　　　　103 437.60

　　　　债权投资——天山公司债券（利息调整）　　　　　　　　　　46 562.40

（2）2021年年末计提利息时。

借：应收利息——天山公司　　　　　　　　　　　　　　　150 000.00

　　贷：投资收益——天山公司债券利息　　　　　　　　　　　　　101 905.70

　　　　债权投资——天山公司债券（利息调整）　　　　　　　　　　48 094.30

（3）2022年年末计提利息时。

借：应收利息——天山公司　　　　　　　　　　　　　　　150 000.00

　　贷：投资收益——天山公司债券利息　　　　　　　　　　　　　100 656.70

　　　　债权投资——天山公司债券（利息调整）　　　　　　　　　　49 343.30

四、债权投资减值

资产负债表日，债权投资的账面价值高于预计未来现金流量现值的，企业应当将该债权投资的账面价值减计至预计未来现金流量现值，即计提债权投资减值准备，按照减值的金额进行如下账务处理。

借：信用减值损失——计提债权投资减值准备

　　贷：债权投资减值准备

已计提减值准备的债权投资价值以后又得以恢复的，应当在原已计提的减值准备金额内予以转回。

债权投资溢折价的
摊销

任务小结

（一）债权投资是指企业划分为以摊余成本计量的金融资产。摊余成本是指债权投资溢、折价摊销之后的账面成本（价值）。

（二）企业取得债权投资时，应当以历史成本即取得时的公允价值（含相关交易费用）进行初始计量。

（三）债权投资在持有期间应以摊余成本进行后续计量，债券溢、折价的摊销应采用实际利率法。如果债券溢、折价的金额不大，也可以采用直线法（平均法）摊销。

（四）资产负债表日，债权投资的账面价值高于预计未来现金流量现值的，企业应当将该债权投资的账面价值减计至预计未来现金流量现值，即计提债权投资减值准备。已计提减值准备的债权投资价值以后又得以恢复的，应当在原已计提的减值准备金额内予以转回。

任务训练

任务训练 23　练习债权投资的核算

资料：2020 年 12 月 31 日，珠江公司通过证券市场，购入南海公司发行的期限为 3 年、面值为 500 万元、票面利率为 5%的债券，确认为债权投资。不考虑相关税费。该债券每年年末支付利息，到期归还本金。假设该债券有以下三种发行方式。

（1）面值发行。

（2）溢价发行，发行价格为 524 万元。

（3）折价发行，发行价格为 482 万元。

要求：根据上述三种发行方式，分别编制购入债券、每年计提利息、每年收到利息及到期收回债券本金的会计分录。溢、折价摊销采用直线法。

任务三　其他债权投资核算

任务导言　↓

企业购入一项债券,确认为哪一项金融资产呢?有3种可能:(1)交易性金融资产;(2)债权投资;(3)其他债权投资。

企业购入的债券,如果不准备长期持有,应确认为交易性金融资产;如果准备长期持有,应确认为债权投资;如果持有目标不明,则确认为其他债权投资。

其他债权投资与债权投资虽同为债权性质的投资,计量方式却不同:债权投资以摊余成本计量,而其他债权投资以公允价值计量。但是,债券性质的投资,其公允价值不会像股权那样大幅度变动,即债券性质投资的公允价值与其摊余成本不会有太大的差异。所以,其他债权投资与债权投资尽管计量方式不同,但在账务处理上没有太大的差别。

此外,其他债权投资如果存在溢价或折价的情况,那么,其溢、折价金额也应在该债券的发行期内摊销,摊销方法应采用实际利率法,这一点与债权投资核算相同。鉴于实务中债券溢、折价的金额很小,本任务举例采用直线法摊销,不再使用实际利率法。

知识准备　↓

04

一、其他债权投资相关知识

(一)其他债权投资的含义

其他债权投资是指以公允价值计量且其变动计入其他综合收益的债券投资。一般来说,企业在活跃市场购入的没有划分为交易性金融资产、债权投资的债券可以确认为其他债权投资。

(二)其他债权投资与债权投资的异同

共同点:该金融资产的合同条款规定,在特定日期产生的现金流量,仅为对本金和以未偿付本金金额为基础的利息的支付。

区别:管理业务模式不同或管理目标不同。债权投资仅以收取合同现金流量为目标;其他债权投资既以收取合同现金流量为目标又以出售该金融资产为目标。

二、其他债权投资核算的会计科目

(一)"其他债权投资"科目

"其他债权投资"科目属于资产类科目,核算企业以公允价值计量且其变动计入其他综合收益的债券投资。本科目应按投资的类别,分别设置"成本""利息调整""应计利息"和"公允价值变动"等科目进行明细核算。

(二)"其他综合收益"科目

"其他综合收益"科目属于所有者权益类科目,核算企业"其他债权投资"和"其他权益工具投资"公允价值变动产生的收益或损失以及长期股权投资核算的权益法下,被投资单位其他综合收益发生变动,按照投资比例计算属于投资企业的其他综合收益的利得或损失。本科目应按其他综合收益的项目进行明细核算。

（三）"投资收益"科目（见本项目任务一）

业务处理 ↓

一、其他债权投资的取得

其他债权投资取得时按公允价值计量，取得时发生的相关交易费用应计入其他债权投资的初始入账金额。

【例 4-13】 2019 年 12 月 31 日，珠江公司购入南山公司于当日发行的 5 年期、分期付息，一次还本的公司债券，债券面值为 500 万元，票面利率为 5%，公司将该债券划分为其他债权投资。不考虑相关税费因素，假设支付的价款分别为 500 万元（面值发行）、480 万元（折价发行）和 525 万元（溢价发行），其账务处理如下。

（1）面值发行。

借：其他债权投资——南山公司债券（成本）　　　　　　　　　　5 000 000
　　贷：其他货币资金——存出投资款　　　　　　　　　　　　　　　5 000 000

（2）折价发行。

借：其他债权投资——南山公司债券（成本）　　　　　　　　　　5 000 000
　　贷：其他货币资金——存出投资款　　　　　　　　　　　　　　　4 800 000
　　　　其他债权投资——南山公司债券（利息调整）　　　　　　　　　200 000

（3）溢价发行。

借：其他债权投资——南山公司债券（成本）　　　　　　　　　　5 000 000
　　其他债权投资——南山公司债券（利息调整）　　　　　　　　　　250 000
　　贷：其他货币资金——存出投资款　　　　　　　　　　　　　　　5 250 000

二、其他债权投资持有期间取得的利息

其他债权投资持有期间取得的利息，计入当期投资收益。其他债权投资在持有期间，采用实际利率法按照摊余成本和实际利率计算确认利息收入，计入投资收益。实际利率与票面利率差别较小的，也可以按照票面利率计算利息收入。

【例 4-14】 沿用【例 4-13】的资料，3 种发行价格每年年末确认利息的账务处理如下，溢、折价摊销采用直线法。

（1）面值发行。

借：应收利息——南山公司　　　　　　　　　　　　　　　　　250 000
　　贷：投资收益——南山公司债券　　　　　　　　　　　　　　　　250 000

（2）折价发行。

年折价摊销额=200 000/5=40 000（元）

借：应收利息——南山公司　　　　　　　　　　　　　　　　　250 000
　　其他债权投资——南山公司债券（利息调整）　　　　　　　　　　40 000
　　贷：投资收益——南山公司债券　　　　　　　　　　　　　　　　290 000

（3）溢价发行。

年溢价摊销额=250 000/5=50 000（元）

借：应收利息——南山公司　　　　　　　　　　　　　　　　　250 000
　　贷：投资收益——南山公司债券　　　　　　　　　　　　　　　　200 000
　　　　其他债权投资——南山公司债券（利息调整）　　　　　　　　　50 000

三、其他债权投资的期末计量

在资产负债表日，其他债权投资的公允价值发生变动的，应将其他债权投资的账面价值调整为公允价

值，其差额计入其他综合收益。

【例4-15】2019年12月31日，珠江公司支付500万元，购入南山公司于当日发行的5年期、分期付息，一次还本的公司债券，债券面值为500万元，票面利率为5%，公司将该债券划分为其他债权投资。不考虑相关税费因素。假设该债券的公允价值：2020年1月31日为502万元；2020年2月28日为505万元；2020年3月31日为504万元。期末有关公允价值调整的账务处理如下。

2020年1月31日：
借：其他债权投资——南山公司债券（公允价值变动）　　　　　　　　20 000
　　贷：其他综合收益——南山公司债券　　　　　　　　　　　　　　　　20 000
2020年2月28日：
借：其他债权投资——南山公司债券（公允价值变动）　　　　　　　　30 000
　　贷：其他综合收益——南山公司债券　　　　　　　　　　　　　　　　30 000
2020年3月31日：
借：其他综合收益——南山公司债券　　　　　　　　　　　　　　　　10 000
　　贷：其他债权投资——南山公司债券（公允价值变动）　　　　　　　　10 000

四、其他债权投资的出售

其他债权投资出售时，应做两笔账务处理：一是将实际收到的价款与投资成本的差额确认为投资收益；二是将"其他综合收益"账户的余额与其他债权投资的"公允价值变动"账户的余额对冲转销。

【例4-16】沿用【例4-15】的资料，假设2020年4月10日，珠江公司将持有的南山公司的债券全部出售，售价为515万元。不考虑其他税费，其账务处理如下。

借：其他货币资金——存出投资款　　　　　　　　　　　　　　　　5 150 000
　　贷：其他债权投资——南山公司债券（成本）　　　　　　　　　　　　5 000 000
　　　　投资收益——南山公司债券　　　　　　　　　　　　　　　　　　150 000
借：其他综合收益——南山公司债券　　　　　　　　　　　　　　　　40 000
　　贷：其他债权投资——南山公司债券（公允价值变动）　　　　　　　　40 000

如果本例南山公司债券的售价为495万元，则其账务处理如下。

借：其他货币资金——存出投资款　　　　　　　　　　　　　　　　4 950 000
　　投资收益——南山公司债券　　　　　　　　　　　　　　　　　　50 000
　　贷：其他债权投资——南山公司债券（成本）　　　　　　　　　　　　5 000 000
借：其他综合收益——南山公司债券　　　　　　　　　　　　　　　　40 000
　　贷：其他债权投资——南山公司债券（公允价值变动）　　　　　　　　40 000

任务小结　↓

（一）其他债权投资是指以公允价值计量且其变动计入其他综合收益的债券投资。其他债权投资既以收取合同现金流量为目标又以出售该金融资产为目标。

（二）其他债权投资取得时按公允价值计量，取得时发生的相关交易费用应计入其他债权投资的初始入账金额。

（三）其他债权投资在持有期间，采用实际利率法按照摊余成本和实际利率计算确认利息收入，计入投资收益。实际利率与票面利率差别较小的，也可以按照票面利率计算利息收入。

（四）在资产负债表日，其他债权投资的公允价值发生变动的，应将其他债权投资的账面价值调整为公允价值，其差额计入其他综合收益。

（五）其他债权投资出售时，应做两笔账务处理：一是将实际收到的价款与投资成本的差额确认为投资收益；二是将其他债权投资的"公允价值变动"账户的余额与"其他综合收益"账户的余额对冲转销。

任务训练 ↓

任务训练 24　练习其他债权投资核算

资料：假设南江公司以证券专户存款购入债券，确认为其他债权投资，不考虑相关税费，有关业务如下。

业务一：2020 年 12 月 31 日，支付 3 000 000 元购入 A 公司发行的 3 年期债券，面值 3 000 000 元，票面利率 6%，利息按年支付，本金到期一次收回。

业务二：2020 年 12 月 31 日，支付 2 700 000 元购入 B 公司发行的 3 年期债券，面值 3 000 000 元，票面利率 5%，利息按年支付，本金到期一次收回。利息调整采用直线法摊销。

业务三：2020 年 12 月 31 日，支付 3 270 000 元购入 C 公司发行的 3 年期债券，面值 3 000 000 元，票面利率 8%，利息按年支付，本金到期一次收回。利息调整采用直线法摊销。

要求：根据上述业务分别编制购入债券、每年计提利息、每年收到利息、到期收回本金的会计分录。

04

任务四　其他权益工具投资核算

任务导言

企业购入一项股权（股票），确认为哪一项金融资产呢？有3种可能：（1）交易性金融资产；（2）长期股权投资；（3）其他权益工具投资。

购入一项股权（股票），如果不准备长期持有，应确认为交易性金融资产；如果准备长期持有，应确认为长期股权投资；如果持有意图不明确或者不让它对当期损益产生影响，则应确认为其他权益工具投资。

其他权益工具投资的计量与其他债权投资相同：以公允价值计量且公允价值变动计入其他综合收益。

此外，交易性金融资产也以公允价值计量，但交易性金融资产的公允价值变动计入公允价值变动损益，公允价值变动损益属于利润表项目；而其他权益工具投资和其他债权投资的公允价值变动计入其他综合收益，其他综合收益则属于资产负债表项目。

知识准备

一、其他权益工具投资的含义

其他权益工具投资，是指企业指定为以公允价值计量且其变动计入其他综合收益的非交易性权益工具投资。

一般来说，企业取得的权益工具投资，如果不准备长期持有，应确认为交易性金融资产；如果准备长期持有，应确认为长期股权投资；如果持有意图不明确或者不让它对当期损益产生影响，则应确认为其他权益工具投资。

二、其他权益工具投资核算的会计科目

（一）"其他权益工具投资"科目

"其他权益工具投资"科目属于资产类科目，核算企业以公允价值计量且其变动计入其他综合收益的非交易性权益工具投资。本科目应按投资的项目设置"成本""公允价值变动"科目等进行明细核算。

（二）"其他综合收益"科目（见本项目任务三）

（三）"投资收益"科目（见本项目任务一）

业务处理

一、其他权益工具投资的取得

其他权益工具投资取得时按公允价值计量，取得时发生的相关交易费用计入其他权益工具投资的初始入账金额。

【例4-17】2022年1月8日，珠江公司在证券市场购入M公司股票500 000股，支付股款7 500 000元，确认为其他权益工具投资。另支付交易费用19 000元，增值税1 140元。账务处理如下。

借：其他权益工具投资——M公司股票（成本）　　　　　　　　7 519 000
　　应交税费——应交增值税（进项税额）　　　　　　　　　　　1 140
　　贷：其他货币资金——存出投资款　　　　　　　　　　　　　　　　7 520 140

二、其他权益工具投资持有期间的现金股利

其他权益工具投资持有期间的现金股利应当在被投资单位宣告发放时计入当期损益（投资收益）。

【例4-18】承接【例4-17】2022年4月15日，M公司宣告每股支付现金股利0.50元，珠江公司应收股利250 000元，于4月25日到账证券专户。珠江公司有关账务处理如下。

4月15日，确认应收M公司股利。

借：应收股利——M公司   250 000
  贷：投资收益——M公司股票   250 000

4月25日，收到M公司股利。

借：其他货币资金——存出投资款   250 000
  贷：应收股利——M公司   250 000

三、其他权益工具投资的期末计量

其他权益工具投资期末公允价值发生变动时，应将该资产的账面价值调整为公允价值，形成的利得或损失，应计入其他综合收益。

【例4-19】承接【例4-17】珠江公司持有的M公司股票在2022年1月31日每股市价为16.50元；2月28日每股市价为19.20元；3月31日每股市价为17.90元。有关账务处理如下。

2022年1月31日，调整M公司股票市价。

公允价值与账面余额的差额=500 000×16.50-7 500 000=750 000（元）

借：其他权益工具投资——M公司股票（公允价值变动）   750 000
  贷：其他综合收益——M公司股票   750 000

2022年2月28日，调整M公司股票市价。

公允价值与账面余额的差额=500 000×（19.20-16.50）=1 350 000（元）

借：其他权益工具投资——M公司股票（公允价值变动） 1 350 000
  贷：其他综合收益——M公司股票   1 350 000

2022年3月31日，调整M公司股票市价。

公允价值与账面余额的差额=500 000×（17.90-19.20）=-650 000（元）

借：其他综合收益——M公司股票   650 000
  贷：其他权益工具投资——M公司股票（公允价值变动） 650 000

> 📚 **注意事项**
>
> 调整减少其他权益工具投资的公允价值，因不涉及损益类账户，不必采用红字调整法。

四、其他权益工具投资的出售

由于其他权益工具投资以公允价值计量，且其变动计入其他综合收益，而其他综合收益属于所有者权益，所以，出售其他权益工具投资发生的利得或损失，也不计入当期损益，而是直接调整未分配利润。

【例4-20】承接【例4-17】、【例4-19】，假设2022年4月20日，珠江公司将持有的M公司股票500 000股全部出售，每股售价为19.30元，发生交易费用20 000元，增值税1 200元。股票售价扣除交易费用及增值税后，已转入证券专户。有关账务处理如下。

（1）结转"其他权益工具投资——M公司股票（成本）"账户余额

借：其他货币资金——存出投资款   9 628 800
  应交税费——应交增值税（进项税额）   1 200
  贷：其他权益工具投资——M公司股票（成本）   7 519 000
    利润分配——未分配利润   2 111 000

珠江公司如果觉得有必要按照出售此项其他权益工具投资净收益的10%计提法定盈余公积，则做如下分录，否则不做处理。

借：利润分配——未分配利润　　　　　　　　　　　　　　　　211 100
　　贷：盈余公积——法定盈余公积　　　　　　　　　　　　　　　211 100

📖 注意事项

何种情况下不必计提盈余公积？第一，计提盈余公积是按年度综合收益来计提的（包括利润表中的净利润），而不是根据某一笔投资业务的净收益来计提的。如果年度综合净收益为负数（即亏损），则无须计提盈余公积。第二，根据《中华人民共和国公司法》的规定，公司计提的法定盈余公积达到注册资本的50%时可以不再计提。

（2）结转"其他权益工具投资——M公司股票（公允价值变动）"账户余额

借：其他综合收益——M公司股票　　　　　　　　　　　　　　　1 450 000
　　贷：其他权益工具投资——M公司股票（公允价值变动）　　　　　1 450 000

任务小结 ↓

（一）其他权益工具投资是指企业指定为以公允价值计量且其变动计入其他综合收益的金融资产。

（二）其他权益工具投资取得时按公允价值计量，取得时发生的相关交易费用计入其他权益工具投资的初始入账金额。

（三）其他权益工具投资持有期间的现金股利应当在被投资单位宣告发放时计入投资收益。

（四）其他权益工具投资期末公允价值发生变动时，应将该资产的账面价值调整为公允价值，形成的利得或损失，应计入其他综合收益。

（五）出售其他权益工具投资发生的利得或损失，直接计入未分配利润。

任务训练 ↓

任务训练25　练习其他权益工具投资核算

资料：珠江公司在证券市场购入P公司股票，将其划为其他权益工具投资，发生有关业务如下，该公司每年6月末和12月末调整其他权益工具投资的公允价值，其他月份不进行调整。

（1）2019年5月15日，以证券专户存款购入P公司发行的股票1 000 000股，每股20元，另支付交易费用40 000元，增值税2 400元。

（2）2019年6月30日，P公司股票市价为每股20.25元。

（3）2019年12月31日，P公司股票市价为每股19.32元。

（4）2020年4月15日，P公司宣告发放现金股利每股0.20元。

（5）2020年5月5日，收到P公司发放的现金股利。

（6）2020年6月30日，P公司股票市价为每股20.53元。

（7）2020年12月31日，P公司股票市价为每股20.89元。

（8）2021年1月30日，以每股21.02元的价格将P公司股票全部出售。支付交易费39 000元，增值税2 340元，所得价款扣除交易税费后已存入证券专户。

（9）2021年1月30日，计算并结转出售P公司股票应交的增值税。

要求：根据上述业务编制会计分录。

任务五　长期股权投资核算之成本法

任务导言　↓

　　"成本法"是指长期股权投资采用历史成本计量核算。实际上，企业的资产大都采用历史成本计量核算，如存货、固定资产、无形资产等。为什么这些资产核算我们一般不说"成本法"呢？那是因为，这些资产核算只有"成本法"，没有别的方法；而长期股权投资核算除了"成本法"外，还有一种方法叫"权益法"，可见"成本法"是相对于"权益法"而言的。

　　需要说明的是，本任务业务处理举例中，不仅只讲投资企业的账务处理，还附带地讲了被投资企业的账务处理，目的是一例两用，提高效率，方便理解。

知识准备　↓

一、长期股权投资相关知识

（一）长期股权投资的含义

　　长期股权投资字面上的含义是：投资者长期持有的股权性质的对外投资。《企业会计准则》的定义是：长期股权投资是指投资方对被投资单位实施控制、重大影响的权益性投资，以及对其合营企业的权益性投资。长期股权投资有两个基本特征：第一，它是股权性质的投资；第二，准备长期持有。

（二）长期股权投资的类型

1. 投资企业能够对被投资单位实施控制的权益性投资（对子公司投资）

　　控制是指有权决定一个企业的财务和经营政策，并能据以从该企业的经营活动中获取利益。投资企业能够对被投资单位实施控制的，被投资单位为其子公司。

2. 投资企业与其他合营方一同对被投资单位实施共同控制的权益性投资（对合营企业投资）

　　共同控制是指按照相关约定对某项安排所共有的控制，并且该安排的相关活动必须经过分享控制权的参与方一致同意后才能决策。

3. 投资企业对被投资单位具有重大影响的权益性投资（对联营企业投资）

　　重大影响是指投资方对被投资单位的财务和经营政策有参与决策的权力，但并不能够控制或者与其他方一起共同控制这些政策的制定。

（三）长期股权投资的核算方法

　　长期股权投资核算有成本法和权益法两种，具体采用哪一种方法应根据以下长期股权投资的类型确定。

　　（1）投资方能对被投资方实施控制的，采用成本法核算。

　　（2）投资方与其他方对被投资方实施共同控制的，采用权益法核算。

　　（3）投资方对被投资方具有重大影响的，采用权益法核算。

二、成本法的含义及适用范围

　　成本法是指长期股权投资按投资成本计价核算的方法。成本法下，取得长期股权投资时，长期股权投资按其初始成本计价；持有期间，除了投资企业追加投资或收回投资外，长期股权投资的账面价值保持不变。成本法适用于企业能够对被投资单位实施控制的长期股权投资，即企业对子公司的长期股权投资。

三、成本法下长期股权投资核算的会计科目

（一）"长期股权投资"科目

"长期股权投资"科目属于资产类科目。成本法下，"长期股权投资"科目核算长期股权投资的历史成本。本科目应按被投资单位进行明细核算。

（二）"应收股利"科目

"应收股利"科目属于资产类科目，核算企业应收取的现金股利和应收取其他单位分配的利润。本科目应按被投资单位进行明细核算。

（三）"投资收益"科目（见本项目任务一）

（四）"长期股权投资减值准备"科目

"长期股权投资减值准备"科目属于资产类备抵科目，核算企业长期股权投资的减值准备。本科目是"长期股权投资"科目的抵减科目。本科目应按被投资单位进行明细核算。

业务处理 ↓

一、以支付现金取得的长期股权投资

以支付现金方式取得的长期股权投资，以实际支付的价款及与取得该投资直接相关的手续费、佣金等，作为长期股权投资的初始投资成本。如果实际支付的价款中包含已宣告但尚未发放的现金股利或利润，则确认为应收款项。

【例4-21】 2022 年 2 月 10 日，珠江公司以协议的方式购入天秀公司 51% 的股权，通过银行支付投资款510 万元。珠江公司对天秀公司的股权投资准备长期持有，并采用成本法进行核算。珠江公司账务处理如下。

借：长期股权投资——天秀公司　　　　　　　　　　　　　　　5 100 000
　　贷：银行存款　　　　　　　　　　　　　　　　　　　　　　5 100 000

天秀公司账务处理如下。

借：银行存款　　　　　　　　　　　　　　　　　　　　　　　5 100 000
　　贷：实收资本——珠江公司　　　　　　　　　　　　　　　　5 100 000

【例4-22】 2022 年 3 月 8 日，珠江公司从上海证券交易所购入粤秀公司股票 200 万股，支付价款 20 500 000元（其中包含已宣告但尚未发放的现金股利 500 000 元），准备长期持有，采用成本法核算。另支付交易费用 20 000 元，价外增值税 1 200 元。4 月 12 日珠江公司收到现金股利 500 000 元。珠江公司账务处理如下。

3 月 8 日，购入粤秀公司股票。

借：长期股权投资——粤秀公司　　　　　　　　　　　　　　20 020 000
　　应收股利——粤秀公司　　　　　　　　　　　　　　　　　　500 000
　　应交税费——应交增值税（进项税额）　　　　　　　　　　　　1 200
　　贷：其他货币资金——存出投资款　　　　　　　　　　　　20 521 200

4 月 12 日，收到粤秀公司股利。

借：其他货币资金——存出投资款　　　　　　　　　　　　　　　500 000
　　贷：应收利息——粤秀公司　　　　　　　　　　　　　　　　　500 000

二、持有期间的现金股利或利润

长期股权投资持有期间被投资单位宣告分派现金股利或利润时，投资企业按持股比例计算所获得的现金股利或利润确认为投资收益。

【例4-23】 沿用**【例4-21】**的资料，假如 2023 年 2 月 18 日，天秀公司宣告发放 2022 年度的现金股利300 000 元。3 月 10 日通过银行支付现金利股 300 000 元。珠江公司的账务处理如下。

2月18日，确认应收天秀股利。

珠江公司应分得现金股利=300 000×51%=153 000（元）

```
借：应收股利——天秀公司                          153 000
    贷：投资收益——长期股权投资收益                      153 000
```

3月10日，收到天秀公司股利。

```
借：银行存款                                    153 000
    贷：应收股利——天秀公司                            153 000
```

天秀公司账务处理如下。

2月18日，分配现金股利。

```
借：利润分配——分配现金股利                      300 000
    贷：应付股利——珠江公司                            153 000
              ——××公司                            147 000
```

3月10日，支付现金股利。

```
借：应付股利——珠江公司                          153 000
          ——××公司                          147 000
    贷：银行存款                                      300 000
```

三、长期股权投资的减值

长期股权投资在按照规定核算其账面价值的基础上，如果在资产负债表日存在减值的迹象时，应当计提减值准备。

计提减值准备时，应先估计长期股权投资可收回金额，然后将可收回金额低于账面价值的差额确认为减值损失，计提减值准备。

需要注意的是，长期股权投资减值准备一经提取，在以后的会计期间不得转回。

【例4-24】沿用【例4-21】的资料，假设珠江公司对天秀公司的长期股权投资于2022年12月31日估计可收回金额为480万元，其账面价值为510万元，应计提减值准备30万元。珠江公司的账务处理如下。

```
借：资产减值损失——计提长期股权投资减值准备        300 000
    贷：长期股权投资减值准备——天秀公司                  300 000
```

四、长期股权投资的处置

长期股权投资处置时，实际收到的价款与该投资的账面成本的差额确认为投资损益。

【例4-25】沿用【例4-21】、【例4-24】的资料，假设珠江公司于2023年12月15日将持有的天秀公司51%的股份全部转让给粤昊公司，转让金额为5 200 000元，当日通过银行收到转让款项。珠江公司的账务处理如下。

```
借：银行存款                                    5 200 000
    长期股权投资减值准备——天秀公司                300 000
    贷：长期股权投资——天秀公司                        5 100 000
        投资收益——长期股权投资收益                      400 000
```

天秀公司账务处理如下。

```
借：实收资本——珠江公司                          5 100 000
    贷：实收资本——粤昊公司                            5 100 000
```

粤昊公司账务处理如下。

```
借：长期股权投资——天秀公司                      5 200 000
    贷：银行存款                                      5 200 000
```

假设此例长期股权投资的转让金额为4 600 000元，则珠江公司的账务处理如下。

110

借：银行存款　　　　　　　　　　　　　　　　　　　　　　　　4 600 000
　　长期股权投资减值准备——天秀公司　　　　　　　　　　　　　300 000
　　投资收益——长期股权投资收益　　　　　　　　　　　　　　　200 000
　　　贷：长期股权投资——天秀公司　　　　　　　　　　　　　　　　5 100 000
此时，天秀公司的账务处理不变，粤昊公司账务处理如下。
借：长期股权投资——天秀公司　　　　　　　　　　　　　　　　4 600 000
　　　贷：银行存款　　　　　　　　　　　　　　　　　　　　　　　4 600 000

任务小结　↓

（一）长期股权投资是指投资方对被投资单位实施控制、重大影响的权益性投资，以及对其合营企业的权益性投资。长期股权投资有三种类型：（1）投资企业能够对被投资单位实施控制的权益性投资；（2）投资企业与其他合营方一同对被投资单位实施共同控制的权益性投资；（3）投资企业对被投资单位具有重大影响的权益性投资。

（二）成本法是指长期股权投资按投资成本计价核算的方法。成本法下，取得长期股权投资时，长期股权投资按其初始成本计价；持有期间，除了投资企业追加投资或收回投资外，长期股权投资的账面价值保持不变。成本法适用于企业能够对被投资单位实施控制的长期股权投资，即企业对子公司的长期股权投资。

（三）以支付现金取得的长期股权投资，以实际支付的价款及与取得该投资直接相关的手续费、佣金等，作为长期股权投资的初始投资成本。如果实际支付的价款中包含已宣告但尚未发放的现金股利或利润，则确认为应收款项。

（四）长期股权投资持有期间被投资单位宣告分派现金股利或利润时，投资企业按持股比例计算所获得的现金股利或利润确认为投资收益。

（五）长期股权投资在按照规定核算其账面价值的基础上，如果在资产负债表日存在减值的迹象时，应当计提减值准备。长期股权投资减值准备一经提取，在以后的会计期间不得转回。

（六）长期股权投资处置时，实际收到的价款与该投资的账面成本的差额确认为投资损益。

任务训练　↓

任务训练 26　练习长期股权投资核算的成本法

资料：东江公司与珠江公司通过签订投资协议的方式，共同出资成立东珠公司，东珠公司的注册资本为 1 200 万元，双方商定东江出资比例为 51%，珠江公司出资比例为 49%。东江公司对东珠公司的投资准备长期持有，采用"成本法"核算，发生的有关业务如下。

（1）2020 年 1 月 10 日，东珠公司收到股东出资款 12 000 000 元，其中：东江公司出资 6 120 000 元；珠江公司出资 5 880 000 元。

（2）2021 年 5 月 2 日，东珠公司宣告分配 2020 年度现金股利 1 000 000 元。

（3）2021 年 5 月 10 日，东珠公司以银行存款分派的现金股利 1 000 000 元。

（4）2022 年 5 月 2 日，东珠公司宣告分配 2021 年度现金股利 2 000 000 元。

（5）2022 年 5 月 10 日，东珠公司以银行存款分派的现金股利 2 000 000 元。

（6）2022 年 12 月 10 日，东江公司将持有的东珠公司股份全部转让给西江公司，转让金额为 6 300 000 元，款项通过银行收讫。

要求：根据上述业务，分别编制东江公司和东珠公司的会计分录。

任务六　长期股权投资核算之权益法

任务导言 ↓

权益法就是投资企业根据所享有的被投资企业净资产（所有者权益）份额的变动而对其投资的账面价值进行调整的一种核算方法。

长期股权投资核算的权益法，与交易性金融资产核算的公允价值法非常相似。从某种意义上讲，权益法也是一种公允价值法。只不过权益法下长期股权投资的公允价值不是它的市价，而是投资者享有被投资单位净资产的份额。权益法和公允价值法在投资的存续期间，都要不断地调整投资的账面价值，只是调整投资账面价值的依据不同而已。交易性金融资产调整的依据是投资的公允价值（市价）；而权益法下长期股权投资调整的依据是享有被投资单位净资产的份额。

知识准备 ↓

一、权益法的含义及适用范围

权益法是指企业取得投资时以初始投资成本计价后，持有期间根据所享有的被投资企业所有者权益份额的变动，对投资的账面价值进行调整的一种核算方法。权益法下，长期股权投资的账面价值反映的不是企业的初始投资成本，而是占被投资企业所有者权益的份额。

投资方对被投资单位具有共同控制或重大影响的长期股权投资应采用权益法核算。

二、权益法下长期股权投资核算的会计科目

（一）"长期股权投资"科目

权益法下，本科目核算长期股权投资的实际价值，长期股权投资的实际价值要随着被投资单位净资产的变动而进行调整。权益法下，长期股权投资的明细核算在按被投资单位分类的基础上，还应分别设置"投资成本""损益调整""其他综合收益""其他权益变动"科目进行明细核算。其中："投资成本"反映长期股权投资的初始投资成本；"损益调整"反映被投资单位实现利润或亏损引起的变动；"其他综合收益"反映被投资单位其他综合收益引起的变动；"其他权益变动"反映被投资单位除净损益、其他综合收益和利润分配以外所有者权益引起的变动。

（二）"应收股利"科目（见本项目任务五）

（三）"投资收益"科目（见本项目任务一）

（四）"长期股权投资减值准备"科目（见本项目任务五）

（五）"其他综合收益"科目（见本项目任务三）

业务处理 ↓

一、长期股权投资的取得

权益法下，长期股权投资初始计量与成本法下的初始计量有所不同。权益法下为了客观反映投资企业在被投资单位所有者权益中享有的份额，应将初始投资成本与投资时应享有被投资单位可辨认净资产公允

价值份额进行比较，并分别根据不同情况进行处理。

（1）初始投资成本大于投资时应享有的被投资单位可辨认净资产公允价值份额的，按初始投资成本计价入账。

（2）初始投资成本小于投资时应享有的被投资单位可辨认净资产公允价值份额的，按享有被投资单位净资产的公允价值份额计入账，其差额计入当期损益（营业外收入）。

可辨认资产是指有所有权或使用权证明的资产，如固定资产、无形资产、存货等。只有商誉是不可辨认资产。

【例4-26】2022年2月10日，珠江公司以协议的方式购入天秀公司40%的股权，通过银行支付投资款500万元。取得投资时，天秀公司可辨认净资产公允价值为1 200万元。珠江公司对天秀公司的长期股权投资准备长期持有，采用权益法进行核算。珠江公司的账务处理如下。

投资时珠江公司享有天秀公司净资产公允价值=1 200万元×40%=480万元

投资成本500万元＞享有天秀公司净资产的份额480万元，此时长期股权投资应按投资成本入账。

借：长期股权投资——天秀公司（投资成本）　　　　　　　　　　　5 000 000
　　贷：银行存款　　　　　　　　　　　　　　　　　　　　　　　　5 000 000

此例假设珠江公司取得投资时，天秀公司可辨认净资产公允价值为1 300万元，其他条件不变。则：

投资时珠江公司享有天秀公司净资产公允价值=1 300万元×40%=520万元

投资成本500万元＜享有天秀公司净资产的份额520万元，此时长期股权投资应按享有天秀公司净资产公允价值入账。

借：长期股权投资——天秀公司（投资成本）　　　　　　　　　　　5 200 000
　　贷：银行存款　　　　　　　　　　　　　　　　　　　　　　　　5 000 000
　　　　营业外收入——其他　　　　　　　　　　　　　　　　　　　　200 000

04

二、长期股权投资的持有期间

（一）持有期间被投资单位实现净损益

持有期间，被投资单位实现净利润时，投资企业应调增长期股权投资的账面价值；被投资单位发生亏损时，投资企业应调减长期股权投资的账面价值。对于被投资单位净损益的变动，确认为投资收益。

【例4-27】沿用【例4-26】的资料。假设天秀公司2022年度实现净利润100万元，则珠江公司应进行如下账务处理。

借：长期股权投资——天秀公司（损益调整）　　　　　　　　　　　400 000
　　贷：投资收益——长期股权投资　　　　　　　　　　　　　　　　400 000

假设天秀公司2022年度亏损80万元，则珠江公司应进行如下账务处理。

借：投资收益——长期股权投资　　　　　　　　　　　　　　　　　320 000
　　贷：长期股权投资——天秀公司（损益调整）　　　　　　　　　　320 000

（二）被投资单位宣告发放现金股利（利润）

持有期间，被投资单位宣告分派现金股利（利润）时，投资企业按持股比例计算应分得的部分，冲减长期股权投资的账面价值。

【例4-28】沿用【例4-26】、【例4-27】的资料。假设天秀公司于2023年2月15日宣告分派现金股利60万元。则珠江公司应进行如下账务处理。

借：应收股利——天秀公司　　　　　　　　　　　　　　　　　　　240 000
　　贷：长期股权投资——天秀公司（损益调整）　　　　　　　　　　240 000

日后收到现金股利时。

借：银行存款　　　　　　　　　　　　　　　　　　　　　　　　　240 000
　　贷：应收股利——天秀公司　　　　　　　　　　　　　　　　　　240 000

（三）持有期间被投资单位实现其他综合收益

对于被投资单位实现的其他综合收益，投资企业按照持股比例计算应享有或承担的部分，调整长期股权投资的账面价值。对于被投资单位其他综合收益的变动确认为其他综合收益。

【例 4-29】 沿用【例 4-26】、【例 4-27】的资料。假设天秀公司 2022 年度因可供出售金融资产公允价值上升而增加其他综合收益 100 万元。珠江公司应做如下账务处理。

借：长期股权投资——天秀公司（其他综合收益）　　　　　　　400 000
　　贷：其他综合收益——长期股权投资　　　　　　　　　　　　　400 000

此例，假设天秀公司 2022 年度因可供出售金融资产公允价值下跌而减少其他综合收益 80 万元。珠江公司应做如下账务处理。

借：其他综合收益——长期股权投资　　　　　　　　　　　　　320 000
　　贷：长期股权投资——天秀公司（其他综合收益）　　　　　　　320 000

（四）持有期间被投资单位除净损益、其他综合收益和利润分配以外所有者权益的其他变动

此种情况下，投资企业按照持股比例计算享有或承担的部分，调整长期股权投资的账面价值。对于被投资单位所有者权益的其他变动，确认为资本公积（其他资本公积）。

【例 4-30】 沿用【例 4-26】、【例 4-27】的资料。假设天秀公司 2022 年度除净损益、其他综合收益和利润分配以外的原因导致所有者权益增加 60 万元。则珠江公司应做如下账务处理。

借：长期股权投资——天秀公司（其他权益变动）　　　　　　　240 000
　　贷：资本公积——其他资本公积　　　　　　　　　　　　　　　240 000

此例，假设天秀公司 2022 年度除净损益、其他综合收益和利润分配以外的原因导致所有者权益减少 50 万元。则珠江公司应做如下账务处理。

借：资本公积——其他资本公积　　　　　　　　　　　　　　　200 000
　　贷：长期股权投资——天秀公司（其他权益变动）　　　　　　　200 000

三、长期股权投资的处置

投资企业出售全部或部分长期股权投资时，应结转与之相对应的长期股权投资的账面价值，出售价款与账面价值之间的差额，确认为处置损益。

【例 4-31】 沿用【例 4-26】、【例 4-27】的资料，假设珠江公司于 2023 年 10 月 20 日，将持有的 40% 天秀公司股权全部转让给南江公司，转让款价为 600 万元。转让前，"长期股权投资——天秀公司"各明细账户余额如表 4-3 所示。

表 4-3　　　　　　　　　　　　长期股权投资明细账户余额表 1　　　　　　　　　　　　单位：元

一级科目	二级科目	三级科目	借方余额	贷方余额
长期股权投资	天秀公司	投资成本	5 000 000	
长期股权投资	天秀公司	损益调整	80 000	
长期股权投资	天秀公司	其他综合收益	400 000	
长期股权投资	天秀公司	其他权益变动	240 000	

珠江公司账务处理如下。

借：银行存款　　　　　　　　　　　　　　　　　　　　　　6 000 000
　　贷：长期股权投资——天秀公司（投资成本）　　　　　　　　　5 000 000
　　　　　　　　——天秀公司（损益调整）　　　　　　　　　　　　80 000
　　　　　　　　——天秀公司（其他综合收益）　　　　　　　　　400 000
　　　　　　　　——天秀公司（其他权益变动）　　　　　　　　　240 000
　　　　投资收益——长期股权投资　　　　　　　　　　　　　　280 000

此例假设转让价款为 420 万元，转让前，"长期股权投资——天秀公司"各明细账户余额如表 4-4 所示。

表 4-4　　　　　　　　　　　　长期股权投资明细账户余额表 2　　　　　　　　　单位：元

一级科目	二级科目	三级科目	借方余额	贷方余额
长期股权投资	天秀公司	投资成本	5 000 000	
长期股权投资	天秀公司	损益调整	80 000	
长期股权投资	天秀公司	其他综合收益		320 000
长期股权投资	天秀公司	其他权益变动		200 000

珠江公司的账务处理如下。

借：银行存款　　　　　　　　　　　　　　　　　　　　　　　　　　　4 200 000
　　长期股权投资——天秀公司（其他综合收益）　　　　　　　　　　　　320 000
　　　　　　　　——天秀公司（其他权益变动）　　　　　　　　　　　　200 000
　　投资收益——长期股权投资　　　　　　　　　　　　　　　　　　　　360 000
　　贷：长期股权投资——天秀公司（投资成本）　　　　　　　　　　　5 000 000
　　　　　　　　　　——天秀公司（损益调整）　　　　　　　　　　　　 80 000

长期股权投资核算的
权益法

04

任务小结 ↓

（一）权益法是指企业取得投资时以初始投资成本计价后，持有期间根据所享有的被投资企业所有者权益份额的变动，对投资的账面价值进行调整的一种核算方法。投资方对被投资单位具有共同控制或重大影响的长期股权投资应采用权益法核算。

（二）权益法下，长期股权投资初始计量与成本法下的初始计量有所不同。初始投资成本大于投资时应享有的被投资单位可辨认净资产公允价值份额的，按初始投资成本计价入账；初始投资成本小于投资时应享有的被投资单位可辨认净资产公允价值份额的，按享有被投资单位净资产的公允价值份额计价入账，其差额记入当期损益。

（三）持有期间，被投资单位实现净利润时，投资企业应调增长期股权投资的账面价值；被投资单位发生亏损时，投资企业应调减长期股权投资的账面价值。对于被投资单位净损益的变动，确认为投资收益。持有期间，被投资单位宣告分派现金股利（利润）时，投资企业按持股比例计算应分得的部分，冲减长期股权投资的账面价值。

（四）对于被投资单位实现的其他综合收益，投资企业按照持股比例计算应享有或承担的部分，调整长期股权投资的账面价值。对于被投资单位其他综合收益的变动确认为其他综合收益。

（五）持有期间被投资单位除净损益、其他综合收益和利润分配以外所有者权益的其他变动，投资企业按照持股比例计算享有或承担的部分，调整长期股权投资的账面价值。对于被投资单位所有者权益的其他变动，确认为资本公积。

（六）投资企业出售全部或部分长期股权投资时，应结转与之相对应的长期股权投资的账面价值，出售价款与账面价值之间的差额，确认为处置损益。

任务训练 ↓

任务训练 27　练习长期股权投资核算的权益法

资料：珠江公司在证券市场购入 B 公司股票，准备长期持有，采用权益法核算，发生有关业务如下。

（1）2020 年 1 月 3 日，以证券专户存款 9 500 000 元购入 B 公司股票 400 万股，每股面值 1 元，占 B 公司发行在外股份的 20%。已知 2019 年 12 月 31 日 B 公司所有者权益的公允价值总额为 40 000 000 元。

（2）2020 年 B 公司实现净利润 6 000 000 元。

（3）2021 年 3 月，B 公司宣告发放现金股利 3 000 000 元。

（4）2021 年 4 月，珠江公司收到 B 公司发放的现金股利。

（5）2021 年 B 公司实现净利润 8 000 000 元。

（6）2022 年 3 月，B 公司宣告发放现金股利 4 000 000 元。

（7）2022 年 4 月，珠江公司收到 B 公司发放的现金股利。

（8）2022 年 6 月，珠江公司出售 B 公司的全部股票，实得价款 11 000 000 元。

要求：根据上述业务编制会计分录。

项目测试

一、判断题（每小题 2 分，本题 20 分）

（1）资产负债表日，交易性金融资产应当按照公允价值计量，公允价值与账面价值之间的差额计入投资收益。　　　　　　　　　　　　　　　　　　　　　　　　　　　　　　　　　　　（　　）

（2）债权投资是指企业划分为以摊余成本计量的金融资产。摊余成本是指债权投资溢、折价摊销之后的账面成本（价值）。　　　　　　　　　　　　　　　　　　　　　　　　　　　　　　　　（　　）

（3）权益法下，长期股权投资初始计量与成本法下的初始计量相同。　　　　　　　　　（　　）

（4）已计提减值准备的长期股权投资价值以后又得以恢复的，应当在原已计提的减值准备金额内予以转回。　　　　　　　　　　　　　　　　　　　　　　　　　　　　　　　　　　　　　　（　　）

（5）债权投资减值准备一经提取，在以后的会计期间不得转回。　　　　　　　　　　　（　　）

（6）长期股权投资处置时，实际收到的价款与该投资的账面成本的差额确认为投资损益。（　　）

（7）资产负债表日，其他权益工具投资应当按照公允价值计量，公允价值与账面余额之间的差额计入公允价值变动损益。　　　　　　　　　　　　　　　　　　　　　　　　　　　　　　　　（　　）

（8）采用实际利率法时，每期债券溢、折价的摊销金额不相等。　　　　　　　　　　　（　　）

（9）长期股权投资取得成本包括实际支付的所有价款，但不包括买价中所包含的已宣告发放但尚未支付的现金股利。　　　　　　　　　　　　　　　　　　　　　　　　　　　　　　　　　　（　　）

（10）采用成本法核算长期股权投资的情况下，被投资单位发生亏损时，投资企业应调减长期股权投资的账面价值。　　　　　　　　　　　　　　　　　　　　　　　　　　　　　　　　　　　（　　）

二、单选题（每小题 3 分，本题 30 分）

（1）交易性金融资产在资产负债表日，应采用（　　）计量。

　　A. 历史成本　　　　　B. 公允价值　　　　　C. 摊余成本　　　　　D. 重置成本

（2）资产负债表日，债权投资在持有期间应当按照（　　）计算确认利息收入，作为投资收益进行会计处理。

　　A. 摊余成本和实际利率　　　　　　　　　　B. 面值和实际利率

　　C. 摊余成本和票面利率　　　　　　　　　　D. 面值和票面利率

（3）下列各项中，应确认为投资收益的是（　　）。

　　A. 长期股权投资减值损失　　　　　　　　　B. 交易性金融资产公允价值的变动

C. 支付与取得长期股权投资直接相关的费用　　D. 长期股权投资处置净损益

（4）取得交易性金融资产所发生的交易费用应当计入（　　）。

A. 交易性金融资产成本　　　　　　　　　B. 投资收益

C. 公允价值变动损益　　　　　　　　　　D. 财务费用

（5）采用成本法核算长期股权投资的情况下，被投资单位发生亏损时，投资企业应当（　　）。

A. 借记"投资收益"科目　　　　　　　　B. 借记"资本公积"科目

C. 贷记"长期股权投资"科目　　　　　　D. 不处理

（6）长期股权投资核算采用权益法时，下列应当确认投资收益的是（　　）。

A. 被投资单位实现净利润　　　　　　　　B. 被投资单位提取盈余公积

C. 收到被投资单位分配的现金股利　　　　D. 收到被投资单位分配的票据股利

（7）下列关于其他债权投资表述不正确的是（　　）。

A. 其他债权投资是指以公允价值计量且其变动计入其他综合收益的债券投资

B. 其他债权投资既以收取合同现金流量为目标又以出售该金融资产为目标

C. 其他债权投资取得时发生的相关交易费用应计入投资收益

D. 其他债权投资在持有期间按照摊余成本和实际利率计算确认利息收入

（8）下列关于其他权益工具投资表述不正确的是（　　）。

A. 其他权益工具投资是指以公允价值计量且其变动计入公允价值变动损益的金融资产

B. 其他权益工具投资取得时发生的相关交易费用计入其他权益工具投资的初始入账金额

C. 其他权益工具投资持有期间的现金股利应当在被投资单位宣告发放时计入投资收益

D. 出售其他权益工具投资发生的利得或损失直接计入未分配利润

（9）下列关于交易性金融资产表述不正确的是（　　）。

A. 交易性金融资产是指企业为了近期内出售而持有的金融资产

B. 交易性金融资产采用公允价值计量

C. 持有交易性金融资产期间，对于被投资单位宣告发放的现金股利应当确认为投资收益

D. 资产负债表日，交易性金融资产公允价值与账面余额之间的差额计入其他综合收益

（10）下列关于长期股权投资核算成本法表述不正确的是（　　）。

A. 成本法是指长期股权投资按投资成本计价核算的方法

B. 取得长期股权投资时，长期股权投资按其初始成本计价

C. 持有期间除了投资企业追加投资或收回投资外，长期股权投的账面价值保持不变

D. 成本法适用于企业能够对被投资单位实施共同控制的长期股权投资

三、多选题（每小题 5 分，本题 50 分）

（1）企业购入一项债券，有可能确认的金融资产有（　　）。

A. 交易性金融资产　　B. 债权投资　　　　C. 其他债权投资　　D. 其他权益工具投资

（2）债券溢价、折价摊销应采用实际利率法的金融资产有（　　）。

A. 交易性金融资产　　B. 债权投资　　　　C. 其他债权投资　　D. 其他权益工具投资

（3）以公允价值计量且其变动计入其他综合收益的金融资产有（　　）。

A. 交易性金融资产　　B. 债权投资　　　　C. 其他债权投资　　D. 其他权益工具投资

（4）企业购入一项股权，有可能确认的金融资产有（　　）。

A. 交易性金融资产　　B. 长期股权投资　　C. 其他债权投资　　D. 其他权益工具投资

（5）交易费用计入所购金融资产成本的金融资产有（　　）。

A. 交易性金融资产　　B. 债权投资　　　　C. 其他债权投资　　D. 其他权益工具投资

（6）长期股权投资的类型有（　　）。

A. 投资企业能够对被投资单位实施控制的权益性投资

B. 投资企业与其他合营方一同对被投资单位实施共同控制的权益性投资

C. 投资企业对被投资单位具有重大影响的权益性投资

D. 投资企业对被投资单位没有影响的权益性投资

（7）以公允价值计量的金融资产有（　　　　）。

A. 交易性金融资产　　B. 债权投资　　　　C. 其他债权投资　　　　D. 其他权益工具投资

（8）债权投资应按投资的类别，分别设置（　　　　）科目进行明细核算。

A. 成本　　　　　　　B. 利息调整　　　　C. 应计利息　　　　　　D. 公允价值变动

（9）投资企业对被投资单位具有（　　　　）的长期股权投资，应当采用权益法核算。

A. 控制　　　　　　　B. 共同控制　　　　C. 重大影响　　　　　　D. 无影响

（10）长期股权投资采用成本法核算时，下列各项不会导致长期股权投资账面价值发生变动的有（　　　　）。

A. 计提长期股权投资减值准备　　　　　B. 持有期间被投资单位实现净利润

C. 持有期间被投资单位发生亏损　　　　D. 持有期间被投资单位宣告发放现金股利

04

项目五

长期资产

项目导图 ↓

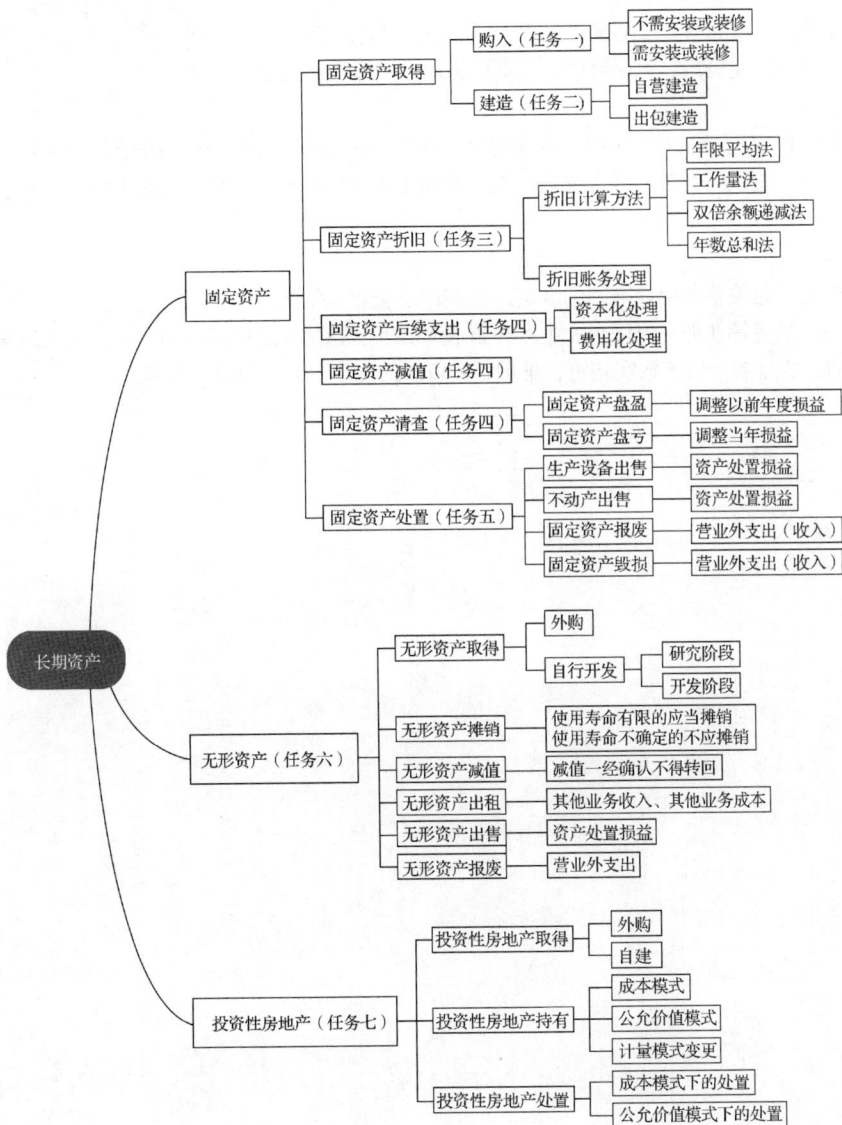

项目导言 ↓

　　长期资产也叫非流动资产，是指不能在一年或者超过一年的一个营业周期内变现或者耗用的资产。长期资产主要包括固定资产、无形资产、投资性房地产、债权投资、长期股权投资等。由于债权投资、长期股权投资已在"对外投资"项目中讲解，所以，本项目只讲固定资产、无形资产和投资性房地产的核算。固定资产是一般企业最常见的资产形态，其核算内容也最多，共设计了五个教学任务，也是本项目的重点。本项目的难点比较多，包括加速折旧的计算方法（双倍余额递减法和年数总和法）以及固定资产处置、无形资产处置、投资性房地产处置等的账务处理。

项目目标 ↓

知识目标

　　理解固定资产、无形资产、投资性房地产的含义，熟悉固定资产、无形资产、投资性房地产的分类和包含的内容，掌握固定资产、无形资产、投资性房地产核算的相关会计科目。

技能目标

　　能正确做出固定资产取得、折旧、后续支出及处置等业务的账务处理；能正确做出无形资产取得、摊销、出租、出售、报废等业务的账务处理；能正确做出投资性房地产取得、持有期间、处置、转换等业务的账务处理。

素养目标

　　培养学生按照相关企业会计准则的规定，如实记录企业发生的固定资产、无形资产、投资性房地产取得、持有期间、处置等业务，保证企业生产经营成果真实、稳健，定期进行固定资产、无形资产、投资性房地产的清查，保证各项资产账实相符，维护企业资产的安全、完整的职业素养。

05

任务一　外购固定资产核算

任务导言　↓

企业固定资产的来源比较多，但是主要来源有两个：外购和自建。本任务专讲外购固定资产核算。外购固定资产核算需注意以下几点。

一是固定资产原始价值的构成内容（初始计量）。固定资产的初始计量与存货的初始计量是相同的，都采用历史成本法。所以，外购固定资产的采购成本与外购存货的采购成本的构成内容基本是相同的：包括购买价款及相关税费等（允许抵扣的增值税除外）。

二是固定资产二级科目的设置，采用税法对固定资产的分类方法。税法将企业的固定资产分为房屋建筑物、生产设备、器具工具、运输设备和电子设备等五大类，并规定了每类固定资产的最低折旧年限。如今企业固定资产的二级核算一般采用这一分类方法，目的是方便企业所得税纳税申报。

三是我国现行增值税的抵扣范围比较宽松，外购或自建不动产的增值税进项税额自 2019 年 4 月 1 日起可以一次性抵扣。

知识准备　↓

一、固定资产相关知识

（一）固定资产的含义

固定资产是指使用期限较长，单位价值较高，并在其使用过程中保持原有实物形态的资产。固定资产具有以下特征。

（1）为生产商品、提供劳务、出租或经营管理而持有。

（2）使用寿命超过一个会计年度。

（二）固定资产的确认

固定资产在符合定义的前提下，同时满足以下两个条件的，才能予以确认。

（1）与该固定资产有关的经济利益很可能流入企业。

（2）该固定资产的成本能够可靠计量。

（三）固定资产的分类

1. 按经济用途分类

固定资产按经济用途分类，可分为生产经营用固定资产和非生产经营用固定资产。

（1）生产经营用固定资产是指直接服务于企业生产、经营过程的各种固定资产，如房屋、建筑物、机器、设备等。

（2）非生产经营用固定资产是指不直接服务于企业生产、经营过程的各种固定资产，如职工宿舍、食堂、浴室、理发室等使用的房屋、设备等。

2. 按使用情况分类

固定资产按使用情况分类，可分为在用固定资产、未使用固定资产和不需用固定资产。

（1）在用固定资产是指正在使用的各种固定资产，包括由于季节性和大修理等原因暂时停用以及存放在使用部门以备替换使用的机器设备。

（2）未使用固定资产是指尚未投入使用的新增固定资产和经批准停止使用的固定资产。

（3）不需用固定资产是指企业不需使用、准备处置的固定资产。

05

3. 按产权归属分类

固定资产按产权分类，可分为自有固定资产和租入固定资产。

（1）自有固定资产是指所有权属于企业的固定资产。

（2）租入固定资产是指采用租赁形式取得、使用，所有权不属于企业的固定资产。按租赁方式不同，租入固定资产又分为经营租入固定资产和融资租入固定资产。融资租入固定资产，是指企业以融资租赁方式租入的固定资产，在租赁期内，应视同自有固定资产进行管理。

4. 按实物形态分类

固定资产按实物形态分类，可分为房屋及建筑物、机器设备、电子设备、运输设备和其他设备等。我国《企业所得税法实施条例》对固定资产的分类采用了实物形态分类法，它将纳税人的固定资产分为以下五类，并规定了每类固定资产的最低折旧年限。

（1）房屋、建筑物（最低折旧年限为 20 年）。

（2）飞机、火车、轮船、机械和其他生产设备（最低折旧年限为 10 年）。

（3）与生产经营活动有关的器具、工具、家具等（最低折旧年限为 5 年）。

（4）飞机、火车、轮船以外的运输工具（最低折旧年限为 4 年）。

（5）电子设备（最低折旧年限为 3 年）。

我国《企业所得税年度纳税申报表》（A 类）也要求纳税人按此分类填报各类固定资产的原值、本年折旧额、累计折旧额等相关数据。

（四）固定资产的初始计量

固定资产应当按照历史成本进行初始计量。固定资产的初始成本称为"原始价值"，简称"原值"。

固定资产的初始成本是指企业购建某项固定资产达到预定可使用状态前所发生的一切合理、必要的支出，一般包括买价、进口关税、运输费用、保险费用、包装费用、安装费用、资本化的借款费用等。

二、外购固定资产核算的会计科目

（一）"固定资产"科目

"固定资产"科目属于资产类科目，核算企业持有的固定资产原始价值。本科目应按固定资产类别和项目进行明细核算。为了填报《企业所得税年度纳税申报表》（A 类），企业应按税法的规定对固定资产进行二级分类核算，再按固定资产项目进行明细核算。

固定资产明细科目的
设置

（二）"在建工程"科目

"在建工程"科目属于资产类科目，核算企业基建、更新改造等在建工程发生的支出。本科目应按工程项目进行明细核算。

业务处理 ↓

一、购入不需安装或装修的固定资产

企业购入不需安装或装修就可以直接使用的固定资产，应将固定资产的初始成本直接记入"固定资产"科目，因购买固定资产而支付的增值税，能抵扣的记入"应交税费"科目，不能抵扣的记入固定资产初始成本。

【例 5-1】2022 年 6 月 5 日，珠江公司购入不需安装的机器设备一台，专用发票列示买价 150 000 元，增值税 19 500 元。款项通过银行支付，设备已由生产车间验收并投入使用。珠江公司的账务处理如下。

借：固定资产——生产设备　　　　　　　　　　　　　　　　　150 000
　　应交税费——应交增值税（进项税额）　　　　　　　　　　　19 500
　　贷：银行存款　　　　　　　　　　　　　　　　　　　　　　　169 500

【例 5-2】2022 年 6 月 20 日，珠江公司委托南洋进出口公司代理进口小汽车一辆，预付款 1 050 000 元。

7月18日，南洋公司提交进口小汽车相关账单凭证列示：车辆到岸价580 000元，关税87 000元，消费税222 300元，增值税115 609元，进口代理费19 662元（其中：价款17 400元，增值税为2 262元），车辆已由使用部门验收。7月19日，向税务机关申报缴纳该进口车的车辆购置税88 930元。7月20日，收到南洋公司退回代理进口预付款25 429元。珠江公司有关账务处理如下。

6月20日，预付进口货款。

借：预付账款——南洋公司　　　　　　　　　　　　　　　　　　　1 050 000
　　贷：银行存款　　　　　　　　　　　　　　　　　　　　　　　　1 050 000

7月18日，进口车辆验收。

借：固定资产——运输工具（小汽车）　　　　　　　　　　　　　　906 700
　　应交税费——应交增值税（进项税额）　　　　　　　　　　　　117 871
　　贷：预付账款——南洋公司　　　　　　　　　　　　　　　　　　1 024 571

7月19日，支付车辆购置税。

借：固定资产——运输工具（小汽车）　　　　　　　　　　　　　　88 930
　　贷：银行存款　　　　　　　　　　　　　　　　　　　　　　　　88 930

7月20日，退回预付进口货款余额。

借：银行存款　　　　　　　　　　　　　　　　　　　　　　　　　25 429
　　贷：预付账款——南洋公司　　　　　　　　　　　　　　　　　　25 429

注意事项

会计实务中很多企业将车辆购置税列作管理费用。车辆购置税发生的时间一般是在购买车辆之后，很容易导致账务处理错误。正确的处理方法是将车辆购置税记入所购车辆的成本（原值）。

【例5-3】2022年8月15日，珠江公司购入可以直接使用的写字楼一栋，专用发票列示买价3 000万元，增值税270万元，款项通过银行付清，房屋已交付使用。此外，缴纳该房屋契税90万元、印花税1.5万元、交易费用15万元。珠江公司的账务处理如下。

借：固定资产——房屋建筑物（写字楼）　　　　　　　　　　　　31 065 000
　　应交税费——应交增值税（进项税额）　　　　　　　　　　　　2 700 000
　　贷：银行存款　　　　　　　　　　　　　　　　　　　　　　　33 765 000

二、购入需要安装或装修的固定资产

一般来说，购入需要安装或装修的固定资产应通过"在建工程"科目核算，但是，如果安装或装修时间短，且由供应商负责安装或装修，购买单位无须承担安装或装修费用的情况下，也可以不通过"在建工程"科目核算。

【例5-4】2022年8月15日，珠江公司购入需安装的生产线一条，专用发票上列示买价1 200 000元，增值税156 000元，当日通过银行支付生产线价款，并投入安装。8月16日，为安装生产线，领用原材料（辅助材料）5 000元。8月18日，通过银行支付该生产线安装费用11 300元（其中：价款10 000元，增值税1 300元）。8月20日，该生产线安装完毕，投入使用。珠江公司有关账务处理如下。

8月15日，购入待安装生产线。

借：在建工程——生产线安装　　　　　　　　　　　　　　　　　1 200 000
　　应交税费——应交增值税（进项税额）　　　　　　　　　　　　156 000
　　贷：银行存款　　　　　　　　　　　　　　　　　　　　　　　1 356 000

8月16日，生产线安装领用材料。

借：在建工程——生产线安装　　　　　　　　　　　　　　　　　5 000
　　贷：原材料——辅助材料　　　　　　　　　　　　　　　　　　5 000

8 月 18 日，支付生产线安装费用。

借：在建工程——生产线安装　　　　　　　　　　　　　　　　　10 000

　　应交税费——应交增值税（进项税额）　　　　　　　　　　　1 300

　　贷：银行存款　　　　　　　　　　　　　　　　　　　　　　　11 300

8 月 20 日，生产线交付使用。

借：固定资产——生产设备　　　　　　　　　　　　　　　　　1 215 000

　　贷：在建工程——生产线安装　　　　　　　　　　　　　　　1 215 000

【例5-5】沿用【例5-3】的资料，假设珠江公司购买的写字楼为未装修的毛坯房，购入后，发生装修费用 1 500 000 元，增值税 135 000 元。珠江公司有关账务处理如下。

支付购买价款及相关税费时。

借：在建工程——写字楼装修　　　　　　　　　　　　　　　31 065 000

　　应交税费——应交增值税（进项税额）　　　　　　　　　　2 700 000

　　贷：银行存款　　　　　　　　　　　　　　　　　　　　　33 765 000

支付装修费用时。

借：在建工程——写字楼装修　　　　　　　　　　　　　　　1 500 000

　　应交税费——应交增值税（进项税额）　　　　　　　　　　135 000

　　贷：银行存款　　　　　　　　　　　　　　　　　　　　　1 635 000

装修完工投入使用时。

借：固定资产——房屋建筑物（写字楼）　　　　　　　　　　32 565 000

　　贷：在建工程——写字楼装修　　　　　　　　　　　　　　32 565 000

任务小结 ↓

（一）固定资产是指使用期限较长，单位价值较高，并在其使用过程中保持原有实物形态的资产。

（二）固定资产按实物形态分类，可分为房屋及建筑物、机器设备、电子设备、运输设备和其他设备等。我国《企业所得税法实施条例》对固定资产的分类采用了实物形态分类法，并对各类固定资产规定了最低折旧年限。

（三）固定资产应当按照历史成本进行初始计量。固定资产的初始成本称为"原始价值"。固定资产的原始价值是指企业购建某项固定资产达到预定可使用状态前所发生的一切合理、必要的支出，一般包括买价、进口关税、运输费用、保险费用、包装费用、安装费用、资本化的借款费用等。

（四）企业购入不需安装或装修就可以直接使用的固定资产，应将固定资产的初始成本直接记入"固定资产"科目，因购买固定资产而支付的增值税，能抵扣的记入"应交税费"科目，不能抵扣的记入固定资产初始成本。

（五）购入需要安装或装修的固定资产应通过"在建工程"科目核算，但是，如果安装或装修时间短，且由供应商负责安装或装修，购买单位无须承担安装或装修费用的情况下，也可以不通过"在建工程"科目核算。

任务训练 ↓

任务训练 28　练习购入固定资产的核算

资料：珠江公司 2022 年 10 月发生有关经济业务如下。

（1）购买不需安装生产设备一批，价款 1 000 000 元，增值税 130 000 元，款项通过银行支付，取得专用发票，设备已交付使用。

（2）购入不需安装生产设备一台，增值税专用发票上注明的价款为 300 000 元，增值税 39 000 元，另运费专用发票上列示运输费3 000元，增值税270元。上述款项均通过银行支付。

（3）委托南洋进出口公司代理进口小汽车两辆，预付货款1 700 000元。

（4）收到进口小汽车两辆，进口发票列明买价900 000元，增值税117 000元，消费税75 000元，关税600 000元。同时，收到南洋公司退回的预付款余额8 000元。

（5）以银行存款支付小汽车的车辆购置税157 500元。

（6）购入写字楼毛坯房一栋，专用发票列示买价50 000 000元，增值税4 500 000元，款项通过银行付清，房屋已交付，相关手续已经完成。

（7）缴纳购买写字楼的契税1 500 000元、印花税25 000元。

（8）支付购买写字楼的交易费用250 000元，增值税15 000元。

（9）支付写字楼的装修费2 000 000元，增值税180 000元。

（10）写字楼装修完工，交付使用。

要求：根据上述资料编制会计分录。

任务二　自建固定资产核算

　　自建固定资产主要是指自建房屋、建筑物等不动产固定资产。自建房屋、建筑物有自营和出包两种方式，但是对于一般企业来说，只能采用出包的方式。因为建造房屋、建筑物不仅需要专业工程人员，还要有相应的工程建设资质。所以，只有建筑施工企业才有可能自营建造房屋、建筑物，而非建筑施工企业只能采用出包的方式建造不动产。从会计核算方面来看，出包方式比较简单，只核算与承包单位工程价款的结算；自营方式则比较复杂，类似于制造业的产品成本核算。

　　此外，企业有可能将自产的产品（包括动产和不动产）转为自用，从而形成固定资产，这种情况叫作自制固定资产。按照我国增值税相关法律和企业所得税法的规定，企业将自产的产品用于生产经营活动，均不属于视同销售行为，其账务处理就比较简单。

一、自建固定资产相关知识

　　一般来说，自建固定资产是指企业依靠自己的力量自营建造或出包给他人建造固定资产。自建的固定资产通常是房屋、建筑物以及各种设施等不动产固定资产。

　　自建固定资产，按照建设方式不同，有"自营工程"和"出包工程"两种。自营工程是指企业自行组织工程物资采购、自行组织施工人员从事工程施工完成固定资产建造；出包工程是指企业通过招标方式，将建筑工程项目发包给建筑承包商，由建筑承包商组织工程项目施工的一种项目外包的方式。

　　从广义上讲，自建固定资产还应包括自制固定资产。自制固定资产是指企业自己制造生产经营所需的固定资产。自制固定资产通常是机器设备、运输工具、电子设备、工具器具等固定资产。自制固定资产也有两种情况：一是特制自用固定资产；二是将自产的通用产品转作自用，例如汽车制造公司将自产的车辆转为自用、房地产开发公司将自己开发的房产转为自用等。

二、自建固定资产核算的会计科目

　　（一）"固定资产"科目（见本项目任务一）

　　（二）"在建工程"科目（见本项目任务一）

　　（三）"工程物资"科目

　　"工程物资"科目属于资产类科目，核算企业为在建工程准备的各种物资的成本，包括工程用材料、尚未安装的设备以及为生产准备的工具器具等。本科目应按工程物资的存放地点、类别、品种等进行明细核算。工程物资发生减值的，可以单独设置"工程物资减值准备"科目进行核算。

一、自营建造固定资产

　　自营建造固定资产的入账价值为该资产达到预计可使用状态前发生的必要支出，包括工程物资成本、人工成本、缴纳的相关税费、应予资本化的借款费用以及应分摊的间接费用。

【例5-6】天山公司为建筑施工企业，2022年7月，自营建造办公楼一栋，发生有关业务如下。

（1）7月15日，购入工程物资一批，专用发票列示买价3 000 000元，增值税390 000元。价税款通过银行支付。

（2）7月16日，领用工程物资1 200 000元。

（3）7月31日，计提办公楼工程人员工资230 000元、福利费32 200元、社会保险费46 000元、住房公积金27 600元。

（4）8月8日，领用工程物资1 800 000元。

（5）8月20日，通过银行支付办公楼工程其他费用90 000元。

（6）8月31日，计提施工机械折旧费50 000元。

（7）8月31日，经计算，办公楼工程应分摊电费60 000元，水费20 000元。

（8）10月30日，办公楼工程竣工，交付使用。

天山公司有关账务处理如下。

（1）7月15日，购入工程物资。

借：工程物资——工程专用材料	3 000 000
应交税费——应交增值税（进项税额）	390 000
贷：银行存款	3 390 000

（2）7月16日，工程领用物资。

| 借：在建工程——办公楼工程（材料费） | 1 200 000 |
| 贷：工程物资——工程专用材料 | 1 200 000 |

（3）7月31日，计提工程人工费用。

借：在建工程——办公楼工程（工资）	230 000
——办公楼工程（福利费）	32 200
——办公楼工程（社保费）	46 000
——办公楼工程（公积金）	27 600
贷：应付职工薪酬——工资	230 000
——职工福利	32 200
——社保保险费	46 000
——住房公积金	27 600

（4）8月8日，工程领用物资。

| 借：在建工程——办公楼工程（材料费） | 1 800 000 |
| 贷：工程物资——工程专用材料 | 1 800 000 |

（5）8月20日，支付工程其他费用。

| 借：在建工程——办公楼工程（其他费用） | 90 000 |
| 贷：银行存款 | 90 000 |

（6）8月31日，计提工程机械折旧费。

| 借：在建工程——办公楼工程（施工机械使用费） | 50 000 |
| 贷：累计折旧——机器设备 | 50 000 |

（7）8月31日，工程分摊水电费。

借：在建工程——办公楼工程（电费）	60 000
——办公楼工程（水费）	20 000
贷：应付账款——应付电费	60 000
——应付水费	20 000

（8）10月30日，结转完工工程成本。

| 借：固定资产——房屋建筑物（办公楼） | 3 555 800 |
| 贷：在建工程——办公楼工程 | 3 555 800 |

二、出包建造固定资产

出包建造固定资产的入账价值为该工程的不含税合同价款。"在建工程"账户只核算企业支付给建造承包商的工程成本。

【例5-7】珠江公司通过招标的方式，将一栋厂房的建造工程出包给天山公司承建，工程总承包价款为545万元（含税）。按照合同规定，珠江公司根据工程进度分期向天山公司支付工程款，天山公司按工程进度分期开具增值税专用发票。具体业务发生情况如下。

（1）2022年2月2日，支付第一期工程款218万元（含税）。

（2）2022年7月2日，支付第二期工程款218万元（含税）。

（3）2022年12月2日，支付第三期工程款109万元（含税）。

（4）2022年12月3日，厂房工程完工达到预定可使用状态。

珠江公司有关账务处理如下。

（1）2月2日，支付第一期工程款。

借：在建工程——厂房建造工程	2 000 000
应交税费——应交增值税（进项税额）	180 000
贷：银行存款	2 180 000

（2）7月2日，支付第二期工程款。

借：在建工程——厂房建造工程	2 000 000
应交税费——应交增值税（进项税额）	180 000
贷：银行存款	2 180 000

（3）12月2日，支付第三期工程款。

借：在建工程——厂房建造工程	1 000 000
应交税费——应交增值税（进项税额）	90 000
贷：银行存款	1 090 000

（4）12月3日，工程完工交付使用。

借：固定资产——房屋建筑物（厂房）	5 000 000
贷：在建工程——厂房建造工程	5 000 000

三、自制固定资产

企业自制固定资产，按照增值税相关法律及企业所得税法的规定，均不属于视同销售行为，只需在移送使用时按其生产成本结转固定资产即可。

【例5-8】2022年8月16日，广珠公司将其自产的小汽车一批转为自用。该批车辆的生产成本为200万元。账务处理如下。

借：固定资产——运输工具	2 000 000
贷：库存商品——小汽车	2 000 000

此例如果该批小汽车为特制自用，则在完工移送使用时做如下账务处理。

借：固定资产——运输工具	2 000 000
贷：基本生产成本——小汽车	2 000 000

【例5-9】2022年9月20日，越秀公司将自己开发的房产一栋转为自用。该栋房屋的开发成本为1 600万元。账务处理如下。

借：固定资产——房屋建筑物	16 000 000
贷：开发成本——××项目	16 000 000

任务小结

（一）自建固定资产是指企业依靠自己的力量自营建造或出包给他人建造固定资产。自建的固定资产通常是房屋、建筑物以及各种设施等不动产固定资产。自建固定资产，按照建设方式不同，有"自营工程"和"出包工程"两种。

（二）自制固定资产是指企业自己制造生产经营所需的固定资产。自制固定资产通常是机器设备、运输工具、电子设备、工具器具等固定资产。自制固定资产也有两种情况：一是特制自用固定资产；二是将自产的通用产品转作自用。

（三）自营建造固定资产的入账价值为该资产达到预计可使用状态前发生的必要支出，包括工程物资成本、人工成本、缴纳的相关税费、应予资本化的借款费用以及应分摊的间接费用。

（四）出包建造固定资产的入账价值为该工程的不含税合同价款。"在建工程"账户只核算企业支付给建造承包商的工程成本。

（五）企业自制固定资产，按照增值税相关法律及企业所得税法的规定，均不属于视同销售行为，只需在移送使用时按其生产成本结转固定资产即可。

任务训练

任务训练 29　练习自建固定资产核算

资料一：天山公司为建筑施工企业，2022 年 4 月，自营建造办公楼一栋，发生如下有关业务。

（1）4 月 10 日，购入工程物资一批，专用发票列示买价 4 000 000 元，增值税 520 000 元。价税款通过银行支付。

（2）4 月 15 日，领用工程物资 1 500 000 元。

（3）4 月 30 日，计提办公楼工程人员工资 250 000 元、福利费 35 000 元、社会保险费 50 000 元、住房公积金 30 000 元。

（4）7 月 18 日，领用工程物资 2 500 000 元。

（5）8 月 26 日，通过银行支付办公楼工程其他费用 160 000 元。

（6）9 月 30 日，计提施工机械折旧费 60 000 元。

（7）10 月 31 日，经计算，办公楼工程应分摊电费 80 000 元，水费 30 000 元。

（8）11 月 10 日，办公楼工程竣工，交付使用。

资料二：珠江公司通过招标的方式，将一栋厂房的建造工程出包给天山公司承建，工程总承包价款为 4 360 000 元（含税）。按照合同规定，珠江公司根据工程进度分期向天山公司支付工程款，天山公司按工程进度分期开具增值税专用发票。具体业务发生情况如下。

（1）2022 年 3 月 10 日，支付第一期工程款 1 090 000 元（含税）。

（2）2022 年 5 月 10 日，支付第二期工程款 2 180 000 元（含税）。

（3）2022 年 8 月 10 日，支付第三期工程款 1 090 000 元（含税）。

（4）2022 年 8 月 10 日，厂房工程完工达到预定可使用状态。

要求：根据上述资料编制会计分录。

05

任务三 固定资产折旧核算

任务导言

通俗地说，折旧就是要在固定资产的使用期间，分期将固定资产的投资成本收回来。怎么收回投资成本？每年收回多少投资成本？这就要看采用什么折旧计算方法了。

按照《企业会计准则》的规定，企业可供选用的折旧方法有四种：年限平均法、工作量法、双倍余额递减法和年数总和法。企业可以选用其中的一种方法，也可以多种方法并用。其中：年限平均法和工作量法属于平均法或直线法，折旧速度平缓，计算也比较简单；而双倍余额递减法和年数总和法则属于加速折旧法，折旧额逐年递减，计算比较复杂。

最基本的折旧方法是年限平均法，它适用于所有固定资产折旧的计算，并且使得各个会计期间的折旧额均衡、合理，因而在会计实务中广泛应用。其他三种折旧计算方法只是辅助性的方法，因使用范围受到了限制，实务中很少应用。

本任务的重点是年限平均法以及实务中的折旧计算方法和计提折旧的账务处理。难点是双倍余额递减法和年数总和法，这两种计算方法，学习者如果不花费一点心思不容易掌握！

知识准备

一、固定资产折旧相关知识

（一）固定资产折旧的含义

折旧是指在固定资产使用寿命内，按照确定的方法对应计折旧额进行系统分摊。通俗地说，折旧就是要在固定资产的使用期间，分期将固定资产的投资成本收回来。

（二）影响固定资产折旧的因素

一项固定资产一年应提多少折旧额？一般来说，取决于以下因素：原始价值、预计净残值、预计使用年限、折旧计算方法。

（1）原始价值，是指固定资产取得时的初始成本，固定资产的原始价值越大，应计提的折旧额就越多。

（2）预计净残值，是指固定资产报废时预计可以收回的残余价值扣除预计清理费用后的净额。预计净残值是应计折旧的减项，一项固定资产如果预计净残值较多，其应计折旧额则相对较少。

（3）预计使用年限，是指固定资产预计使用寿命。一项固定资产如果预计使用年限较长，则分摊到每一年的折旧额就相对较少。

（4）折旧计算方法，是指计算每一项固定资产每一年折旧额的具体方法。同一固定资产采用不同的折旧计算方法，其结果是不一样的。

（三）固定资产折旧的计提范围

1. 计提折旧的空间范围

企业应对所有固定资产计提折旧，但是，已提足折旧仍继续使用的固定资产和单独计价入账的土地除外。在确定计提折旧的范围时应注意以下几点。

（1）不需用的固定资产、因修理停用的固定资产、季节性停用的固定资产等均应计提折旧。

（2）已达到预定可使用状态的固定资产，尚未办理竣工决算的，无论是否交付使用，应当按估价确认为固定资产，并计提折旧。

（3）融资租入的固定资产，应当采用与自有固定资产一致的折旧政策计提折旧。

（4）处于更新改造过程停止使用的固定资产，应将其账面价值转入在建工程，不再计提折旧。更新改造完成之后，再根据账面价值和尚可使用的年限重新计提折旧。

2. 计提折旧的时间范围

一项应计折旧的固定资产从何时开始计提折旧？何时终止计提折旧？《企业会计准则》规定：固定资产应当按月计提折旧，当月增加的固定资产，当月不提折旧，从下月起提取折旧；当月减少的固定资产，当月仍计提折旧，从下月起不计提折旧。

固定资产提足折旧后，不论能否继续使用，均不再计提折旧；提前报废的固定资产，也不再补提折旧。

提足折旧是指已经提足该固定资产的应计折旧额。应计折旧额是指应当计提折旧的固定资产原价扣除其预计净残值的金额。

二、固定资产折旧计算方法

按照《企业会计准则》规定，企业可选用的折旧方法有四种：年限平均法、工作量法、双倍余额递减法和年数总和法。

（一）年限平均法

年限平均法，也称为平均年限法、直线法，是指将固定资产的应计折旧额平均地分摊到固定资产预计使用寿命内的一种方法。计算公式如下：

$$年折旧率=（1-预计净残值率）÷预计使用年限×100\%$$
$$年折旧额=固定资产原值×年折旧率$$
$$月折旧率=年折旧率÷12$$
$$月折旧额=固定资产原值×月折旧率$$

【例5-10】珠江公司一台大型设备原值为600 000元，预计净残值率为5%，预计使用10年。采用年限平均法计算结果如下。

年折旧率=（1-5%）÷10=9.5%

年折旧额=600 000×9.5%=57 000（元）

月折旧率=9.5%÷12=0.791 7%

月折旧额=600 000×0.791 7%=4 750.20（元）

现将《企业所得税法》规定的各类固定资产，采用年限平均法按其最低折旧年限推算的年折旧率和月折旧率列表如表5-1所示。

表5-1　　　　　　　　　　　固定资产折旧率

序号	固定资产类别	预计使用年限	预计净残值率	年折旧率	月折旧率
1	房屋、建筑物	20年	5%	4.75%	0.395 8%
2	飞机、火车、轮船、机械和其他生产设备	10年	5%	9.50%	0.791 7%
3	与生产经营活动有关的器具、工具、家具等	5年	5%	19.00%	1.583 3%
4	飞机、火车、轮船以外的运输工具	4年	5%	23.75%	1.979 2%
5	电子设备	3年	5%	31.67%	2.639 2%

（二）工作量法

工作量法是指将固定资产应计折旧额按照固定资产预计总工作量平均分摊的一种计算方法。计算公式如下：

$$单位工作量折旧额=固定资产原值×（1-预计净残值率）÷预计总工作量$$
$$某项固定资产月折旧额=该项固定资产当月工作量×单位工作量折旧额$$

【例5-11】珠江公司一台载货汽车，原始价值300 000元，预计总的行驶里程为600 000千米，预计净残值率为5%。2022年1—3月该汽车的行驶里程分别为：5 000千米、6 000千米、7 000千米。采用工作量法计算该汽车各月折旧额如下。

单位里程折旧额=300 000×（1-5%）÷600 000=0.475（元/千米）

1月份折旧额=5 000×0.475=2 375（元）

2月份折旧额=6 000×0.475=2 850（元）

3月份折旧额=7 000×0.475=3 325（元）

（三）双倍余额递减法

双倍余额递减法，是在不考虑固定资产预计净残值的情况下，根据每年年初固定资产净值和双倍的直线法折旧率计算固定资产折旧额的一种方法。计算公式如下：

$$年折旧率=1÷预计使用年限×2=2÷预计使用年限×100\%$$

$$年折旧额=期初固定资产账面净值×年折旧率$$

$$月折旧额=年折旧额÷12$$

注意事项

采用双倍余额递减法计提折旧，要在最后两年将未提完的应计折旧额扣除预计净残值，改为平均摊销。否则，在数学意义上，该固定资产的应计折旧额永远也计提不完。

【例5-12】以【例5-10】资料为例，假设该设备的预计使用年限为5年，用双倍余额递减法计算每年折旧额。年折旧率=2/5=40%，各年折旧额计算如表5-2所示。

表5-2　　　　　　　　　　　折旧计算表（双倍余额递减法）

年份	年初账面净值	年折旧率/%	年折旧额/元	累计折旧额/元	年末账面净值/元
1	600 000.00	40	240 000.00	240 000.00	360 000.00
2	360 000.00	40	144 000.00	384 000.00	216 000.00
3	216 000.00	40	86 400.00	470 400.00	129 600.00
4	129 600.00	-	49 800.00	520 200.00	79 800.00
5	79 800.00	-	49 800.00	570 000.00	30 000.00

（四）年数总和法

年数总和法，是将固定资产的原值减去预计净残值后的余额，乘以一个以固定资产尚可使用年限为分子，以预计使用年限逐年数字之和为分母的逐年递减的分数（即年折旧率）计算每年折旧额的方法。计算公式如下：

$$年折旧率=尚可使用寿命÷预计使用寿命的年数总和$$

$$年折旧额=（固定资产原价-预计净残值）×该年年折旧率$$

$$月折旧率=该年年折旧率÷12$$

$$月折旧额=（固定资产原价-预计净残值）×该年月折旧率$$

【例5-13】以【例5-10】资料为例，假设该设备的预计使用年限为5年，用年数总和法计算每年折旧额。各年折旧额计算如表5-3所示。

表5-3　　　　　　　　　　　折旧计算表（年数总和法）

年份	应计折旧额/元	年折旧率	年折旧额/元	累计折旧额/元
1	570 000.00	5/15	190 000.00	190 000.00
2	570 000.00	4/15	152 000.00	342 000.00
3	570 000.00	3/15	114 000.00	456 000.00
4	570 000.00	2/15	76 000.00	532 000.00
5	570 000.00	1/15	38 000.00	570 000.00

注：应计折旧额=600 000×（1-5%）=570 000（元）

三、固定资产折旧核算的会计科目

固定资产折旧核算的科目叫"累计折旧"。"累计折旧"科目为资产类备抵科目，核算企业固定资产的累计折旧额。本科目应按固定资产的类别或项目进行明细核算。需要注意的是，"累计折旧"明细科目的设置应与"固定资产"的明细科目保持一致。

业务处理 ↓

企业应在每月月末计提固定资产折旧，一般是先编制折旧计算表，然后填写计提折旧的记账凭证。

【例5-14】珠江公司2022年10月各部门使用的应计折旧的各类固定资产原值如表5-4所示。

表5-4　　　　　　　　固定资产原值统计表（2022年10月）　　　　　　　　单位：元

使用部门		固定资产类别					合计
		房屋建筑物	生产设备	器具工具	运输工具	电子设备	
基本生产车间	铸造车间	2 000 000	3 000 000	200 000	-	60 000	5 260 000
	加工车间	1 500 000	2 000 000	300 000	-	80 000	3 880 000
	装配车间	2 200 000	1 000 000	100 000	-	50 000	3 350 000
辅助生产车间	机修车间	1 200 000	500 000	50 000	-	30 000	1 780 000
	供电车间	1 000 000	600 000	80 000	-	40 000	1 720 000
行政管理部门		3 000 000	-	120 000	2 600 000	90 000	5 810 000
合计		10 900 000	7 100 000	850 000	2 600 000	350 000	21 800 000

根据表5-4所示的资料，按照税法规定的各类固定资产最低折旧年限，计算本月固定资产折旧额并做出相应的账务处理，假设预计净残值率为5%。

（1）编制固定资产折旧计算表如表5-5所示。

表5-5　　　　　　　　固定资产折旧计算表（2022年10月）　　　　　　　　单位：元

使用部门		固定资产折旧额					合计
		房屋建筑物	生产设备	器具工具	运输工具	电子设备	
基本生产车间	铸造车间	7 916.00	23 751.00	3 166.60	-	1 583.52	36 417.12
	加工车间	5 937.00	15 834.00	4 749.90	-	2 111.36	28 632.26
	装配车间	8 707.60	7 917.00	1 583.30	-	1 319.60	19 527.50
辅助生产车间	机修车间	4 749.60	3 958.50	791.65	-	791.76	10 291.51
	供电车间	3 958.00	4 750.20	1 266.64	-	1 055.68	11 030.52
行政管理部门		11 874.00	-	1 899.96	51 459.20	2 375.28	67 608.44
合计		43 142.20	56 210.70	13 458.05	51 459.20	9 237.20	173 507.35

注：某类固定资产月折旧额=该类固定资产原值×该类固定资产月折旧率（月折旧率见表5-1）

（2）根据折旧计算表编制计提折旧的会计分录（记账凭证）。

借：制造费用——铸造车间（折旧费）　　　　　　　　36 417.12
　　　　——加工车间（折旧费）　　　　　　　　28 632.26
　　　　——装配车间（折旧费）　　　　　　　　19 527.50
　　辅助生产成本——机修车间（折旧费）　　　　　　10 291.51
　　　　——供电车间（折旧费）　　　　　　　　11 030.52
　　管理费用——折旧费　　　　　　　　　　　　67 608.44
　　贷：累计折旧——房屋建筑物　　　　　　　　43 142.20
　　　　——生产设备　　　　　　　　　　56 210.70
　　　　——器具工具　　　　　　　　　　13 458.05
　　　　——运输工具　　　　　　　　　　51 459.20
　　　　——电子设备　　　　　　　　　　 9 237.20

一次性税前扣除固定
资产的账务处理

任务小结 ↓

（一）折旧是指在固定资产使用寿命内，按照确定的方法对应计折旧额进行系统分摊。影响固定资产折旧的因素有固定资产原始价值、预计净残值、预计使用年限、折旧计算方法等。

（二）企业应对所有固定资产计提折旧，但是，已提足折旧仍继续使用的固定资产和单独计价入账的土地除外。

（三）企业应当按月计提折旧，当月增加的固定资产，当月不提折旧，从下月起提取折旧；当月减少的固定资产，当月仍计提折旧，从下月起不计提折旧。

（四）年限平均法，也称为平均年限法、直线法，是指将固定资产的应计折旧额平均地分摊到固定资产预计使用寿命内的一种方法。

（五）工作量法是将固定资产应计折旧额按照固定资产预计总工作量平均分摊的一种计算方法。

（六）双倍余额递减法是在不考虑固定资产预计净残值的情况下，根据每年年初固定资产净值和双倍的直线法折旧率计算固定资产折旧额的一种方法。

（七）年数总和法是将固定资产的原值减去预计净残值后的余额，乘以一个以固定资产尚可使用年限为分子，以预计使用年限逐年数字之和为分母的逐年递减的分数（即年折旧率）计算每年折旧额的方法。

（八）企业应在每月月末计提固定资产折旧，一般是先编制折旧计算表，然后填写计提折旧的记账凭证。

05

任务训练（一） ↓

任务训练 30　练习折旧计算的双倍余额递减法和年数总和法

资料：珠江公司一项生产设备原值为 800 000 元，预计使用年限为 6 年，预计净残值率为 5%。

要求：分别采用双倍余额递减法（年折旧率用百分比表示并保留两位小数）和年数总和法计算各年折旧额。

任务训练（二） ↓

任务训练 31　练习固定资产折旧的计算与账务处理

资料：珠江公司 2022 年 9 月各部门使用的应计折旧的各类固定资产原值如表 5-6 所示。

表 5-6　　　　　　　　固定资产原值统计表（2022 年 9 月）　　　　　　　　单位：元

使用部门		固定资产类别					合计
		房屋	生产设备	器具工具	运输工具	电子设备	
基本生产车间	第一车间	3 000 000	4 000 000	300 000		120 000	7 420 000
	第二车间	2 000 000	5 000 000	400 000	-	160 000	7 560 000
	第三车间	2 500 000	200 000	150 000	-	110 000	2 960 000
辅助生产车间	机修车间	1 500 000	800 000	60 000	-	50 000	2 410 000
	供电车间	1 200 000	900 000	70 000	-	60 000	2 230 000
行政管理部门		3 500 000	-	150 000	3 500 000	190 000	7 340 000
合计		13 700 000	10 900 000	1 130 000	3 500 000	690 000	29 920 000

要求：采用年限平均法，按照税法规定的各类固定资产最低折旧年限，计算本月固定资产折旧额，并做出相应的账务处理，假设预计净残值率为 5%。

任务四　固定资产后续支出、减值及清查核算

任务导言

固定资产的后续支出有两种处理方法：费用化处理和资本化处理。费用化处理很好理解，就是将固定资产的后续支出计入期间费用。那么，什么是资本化处理呢？就是将固定资产的后续支出计入固定资产成本，即增加固定资产的原始价值。

那么，如何区分固定资产的后续支出是费用化支出还是资本化支出呢？一般来说，对于固定资产的修理支出，应当费用化处理；对于固定资产的改良支出，金额较大、超过被改良固定资产账面净值 50%且延长该资产使用寿命 2 年以上的，应当资本化处理，否则，仍然费用化处理。

这就是将企业基本生产车间发生的固定资产修理费用，计入"管理费用"而不是计入"制造费用"的原因。基本车间发生的修理费用，本属于生产产品的间接费用，理应计入"制造费用"，但是，计入"制造费用"，就属于资本化处理。

对于固定资产盘盈、盘亏的核算，按照《企业会计准则》的规定，盘亏固定资产形成的损失最终转作营业外支出，作为当年损益来处理；而盘盈固定资产形成的收益，则通过"以前年度损益调整"科目核算，最终转作未分配利润（资产负债表项目），作为以前年度损益来处理。显然，固定资产盘盈、盘亏属于同一性质的业务，但却规定了完全不同的处理方法。究其原因，主要是为了防止企业利用固定资产盘盈来操控当期损益。

知识准备（固定资产后续支出）

固定资产的后续支出，是指固定资产在使用过程中发生的更新改造支出、修理费用等。

与固定资产有关的后续支出，符合固定资产确认条件（见本项目任务一）的，应当计入固定资产成本；不符合固定资产确认条件的，应当在发生时计入当期损益（管理费用）。

会计实务中，固定资产后续支出的处理原则是：对于固定资产修理费用，一般应当费用化，直接计入当期损益（管理费用）；对于固定资产改良支出，金额较大、超过被改良固定资产账面净值 50%且延长该资产使用寿命 2 年以上的，应当资本化处理，否则，仍然费用化处理。

05

业务处理（固定资产后续支出）

一、后续支出资本化处理

固定资产的更新改造等后续支出，满足固定资产确认条件的，应当计入固定资产成本，如有被替换部分，应扣除其账面价值。

【例 5-15】2022 年 3 月，珠江公司对一条 A 生产线设备进行更新改造。该设备的更新改造支出符合资本化条件，发生有关业务如下。

（1）3 月 2 日，A 生产线开始更新改造，该生产线设备的原值为 800 万元，已提折旧 400 万元。

（2）3 月 5 日，拆除生产线落后的部分设备，原值为 400 万元，该部分设备已提折旧 200 万元。

（3）3 月 10 日，购入 A 生产线新设备计买价 500 万元，增值税 65 万元，取得增值税专用发票，设备验收入库，价税款通过银行支付。

（4）3 月 30 日，A 生产线新设备投入安装。

（5）4 月 10 日，通过银行支付 A 生产线安装费用 30 万元及增值税 2.7 万元，取得增值税专用发票。

（6）4 月 20 日，A 生产线更新改造完成，投入使用。

珠江公司有关账务处理如下。

（1）3月2日，生产线转入改造。

借：在建工程——A生产线更新改造工程	4 000 000	
累计折旧——生产设备（A生产线）	4 000 000	
贷：固定资产——生产设备（A生产线）		8 000 000

（2）3月5日，处置拆除部分生产线设备。

借：营业外支出——非流动资产处置损失	2 000 000	
贷：在建工程——A生产线更新改造工程		2 000 000

（3）3月10日，购入生产线新设备。

借：工程物资——A生产线设备	5 000 000	
应交税费——应交增值税（进项税额）	650 000	
贷：银行存款		5 650 000

（4）3月30日，生产线新设备投入安装。

借：在建工程——A生产线更新改造工程	5 000 000	
贷：工程物资——A生产线设备		5 000 000

（5）4月10日，支付生产线安装费用。

借：在建工程——A生产线更新改造工程	300 000	
应交税费——应交增值税（进项税额）	27 000	
贷：银行存款		327 000

（6）4月20日，生产线改造完工交付使用。

借：固定资产——生产设备（A生产线）	7 300 000	
贷：在建工程——A生产线更新改造工程		7 300 000

二、后续支出费用化处理

不满足固定资产确认条件的固定资产修理费用等，应当在发生时计入当期损益。

【例5-16】2022年5月20日，珠江公司对基本生产车间使用的设备进行日常修理，支付修理费50 000元，增值税6 500元，取得增值税专用发票。账务处理如下。

借：管理费用——修理费	50 000	
应交税费——应交增值税（进项税额）	6 500	
贷：银行存款		56 500

【例5-17】2022年6月，珠江公司机修车间共计发生费用290 000元，该车间只对企业内部各部门提供维修服务，月末结转该辅助生产车间费用。账务处理如下。

借：管理费用——修理费	290 000	
贷：辅助生产成本——机修车间		290 000

知识准备（固定资产减值） ↓

一、固定资产减值的确认

如果固定资产可收回金额低于其账面价值，表明固定资产发生了减值，企业应当将该项固定资产的账面价值减记至可收回金额，即计提减值准备。固定资产的减值准备应按单项资产计提。

二、固定资产减值核算的会计科目

（一）"固定资产减值准备"科目

"固定资产减值准备"科目属于资产类备抵科目，核算企业计提的固定资产减值准备。本科目明细科目的设置应与"固定资产"的明细科目保持一致。

（二）"在建工程减值准备"科目

如果在建工程发生了减值，企业可设置"在建工程减值准备"科目进行核算。本科目为资产类备抵科目，核算企业计提的在建工程减值准备。本科目明细科目的设置应与"在建工程"的明细科目保持一致。

（三）"工程物资减值准备"科目

如果工程物资发生了减值，企业可设置"工程物资减值准备"科目进行核算。本科目为资产类备抵科目，核算企业计提的工程物资减值准备。本科目可按工程物资的类别进行明细核算。

业务处理（固定资产减值）↓

【例5-18】2020年年末，珠江公司对固定资产进行检查，发现B生产线原始价值为600万元，已提折旧250万元，预计可收回金额为280万元。以前未对该生产线计提减值准备。珠江公司应做如下账务处理。

借：资产减值损失——计提固定资产减值准备　　　　　　　　　　700 000
　　贷：固定资产减值准备——生产设备（B生产线）　　　　　　　　　　700 000

知识准备（固定资产清查）↓

企业对固定资产应当定期进行清查，每年至少清查一次。清查过程中，如果发现盘盈、盘亏的固定资产，应填制"固定资产盘点报告表"，及时查明原因，并按照规定程序报批处理。

业务处理（固定资产清查）↓

05

一、固定资产盘盈业务

根据《企业会计准则》规定，盘盈的固定资产应作为前期差错进行处理，先通过"以前年度损益调整"科目核算，盘盈净收益最后结转为"利润分配——未分配利润"。《小企业会计准则》规定，盘盈的固定资产作为本期差错处理，先通过"待处理财产损溢"科目核算，最后转作"营业外收入——盘盈收益"。

固定资产盘盈的账务处理

【例5-19】珠江公司2022年年末财产清查中发现盘盈生产设备一台，这台设备盘盈时的市场价格为100 000元，估计八成新。假如珠江公司以前年度有未弥补亏损，固定资产盘盈产生的收益无须补交所得税，也无须补提盈余公积。有关账务处理如下。

（1）发现盘盈时。

借：固定资产——生产设备　　　　　　　　　　　　　　　　　80 000
　　贷：以前年度损益调整　　　　　　　　　　　　　　　　　　　80 000

（2）结转盘盈收益时。

借：以前年度损益调整　　　　　　　　　　　　　　　　　　　80 000
　　贷：利润分配——未分配利润　　　　　　　　　　　　　　　　80 000

此例按照《小企业会计准则》的规定，账务处理如下。

（1）发现盘盈时。

借：固定资产——生产设备　　　　　　　　　　　　　　　　　80 000
　　贷：待处理财产损溢——待处理非流动资产损溢　　　　　　　　80 000

（2）结转盘盈收益时。

借：待处理财产损溢——待处理非流动资产损溢　　　　　　　　　　80 000

　　贷：营业外收入——盘盈收益　　　　　　　　　　　　　　　　　　80 000

二、固定资产盘亏业务

对于固定资产盈亏的处理，《企业会计准则》与《小企业会计准则》的规定相同：发现盘亏时，先列作待处理财产损溢，批准核销时，转作营业外支出。但是，盘亏固定资产的原已抵扣的增值税进项税额要不要转出呢？这要看其盘亏的原因。按照增值税相关法律的规定，因管理不善造成盘亏的固定资产的进项税额不能抵扣（如被盗），应当转出；因自然灾害原因造成的盘亏，其进项税额可以抵扣，不用转出。

【例5-20】珠江公司2022年年末进行财产清查时发现盘亏笔记本电脑5台，经调查，盘亏原因为被盗。5台笔记本电脑均为新购，尚未计提折旧，原价为30 000元，已抵扣的进项税额为3 900元。有关账务处理如下。

（1）发现固定资产盘亏时。

借：待处理财产损溢——待处理固定资产损溢　　　　　　　　　　　33 900

　　贷：固定资产——电子设备　　　　　　　　　　　　　　　　　　30 000

　　　　应交税费——应交增值税（进项税额转出）　　　　　　　　　　3 900

（2）批准转销时。

借：营业外支出——盘亏损失　　　　　　　　　　　　　　　　　　33 900

　　贷：待处理财产损溢——待处理固定资产损溢　　　　　　　　　　33 900

【例5-21】假设珠江公司2022年年末进行财产清查时发现盘亏笔记本电脑5台，经调查，盘亏原因为自然灾害造成。5台笔记本电脑原价为30 000元，已提折旧10 000元，笔记本电脑购入时已抵扣进项税额3 900元。有关账务处理如下。

（1）发现盘亏时。

借：待处理财产损溢——待处理固定资产损溢　　　　　　　　　　　20 000

　　累计折旧——电子设备　　　　　　　　　　　　　　　　　　　　10 000

　　贷：固定资产——电子设备　　　　　　　　　　　　　　　　　　30 000

（2）批准转销时。

借：营业外支出——非常损失　　　　　　　　　　　　　　　　　　20 000

　　贷：待处理财产损溢——待处理固定资产损溢　　　　　　　　　　20 000

任务小结 ↓

（一）固定资产的后续支出是指固定资产在使用过程中发生的更新改造支出、修理费用等。与固定资产有关的后续支出，符合固定资产确认条件的，应当计入固定资产成本；不符合固定资产确认条件的，应当在发生时计入当期损益（管理费用）。

（二）如果固定资产可收回金额低于其账面价值，表明固定资产发生了减值，企业应当将该项固定资产的账面价值减记至可收回金额，即计提减值准备。

（三）盘盈固定资产的处理，《企业会计准则》作为前期差错处理，先通过"以前年度损益调整"科目核算，盘盈收益最后结转为"利润分配——未分配利润"；《小企业会计准则》作为本期差错处理，先通过"待处理财产损溢"科目核算，最后转作"营业外收入——盘盈收益"。

（四）盘亏固定资产的处理，《企业会计准则》和《小企业会计准则》的规定相同：发现盘亏时，先列作待处理财产损溢，批准核销时，转作营业外支出。

（五）因管理不善造成盘亏的固定资产的进项税额不能抵扣（如被盗），应当转出；因自然灾害原因造成的固定资产盘亏，其进项税额允许抵扣，不用转出。

任务训练　↓

任务训练 32　练习固定资产后续支出及盘盈、盘亏的核算

资料：珠江公司执行《企业会计准则》，2022 年 12 月发生有关业务如下。

（1）12 月 1 日对生产车间使用的设备进行日常维修，以银行存款支付修理费并取得增值税专用发票，修理费 50 000 元，增值税 6 500 元。

（2）12 月 2 日，对 M 生产线进行更新改造。该生产线原值 6 000 000 元，已计提折旧 4 500 000 元。

（3）12 月 8 日，购入 M 生产线部分设备并取得增值税专用发票，发票列示价款 2 000 000 元，增值税 260 000 元，以银行存款支付。设备验收后直接投入安装。M 生产线更新改造支出符合资本化条件。

（4）12 月 10 日，拆除 M 生产线部分不适用的旧设备，原值 1 000 000 元，已提的折旧 750 000 元。

（5）12 月 20 日，以银行存款支付 M 生产线安装费并取得专用发票，安装费 200 000 元，增值税 18 000 元。

（6）12 月 28 日，M 生产线更新改造完毕，重新投入使用。

（7）12 月 30 日，财产清查中发现盘盈机器设备一台，市场价格为 60 000 元，估计七成新。

（8）12 月 30 日，财产清查中发现盘亏电子设备 2 台，原值为 10 000 元，已提折旧 2 000 元，购入时已抵扣了进项税额 1 300 元。盘亏原因为被盗窃。

（9）12 月 31 日，经批准，对盘盈设备予以核销。

（10）12 月 31 日，经批准，对盘亏设备予以核销。

要求：根据上述业务编制会计分录。

任务五　固定资产处置核算

任务导言　↓

固定资产处置主要是指固定资产出售（转让）、报废和毁损，它也是教学中的一个难点。难处不在于固定资产处置的账务处理，而在于出售（转让）固定资产的涉税计算。出售固定资产涉及的税费不仅种类多（包括增值税、土地增值税、城市维护建设税、教育费附加、印花税等），而且计税复杂。其中增值税的计税方法最为复杂：出售设备与出售房屋的计税方法不同；出售设备但其购入的时间不同，计税方法也不同；出售房屋不仅购入的时间不同，计税方法不同，而且所售房屋的来源不同（购买还是自建），其计税方法又不同。如此复杂的计税局面，主要是由于我国增值税税制转型与改革造成的。

本任务分别以出售 2009 年 1 月 1 日前后购入的设备和出售 2016 年 4 月 30 日前后购入的房屋为例，说明出售固定资产的核算。学习者不仅要掌握其账务处理方法，同时应理解其增值税的计算方法。

此外，固定资产处置损益，是记入"资产处置损益"科目呢，还是记入"营业外支出（或营业外收入）"科目呢？这个要注意区分。

知识准备　↓

一、固定资产处置的含义

固定资产处置是指企业因出售、报废、毁损、对外投资、非货币性资产交换、债务重组等对固定资产进行的清理工作。固定资产满足下列条件之一的，应当予以终止确认。

（1）固定资产处于处置状态。

（2）该固定资产预期通过使用或处置不能产生经济利益。

二、固定资产处置核算的会计科目

（一）"固定资产清理"科目

"固定资产清理"科目属于资产类科目，核算企业因出售、报废、毁损、对外投资、非货币性资产交换、债务重组等原因转出的固定资产净值以及在清理过程中发生的费用、收入等。本科目应按被清理的固定资产项目进行明细核算。

（二）"资产处置损益"科目

"资产处置损益"科目属于损益类科目，核算企业固定资产、在建工程、生产性生物资产及无形资产等而产生的处置利得或损失。从核算的内容来看，非流动资产的处置利得和损失，以前是通过营业外收支核算，它不属于"营业利润"项目，现在单设"资产处置损益"科目，用来核算除非常损失、盘亏损失、毁损报废损失以外的非流动资产的处置利得和损失，属于"营业利润"项目。本科目应按处置资产的类别进行明细核算。

（三）"营业外支出"科目

"营业外支出"科目属于损益类科目，核算企业发生的与其日常活动无直接关系的各项损失，主要包括非流动资产毁损报废损失、捐赠支出、盘亏损失、非常损失、罚款支出等。本科目应按支出项目进行明细核算。

（四）"营业外收入"科目

"营业外收入"科目属于损益类科目，核算企业发生的与其日常活动无直接关系的各项收入，主要包括非流动资产毁损报废收益、政府补助、盘盈利得、捐赠利得等。本科目应按收入项目进行明细核算。

三、固定资产处置净损益的处理

（1）因出售、转让等原因产生的固定资产处置利得或损失，记入"资产处置损益——固定资产处置损益"科目。

（2）因固定资产丧失使用功能而正常报废产生的利得或损失，记入"营业外收入——非流动资产处置利得"或"营业外支出——非流动资产处置损失"科目。

（3）因自然灾害等原因导致固定资产毁损而产生的损失，记入"营业外支出——非常损失"科目。

业务处理 ↓

一、出售生产设备

税法提示

自 2009 年 1 月 1 日起，纳税人销售自己使用过的固定资产，应区分不同情形征收增值税：一般纳税人销售自己使用过的 2009 年 1 月 1 日或"营改增"试点之日后购进或自制的固定资产，按照适用税率征收增值税；销售自己使用过的 2008 年 12 月 31 日或纳入"营改增"试点之日前购进或自制的固定资产，按 3%征收率减按 2%征收增值税并且不得开具增值税专用发票，或者依照 3%的征收率缴纳增值税，可以开具增值税专用发票。

（一）出售 2009 年 1 月 1 日后购入的生产设备

【例5-22】2022 年 1 月 26 日，珠江公司出售一条财茂号游轮，该游轮于 2013 年 1 月购入，原价为 800 万元，已提折旧 342 万元。现售价为 450 万元（含税），交纳印花税 2 250 元，有关收、付款项均通过银行转账结算，游轮移交、过户等手续已经完成。

此例出售的固定资产为 2009 年 1 月 1 日之后购入，购入时的进项税额（当时税率为 17%）已经抵扣，所以，出售时应按现在适用的税率 13%计征增值税。珠江公司有关账务处理如下。

（1）注销固定资产原值和累计折旧。

借：累计折旧——生产设备（财茂号游轮）　　　　　　　　　　　　　　　3 420 000
　　固定资产清理——财茂号游轮　　　　　　　　　　　　　　　　　　　4 580 000
　　　贷：固定资产——生产设备（财茂号游轮）　　　　　　　　　　　　　　　8 000 000

（2）取得出售收入。

不含税售价=4 500 000÷（1+13%）=3 982 300.88（元）

应交增值税=3 982 300.88×13%=517 699.12（元）

借：银行存款　　　　　　　　　　　　　　　　　　　　　　　　　　　　4 500 000
　　　贷：固定资产清理——财茂号游轮　　　　　　　　　　　　　　　　　3 982 300.88
　　　　　应交税费——应交增值税（销项税额）　　　　　　　　　　　　　517 699.12

（3）交纳印花税。

借：固定资产清理——财茂号游轮　　　　　　　　　　　　　　　　　　　2 250
　　　贷：银行存款　　　　　　　　　　　　　　　　　　　　　　　　　　2 250

（4）结转清理净损失。

借：资产处置损益——固定资产处置损益　　　　　　　　　　　　　　　　595 449.12
　　　贷：固定资产清理——财茂号游轮　　　　　　　　　　　　　　　　　595 449.12

（二）出售 2008 年 12 月 31 日前购入的生产设备

【例 5-23】 沿用**【例 5-22】** 的资料，假设该游轮为 2008 年 1 月购入，已提折旧 494 万元，其他资料不变。

此例出售的固定资产为 2008 年 12 月 31 日之前购入，当时购入的进项税额不允许抵扣，所以，现在出售时按 3% 征收率减按 2% 计征增值税。珠江公司的账务处理如下。

（1）注销固定资产原值和累计折旧。

借：累计折旧——生产设备（财茂号游轮）   4 940 000

      固定资产清理——财茂号游轮   3 060 000

        贷：固定资产——生产设备（财茂号游轮）   8 000 000

（2）取得出售收入。

不含税售价 = 4 500 000 ÷（1+3%）= 4 368 932.04（元）

应交增值税 = 4 368 932.04 × 2% = 87 378.64（元）

应交城市维护建设税 = 87 378.64 × 7% = 6 116.50（元）

应交教育费附加 = 87 378.64 × 3% = 2 621.36（元）

借：银行存款   4 500 000

        贷：固定资产清理——财茂号游轮   4 403 883.50

             应交税费——简易计税   87 378.64

                    ——应交城市维护建设税   6 116.50

                    ——应交教育费附加   2 621.36

月折旧额 = 年折旧额 ÷ 12

📗 注意事项

实行简易计税办法计算的应交增值税是要入库的，不能用来抵扣进项税额，所以，可以同时计算确定应交纳的城市维护建设税和教育费附加。

（3）交纳印花税。

借：固定资产清理——财茂号游轮   2 250

        贷：银行存款   2 250

（4）结转清理净收益。

借：固定资产清理——财茂号游轮   1 341 633.50

        贷：资产处置损益——固定资产处置损益   1 341 633.50

二、出售不动产

企业出售使用过的房屋、建筑，应按国家税务总局发布的《纳税人转让不动产增值税征收管理暂行办法》（国家税务总局公告 2016 年第 14 号）计征增值税，该办法的规定比较复杂，现就企业出售使用过的购入的不动产举例说明。

（一）出售 2016 年 4 月 30 日前购入的不动产

🖥️ 税法提示

一般纳税人转让其 2016 年 4 月 30 日前取得（不含自建）的不动产，可以选择适用简易计税方法计税，以取得的全部价款和价外费用扣除不动产购置原价或者取得不动产时的作价后的余额为销售额，按照 5% 的征收率计算应纳税额。

【例 5-24】 珠江公司 2022 年 12 月出售办公楼一栋，售价为 2 000 万元（含税）。该办公楼为 2016 年 1 月份购入，原价为 1 500 万元，已提折旧 350 万元。此外，交纳印花税 1 万元，中介服务费 20 万元。不考虑土地增值税。有关收付款项均通过银行转账结算。

假设此例珠江公司选择按5%的征收率计征增值税，其账务处理如下。

（1）注销固定资产原值及累计折旧。

借：累计折旧——房屋建筑物（办公楼）　　　　　　　　　　　　3 500 000

固定资产清理——办公楼　　　　　　　　　　　　　　　11 500 000

　　贷：固定资产——房屋建筑物（办公楼）　　　　　　　　　　　　15 000 000

（2）收取价款。

借：银行存款　　　　　　　　　　　　　　　　　　　　　　　20 000 000

　　贷：固定资产清理——房屋建筑物（办公楼）　　　　　　　　　　　20 000 000

（3）计算应交增值税。

应交增值税=（20 000 000-15 000 000）×5%=250 000（元）

借：固定资产清理——房屋建筑物（办公楼）　　　　　　　　　　250 000

　　贷：应交税费——简易计税　　　　　　　　　　　　　　　　　　250 000

（4）计算应交城市维护建设税和教育费附加。

应交城市维护建设税=250 000×7%=17 500（元）

应交教育费附加=250 000×3%=7 500（元）

借：固定资产清理——房屋建筑物（办公楼）　　　　　　　　　　25 000

　　贷：应交税费——应交城市维护建设税　　　　　　　　　　　　　17 500

　　　　　　　　——应交教育费附加　　　　　　　　　　　　　　　7 500

（5）支付印花税和中介费。

借：固定资产清理——房屋建筑物（办公楼）　　　　　　　　　　210 000

　　贷：银行存款　　　　　　　　　　　　　　　　　　　　　　　　10 000

　　　　银行存款　　　　　　　　　　　　　　　　　　　　　　　　200 000

（6）结转出售净收益。

借：固定资产清理——房屋建筑物（办公楼）　　　　　　　　　　8 225 000

　　贷：资产处置损益——固定资产处置损益　　　　　　　　　　　　8 225 000

（二）出售 2016 年 5 月 1 日后购入的不动产

税法提示

　　一般纳税人转让其2016年5月1日后取得（不含自建）的不动产，适用一般计税方法，以取得的全部价款和价外费用为销售额计算应纳税额。

【例5-25】沿用【例5-24】的资料，假设该办公楼为2016年6月购入，原价为1 500万元，已提折旧300万元。其他资料不变，珠江公司账务处理如下。

（1）注销固定资产原值及累计折旧。

借：累计折旧——房屋建筑物（办公楼）　　　　　　　　　　　　3 000 000

固定资产清理——办公楼　　　　　　　　　　　　　　　12 000 000

　　贷：固定资产——房屋建筑物（办公楼）　　　　　　　　　　　　15 000 000

（2）收取价款。

不含税收入=20 000 000÷（1+9%）=18 348 623.85（元）

应交增值税=18 348 623.85×9%=1 651 376.15（元）

借：银行存款　　　　　　　　　　　　　　　　　　　　　　　20 000 000

　　贷：固定资产清理——房屋建筑物（办公楼）　　　　　　　　　　18 348 623.85

　　　　应交税费——应交增值税（销项税额）　　　　　　　　　　　1 651 376.15

（3）支付印花税和中介费。

借：固定资产清理——房屋建筑物（办公楼）　　　　　　　210 000
　　贷：银行存款　　　　　　　　　　　　　　　　　　　　　　　 10 000
　　　　银行存款　　　　　　　　　　　　　　　　　　　　　　　200 000

（4）结转出售净收益。

借：固定资产清理——房屋建筑物（办公楼）　　　　　　 6 138 623.85
　　贷：资产处置损益——固定资产处置损益　　　　　　　　　 6 138 623.85

三、固定资产报废

固定资产报废是指对丧失原有生产能力或用途的固定资产进行的废弃处理。

【例5-26】2022年12月31日，珠江公司对一批已经达到预定使用年限的生产设备进行报废处理，该批生产设备原值为600 000元，已提折旧570 000元。取得报废残值变价收入50 000元（含税），发生清理费用3 000元。有关收入、支出均通过银行办理结算。珠江公司有关账务处理如下。

（1）注销固定资产原值及累计折旧。

借：累计折旧——生产设备　　　　　　　　　　　　　　　570 000
　　固定资产清理——生产设备　　　　　　　　　　　　　　 30 000
　　贷：固定资产——生产设备　　　　　　　　　　　　　　　　600 000

（2）取得残值变价收入。

不含税收入=50 000÷（1+13%）=44 247.79（元）

应交增值税=44 247.79×13%=5 752.21（元）

借：银行存款　　　　　　　　　　　　　　　　　　　　　 50 000
　　贷：固定资产清理——生产设备　　　　　　　　　　　　　　 44 247.79
　　　　应交税费——应交增值税（销项税额）　　　　　　　　　 5 752.21

（3）支付清理费用。

借：固定资产清理——生产设备　　　　　　　　　　　　　　3 000
　　贷：银行存款　　　　　　　　　　　　　　　　　　　　　　　3 000

（4）结转清理净损益。

借：固定资产清理——生产设备　　　　　　　　　　　　　 11 247.79
　　贷：营业外收入——非流动资产毁损报废收益　　　　　　　　 11 247.79

四、固定资产毁损

固定资产毁损是指因发生水灾、风灾、震灾等自然灾害或因责任事故造成的毁灭或损坏。

【例5-27】珠江公司2022年7月因遭遇台风袭击毁损车间房屋一栋，该车间房屋原值为500万元，已提折旧300万元。清理过程中发生装卸搬运费用60 000元，增值税3 600元。取得残料变价收入226 000元（含增值税26 000元）。有关账务处理如下。

（1）注销固定资产原值及累计折旧。

借：累计折旧——房屋建筑物　　　　　　　　　　　　　 3 000 000
　　固定资产清理——车间房屋　　　　　　　　　　　　　 2 000 000
　　贷：固定资产——房屋建筑物　　　　　　　　　　　　　　 5 000 000

（2）支付清理费用。

借：固定资产清理——车间房屋　　　　　　　　　　　　　 60 000
　　应交税费——应交增值税（进项税额）　　　　　　　　　 3 600
　　贷：银行存款　　　　　　　　　　　　　　　　　　　　　　 63 600

（3）取得残料变价收入。

借：银行存款　　　　　　　　　　　　　　　　　　　226 000
　　贷：固定资产清理——车间房屋　　　　　　　　　　　　　　200 000
　　　　应交税费——应交增值税（销项税额）　　　　　　　　　26 000

（4）结转清理净损益。

借：营业外支出——非常损失　　　　　　　　　　　　　1 860 000
　　贷：固定资产清理——车间房屋　　　　　　　　　　　　　1 860 000

任务小结　↓

（一）固定资产处置是指企业因出售、报废、毁损、对外投资、非货币性资产交换、债务重组等对固定资产进行的清理工作。

（二）因出售、转让等原因产生的固定资产处置利得或损失，记入"资产处置损益——固定资产处置损益"科目；因固定资产丧失使用功能而正常报废产生的利得或损失，记入"营业外收入——非流动资产处置利得"或"营业外支出——非流动资产处置损失"科目；因自然灾害等原因导致固定资产毁损而产生的损失，记入"营业外支出——非常损失"科目。

（三）一般纳税人销售自己使用过的 2009 年 1 月 1 日或"营改增"试点之日后购进或自制的固定资产，按照适用税率征收增值税；销售自己使用过的 2008 年 12 月 31 日或纳入"营改增"试点之日前购进或自制的固定资产，按 3%征收率减按 2%征收增值税。

（四）一般纳税人转让其 2016 年 4 月 30 日前取得（不含自建）的不动产，可以选择适用简易计税方法计税，以售价与原价的差额为计税依据，按照 5%的征收率计算应纳税额；一般纳税人转让其 2016 年 5 月 1 日后取得（不含自建）的不动产，适用一般计税方法，以取得的全部价款和价外费用为销售额计算应纳税额。

任务训练　↓

任务训练 33　练习固定资产处置的核算

资料：珠江公司 2022 年 10 月发生有关固定资产处置业务如下。

业务一：出售生产设备一台，售价 100 000 元，增值税 13 000 元。该设备原值 200 000 元，2018 年 10 月购入，已提旧 76 000 元。交纳印花税 50 元。有关收、付款项均通过银行转账结算。

业务二：出售办公楼一栋，售价为 5 000 000 元，价外增值税 450 000 元。该房屋为 2016 年 10 月购入，原始价值为 4 000 000 元，已提折旧 1 140 000 元。出售时交纳印花税 2 500 元，支付中介服务费 50 000 元，增值税 3 000 元，取得增值税专用发票。有关收付款项均通过银行转账结算。

业务三：报废设备一台，原始价值 500 000 元，已提折旧 475 000 元。报废时残料变价收入 30 000 元，增值税 3 900 元；发生清理费用 2 000 元。有关收付款项均通过银行转账结算。

要求：根据上述业务编制有关会计分录。

任务六　无形资产核算

任务导言

　　无形资产与固定资产物质形态不同，却有很多相同之处：购置无形资产和固定资产均属于对内投资，一次性投入资金数额较大，使用期限较长，投资成本需要分期收回。

　　在会计核算上，无形资产与固定资产也基本相同。"固定资产"科目与"无形资产"科目都只核算资产的原始价值，资产价值的损耗均通过另行设置备抵科目来核算，固定资产使用"累计折旧"科目，无形资产使用"累计摊销"科目。资产出售时，形成的损益都是确认为"资产处置损益"，资产报废时产生的损益都是确认为"营业外支出"或"营业外收入"。只是资产处置的账务处理有所不同：固定资产处置要通过"固定资产清理"科目核算，通过该科目核算固定资产清理的净损益；无形资产因没有实物形态，不会有残值收入，也不需发生清理费用，所以，无须设置"无形资产清理"科目核算。

知识准备

一、无形资产相关知识

（一）无形资产的含义

　　无形资产是指企业拥有或控制的没有实物形态的可辨认非货币性资产。无形资产具有以下特征。

　　（1）不具有实物形态。

　　（2）属于可辨认非货币性资产，它能从企业整体中分离出来，可以出售、租赁等。

　　（3）为企业使用而非出售的资产。

　　（4）在创造经济利益方面存在较大的不确定性。

（二）无形资产的内容

　　无形资产通常包括专利权、非专利技术、商标权、著作权、土地使用权、经营特许权等。

　　（1）专利权，是指国家专利主管机关依法授予发明创造专利申请人对其发明创造在法定期限内所享有的专有权利，包括发明专利权、实用新型专利权和外观设计专利权。

　　（2）非专利技术，是指不为外界所知，在生产经营活动中已采用、享有法律保护的各种技术和经验。非专利技术包括工业专有技术、商业贸易专有技术、管理专有技术。

　　（3）商标权，是指专门在某类指定的商品或产品上使用特定的名称或图案的权利。

　　（4）著作权，是指作者对其创作的文学、科学和艺术作品依法享有的某些特殊权利。著作权包括精神权利和经济权利。

　　（5）土地使用权，是指国家准许某企业在一定期间内对国有土地享有开发、利用、经营的权利。

　　（6）经营特许权，是指企业在某一地区经营或销售某种特定商品的权利或是一家企业接受另一家企业使用其商标、商号、技术秘密等的权利。

注意事项

　　《中华人民共和国企业所得税年度纳税申报表》（A 类）将无形资产分为专利权、商标权、著作权、土地使用权、非专利技术、特许权、软件和其他共八类进行申报。

（三）无形资产的确认

无形资产同时满足下列条件的，才能予以确认。

（1）与该无形资产有关的经济利益很可能流入企业。

（2）该无形资产的成本能够可靠计量。

二、无形资产核算的会计科目

（一）"无形资产"科目

"无形资产"科目属于资产类科目，核算企业持有的无形资产原始价值。本科目应按无形资产的项目进行明细核算。

（二）"累计摊销"科目

"累计摊销"科目属于资产类备抵科目，核算企业对使用寿命有限的无形资产计提的累计摊销金额。本科目应按无形资产的项目进行明细核算。该账户的期末余额在资产负债表中列作无形资产的减项。

（三）"研发支出"科目

"研发支出"科目属于成本类科目，核算企业研究与开发无形资产过程中发生的各项支出。本科目可按开发项目分别设置"费用化支出"和"资本化支出"进行明细核算。

（四）"无形资产减值准备"科目

"无形资产减值准备"科目属于资产类备抵科目，核算企业无形资产的减值准备。本科目应按无形资产项目进行明细核算。该账户的期末余额在资产负债表中列作无形资产的减项。

（五）"资产处置损益"科目（见本项目任务五）

业务处理 ↓

05

一、无形资产取得

（一）外购无形资产

外购无形资产的成本，包括购买价款、相关税费以及直接归属于使该项资产达到预定用途所发生的其他支出。

【例5-28】2022年8月5日，珠江公司购入一项专利权A，增值税发票上注明价款为2 000 000元，增值税为120 000元。款项通过存款支付，账务处理如下。

借：无形资产——专利权　　　　　　　　　　　　　　　　　　　　2 000 000

应交税费——应交增值税（进项税额）　　　　　　　　　120 000

贷：银行存款　　　　　　　　　　　　　　　　　　　　　　　2 120 000

（二）自行研发无形资产

企业自行研发无形资产应区分研究与开发两个阶段。研究阶段是探索性的，已进行的研究活动将来是否会转入开发，具有较大的不确定性。因此，研究阶段的支出应全部费用化，计入当期损益。开发阶段是指在进行商业性生产或使用前，将研究成果或其他知识应用于某项计划或设计，以生产出新的或具有实质性改进的材料、装置或产品等。因此，开发阶段的支出符合资本化条件的应当计入无形资产成本，不符合资本化条件的，仍然做费用化处理，计入当期损益。研发支出资本化条件如下。

（1）完成该无形资产以使其能够使用或出售在技术上具有可行性。

（2）具有完成该无形资产并使用或出售的意图。

（3）无形资产产生经济利益的方式，包括能够证明运用该无形资产生产的产品存在市场或无形资产自身存在市场，无形资产将在内部使用的，应当证明其有用性。

（4）有足够的技术、财务资源和其他资源支持，以完成无形资产的开发，并有能力使用或出售该无形资产。

（5）归属于该无形资产开发阶段的支出能够可靠计量。

【例5-29】珠江公司2022年1月开始研发一项新产品专利技术，研究阶段发生费用1 152 000元，其中：材料费用670 000元、研发人员工资300 000元、福利费42 000元、社会保险费60 000元、固定资产折旧费30 000元、其他费用50 000元（通过银行支付）。同年9月进入开发阶段，开发阶段发生费用374 000元，其中：材料费200 000元、研发人员工资100 000元、福利费14 000元、社保费20 000元、折旧费10 000元、其他费用30 000元（通过银行支付）。开发阶段的费用全部符合资本化条件。珠江公司有关账务处理如下。

（1）研究阶段。

发生各项支出时：

借：研发支出——费用化支出（材料费）	670 000
——费用化支出（工资）	300 000
——费用化支出（福利费）	42 000
——费用化支出（社保费）	60 000
——费用化支出（折旧费）	30 000
——费用化支出（其他费用）	50 000
贷：原材料——原料及主要材料	670 000
应付职工薪酬——工资	300 000
——职工福利	42 000
——社会保险费	60 000
累计折旧——生产设备	30 000
银行存款	50 000

期末结转费用化支出时：

借：管理费用——研发费用	1 152 000
贷：研发支出——费用化支出	1 152 000

（2）开发阶段。

发生各项支出时：

借：研发支出——资本化支出（材料费）	200 000
——资本化支出（工资）	100 000
——资本化支出（福利费）	14 000
——资本化支出（社保费）	20 000
——资本化支出（折旧费）	10 000
——资本化支出（其他费用）	30 000
贷：原材料——原料及主要材料	200 000
应付职工薪酬——工资	100 000
——职工福利	14 000
——社会保险费	20 000
累计折旧——生产设备	10 000
银行存款	30 000

结转资本化支出时：

借：无形资产——专利权	374 000
贷：研发支出——资本化支出	374 000

二、无形资产摊销

企业应当于取得无形资产时分析判断其使用寿命。使用寿命有限的无形资产应当进行摊销；使用寿命不确定的无形资产不应摊销。

使用寿命有限的无形资产，其应摊销金额应当在使用寿命内系统合理摊销。企业摊销无形资产，应当自无形资产可供使用时起，至不再作为无形资产确认时止。

企业选择的无形资产摊销方法，应当反映与该无形资产有关的经济利益的预期实现方式。无法可靠确定预期实现方式的，应当采用直线法摊销。无形资产的摊销金额一般应当计入当期损益。

【例5-30】珠江公司2022年10月无形资产摊销计算表如表5-7所示。

表5-7　　　　　　　　　　　无形资产摊销计算表（2022年10月）

无形资产类别	原始价值/元	摊销年限/年	月摊销额/元
专利权	2 400 000	10	20 000
非专利技术	1 500 000	10	12 500
软件	300 000	5	5 000
合计	4 200 000		37 500

根据表5-7编制如下会计分录。

借：管理费用——无形资产摊销　　　　　　　　　　　　　　　　　　　37 500

　　贷：累计摊销——专利权　　　　　　　　　　　　　　　　　　　　　　20 000

　　　　　　　　——非专利技术　　　　　　　　　　　　　　　　　　　　12 500

　　　　　　　　——软件　　　　　　　　　　　　　　　　　　　　　　　5 000

三、无形资产减值

会计期末，企业应当对无形资产进行减值测试，估计其可收回金额。如果可收回金额小于其账面价值，应计提无形资产减值准备。无形资产的减值准备应按单项资产计提。

无形资产减值一经确认，不得转回，只有在资产出售、报废等情况下转出。

【例5-31】2022年年末，珠江公司对一项专利权进行减值测试，发现A专利权的账面价值为120万元，预计可收回金额为100万元，应做如下账务处理。

借：资产减值损失——计提无形资产减值准备　　　　　　　　　　　　　200 000

　　贷：无形资产减值准备——A专利权　　　　　　　　　　　　　　　　　200 000

四、无形资产出租

无形资产出租是指企业将所拥有无形资产的使用权让渡给他人，并取得租金收入。无形资产出租收入及相关的成本，应作为其他业务收支进行会计处理。

【例5-32】2022年1月，珠江公司将其B专利权出租给东江公司使用，每年不含税租金50 000元，增值税为3 000元。该专利权的账面价值为200 000元，剩余摊销年限为5年，珠江公司自己不再使用B专利权。珠江公司有关账务处理如下。

（1）每年取得租金收入。

借：银行存款　　　　　　　　　　　　　　　　　　　　　　　　　　　53 000

　　贷：其他业务收入——B专利权出租　　　　　　　　　　　　　　　　　50 000

　　　　应交税费——应交增值税（销项税额）　　　　　　　　　　　　　　3 000

（2）每年摊销出租专利权成本。

借：其他业务成本——B专利权出租　　　　　　　　　　　　　　　　　40 000

　　贷：累计摊销——B专利权　　　　　　　　　　　　　　　　　　　　　40 000

五、无形资产出售

企业出售无形资产，应将取得的收入与该无形资产账面价值的差额，作为资产处置损益处理。

【例5-33】2022年8月1日，珠江公司将C专利权出售。该专利权原值200万元，已摊销100万元，未计提减值准备。不含税售价为120万元，增值税为7.2万元，款项通过银行转账结清。账务处理如下。

借：银行存款 1 272 000
　累计摊销——C专利权 1 000 000
　贷：无形资产——C专利权 2 000 000
　　应交税费——应交增值税（销项税额） 72 000
　　资产处置损益——非流动资产处置损益 200 000

六、无形资产报废

如果无形资产因已被其他新技术所替代或超过法律保护期等原因，不能再为企业带来经济利益，应做报废处理，报废损失应作为营业外支出处理。

【例5-34】2022年12月31日，珠江公司D专利权的原值为220万元，已摊销180万元，已计提减值准备30万元。由于该专利产品已停止生产，现将该专利权进行报废处理。

借：累计摊销——D专利权 1 800 000
　无形资产减值准备 300 000
　营业外支出——非流动资产处置损失 100 000
　贷：无形资产——D专利权 2 200 000

任务小结 ↓

（一）无形资产是指企业拥有或控制的没有实物形态的可辨认非货币性资产。无形资产通常包括专利权、非专利技术、商标权、著作权、土地使用权、经营特许权等。

（二）企业购入的无形资产按实际支付的价款计价，包括购买价款、相关税费以及直接归属于该项资产达到预定用途所发生的其他支出。

（三）自行研发的无形资产应区分研究与开发两个阶段。研究阶段的支出应全部费用化，计入当期损益。开发阶段的支出符合资本化条件的应当计入无形资产成本，不符合资本化条件的，仍然做费用化处理。

（四）使用寿命有限的无形资产应当进行摊销；使用寿命不确定的无形资产不应摊销。对于使用寿命有限的无形资产，应当按月进行摊销。无形资产自可供使用当月起开始摊销，处置当月不再摊销。

（五）无形资产摊销一般采用直线法。

（六）会计期末，企业应当对无形资产进行减值测试，估计其可收回金额。如果可收回金额小于其账面价值，应计提无形资产减值准备。无形资产减值一经确认，不得转回。

（七）无形资产出租是指企业将所拥有的无形资产的使用权让渡给他人，并取得租金收入。无形资产出租收入及相关的成本，应作为其他业务收支进行会计处理。

（八）企业出售无形资产，应将取得的收入与该无形资产账面价值的差额，作为资产处置损益处理。无形资产报废损失应作为营业外支出处理。

任务训练 ↓

任务训练34　练习无形资产核算

资料：珠江公司有关无形资产业务如下。

（1）2020年1月10日，购入专利权A，增值税专用发票上注明价款为4 500 000元，增值税为270 000

元，款项以存款支付。

（2）2020年1月31日，摊销本月专利权A成本（按10年平均摊销）。

（3）2022年1月12日，将专利权A以2 500 000元的不含税价格出售，另收取增值税150 000元，款项收存银行结算户。

（4）2022年2月，开始研究专利权B，研究阶段发生费用980 000元，其中：材料费用550 000元，工资320 000元，折旧费30 000元，其他费用80 000元（通过银行支付）。

（5）2022年10月，专利权B进入开发阶段，开发阶段发生费用280 000元，其中：材料费150 000元，工资98 000元，折旧费15 000元，其他费用17 000元（通过银行支付），全部符合资本化条件。

（6）2022年3月6日，将专利权C出租给东江公司使用，每月租金5 000元，增值税为300元。当月租金通过网银收到。

（7）2022年3月31日，摊销本月出租专利权C成本4 500元。

（8）2022年12月31日，将专利权D做报废处理，该专利权原值为3 000 000元，已摊销2 300 000元，已计提减值准备550 000元。

要求：根据上述资料编制有关会计分录。

任务七 投资性房地产核算

　　房地产是房产与地产的统称。投资性房地产是指用于投资性质的房地产。企业取得的房产如为自用，应确认为固定资产；企业取得的地产（土地使用权）如为自用，应确认为无形资产；企业取得的房地产不自用，而用于出租或增值（待价而沽），那么，就应确认为投资性房地产。

　　投资性房地产核算有两种模式：成本模式和公允价值模式。成本模式就是历史成本法；公允价值模式就是公允价值法。

　　投资性房地产如果采用成本模式核算，则其核算与固定资产基本相同，在持有期间计提折旧，发生的后续支出，满足资本化条件的，就资本化处理，不满足资本化条件的，就费用化处理。

　　投资性房地产如果采用公允价值模式核算，则其核算与交易性金融资产类似，在持有期间不需计提折旧，但在资产负债表日，应将其账面价值调整为公允价值。

一、投资性房地产相关知识

（一）投资性房地产的含义

　　投资性房地产是指为赚取租金或资本增值，或两者兼有而持有的房地产。投资性房地产应当能够单独计量和出售。

（二）投资性房地产的范围

　　下列各项属于投资性房地产。

　　（1）已出租的土地使用权。指企业通过出让或转让方式取得的，以经营租赁方式出租的土地使用权。

　　（2）持有并准备增值后转让的土地使用权。指企业取得的，准备增值后转让的土地使用权。

　　（3）已出租的建筑物。指企业拥有产权的，以经营租赁方式出租的建筑物。

　　下列各项不属于投资性房地产。

　　（1）自用的房地产。指为生产商品、提供劳务或者经营管理而持有的房地产。

　　（2）作为存货的房地产。指房地产开发企业在经营过程中销售的或为销售正在开发的房地产。

（三）投资性房地产的确认

　　投资性房地产同时满足以下条件的，才能予以确认。

　　（1）与该投资性房地产有关的经济利益很可能流入企业。

　　（2）该投资性房地产的成本能够可靠计量。

（四）投资性房地产的初始计量

　　投资性房地产应当按照成本进行初始计量。外购投资性房地产的成本，包括购买价款、相关税费和可直接归属于该资产的其他支出；自行建造投资性房地产的成本，由建造该项资产达到预期可使用状态前所发生的必要支出构成；以其他方式取得的投资性房地产的成本，按照相关会计准则的规定确定。

（五）投资性房地产的后续计量

　　投资性房地产的后续计量有两种模式：成本模式和公允价值模式。成本模式是指投资性房地产按照历史成本计量。公允价值模式是指期末投资性房地产按照公允价值计量，与交易性金融资产相同。

企业通常采用成本模式对投资性房地产进行后续计量，但是有确凿证据表明投资性房地产的公允价值能够持续可靠取得的，可以对投资性房地产采用公允价值模式进行后续计量。采用公允价值模式计量的，应当同时满足下列条件。

（1）投资性房地产所在地有活跃的房地产交易市场。

（2）企业能够从房地产交易市场上取得同类或类似房地产的市场价格及其他相关信息，从而对投资性房地产的公允价值做出合理的估计。

二、投资性房地产核算的会计科目

（一）"投资性房地产"科目

"投资性房地产"科目属于资产类科目，核算企业投资性房地产的成本（成本模式）或投资性房地产的公允价值（公允价值模式）。本科目应按投资性房地产的类别和项目进行明细核算。

（二）"投资性房地产累计折旧"科目

"投资性房地产累计折旧"科目属于资产类备抵科目，核算企业采用成本模式计量的投资性房地产的累计折旧。本科目的明细科目设置应与"投资性房地产"科目的明细科目保持一致。

（三）"投资性房地产减值准备"科目

"投资性房地产减值准备"科目属于资产类备抵科目，核算企业采用成本模式计量的投资性房地产发生的减值。

（四）"公允价值变动损益"科目（见项目四任务一）

（五）"其他业务收入"科目

"其他业务收入"科目属于损益类科目，核算企业确认的除主营业务活动以外的其他经营活动实现的收入，包括出租固定资产、出租无形资产、出租投资性房地产、出租包装物和商品、销售材料等实现的收入。本科目应按其他业务收入的种类进行明细核算。

（六）"其他业务成本"科目

"其他业务成本"科目属于损益类科目，核算企业确认的除主营业务活动以外的其他经营活动所发生的支出，包括销售材料的成本、出租固定资产的折旧、出租无形资产的摊销、出租投资性房地产的折旧或摊销、出租包装的成本或摊销等。本科目应按其他业务成本的种类进行明细核算。

业务处理 ↓

一、投资性房地产的取得

（一）外购投资性房地产

【例5-35】2021年1月20日，珠江公司购入写字楼一栋，同时出租给东江公司使用。支付楼价款5 000万元，增值税450万元，价税款通过银行付清。该写字楼采用成本模式核算。珠江公司账务处理如下。

借：投资性房地产——写字楼　　　　　　　　　　　　　　　　50 000 000
　　应交税费——应交增值税（进项税额）　　　　　　　　　　　4 500 000
　　贷：银行存款　　　　　　　　　　　　　　　　　　　　　　54 500 000

（二）自建投资性房地产

【例5-36】2021年1月，北江公司购入一块土地并在其上建造厂房两栋。2022年1月，两栋厂房同时完工。该土地使用权的买价2 000万元，增值税180万元。两栋厂房采用出包的方式建造，实际造价共计6 000万元，增值税540万元。两栋厂房完工后全部出租给外单位使用，采用公允价值模式核算。北江公司有关账务处理如下。

（1）支付土地款。

借：无形资产——土地使用权　　　　　　　　　　　　　　20 000 000

　　应交税费——应交增值税（进项税额）　　　　　　　　　1 800 000

　　　贷：银行存款　　　　　　　　　　　　　　　　　　　　　21 800 000

（2）支付出包工程款。

借：在建工程——厂房建造工程　　　　　　　　　　　　　60 000 000

　　应交税费——应交增值税（进项税额）　　　　　　　　　5 400 000

　　　贷：银行存款　　　　　　　　　　　　　　　　　　　　　65 400 000

（3）厂房完工。

借：投资性房地产——出租厂房（成本）　　　　　　　　　80 000 000

　　　贷：在建工程——厂房建造工程　　　　　　　　　　　　　60 000 000

　　　　　无形资产——土地使用权　　　　　　　　　　　　　　20 000 000

二、投资性房地产的持有

（一）成本模式

在成本模式下，应当按照固定资产或无形资产的有关规定，对投资性房地产进行后续计量，计提折旧或摊销；存在减值迹象的，还应计提减值准备。

【例5-37】沿用【例5-35】的资料，珠江公司将该办公楼出租给东江公司，采用成本模式核算。该办公楼原价为5 000万元，按30年平均计提折旧，预计净残值为5%。合同规定，承租方每月支付租金120 000元，增值税7 200元。珠江公司有关账务处理如下。

（1）每月计提折旧。

月折旧额=50 000 000×（1-5%）÷30÷12=131 944.44（元）

借：其他业务成本——办公楼出租　　　　　　　　　　　　131 944.44

　　　贷：投资性房地产累计折旧——出租办公楼　　　　　　　　131 944.44

（2）每月确认租金收入。

借：银行存款（其他应收款）　　　　　　　　　　　　　　127 200

　　　贷：其他业务收入——办公楼出租　　　　　　　　　　　　120 000

　　　　　应交税费——应交增值税（销项税额）　　　　　　　　7 200

（二）公允价值模式

在公允价值模式下，投资性房地产不提折旧。在资产负债表日，应将投资性房地产的账面价值调整为公允价值。

【例5-38】沿用【例5-36】的资料，北江公司将两栋厂房全部出租，采用公允价值模式核算。2022年12月31日，两栋厂房的公允价值为8 500万元；2023年12月31日，两栋厂房的公允价值为8 300万元。北江公司的账务处理如下。

2022年12月31日：

借：投资性房地产——出租厂房（公允价值变动）　　　　　5 000 000

　　　贷：公允价值变动损益——投资性房地产　　　　　　　　　5 000 000

2023年12月31日：

借：投资性房地产——出租厂房（公允价值变动）　　　　　2 000 000

　　　贷：公允价值变动损益——投资性房地产　　　　　　　　　2 000 000

（三）计量模式变更

企业对投资性房地产的计量模式一经确定，不得随意变更。已采用公允价值核算模式计量的投资性房地产，不得从公允价值模式变更为成本模式。成本模式转为公允价值模式的，应当作为会计政策变更处理，将计量模式变更时公允价值与账面价值的差额，调整期初留存收益。

【例5-39】沿用【例5-35】的资料，珠江公司原采用成本模式计量的出租写字楼，具备了采用公允价值模式计量的条件，2022年1月，公司决定将该写字楼变更为公允价值模式计量。该写字楼的原值为5 000万元，已提折旧158万元，账面价值为4 842万元，1月31日，该写字楼的公允价值为5 100万元。珠江公司的账务处理如下。

借：投资性房地产——出租写字楼（成本）　　　　　　　　51 000 000

　　投资性房地产累计折旧——出租写字楼　　　　　　　　1 580 000

　　贷：投资性房地产——出租写字楼　　　　　　　　　　　50 000 000

　　　　利润分配——未分配利润　　　　　　　　　　　　　2 580 000

三、投资性房地产的处置

企业出售、转让、报废投资性房地产或者发生投资性房地产毁损时，应当将处置收入计入其他业务收入，投资性房地产的账面价值和相关税费计入其他业务成本。

（一）成本模式下投资性房地产处置

【例5-40】沿用【例5-35】的资料，2023年1月，珠江公司将其出租的写字楼出售，不含税售价6 000万元，增值税540万元，款项通过银行收到。该写字楼采用成本模式计量，账面原值为5 000万元，已提折旧316万元。珠江公司有关账务处理如下。

（1）确认出售收入。

借：银行存款　　　　　　　　　　　　　　　　　　　　　65 400 000

　　贷：其他业务收入——写字楼出售　　　　　　　　　　　60 000 000

　　　　应交税费——应交增值税（销项税额）　　　　　　　5 400 000

（2）结转投资性房地产成本。

借：投资性房地产累计折旧——出租写字楼　　　　　　　　3 160 000

　　其他业务成本——写字楼出售　　　　　　　　　　　　46 840 000

　　贷：投资性房地产——出租写字楼　　　　　　　　　　　50 000 000

（3）计提土地增值税。

经计算，本例应交土地增值税1 500 000元。土地增值税的计算方法见"项目六任务五"。

借：其他业务成本——写字楼出售　　　　　　　　　　　　1 500 000

　　贷：应交税费——应交土地增值税　　　　　　　　　　　1 500 000

（二）公允价值模式下投资性房地产处置

【例5-41】沿用【例5-36】、【例5-38】的资料，2024年1月，北江公司将其出租的厂房全部出售，不含税售价8 400万元，增值税756万元。出售时，"投资性房地产——出租厂房（成本）"账户为借方余额8 000万元，"投资性房地产——出租厂房（公允价值变动）"账户为借方300万元。北江公司有关账务处理如下（此例无须交纳土地增值税）。

（1）确认出售收入。

借：银行存款　　　　　　　　　　　　　　　　　　　　　91 560 000

　　贷：其他业务收入——厂房出售　　　　　　　　　　　　84 000 000

　　　　应交税费——应交增值税（销项税额）　　　　　　　7 560 000

（2）结转投资性房地产成本。

借：其他业务成本——厂房出售　　　　　　　　　　　　　83 000 000

　　贷：投资性房地产——出租厂房（成本）　　　　　　　　80 000 000

　　　　　　　　——出租厂房（公允价值变动）　　　　　　3 000 000

（3）将累计未实现的公允价值收益转为已实现的收入。

借：公允价值变动损益——投资性房地产　　　　　　　　　3 000 000

　　贷：其他业务收入——厂房出售　　　　　　　　　　　　3 000 000

任务小结

（一）投资性房地产是指为赚取租金或资本增值，或两者兼有而持有的房地产。投资性房地产包括：（1）已出租的土地使用权；（2）持有并准备增值后转让的土地使用权；（3）已出租的建筑物。

（二）投资性房地产应当按照成本进行初始计量。投资性房地产的后续计量有两种模式：成本模式和公允价值模式。

（三）在成本模式下，应当按照固定资产或无形资产的有关规定，对投资性房地产进行后续计量，计提折旧或摊销；存在减值迹象的，还应计提减值准备。

（四）在公允价值模式下，投资性房地产不提折旧，在资产负债表日，将投资性房地产的账面价值调整为公允价值。

（五）已采用公允价值核算模式计量的投资性房地产，不得从公允价值模式变更为成本模式。成本模式转为公允价值模式的，应当作为会计政策变更处理，将计量模式变更时公允价值与账面价值的差额，调整期初留存收益。

（六）企业出售、转让、报废投资性房地产或者发生投资性房地产毁损时，应当将处置收入计入其他业务收入，投资性房地产的账面价值和相关税费计入其他业务成本。

任务训练35　练习投资性房地产核算

资料一：珠江公司对投资性房地产采用成本模式核算，有关房地产相关业务资料如下。

（1）2021年12月，购入办公楼一栋，买价30 000 000元，增值税2 700 000元，价税款以银行存款支付，随即将该办公楼出租给白云公司，相关手续已办理完毕。

（2）2021年12月，通过银行收到出租办公楼当月租金收入100 000元及增值税6 000元。

（3）2022年12月，计提该办公楼全年折旧额。该办公楼采用直线法按20年计提折旧，预计净残值率为5%。

（4）2024年12月，甲公司将该办公楼以32 000 000元的价格出售给白云公司，另收取增值税2 880 000元，全部款项通过银行收讫，相关手续办理完毕。

资料二：北江公司对投资性房地产采用公允价值模式核算，有关房地产相关业务资料如下。

（1）2020年12月，自建办公楼一栋，工程造价共计40 000 000元。工程完工后随即出租给越秀公司使用。

（2）2021年12月末，该办公楼的公允价值为43 000 000元。

（3）2022年12月末，该办公楼的公允价值为45 000 000元。

（4）2023年12月末，该办公楼的公允价值为43 500 000元。

（5）2024年1月，北江公司将该办公楼以46 000 000元的价格出售给越秀公司，另收取增值税4 140 000元，全部款项通过银行收讫，相关手续办理完毕。

要求：根据上述资料编制会计分录。

项目测试

一、判断题（每小题2分，本题20分）

（1）固定资产是指使用期限较长，单位价值较高，并在其使用过程中保持原有实物形态的资产。（　）

（2）固定资产的原始价值是指企业购建某项固定资产达到预定可使用状态后所发生的一切合理、必要的支出。（　）

（3）企业自制自用固定资产，按照税法规定属于视同销售行为，应按规定交纳增值税和所得税。（　）

（4）企业应对所有固定资产计提折旧，但是，已提足折旧仍继续使用的固定资产和单独计价入账的土

地除外。　　　　　　　　　　　　　　　　　　　　　　　　　　　　　　　　　（　　）

（5）固定资产应当按月计提折旧，当月增加的固定资产，当月开始计提折旧；当月减少的固定资产，当月不提折旧。　　　　　　　　　　　　　　　　　　　　　　　　　　　　（　　）

（6）企业基本生产车间发生的固定资产修理费应记入"制造费用"科目。　　　（　　）

（7）因管理不善造成盘亏的固定资产的进项税额不能抵扣（如被盗）；因自然灾害原因造成的固定资产盘亏，其进项税额允许抵扣。　　　　　　　　　　　　　　　　　　　　（　　）

（8）因出售、转让等原因产生的固定资产处置利得或损失，记入"资产处置损益"科目。（　　）

（9）自行研发的无形资产应区分研究与开发两个阶段。研究阶段的支出应全部费用化，开发阶段的支出应全部资本化。　　　　　　　　　　　　　　　　　　　　　　　　　　　　（　　）

（10）在公允价值模式下，投资性房地产应计提折旧。　　　　　　　　　　　　（　　）

二、单选题（每小题 3 分，本题 30 分）

（1）购入需要安装并承担安装费用的固定资产，应通过（　　）科目核算。
　　　A. 固定资产　　　　B. 固定资产清理　　　C. 在建工程　　　D. 管理费用

（2）车辆购置税应记入（　　）科目。
　　　A. 固定资产　　　　B. 税金及附加　　　　C. 管理费用　　　D. 在建工程

（3）下列固定资产中应计提折旧的是（　　）。
　　　A. 季节性停用的固定资产　　　　　　　B. 正在改扩建的固定资产
　　　C. 以经营租赁方式租入的固定资产　　　D. 融资租出的固定资产

（4）取得投资性房地产租金收入核算的科目是（　　）。
　　　A. 主营业务收入　　B. 其他业务收入　　　C. 投资收益　　　D. 营业外收入

（5）预计使用年限为 10 年，预计净残值率为 5%，采用年限平均法计提折旧，该固定资产年折旧率为（　　）。
　　　A. 4.75%　　　　　B. 9.5%　　　　　　　C. 19%　　　　　　D. 23.75%

（6）下列不属于投资性房地产的是（　　）。
　　　A. 已出租的建筑物　　　　　　　　　　B. 持有并准备增值后转让的土地使用权
　　　C. 已出租的土地使用权　　　　　　　　D. 持有并准备增值后转让的建筑物

（7）关于无形资产摊销，下列说法不正确的是（　　）。
　　　A. 使用寿命有限的无形资产应当进行摊销　　B. 使用寿命不确定的无形资产不应摊销
　　　C. 无形资产摊销一般采用年限平均法　　　　D. 无形资产应按年进行摊销

（8）计提固定资产减值准备时，应借记（　　）科目。
　　　A. 资产减值损失　　B. 信用减值损失　　　C. 管理费用　　　D. 其他业务成本

（9）摊销无形资产时，应贷记（　　）科目。
　　　A. 累计折旧　　　　B. 累计摊销　　　　　C. 无形资产　　　D. 无形资产累计摊销

（10）每年折旧额递减的折旧计算方法是（　　）。
　　　A. 年限平均法　　　B. 工作量法　　　　　C. 双倍余额递减法　　D. 年数总和法

三、多选题（每小题 5 分，本题 50 分）

（1）固定资产的确认条件是（　　）。
　　　A. 与该固定资产有关的经济利益很可能流入企业
　　　B. 该固定资产的成本能够可靠计量
　　　C. 为生产商品、提供劳务、出租或经营管理而持有
　　　D. 使用寿命超过一个会计年度

（2）影响固定资产折旧额的因素有（　　）。
　　　A. 原始价值　　　　B. 预计净残值　　　　C. 预计使用年限　　D. 折旧计算方法

05

（3）企业可选用的折旧计算方法有（ ）。

    A. 年限平均法   B. 工作量法   C. 双倍余额递减法   D. 年数总和法

（4）下列各项属于投资性房地产的有（ ）。

    A. 房地产企业持有的待售商品房   B. 以经营租赁方式出租的商品房

    C. 以经营租赁方式出租的土地使用权   D. 以经营租赁方式租入后再转租的房屋

（5）下列固定资产不应计提折旧的有（ ）。

    A. 融资租入的固定资产   B. 已提足折旧继续使用的固定资产

    C. 未提足折旧提前报废的固定资产   D. 未使用的固定资产

（6）下列各项应通过"固定资产清理"科目核算的有（ ）。

    A. 出售的固定资产   B. 报废的固定资产   C. 毁损的固定资产   D. 盘亏的固定资产

（7）出售无形资产业务涉及的会计科目有（ ）。

    A. 累计摊销   B. 无形资产   C. 资产处置损益   D. 营业外支出

（8）出售固定资产业务涉及的会计科目有（ ）。

    A. 累计折旧   B. 固定资产   C. 固定资产清理   D. 资产处置损益

（9）自营建造固定资产的入账价值为该资产达到预计可使用状态前发生的必要支出，包括（ ）。

    A. 工程物资成本   B. 工程人工成本

    C. 工程缴纳的相关税费   D. 工程应分摊的间接费用

（10）下列各项中，影响固定资产清理净损益的有（ ）。

    A. 清理固定资产的残料变价收入   B. 清理固定资产发生的费用

    C. 清理固定资产的账面价值   D. 清理固定资产应交纳的增值税

05

项目六

流动负债

项目导图 ↓

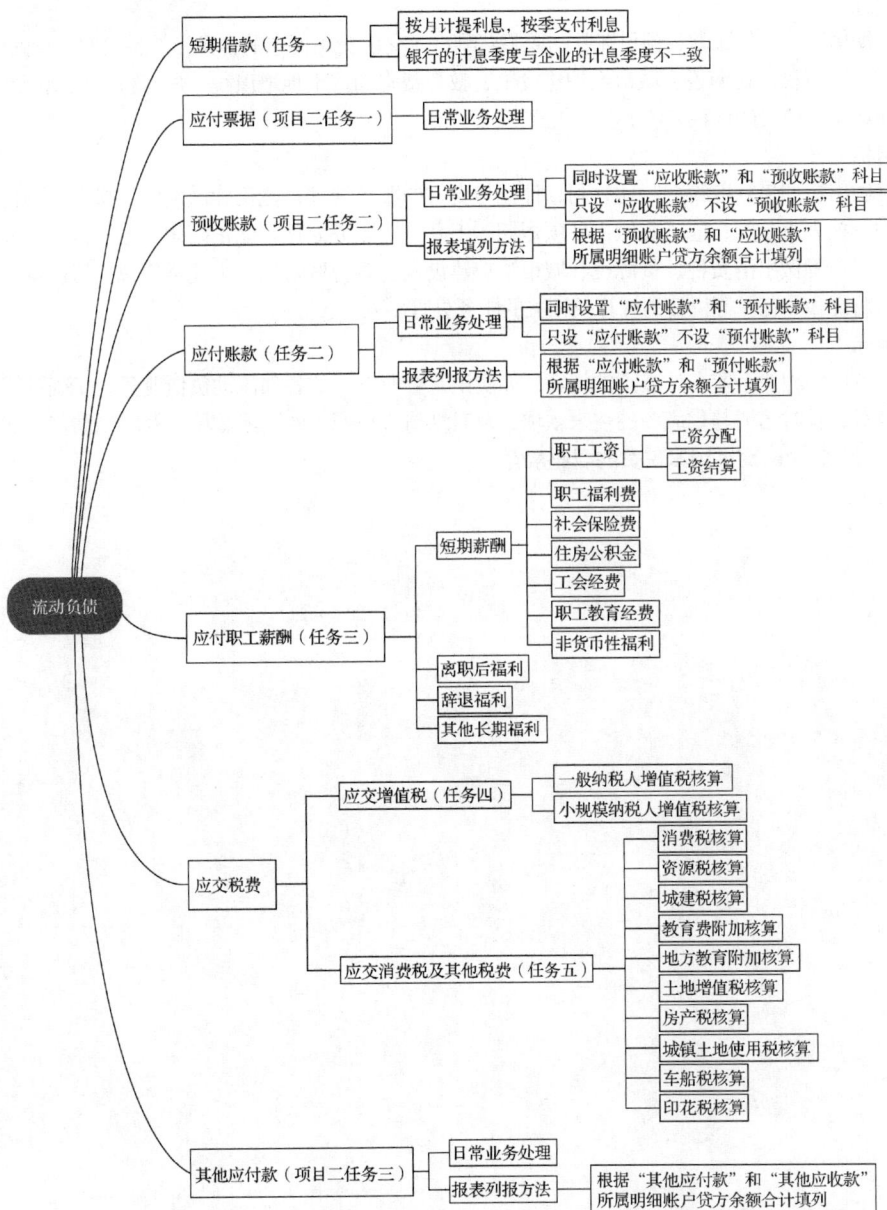

- 短期借款（任务一）
  - 按月计提利息，按季支付利息
  - 银行的计息季度与企业的计息季度不一致
- 应付票据（项目二任务一）
  - 日常业务处理
- 预收账款（项目二任务二）
  - 日常业务处理
    - 同时设置"应收账款"和"预收账款"科目
    - 只设"应收账款"不设"预收账款"科目
  - 报表填列方法
    - 根据"预收账款"和"应收账款"所属明细账户贷方余额合计填列
- 应付账款（任务二）
  - 日常业务处理
    - 同时设置"应付账款"和"预付账款"科目
    - 只设"应付账款"不设"预付账款"科目
  - 报表列报方法
    - 根据"应付账款"和"预付账款"所属明细账户贷方余额合计填列
- 应付职工薪酬（任务三）
  - 短期薪酬
    - 职工工资
      - 工资分配
      - 工资结算
    - 职工福利费
    - 社会保险费
    - 住房公积金
    - 工会经费
    - 职工教育经费
    - 非货币性福利
  - 离职后福利
  - 辞退福利
  - 其他长期福利
- 应交税费
  - 应交增值税（任务四）
    - 一般纳税人增值税核算
    - 小规模纳税人增值税核算
  - 应交消费税及其他税费（任务五）
    - 消费税核算
    - 资源税核算
    - 城建税核算
    - 教育费附加核算
    - 地方教育附加核算
    - 土地增值税核算
    - 房产税核算
    - 城镇土地使用税核算
    - 车船税核算
    - 印花税核算
- 其他应付款（项目二任务三）
  - 日常业务处理
  - 报表列报方法
    - 根据"其他应付款"和"其他应收款"所属明细账户贷方余额合计填列

流动负债

项目导言 ↓

　　流动负债是指企业将在一年或超过一年的一个营业周期内偿还的债务。流动负债主要包括短期借款、应付票据、应付账款、预收账款、应付职工薪酬、应交税费、其他应付款等。由于应付票据、预收账款及其他应付款已分别在应收款项项目中讲解，所以，本项目主要讲短期借款、应付账款（包括预付账款）、应付职工薪酬、应交税费等流动负债的核算。应付账款和预付账款一起讲解，目的也是节省篇幅、方便理解。应付职工薪酬主要讲企业常见的短期职工薪酬的核算，其中，职工工资的核算既是重点，又是难点。应交税费的核算内容较多，其中，增值税核算最为复杂，本项目设计了两个任务，分别讲解增值税和其他税费的核算。

项目目标 ↓

知识目标

　　理解短期借款、应付账款、预付账款、职工薪酬、应交税费等概念的含义，熟悉它们核算的会计科目，熟悉增值税、消费税、资源税、城市维护建设税、教育费附加、土地增值税、房产税、城镇土地使用税、车船税和印花税等税费的计税方法。

技能目标

　　能正确做出短期借款取得、归还、利息计提与支付的账务处理；能正确做出应付账款与预付账款业务的账务处理及报表重分类；能正确做出各项短期职工薪酬的账务处理；能正确做出增值税的计算及相关的账务处理；能正确做出消费税、资源税、城市维护建设税、教育费附加、土地增值税、房产税、城镇土地使用税、车船税和印花税等税费的计算及相关的账务处理。

素养目标

　　培养学生按照相关企业会计准则的规定，如实记录企业发生的各项流动负债业务，正确计算企业应交纳的各项税费，及时结清与供应商的往来款项，及时结清应付职工的薪酬款项，及时结清代扣代交款项，不占用他人资金，及时交纳国家税费的职业素养。

06

任务一　短期借款核算

任务导言

　　短期借款核算的关键是借款利息的核算。银行对于短期借款的基本做法是：按季收取利息，到期收回本金。需要注意的是，银行的结息日不是季末的最后一天，而是季末月份的第 20 日（支付日为次日）。企业的计息季度（或月份）则与日历季度（或月份）相同，因而银行的计息期间与企业的计息期间的起止时间是不同的。这样，企业与银行就按各自的计息期间计算利息，但是利息的计算方法是相同的，并且在整个借款期内，银行累计收取的利息与企业累计计提的利息应当是一致的。

　　企业通常按月计提借款利息。企业累计计提的借款利息与银行累计收取的借款利息可能不一致，属于正常现象，其差额可在年终或借款本金还清之后进行调整。

知识准备

一、短期借款相关知识

（一）短期借款的含义

　　短期借款是指企业向银行或其他金融机构借入的期限不超过 1 年的各种借款。准确地说，凡借款期限不超过 12 个月的借款都属于短期借款，不管这 12 个月是否在一个会计年度。

（二）短期借款的计息期间

　　银行对于企业货币资金贷款的基本操作方法是：利息按季收取，本金到期收回。银行虽然按季收取利息，但是，结息日却不是季末的最后一天，而是季末月份的第 20 日。也就是说，第一季度的利息计算到 3 月 20 日为止，即第一季度计息的期间是上年 12 月 21 日至本年 3 月 20 日，第二季度的计息期间为 3 月 21 日至 6 月 20 日，第三季度的计息期为 6 月 21 日至 9 月 20 日，第四季度的计息期间为 9 月 21 日至 12 月 20 日。可见，银行的计息季度与日历季度不一致，而企业的会计季度则是采用日历制。

（三）短期借款利息的计算方法

　　短期借款利息的计算有两种方法：借款期满一个日历月份的，按月计算；借款期不满一个日历月份的，按日计算。计算公式如下：

　　　　按月计算：月应付利息=借款本金×年利率÷12

　　　　按日计算：月应付利息=借款本金×年利率÷360×当月借款天数

　　借款天数的计算可以"算头不算尾"或"算尾不算头"，即贷款日与到期日两天只能算一天，不能两天都算。

二、短期借款核算的会计科目

（一）"短期借款"科目

　　"短期借款"科目属于负债类科目，核算企业向银行或其他金融机构等借入的期限不超过一年的各种借款。本科目一般按贷款人进行明细核算。

（二）"应付利息"科目

　　"应付利息"科目属于负债类科目，核算按照合同约定应支付的利息，包括吸收存款、分期付息到期还本的长期借款、企业债券等应支付的利息。本科目应按"存款人"或"债权人"进行明细核算。

（三）"财务费用"科目

　　"财务费用"科目属于损益类科目，核算企业筹集生产经营所需资金等而发生的筹资费用，包括利息支出（减利息收入）、汇兑损益以及相关的手续费、企业发生的现金折扣或收到的现金折扣等。本科目应按费用项目进行明细核算。

业务处理 ↓

企业对于短期借款的核算应遵循权责发生制原则。由于企业的计息期间与银行的计息期间不同，企业当月应承担的利息都不可能在当月支付，所以，企业对于短期借款利息的核算方法是：按月计提利息，按季支付利息。企业累计计提的利息与银行累计收取的利息如果存在差异，可在年末或借款本金还清之后进行调整。

【例6-1】珠江公司2022年4月9日取得中国工商银行一笔贷款200万元，期限为1年，年利率为4.35%。银行按季收取利息，到期收回本金。珠江公司有关业务处理如下。

（1）2022年4月9日，收到借款。

借：银行存款 2 000 000
　　贷：短期借款——中国工商银行 2 000 000

（2）2022年4月30日，计提当月利息。

4月份计息期间为4月10日至4月30日，共21天。

利息额=2 000 000×4.35%÷360×21=5 075（元）。

借：财务费用——利息 5 075
　　贷：应付利息——中国工商银行 5 075

（3）2022年5—12月及2023年1—3月的利息按月计算。

月利息额=2 000 000×4.35%÷12=7 250（元）。

借：财务费用——利息 7 250
　　贷：应付利息——中国工商银行 7 250

（4）2022年6月21日支付第二季度利息。

银行的计息期为4月10日至6月20日共两个月零11天。

利息额=7 250×2+2 000 000×4.35%÷360×11=17 158.33（元）。

借：应付利息——中国工商银行 17 158.33
　　贷：银行存款 17 158.33

（5）2022年9月21日、12月21日，2023年3月21日支付季度利息。

季度利息额=7 250×3=21 750（元）。

借：应付利息——中国工商银行 21 750
　　贷：银行存款 21 750

（6）2023年4月9日，计提当月利息。

借款到期日为4月9日，共9天。

4月份应付利息=2 000 000×4.35%÷360×9=2 175（元）。

借：财务费用——利息 2 175
　　贷：应付利息——中国工商银行 2 175

（7）2023年4月9日，支付第二季度利息。

银行的利息计算期为2022年3月21日至2023年4月9日，共计20天。

利息额=2 000 000×4.35%÷360×20=4 833.33（元）。

借：应付利息——中国工商银行 4 833.33
　　贷：银行存款 4 833.33

（8）2023年4月9日归还借款本金。

借：短期借款——中国工商银行 2 000 000
　　贷：银行存款 2 000 000

（9）借款还清，对"应付利息"进行调整。该笔借款利息的计提与支付记录如表6-1所示。

表6-1　　　　　　　　　　　　　　　　　应付利息明细账　　　　　　　　　　　　　　　　单位：元

贷款银行：中国工商银行

2022年		凭证号码	摘要	借方	贷方	借或贷	余额
月	日						
4	30		计提利息		5 075.00	贷	5 075.00
5	31		计提利息		7 250.00	贷	12 325.00
6	21		付息	17 158.33		借	4 833.33
6	30		计提利息		7 250.00	贷	2 416.67
7	31		计提利息		7 250.00	贷	9 666.67
8	31		计提利息		7 250.00	贷	16 916.67
9	21		付息	21 750.00		借	4 833.33
9	30		计提利息		7 250.00	贷	2 416.67
10	31		计提利息		7 250.00	贷	9 666.67
11	30		计提利息		7 250.00	贷	16 916.67
12	21		付息	21 750.00		借	4 833.33
12	31		计提利息		7 250.00	贷	2 416.67
2023年		**凭证号码**	**摘要**	**借方**	**贷方**	**借或贷**	**余额**
月	日						
1	1		期初余额			贷	2 416.67
1	31		计提利息		7 250.00	贷	9 666.67
2	28		计提利息		7 250.00	贷	16 916.67
3	21		付息	21 750.00		借	4 833.33
3	31		计提利息		7 250.00	贷	2 416.67
4	9		计提利息		2 175.00	贷	4 591.67
4	9		付息	4 833.33		借	241.66
4	10		利息调整		241.66	平	0
			合计	87 241.66	87 241.66		

　　从以上"应付利息"明细账可以看出，至借款本金还清之日，企业总共少计提了利息241.66元。此时，企业应在当日或月末做补提利息处理。

　　借：财务费用——利息　　　　　　　　　　　　　　　　　　　　　　　　241.66

　　　　贷：应付利息——中国工商银行　　　　　　　　　　　　　　　　　　241.66

任务小结 ↓

　　（一）短期借款是指企业向银行或其他金融机构借入的期限不超过1年的各种借款。

　　（二）银行对于企业货币资金贷款的基本操作方法是：利息按季收取，本金到期收回。银行的结息日为每季季末月份的第20日。利息支付日为每季季末月份的第21日。

　　（三）短期借款利息的计算有两种方法：借款期满一个日历月份的，按月计算；借款期不满一个日历月份的，按日计算。

　　（四）企业通常按月计提借款利息。企业累计计提的借款利息与银行累计收取的借款利息可能不一致，如有差额，可在年末或借款本金还清之后进行调整。

任务训练 ↓

任务训练36　练习短期借款核算

　　资料：2022年5月10日，珠江公司取得中国工商银行一笔贷款300万元，期限为1年，年利率为4.35%。银行按季收取利息，到期收回本金。

要求：根据资料编制下列会计分录，涉及利息计算的列出计算过程。

（1）5月10日，收到借款。

（2）5月31日，计提当月利息（5月11日—31日）。

（3）6月21日，支付当季利息（5月11日—6月20日）。

（4）2022年6月30日，计提当月利息。

（5）2022年9月21日，支付当季利息。

（6）2023年5月10日，计提当月利息（10天）。

（7）2023年5月10日，支付当季利息（3月21日—5月10日，共计50天）。

（8）2023年5月10日，归还借款本金。

06

任务二　应付账款与预付账款核算

任务导言

应付账款与预付账款均因采购业务而产生，二者关系密切。应付账款与预付账款的核算同应收账款与预收账款的核算类似，在会计实务中也普遍存在两个问题：一是同一往来单位分别在"应付账款"和"预付账款"科目下设置明细科目；二是资产负债表的"应付账款"项目和"预付账款"项目常常填列负数。这两个问题造成的后果也类似：前者可能导致资产总额与负债总额同时虚增；后者必定导致资产总额与负债总额同时虚减。解决问题的办法也类似：前者要避免同一往来单位多头开户；后者在编制资产负债表时要对应付账款和预付账款所属的明细账户按其余额方向做重分类处理，不能根据其总账的余额直接填列。

知识准备

一、应付账款与预付账款相关知识

（一）应付账款相关知识

应付账款是指企业因购买材料、商品或接受劳务供应等经营活动应支付的款项。应付账款一般应在与所购买物资所有权相关的主要风险和报酬已经转移，或者所购买的劳务已经接受时确认。应付账款的入账金额应为发票上记载的应付金额合计。

（二）预付账款相关知识

预付账款是指企业按照购货合同规定预付给供货单位或劳务提供单位的款项。预付账款按实际付出的金额入账。

二、应付账款与预付账款核算的会计科目

（一）"应付账款"科目

"应付账款"科目属于负债类科目。核算企业因购买材料、商品或接受劳务等经营活动应支付的款项。本科目应按债权人进行明细核算。债权人应写明其单位全称或个人姓名。

（二）"预付账款"科目

"预付账款"科目属于资产类科目。核算企业按照合同规定预付的款项。本科目应按供货单位进行明细核算。供货单位应写明其单位全称或个人姓名。

> 📚 **注意事项**
>
> 会计实务中，企业可以同时设置"应付账款"和"预付账款"两个科目，也可以只设置"应付账款"科目。当企业同时设置两个科目时，切记同一供货单位不能同时在这两个科目下开设明细科目。

业务处理

一、应付账款与预付账款日常业务的处理

（一）同时设置"应付账款"与"预付账款"科目

【例6-2】2022年2月2日，珠江公司向东江公司购买原材料一批，增值税专用发票列示价款200 000

元，增值税 26 000 元。材料已验收入库，发票账单已到，货款暂未支付。2 月 6 日，珠江公司支付该批材料的全部货款。珠江公司的账务处理如下。

2 月 2 日，材料验收入库。

借：原材料——原料及主要材料 200 000
　　应交税费——应交增值税（进项税额） 26 000
　　贷：应付账款——东江公司 226 000

2 月 6 日，支付货款。

借：应付账款——东江公司 226 000
　　贷：银行存款 226 000

本例如果珠江公司的"预付账款"科目下已设有"东江公司"这个明细科目，则不能在"应付账款"科目下再开设"东江公司"明细科目，而应通过"预付账款"科目核算。其账务处理如下。

2 月 2 日，材料验收入库。

借：原材料——原料及主要材料 200 000
　　应交税费——应交增值税（进项税额） 26 000
　　贷：预付账款——东江公司 226 000

2 月 6 日，支付货款。

借：预付账款——东江公司 226 000
　　贷：银行存款 226 000

【例 6-3】2022 年 3 月 8 日，珠江公司按照合同约定预付给西江公司采购原材料定金 30 000 元，款项通过网银支付。3 月 28 日收到西江公司交付的原材料，增值税专用发票列示价款 300 000 元，增值税 39 000 元。3 月 29 日通过网银支付西江公司其余货款。珠江公司的账务处理如下。

3 月 8 日，预付定金。

借：预付账款——西江公司 30 000
　　贷：银行存款 30 000

3 月 28 日，材料验收入库。

借：原材料——原料及主要材料 300 000
　　应交税费——应交增值税（进项税额） 39 000
　　贷：预付账款——西江公司 339 000

3 月 29 日，支付余款。

借：预付账款——西江公司 309 000
　　贷：银行存款 309 000

本例假设珠江公司的"应付账款"科目下已设有"西江公司"这个明细科目，则预付西江公司的货款应通过"应付账款"科目核算，不能在"预付账款"科目下再开设"西江公司"明细科目。此时，珠江公司的账务处理如下。

3 月 8 日，预付定金。

借：应付账款——西江公司 30 000
　　贷：银行存款 30 000

3 月 28 日，材料验收入库。

借：原材料——原料及主要材料 300 000
　　应交税费——应交增值税（进项税额） 39 000
　　贷：应付账款——西江公司 339 000

3 月 29 日，支付余款。

借：应付账款——西江公司 309 000
　　贷：银行存款 309 000

（二）只设置"应付账款"科目

这种情况下，购买材料或商品时，不管是发生应付账款，还是预付账款，都在"应付账款"科目下设置明细科目进行核算，其账务处理不再举例。那么，期末如何知道应付账款和预付账款各有多少呢？看应付账款明细账户的期末余额方向即可：凡是出现贷方余额的，都属于应付账款，凡是出现借方余额的，都属于预付账款。

二、应付账款与预付账款在资产负债表中的填列方法

在资产负债表中，"应付账款"和"预付账款"这两个项目不能根据其总账的余额直接填列，应根据这两个账户所属的明细账户期末余额计算填列。

【例6-4】珠江公司同时设置"应付账款"和"预付账款"两个科目，2022年12月末应付账款、预付账款总账及明细账户余额表如表6-2所示。

表6-2　　　　　　　　　应付账款、预付账款总账及明细账户余额表　　　　　　　　单位：元

账户	借方余额	贷方余额
应付账款	120 000	
——东沙公司	100 000	
——西沙公司	90 000	
——南沙公司	180 000	
——北沙公司		120 000
——东江公司		70 000
——南江公司		60 000
明细账户合计	370 000	250 000
预付账款		160 000
——东山公司	150 000	
——西山公司	110 000	
——南山公司	60 000	
——北山公司		160 000
——天山公司		190 000
——天河公司		130 000
明细账户合计	320 000	480 000

根据上述资料，计算资产负债表中"应付账款"和"预付账款"项目的期末余额。

很多企业资产负债表的"应付账款"和"预付账款"这两个项目的期末余额之所以填列负数，说明它是根据这两个账户总账的期末余额直接填列的。就本例而言，"应付账款"总账为借方余额120 000元，所以填写"-120 000"元，"预付账款"总账为贷方余额160 000元，所以填写"-160 000"元。这样填写，虽然不影响资产负债表的平衡关系，但显然没有反映"应付账款"和"预付账款"的真实状况。因为总账的余额是所属明细账借、贷方余额相互抵消的结果，各明细账户的余额才是"应付账款"和"预付账款"的真实状况。这两个账户的明细账户，凡是出现贷方余额的，都属于应付账款；凡是出现借方余额的，都属于预付账款。所以，本例"应付账款"和"预付账款"在资产负债表的期末余额应当这样计算：

"应付账款"项目期末余额="应付账款"所属明细账户贷方余额合计+"预付账款"所属明细账户贷方余额合计=250 000+480 000=730 000（元）

"预付账款"项目期末余额="应付账款"所属明细账户借方余额合计+"预付账款"所属明细账户借方余额合计=370 000+320 000=690 000（元）

此例假设珠江公司只设置"应付账款"科目，不设置"预付账款"科目。则该公司2022年12月末应付账款总账及明细账户余额表如表6-3所示。

06

表 6-3　　　　　　　　　应付账款总账及明细账户余额表　　　　　　　　单位：元

账户	借方余额	贷方余额
应付账款		40 000
——东沙公司	100 000	
——西沙公司	90 000	
——南沙公司	180 000	
——北沙公司		120 000
——东江公司		70 000
——南江公司		60 000
——东山公司	150 000	
——西山公司	110 000	
——南山公司	60 000	
——北山公司		160 000
——天山公司		190 000
——天河公司		130 000
明细账户合计	690 000	730 000

此种情况下，如果根据总账余额直接填列，则"应付账款"项目期末余额为 40 000 元，"预付账款"项目期末余额为"0"。正确的填列方法与同时设置"应付账款"和"预付账款"两个科目相同，"应付账款"项目期末余额填列 730 000 元，"预付账款"项目期末余额填列 690 000 元。

任务小结 ↓

（一）应付账款是指企业因购买材料、商品或接受劳务供应等经营活动应支付的款项。应付账款的入账金额应为发票上记载的应付金额合计。

（二）预付账款是指企业按照购货合同规定预付给供货单位或劳务提供单位的款项。预付账款按实际付出的金额入账。

（三）会计实务中，企业可以同时设置"应付账款"和"预付账款"两个科目，也可以只设置"应付账款"科目。需要注意的是，当企业同时设置这两个科目时，同一往来单位不能多头开户。

（四）在填列资产负债表时，"应付账款"和"预付账款"这两个项目不能根据其总账的余额直接填列。

06　任务训练 ↓

任务训练 37　练习应付账款和预付账款核算

资料：珠江公司同时设置"应付账款"和"预付账款"两个科目，2022 年 8 月发生有关业务如下。

业务一：8 月 2 日，从北江公司购买 A 材料一批，增值税专用发票列示价款 300 000 元，增值税 39 000 元。材料已验收入库，货款暂未支付。8 月 8 日，支付北江公司 A 材料全部货款。

业务二：8 月 5 日，从西江公司购买 B 材料一批，增值税专用发票列示价款 400 000 元，增值税 52 000 元。材料已验收入库，货款暂未支付。8 月 8 日，以银行存款支付 B 材料全部货款。（珠江公司的"预付账款"科目下，已有"西江公司"这一明细科目。）

业务三：8 月 8 日，按照合同预付东江公司购买 C 材料定金 50 000 元，款项通过网银支付。8 月 28 日收到东江公司交付的 C 材料，增值税专用发票列示价款 500 000 元，增值税 65 000 元。8 月 30 日通过网银支付东江公司其余货款。

业务四：8 月 9 日，按照合同预付南江公司购买 D 材料定金 60 000 元，款项通过网银支付。8 月 28 日收到南江公司交付的 D 材料，增值税专用发票列示价款 600 000 元，增值税 78 000 元。8 月 30 日通过网银支付南江公司其余货款。（珠江公司的"应付账款"科目下已有"南江公司"这一明细科目。）

要求：根据上述资料分别编制会计分录。

任务三 应付职工薪酬核算

任务导言

企业的职工薪酬主要是短期薪酬。短期薪酬包括职工工资、职工福利费、社会保险费、住房公积金、工会经费、职工教育经费以及非货币性福利等。

工资核算包括工资分配和工资结算两个方面。工资分配也叫计提工资或预提工资，就是将当月的应付工资分配计入有关成本、费用账户；工资结算就是将应付工资支付给每一个职工。但是，企业需要支付给职工个人的工资并不是应付工资，而是实发工资。有些应由职工个人负担的款项，则由企业从应付工资中代扣代交。实发工资一般委托开户银行发放到职工个人工资账户。

职工福利费、社会保险费、住房公积金、工会经费、职工教育经费等职工薪酬的核算，也是由两个方面构成的：一是计提（分配），二是支付。并且这些职工薪酬的核算都有"预提法"和"实际列支法"两种方法，但是，不论采用哪一种核算方法，职工薪酬都应通过"应付职工薪酬"科目核算，以便反映各项职工薪酬的发生总额。

知识准备

一、职工薪酬相关知识

（一）职工薪酬的含义与内容

职工薪酬是指企业为获得职工提供的服务或解除劳动关系而给予的各种形式的报酬或补偿。职工薪酬包括短期薪酬、离职后福利、辞退福利和其他长期职工福利。

（1）短期薪酬，是指企业在职工提供相关服务的年度报告期间结束后 12 个月内需要全部予以支付的职工薪酬，因解除与职工的劳动关系给予的补偿除外。短期薪酬包括：职工工资、奖金、津贴和补贴，职工福利费，社会保险费，住房公积金，工会经费，职工教育经费，短期带薪缺勤，短期利润分享计划，非货币性福利等。

（2）离职后福利，是指企业为获得职工提供的服务而在职工退休或与企业解除劳动关系后，提供的各种形式的报酬与福利。

（3）辞退福利，是指企业在职工劳动合同到期之前解除与职工的劳动关系，或者为鼓励职工自愿接受裁减而给予职工的补偿。

（4）其他长期职工福利，是指除短期薪酬、离职后福利、辞退福利之外所有的职工薪酬，包括长期带薪缺勤、长期残疾福利、长期利润分享计划等。

（二）职工的范围

职工是指与企业订立劳动合同的所有人员，含全职、兼职和临时职工，也包括虽未与企业订立劳动合同但由企业正式任命的人员，如董事会成员和监事会成员。未与企业订立劳动合同或未由其正式任命，但向企业所提供服务与职工所提供服务类似的人员，也属于职工的范畴，包括通过企业与劳务中介公司签订用工合同而向企业提供服务的人员。

二、职工薪酬核算的会计科目

（一）"应付职工薪酬"科目

"应付职工薪酬"科目属于负债类科目，核算企业根据有关规定应付给职工的各种薪酬。本科目应设置"工资""职工福利""社会保险费""住房公积金""工会经费""职工教育经费""非货币性福利""辞退福利""股份支付"等明细科目。

（二）"其他应付款"科目（见项目二任务三）

结算工资时，企业为有关部门代扣代缴由职工个人承担的社会保险费、住房公积金等款项，应通过本科目核算。

（三）"其他应收款"科目（见项目二任务三）

结算工资时，企业扣回职工借款或者为职工个人垫付的款项，应通过本科目核算。

（四）"应交税费"科目

"应交税费"科目属于负债类科目，核算企业按照税法等规定计算应交纳的各种税费，包括增值税、消费税、企业所得税、资源税、土地增值税、城市维护建设税、房产税、土地使用税、车船税、教育费附加、矿产资源补偿费等。企业代扣代交的个人所得税，也通过本科目核算。本科目应按应交纳的税费项目进行明细核算。

业务处理 ↓

一、职工工资业务

工资是指企业按月支付给职工的货币性劳动报酬，包括基本工资、浮动工资、各种奖金、津贴、补贴等。企业每个月都要与职工结算工资（发放工资），但是一般情况下，每月发放的工资并不是当月的工资，而是上月的工资，即工资的承担期与支付期不在同一月份。所以，工资核算的一般程序是：月初发放上月工资，月末计提本月工资。

（工资分配与结算的账务处理）

（一）工资分配（计提）

企业每月月末应计算应付给每一个职工的工资，编制"工资结算单"，各部门应向财会部门提供"工资结算汇总表"，财会部门根据各部门的"工资结算汇总表"，编制"工资分配汇总表"，进行工资分配的账务处理。

【例6-5】珠江公司2022年9月30日编制的工资分配汇总表如表6-4所示。

表6-4　　　　　　　　　工资分配汇总表（2022年9月）　　　　　　　　单位：元

部门		应付工资
第一基本车间	甲产品工人	300 000
	管理人员	25 000
第二基本车间	乙产品工人	400 000
	管理人员	36 000
辅助生产车间	机修车间人员	30 000
	运输部门人员	50 000
厂部行政人员		100 000
销售机构人员		15 000
技术研发人员（研究阶段）		56 000
合计		1 012 000

根据表6-4，珠江公司9月末工资分配（计提）的账务处理如下。

借：基本生产成本——甲产品（直接人工）　　　　　　　　　　　300 000
　　　　　　　　——乙产品（直接人工）　　　　　　　　　　　400 000
　　辅助生产成本——机修车间（工资）　　　　　　　　　　　　 30 000

——运输部门（工资）		50 000
制造费用——第一车间（工资）		25 000
——第二车间（工资）		36 000
管理费用——工资		100 000
销售费用——工资		15 000
研发支出——费用化支出（工资）		56 000
贷：应付职工薪酬——工资		1 012 000

（二）工资结算

【例6-6】2022年10月10日，珠江公司根据9月份工资结算汇总表（见表6-5），委托银行发放工资并结转代扣款项。

表6-5　　　　　　　　　　　工资结算汇总表（2022年9月）　　　　　　　　　　单位：元

部门		应付工资	代扣款项				实发工资
			房租	住房公积金	社会保险费	个人所得税	
第一基本车间	甲产品工人	300 000	6 000	36 000	24 000	9 000	225 000
	管理人员	25 000	2 000	3 000	2 000	750	17 250
第二基本车间	乙产品工人	400 000	9 000	48 000	32 000	12 000	299 000
	管理人员	36 000	3 000	4 320	2 880	1 080	24 720
辅助生产	机修车间人员	30 000	2 500	3 600	2 400	900	20 600
	运输部门人员	50 000	4 000	6 000	4 000	1 500	34 500
厂部行政人员		100 000	3 000	12 000	8 000	3 000	74 000
销售机构人员		15 000	1 000	1 800	1 200	450	10 550
技术研发人员（研究阶段）		56 000	2 000	6 720	4 480	1 680	41 120
合计		1 012 000	32 500	121 440	80 960	30 360	746 740

根据表6-5，珠江公司工资结算的账务处理如下。

借：应付职工薪酬——工资		1 012 000
贷：银行存款		746 740
其他应收款——职工房租		32 500
其他应付款——住房公积金		121 440
——社会保险费		80 960
应交税费——个人所得税		30 360

注意事项

（1）本例是将发放工资与结转代扣款项合并编制了一笔复合会计分录。会计实务中，可以将发放工资与结转代扣款项分别编制两笔会计分录，也可以编成多个简单会计分录。

（2）结转代扣款项，除了代扣个人所得税用"应交税费"科目容易判断之外，结转其他代扣款项到底是用"其他应付款"科目，还是用"其他应收款"科目？一般来说，结转代扣代缴的款项，用"其他应付款"科目，如代扣代缴社保费、公积金；结转企业已经为职工垫付的款项，用"其他应收款"科目，如代职工垫付的房租。但也不是绝对的，如果企业为职工垫付房租时，用的是"其他应付款"科目，那么扣回房租时，当然也应用"其他应付款"科目。

二、职工福利费业务

职工福利费是指企业向职工提供的生活困难补助、丧葬补助费、抚恤费、职工异地安家费、防暑降温费等职工福利性支出。职工福利费核算有预提法和实际列支法两种。

06

（一）预提法

预提法是指在福利费实际发生之前，按月计提福利费，待实际发生福利费支出时，再用预提的福利费来支付。这一方法符合权责发生制原则，各期的福利费用列支均衡合理。

【例6-7】 沿用【例6-5】的资料，假设珠江公司福利费采用预提法核算，则2022年9月30日，按当月工资总额的14%计提职工福利费。编制职工福利费计算表如表6-6所示。

表6-6 　　　　　　　　　　职工福利费计算表（2022年9月）　　　　　　　　　　单位：元

部门		应计福利费
第一基本车间	甲产品工人	42 000
	管理人员	3 500
第二基本车间	乙产品工人	56 000
	管理人员	5 040
辅助生产	机修车间人员	4 200
	运输部门人员	7 000
厂部行政人员		14 000
销售机构人员		2 100
技术研发人员（研究阶段）		7 840
合计		141 680

根据表6-6，编制会计分录如下。

借：基本生产成本——甲产品（直接人工） 42 000
　　　　　　　　——乙产品（直接人工） 56 000
　　辅助生产成本——机修车间（福利费） 4 200
　　　　　　　　——运输部门（福利费） 7 000
　　制造费用——第一车间（福利费） 3 500
　　　　　　——第二车间（福利费） 5 040
　　管理费用——福利费 14 000
　　销售费用——福利费 2 100
　　研发支出——费用化支出（福利费） 7 840
　　贷：应付职工薪酬——职工福利 141 680

日后实际支付福利费时。

借：应付职工薪酬——职工福利 141 680
　　贷：银行存款 141 680

（二）实际列支法

实际列支法是指预先不计提职工福利费，在福利费实际发生时，按其实际发生额提取并支付福利费的一种方法。

【例6-8】 沿用【例6-7】的资料，假设珠江公司采用实际列支法核算职工福利费，2022年9月实际发生的职工福利费如表6-6所示，则珠江公司的账务处理如下。

（1）支付福利费。

借：应付职工薪酬——职工福利 141 680
　　贷：银行存款 141 680

（2）分配福利费。

借：基本生产成本——甲产品（直接人工） 42 000
　　　　　　　　——乙产品（直接人工） 56 000
　　辅助生产成本——机修车间（福利费） 4 200

——运输部门（福利费）		7 000
制造费用——第一车间（福利费）		3 500
——第二车间（福利费）		5 040
管理费用——福利费		14 000
销售费用——福利费		2 100
研发支出——费用化支出（福利费）		7 840
贷：应付职工薪酬——职工福利		141 680

注意事项

福利费采用实际列支法，为什么也要通过"应付职工薪酬——职工福利"科目核算呢？因为要通过该科目反映福利费的累计发生额。既然福利费采用实际列支法和预提法都要通过"应付职工薪酬"科目核算，那么二者有何区别呢？区别在于：预提法是在福利费发生之前就要提取，并且每月都要提取，提取数与实际发生数可能不一致；而实际列支法则是在福利费发生之后才提取，发生多少，提取多少，二者金额一致。

三、社会保险费业务

社会保险费是指在社会保险基金的筹集过程当中，雇员和雇主按照规定的数额和期限向社会保险管理机构缴纳的费用，它是社会保险基金的最主要来源。

企业应当为每一个在职职工交纳社会保险费，俗称"买社保"。社会保险费由"五险"组成：养老保险费、失业保险费、医疗保险费、工伤保险费和生育保险费。社会保险费由单位和职工个人共同缴纳，单位缴"大头"，个人缴"小头"。职工个人不承担工伤保险费和生育保险费。

社会保险费由单位承担的部分，计入有关成本费用；由个人承担的部分，由单位从职工工资中代扣代缴。

对于企业承担的社会保险费的核算，一般采用实际列支法。

【例6-9】2022年10月10日，珠江公司收到银行支付9月份社会保险费（单位承担部分）缴费通知，并编制社会保险费分配表如表6-7所示。

表6-7　　　　　　　　　社会保险费分配表（2022年9月）　　　　　　　　单位：元

部门		社会保险费
第一基本车间	甲产品工人	60 000
	管理人员	5 000
第二基本车间	乙产品工人	80 000
	管理人员	7 200
辅助生产	机修车间人员	6 000
	运输部门人员	10 000
厂部行政人员		20 000
销售机构人员		3 000
技术研发人员（研究阶段）		11 200
合计		202 400

珠江公司对社会保险费核算采用实际列支法，有关账务处理如下。

（1）支付社会保险费。

借：应付职工薪酬——社会保险费　　　　　　　　　　202 440

贷：银行存款　　　　　　　　　　　　　　　　　　202 440

（2）分配社会保险费。

借：基本生产成本——甲产品（直接人工）　　　　　　60 000

——乙产品（直接人工）　　　　　　80 000

	辅助生产成本——机修车间（社保费）	6 000
	——运输部门（社保费）	10 000
	制造费用——第一车间（社保费）	5 000
	——第二车间（社保费）	7 200
	管理费用——社保费	20 000
	销售费用——社保费	3 000
	研发支出——费用化支出（社保费）	11 200
	贷：应付职工薪酬——社会保险费	202 440

四、住房公积金业务

住房公积金是由城镇用人单位与在职职工按照国家规定，共同向住房公积金管理机构缴存的一种住房储蓄金。住房公积金由单位和职工个人共同缴纳，受益人为职工个人。单位缴纳的部分计入成本费用，个人承担的部分由单位从职工工资中代扣代缴。职工个人住房公积金账户的存款余额，在职工购房或维修房屋时，经住房公积金管理机关审核后，可以定期提取。

单位承担的住房公积金的核算，一般采用实际列支法。

【例6-10】2022年10月10日，珠江公司收到银行支付9月份住房公积金（单位承担部分）缴费通知，并编制住房公积金分配表如表6-8所示。

表6-8　　　　　　　　住房公积金分配表（2022年9月）　　　　　　　　单位：元

部门		住房公积金
第一基本车间	甲产品工人	36 000
	管理人员	3 000
第二基本车间	乙产品工人	48 000
	管理人员	4 320
辅助生产	机修车间人员	3 600
	运输部门人员	6 000
厂部行政人员		12 000
销售机构人员		1 800
技术研发人员（研究阶段）		6 720
合计		121 440

珠江公司对住房公积金采用实际列支法，有关账务处理如下。

（1）缴存住房公积金。

借：应付职工薪酬——住房公积金	121 440
贷：银行存款	121 440

（2）分配住房公积金。

借：基本生产成本——甲产品（直接人工）	36 000
——乙产品（直接人工）	48 000
辅助生产成本——机修车间（住房公积金）	3 600
——运输部门（住房公积金）	6 000
制造费用——第一车间（住房公积金）	3 000
——第二车间（住房公积金）	4 320
管理费用——住房公积金	12 000
销售费用——住房公积金	1 800
研发支出——费用化支出（住房公积金）	6 720
贷：应付职工薪酬——住房公积金	121 440

五、工会经费业务

工会经费是指企业（单位）的工会组织开展活动的费用。工会组织的经费来源主要是两个方面：一是工会会员缴纳的会费；二是建立工会组织的企业、事业单位、机关按每月全部职工工资总额的2%向工会拨缴的经费。

财务会计中所说的"工会经费"，是指由企业承担的并向本单位的工会组织按职工工资总额的2%拨缴的经费。它是就财务会计主体而言的。财务会计中的工会经费核算一般采用预提法，企业应于每月月末按照当月应付工资总额的2%计提工会经费，然后全部拨缴给工会组织。

> **注意事项**
>
> 凡是有工会组织的企业，至少有两个会计主体：一个是财务会计，另一个是工会会计。财务会计执行《企业会计准则》或《小企业会计准则》；工会会计执行《工会会计制度》。财务会计只负责按规定向工会组织拨缴工会经费，至于工会组织取得工会经费后，如何分配和使用，那是工会会计主体的业务，不是财务会计主体的业务。工会会计主体的账目也可以由企业财会部门来做，但是，工会会计业务与财务会计业务要桥归桥，路归路，不能混在一起。

【例6-11】2022年9月30日，珠江公司根据本月应付工资总额的2%计提工会经费，编制工会经费分配表如表6-9所示。10月10日通过银行转账拨付上月计提的工会经费。

表6-9　　　　　　　　　工会经费分配表（2022年9月）　　　　　　　　单位：元

部门		工会经费
第一基本车间	甲产品工人	6 000
	管理人员	500
第二基本车间	乙产品工人	8 000
	管理人员	720
辅助生产	机修车间人员	600
	运输部门人员	1 000
厂部行政人员		2 000
销售机构人员		300
技术研发人员（研究阶段）		1 120
合计		20 240

珠江公司的账务处理如下。

（1）9月30日，计提工会经费。

借：基本生产成本——甲产品（直接人工）　　　　6 000
　　　　　　　　——乙产品（直接人工）　　　　8 000
　　辅助生产成本——机修车间（工会经费）　　　　600
　　　　　　　　——运输部门（工会经费）　　　1 000
　　制造费用——第一车间（工会经费）　　　　　　500
　　　　　　——第二车间（工会经费）　　　　　　720
　　管理费用——工会经费　　　　　　　　　　　2 000
　　销售费用——工会经费　　　　　　　　　　　　300
　　研发支出——费用化支出（工会经费）　　　　1 120
　　贷：应付职工薪酬——工会经费　　　　　　　20 240

（2）10月10日，向工会组织拨付工会经费。

借：应付职工薪酬——工会经费　　　　　　　　20 240
　　贷：银行存款　　　　　　　　　　　　　　20 240

06

六、职工教育经费业务

职工教育经费是指用于职工教育方面的费用，包括：上岗和转岗培训；岗位适应性培训、岗位培训、职业技术等级培训、高技能人才培训；专业技术人员继续教育；特种作业人员培训；企业组织的职工外送培训经费支出；职工参加的职业技能鉴定、职工资格认证等经费支出；购置教学设备与设施；职工岗位自学成才奖励费用；职工教育培训管理费用等。

职工教育经费核算也可以采用预提法或实际列支法，此处不再举例。

七、非货币性福利业务

非货币性福利是指企业以非货币性资产支付给职工的福利，主要包括企业以自产产品发放给职工作为福利、将企业拥有的资产无偿提供给职工使用、为职工无偿提供医疗保健服务等。非货币性福利核算一般采用实际列支法。

非货币性福利的账务处理

【例6-12】2022年12月20日，珠江公司将自产的甲产品1 200台作为福利发放给职工使用。甲产品每台生产成本为600元，每台对外不含税售价为1 000元。

> **税法提示**
>
> 按照增值税相关法律的规定，下列行为视同销售：
> （1）将货物交付其他单位或者个人代销；
> （2）销售代销货物；
> （3）设有两个以上机构并实行统一核算的纳税人，将货物从一个机构移送其他机构用于销售，但相关机构设在同一县（市）的除外；
> （4）将自产、委托加工的货物用于集体福利或者个人消费；
> （5）将自产、委托加工或者购进的货物作为投资，提供给其他单位或者个体工商户；
> （6）将自产、委托加工或者购进的货物分配给股东或者投资者；
> （7）将自产、委托加工或者购进的货物无偿赠送其他单位或者个人。

> **税法提示**
>
> 按照《企业所得税法》的规定，企业将资产移送他人的下列情形，因资产所有权属已发生改变而不属于内部处置资产，应按规定视同销售确定收入：
> （1）用于市场推广或销售；
> （2）用于交际应酬；
> （3）用于职工奖励或福利；
> （4）用于股息分配；
> （5）用于对外捐赠；
> （6）其他改变资产所有权属的用途。
> 企业发生上述规定情形的，除另有规定外，应按照被移送资产的公允价值确定销售收入。

按照税法的规定，企业将自产的产品用于职工福利或个人消费，不仅增值税视同销售，企业所得税也视同销售。此例的账务处理有两种方法：一是按税法规定处理，确认收入和成本；二是按会计准则规定处理，只结转福利产品成本，不确认收入和成本。现按含税售价编制非货币性福利分配表如表6-10所示。

表6-10　　　　　　　　　　非货币性福利分配（2022年12月）　　　　　　　　单位：元

部门		职工人数	分配金额
第一基本车间	甲产品工人	458	517 540
	管理人员	10	11 300
第二基本车间	乙产品工人	600	678 000
	管理人员	12	13 560
辅助生产	机修车间人员	10	11 300
	运输部门人员	20	22 600
厂部行政人员		50	56 500
销售机构人员		15	16 950
技术研发人员（研究阶段）		25	28 250
合计		1 200	1 356 000

1. 按税法规定进行账务处理

（1）确认收入。

借：应付职工薪酬——非货币性福利　　　　　　　　　　　　　　1 356 000
　　贷：主营业务收入——甲产品　　　　　　　　　　　　　　　　　　1 200 000
　　　　应交税费——应交增值税（销项税额）　　　　　　　　　　　　　156 000

（2）结转成本。

借：主营业务成本——甲产品　　　　　　　　　　　　　　　　　　720 000
　　贷：库存商品——甲产品　　　　　　　　　　　　　　　　　　　　720 000

（3）计提非货币性福利。

借：基本生产成本——甲产品（直接人工）　　　　　　　　　　　　517 540
　　　　　　　　　——乙产品（直接人工）　　　　　　　　　　　　678 000
　　辅助生产成本——机修车间（福利费）　　　　　　　　　　　　　11 300
　　　　　　　　　——运输部门（福利费）　　　　　　　　　　　　　22 600
　　制造费用——第一车间（福利费）　　　　　　　　　　　　　　　11 300
　　　　　　　——第二车间（福利费）　　　　　　　　　　　　　　　13 560
　　管理费用——福利费　　　　　　　　　　　　　　　　　　　　　56 500
　　销售费用——福利费　　　　　　　　　　　　　　　　　　　　　16 950
　　研发支出——费用化支出（福利费）　　　　　　　　　　　　　　28 250
　　贷：应付职工薪酬——非货币性福利　　　　　　　　　　　　　　1 356 000

2. 按会计准则进行账务处理

（1）结转福利产品成本。

借：应付职工薪酬——非货币性福利　　　　　　　　　　　　　　　876 000
　　贷：库存商品——甲产品　　　　　　　　　　　　　　　　　　　　720 000
　　　　应交税费——应交增值税（销项税额）　　　　　　　　　　　　　156 000

（2）计提（分配）非货币性福利（应重编非货币性福利分配表，略）。

借：基本生产成本等　　　　　　　　　　　　　　　　　　　　　　876 000
　　贷：应付职工薪酬——非货币性福利　　　　　　　　　　　　　　　876 000

📚 注意事项

　　上述按会计准则规定的账务处理，增值税已同视销售，但企业所得税没有视同销售，所以，在填报年度企业所得税申报表时，应做如下纳税调整：主营业务收入调增1 200 000元，主营业务成本调增720 000元。

06

【例6-13】珠江公司为公司3位高管每人配备一台轿车。每台轿车月折旧额为6 000元。珠江公司有关账务处理如下。

（1）计提福利费。

借：管理费用——福利费   18 000

    贷：应付职工薪酬——非货币性福利   18 000

（2）计提福利车辆折旧费。

借：应付职工薪酬——非货币性福利   18 000

    贷：累计折旧——运输工具   18 000

任务小结

（一）职工薪酬是指企业为获得职工提供的服务或解除劳动关系而给予的各种形式的报酬或补偿。职工薪酬包括短期薪酬、离职后福利、辞退福利和其他长期职工福利。

（二）短期薪酬是指企业在职工提供相关服务的年度报告期间结束后12个月内需要全部予以支付的职工薪酬。短期薪酬包括：职工工资、奖金、津贴和补贴，职工福利费，社会保险费，住房公积金，工会经费，职工教育经费，短期带薪缺勤，短期利润分享计划，非货币性福利等。

（三）工资是指企业按月支付给职工的货币性劳动报酬，包括基本工资、浮动工资、各种奖金、津贴、补贴等。工资核算的一般程序是：月初发放上月工资，月末计提本月工资。

（四）职工福利费是指企业向职工提供的生活困难补助、丧葬补助费、抚恤费、职工异地安家费、防暑降温费等职工福利性支出。职工福利费核算有两种办法：预提法和实际列支法。

（五）社会保险费是指在社会保险基金的筹集过程当中，雇员和雇主按照规定的数额和期限向社会保险管理机构缴纳的费用，它是社会保险基金的最主要来源。社会保险费由单位和职工个人共同缴纳，单位缴"大头"，个人缴"小头"。社会保险费由单位承担的部分，计入有关成本费用；由个人承担的部分，由单位从职工工资中代扣代缴。对于企业承担的社会保险费的核算，一般采用实际列支法。

（六）住房公积金是由城镇用人单位与在职职工按照国家规定，共同向住房公积金管理机构缴存的一种住房储蓄金。即住房公积金由单位和职工个人共同缴纳，受益人为职工个人。单位缴纳的部分计入成本费用，个人承担的部分由单位代扣代缴。

（七）工会经费是指企业承担的工会组织的活动经费，按照规定，企业应按月计提工会经费并拨付给本单位的工会组织。

（八）职工教育经费是指用于职工教育方面的费用，职工教育经费核算可以采用预提法或实际列支法。

（九）非货币性福利是指企业以非货币性资产支付给职工的薪酬，主要包括企业以自产产品发放给职工作为福利、将企业拥有的资产无偿提供给职工使用、为职工无偿提供医疗保健服务等。

（十）企业将自产的产品用于职工福利，不仅增值税视同销售，企业所得税也视同销售。在账务处理上有两处方法：一是按税法的规定处理；二是按会计准则的规定处理。但是，按照会计准则处理时，在年度企业所得税纳税申报时，要做纳税调整。

任务训练（一）

任务训练38　练习职工工资的核算

资料：珠江公司2022年5月工资结算汇总表如表6-11所示。

表6-11　　　　　　　　　　工资结算汇总表（2022年5月）　　　　　　　　　　单位：元

部门		应付工资	代扣款项				实发工资
			房租	住房公积金	社会保险费	个人所得税	
第一基本车间	甲产品工人	450 000	18 000	45 000	36 000	13 500	337 500
	管理人员	30 000	1 200	3 000	2 400	900	22 500

续表

部门		应付工资	代扣款项				实发工资
			房租	住房公积金	社会保险费	个人所得税	
第二基本车间	乙产品工人	560 000	22 400	56 000	44 800	16 800	420 000
	管理人员	45 000	1 800	4 500	3 600	1 350	33 750
辅助生产	机修车间人员	50 000	2 000	5 000	4 000	1 500	37 500
	运输部门人员	60 000	2 400	6 000	4 800	1 800	45 000
厂部行政人员		120 000	4 800	12 000	9 600	3 600	90 000
销售机构人员		18 000	720	1 800	1 440	540	13 500
技术研发人员（研究阶段）		65 000	2 600	6 500	5 200	1 950	48 750
合计		1 398 000	55 920	139 800	111 840	41 940	1 048 500

要求：根据工资结算汇总表编制下列会计分录。

（1）5月31日，分配当月工资费用。

（2）6月10日，委托银行发放10月份工资。

（3）6月10日，结转各项代扣款项，其中房租为公司已经为职工垫付的款项。

（4）6月15日，以银行存款交纳代扣的个人所得税。

（5）6月15日，以银行存款支付由职工个人承担的住房公积金和社会保险费。

任务训练（二）

任务训练39　练习其他短期薪酬的核算

资料：珠江公司2022年有关职工薪酬业务如下。

（1）5月31日，按照本月应付工资总额（见任务训练38）的14%提取职工福利费。

（2）5月31日，按照本月应付工资总额（见任务训练38）的2%提取工会经费。

（3）6月2日，以银行存款支付职工防暑降温费587 160元。

（4）6月5日，以银行存款向公司工会组织拨付上月计提的工会经费。

（5）6月25日，以自产的乙产品1 200台作为福利发放给职工使用。乙产品每台生产成本为900元，每台对外不含税售价为1 200元。按含税售价编制非货币性福利分配表如表6-12所示（按照税法的规定做账务处理）。

表6-12　　　　　　　　　　　　非货币性福利分配表　　　　　　　　　　　单位：元

部门		职工人数	分配金额
第一基本车间	甲产品工人	458	621 048
	管理人员	10	13 560
第二基本车间	乙产品工人	600	813 600
	管理人员	12	16 272
辅助生产	机修车间人员	10	13 560
	运输部门人员	20	27 120
厂部行政人员		50	67 800
销售机构人员		15	20 340
技术研发人员（研究阶段）		25	33 900
合计		1 200	1 627 200

要求：根据上述资料编制相应的会计分录。

06

任务四　应交增值税核算

　　增值税是我国税制中的主体税种，涉及面广，税制复杂，因而会计核算也很复杂。本任务集中讲解增值税核算的基本方法。要掌握增值税的核算方法，必须熟悉增值税的计税方法。

　　增值税纳税人分为一般纳税人和小规模纳税人。增值税核算的会计科目为"应交税费"。其他税费核算只需在"应交税费"科目下设置一个明细科目即可，而增值税一般纳税人仅仅为了核算增值税，在"应交税费"科目下设置的明细科目竟多达9个，其复杂程度可见一斑！小规模纳税人的增值税核算就比较简单，只需在"应交税费"科目下设置一个"应交增值税"明细科目即可。

　　需要注意的是，对于增值税的免税收入，执行《企业会计准则》的纳税人，应通过"其他收益"科目核算；执行《小企业会计准则》的纳税人，应通过"营业外收入"科目核算。

知识准备　↓

一、增值税相关知识

（一）增值税的含义

增值税是以单位和个人生产经营过程中取得的增值额为征税对象征收的一种税。

（二）增值税纳税人的种类

　　为了便于增值税的征收管理并简化增值税的计算，我国税务部门将增值税纳税人分为一般纳税人和小规模纳税人。一般纳税人是指年应税销售额超过小规模纳税人标准，经主管税务机关认定登记的，按一般纳税人计税方法申报缴纳增值税的纳税人。小规模纳税人是指年应税销售额在规定标准以下，不能按照规定报送有关纳税资料，按照简易计税方法申报缴纳增值税的纳税人。

（三）增值税的计税方法

1．一般纳税人的计税方法

基本计税公式：应纳税额＝销项税额−进项税额

完整计税公式：应纳税额＝销项税额＋出口退税＋进项税额转出−进项税额−已交税费−减免税款−出口抵减内销产品应纳税额−销项税额抵减

2．小规模纳税人的计税方法

应纳税额＝不含税销售额×征收率

不含税销售额＝含税销售额÷（1＋征收率）

二、增值税核算的会计科目

（一）一般纳税人增值税核算的会计科目

　　为了核算企业应交增值税的发生、抵扣、交纳、退税及转出等情况，一般纳税人应在"应交税费"科目下设置"应交增值税""未交增值税""预缴增值税""待抵扣进项税额""待认证进项税额""待转销项税额""简易计税""转让金融商品应交增值税""代扣代交增值税"等9个明细科目。

1．"应交增值税"明细科目

　　根据本明细科目设置的明细账户一般采用多栏式账页，借、贷方总共设置10个专栏。借方专栏有：进项税额、已交税金、减免税款、出口抵减内销产品应纳税额、销项税额抵减、转出未交增值税；贷方专栏有：销项税额、进项税额转出、出口退税、转出多交增值税。应交增值税明细账如表6-13所示。

表6-13 　　　　　　　　　　　应交税费明细账（应交增值税）　　　　　　　　　　单位：元

年		凭证号码	摘要	借方						贷方				借或贷	余额
月	日			进项税额	已交税金	减免税款	出口抵减内销产品应纳税额	销项税额抵减	转出未交增值税	销项税额	出口退税	进项税额转出	转出多交增值税		

2. "未交增值税"明细科目

本明细科目核算一般纳税人月份终了从"应交增值税"或"预缴增值税"明细科目转入当月应交未交、多交或预缴的增值税税额，以及当月交纳以前期间未交的增值税税额。

3. "预缴增值税"明细科目

本明细科目核算一般纳税人转让不动产、提供不动产经营租赁服务、提供建筑服务、采用预收款方式销售自行开发的房地产项目等，以及其他按现行增值税法规规定应预缴的增值税税额。

4. "待抵扣进项税额"明细科目

本明细科目核算一般纳税人已取得增值税扣税凭证并经税务机关认证，按照现行增值税相关法律规定准予以后期间从销项税额中抵扣的进项税额。

5. "待认证进项税额"明细科目

本明细科目核算一般纳税人由于未经税务机关认证而不得从当期销项税额中抵扣的进项税额。

6. "待转销项税额"明细科目

本明细科目核算一般纳税人销售货物、加工修理修配劳务、服务、无形资产或不动产，已确认相关收入（或利得）但尚未发生增值税纳税义务而需要以后期间确认为销项税额的增值税税额。

7. "简易计税"明细科目

本明细科目核算一般纳税人采用简易计税方法发生的增值税计提、扣减、预缴、缴纳等业务的增值税税额。

8. "转让金融商品应交增值税"明细科目

本明细科目核算增值税纳税人转让金融商品发生的增值税税额。

9. "代扣代交增值税"明细科目

本明细科目核算增值税纳税人购进在境内未设经营机构的境外单位或个人在境内的应税行为代扣代交的增值税税额。

（二）小规模纳税人增值税核算的会计科目

1. "应交增值税"明细科目

本明细科目核算小规模纳税人经营业务增值税的发生、缴纳等情况。该明细账户采用三栏式账页。

2. "转让金融商品应交增值税"明细科目

小规模纳税人如果有转让金融商品发生的增值税税额，应设置本明细科目核算。

3. "代扣代交增值税"明细科目

小规模纳税人如果有购进在境内未设经营机构的境外单位或个人在境内的应税行为代扣代交的增值税税额，应设置本明细科目核算。

06

业务处理 ↓

一、一般纳税人增值税核算

（一）进项税额

"进项税额"核算纳税人购进货物、无形资产、不动产以及接受服务所支付或负担的增值税税额。本书涉及进项税额核算的例题非常多，此处不再举例。

（二）已交税金

"已交税金"核算纳税人预缴本月应交增值税税额。有些大型企业每月应交纳的增值税金额较大，为了保证税款及时入库，税务机关可能按照规定要求纳税人每月终了前，先预缴一部分增值税，其余部分则在月末计算，下月清交。

【例6-14】2022年8月15日，珠江公司按照税务局规定，预缴本月增值税600 000元。账务处理如下。

```
借：应交税费——应交增值税（已交税金）          600 000
    贷：银行存款                                          600 000
```

（三）减免税款

"减免税款"核算企业已确认销项税额，但按规定准予减免的税款。"减免税款"是借方的栏目，它的作用是冲销（冲减）贷方的"销项税额"。

【例6-15】2022年9月，北江公司生产的M产品为免税产品，本月销售M产品不含税销售额为200 000元，增值税26 000元。有关账务处理如下。

（1）取得免税产品收入时。

```
借：银行存款                                          226 000
    贷：主营业务收入——M产品                              200 000
        应交税费——应交增值税（销项税额）                  26 000
```

（2）月末结转减免增值税。

```
借：应交税费——应交增值税（减免税款）           26 000
    贷：其他收益（营业外收入）——免税收入               26 000
```

> 📚 **注意事项**
>
> 对于增值税免税收入，执行《企业会计准则》的企业，通过"其他收益"科目核算；执行《小企业会计准则》的企业，通过"营业外收入"科目核算。在利润表中，"其他收益"项目属于营业活动；"营业外收入"项目属于非营业活动。

（四）出口抵减内销产品应纳税额

"出口抵减内销产品应纳税额"核算实行"免、抵、退"办法的一般纳税人按规定计算的出口货物的进项税额抵减内销产品的应纳税额。"免"是指对生产企业出口的货物，免征生产销售环节的增值税。"抵"是指生产企业出口货物耗用的原材料等所含应退还的进项税额，抵顶内销货物的应纳税额。"退"是指生产企业出口货物应退还的进项税额，抵顶内销货物的应纳税额之后，对未抵顶完的税额部分予以退税。

出口产品增值税的
账务处理

【例6-16】西江公司为自营出口生产企业，增值税税率为13%，假设退税率为11%。2022年9月发生有关业务如下。

（1）外购原材料价款5 000 000元，增值税650 000元，取得专用发票。

（2）内销甲产品不含税售价4 000 000元，增值税520 000元。

（3）出口甲产品销售额（不含税）折合人民币 5 000 000 元。

假设西江公司的增值税核算采用"免、抵、退"办法，有关账务处理如下。

（1）购进原材料。

借：原材料——原料及主要材料　　　　　　　　　　　　　　　　5 000 000
　　　应交税费——应交增值税（进项税额）　　　　　　　　　　　650 000
　　　贷：银行存款　　　　　　　　　　　　　　　　　　　　　　　5 650 000

（2）确认内销产品收入。

借：银行存款　　　　　　　　　　　　　　　　　　　　　　　　4 520 000
　　　贷：主营业务收入——内销（甲产品）　　　　　　　　　　　4 000 000
　　　　　应交税费——应交增值税（销项税额）　　　　　　　　　520 000

（3）确认出口产品收入。

借：应收账款（银行存款）　　　　　　　　　　　　　　　　　　5 000 000
　　　贷：主营业务收入——出口（甲产品）　　　　　　　　　　　5 000 000

（4）计算当期应退税额和免抵税额并做相关的账务处理。

免抵退不得免征和抵扣税额=5 000 000×（13%-11%）=100 000（元）

本月应纳税额=520 000-（650 000-100 000）=-30 000（元）

免抵退税额=5 000 000×11%=550 000（元）

当期期末留抵税额（30 000）＜当期免抵退税额（550 000）

当期应退税额=30 000（元）

当期免抵税额=550 000-30 000=520 000（元）

结转当期不得免征和抵扣税额。

借：主营业务成本——甲产品　　　　　　　　　　　　　　　　　100 000
　　　贷：应交税费——应交增值税（进项税额转出）　　　　　　　100 000

结转出口抵减内销产品应纳税额。

借：应交税费——应交增值税（出口抵减内销产品应纳税额）　　　520 000
　　　贷：应交税费——应交增值税（出口退税）　　　　　　　　　520 000

结转应收出口退税额。

借：其他应收款——应收出口退税款　　　　　　　　　　　　　　30 000
　　　贷：应交税费——应交增值税（出口退税）　　　　　　　　　30 000

注意事项

　　此例内销产品应交增值税 52 万元，出口产品应退增值税 55 万元，结果是：两相抵消，只需退税 3 万元，另有 52 万元为何不退呢？这就是出口应退税额抵减内销产品应纳税额！

（五）销项税额抵减

　　"销项税额抵减"核算纳税人按照现行增值税制度规定因扣减销项税额而减少的销项税额。其作用也是冲减贷方的销项税额。

（六）销项税额

　　"销项税额"核算纳税人发生应税行为按照不含税销售额和增值税税率计算并收取的增值税税额。销项税额计算公式为：

$$销项税额=不含税销售额×增值税税率$$

在已知含税销售额的情况下，可按下列公式计算不含税销售额：

$$不含税销售额=含税销售额÷（1+增值税税率）$$

本书涉及销项税额核算的例题很多，此处不再举例。

（七）出口退税

"出口退税"核算一般纳税人出口货物按规定退回的增值税税额。"出口退税"是贷方栏目，其作用是冲销（冲减）借方的"进项税额"。举例见【例6-16】。

（八）进项税额转出

"进项税额转出"核算企业已经抵扣的进项税额不再符合抵扣条件时，应当冲销（冲减）的进项税额。"进项税额转出"为贷方栏目，其目的与"出口退税"一样，也是冲减借方的进项税额，但是二者的性质不同。举例见【例3-29】【例6-6】。

（九）转出未交增值税或转出多交增值税

"转出未交增值税"核算一般纳税人当月发生的应交未交增值税在月末转入"未交增值税"明细科目贷方的增值税税额。

"转出多交增值税"核算一般纳税人当月多交的增值税税额在月末转入"未交增值税"明细科目借方的增值税税额。

注意事项

"应交增值税"明细账户月末出现借方余额，一定是多交的增值税吗？不一定！在没有预缴增值税的情况下，属于尚未抵扣的进项税额，下月可以继续抵扣，不需要结转到"未交增值税"明细科目；当月有预缴增值税，说明多交了增值税，月末应将多交的增值税税额结转到"未交增值税"明细科目，但是，多交的增值税只能在本月已交税金的范围内结转。

【例6-17】2022年10月31日，珠江公司"应交税费——应交增值税"明细科目假设出现以下几种情况。

（1）贷方余额30万元。

（2）借方余额20万元，当月没有预缴增值税。

（3）借方余额20万元，当月已预缴增值税25万元。

（4）借方余额20万元，当月已预缴增值税15万元。

根据以上几种情况，珠江公司的账务处理分别如下。

情况（1），说明是当月应交未交的增值税，应结转到"未交增值税"明细科目。

借：应交税费——应交增值税（转出未交增值税）　　　300 000
　　贷：应交税费——未交增值税　　　　　　　　　　　　　300 000

下月初交纳增值税时：

借：应交税费——未交增值税　　　　　　　　　　　300 000
　　贷：银行存款　　　　　　　　　　　　　　　　　　　　300 000

情况（2），借方余额20万元，当月没有预缴增值税，说明是未抵扣完的进项税额，下月继续抵扣，无须做账务处理。

情况（3），借方余额20万元，当月已预缴了增值税25万元，说明全是当月多交的增值税，应结转到"未交增值税"明细科目的借方，可以抵减下月应交增值税。

借：应交税费——未交增值税　　　　　　　　　　　200 000
　　贷：应交税费——应交增值税（转出多交增值税）　　　200 000

情况（4），借方余额为20万元，当月只预缴了增值税15万元，说明另有5万元属于未抵扣的进项税额，此时，只需将预缴的15万元结转到"未交增值税"明细科目。

借：应交税费——未交增值税　　　　　　　　　　　150 000
　　贷：应交税费——应交增值税（转出多交增值税）　　　150 000

二、小规模纳税人增值税核算

小规模纳税人增值税核算采用简易计税方法，按征收率 3%（不动产 5%）计算增值税税额。其购进货物、接受劳务、服务等发生的进项税额不予抵扣，计入相关的成本、费用或资产。

（一）小规模纳税人购进业务

【例 6-18】南江公司为增值税小规模纳税人，适用征收率为 3%。2022 年 1 月 6 日购进原材料一批，增值税普通发票上注明价款为 150 000 元，增值税为 19 500 元，材料已验收入库。南江公司账务处理如下。

借：原材料——原料及主要材料　　　　　　　　　　　　　　169 500
　　贷：银行存款　　　　　　　　　　　　　　　　　　　　　　169 500

（二）小规模纳税人销售业务

税法提示

《国家税务总局关于小规模纳税人免征增值税政策有关征管问题的公告》（2021 年第 5 号）规定：小规模纳税人发生增值税应税销售行为，合计月销售额未超过 15 万元（以 1 个季度为 1 个纳税期的，季度销售额未超过 45 万元，下同）的，免征增值税。自 2021 年 4 月 1 日起施行。

1. 销售额超过起征点业务

【例 6-19】南江公司为增值税小规模纳税人，适用征收率为 3%。2022 年 1 月共计销售 A 产品售价为 200 000 元，增值税 6 000 元。南江公司账务处理如下。

本月确认销售收入时。

借：银行存款　　　　　　　　　　　　　　　　　　　　206 000
　　贷：主营业务收入——A 产品　　　　　　　　　　　　　　200 000
　　　　应交税费——应交增值税　　　　　　　　　　　　　　6 000

下月交纳增值税时。

借：应交税费——应交增值税　　　　　　　　　　　　　　6 000
　　贷：银行存款　　　　　　　　　　　　　　　　　　　　　6 000

2. 销售额未超过起征点业务

【例 6-20】沿用【例 6-19】的资料，假设 2022 年 1 月共计销售 A 产品不含税销售额为 145 000 元，增值税为 4 350 元。南江公司账务处理如下。

本月确认销售收入时。

借：银行存款　　　　　　　　　　　　　　　　　　　　149 350
　　贷：主营业务收入——A 产品　　　　　　　　　　　　　　145 000
　　　　应交税费——应交增值税　　　　　　　　　　　　　　4 350

月末结转免征增值税时。

借：应交税费——应交增值税　　　　　　　　　　　　　　4 350
　　贷：其他收益（营业外收入）——免税收入　　　　　　　　4 350

任务小结 ↓

（一）增值税是以单位和个人生产经营过程中取得的增值额为征税对象征收的一种税。增值税纳税人分为一般纳税人和小规模纳税人。

（二）一般纳税人计税的基本方法是：应纳税额=销项税额-进项税额；小规模纳税人计税的方法是：应纳税额=不含税销售额×征收率。

（三）一般纳税人通常在"应交税费"科目下设置"应交增值税""未交增值税"两个明细科目核算增值税。小规模纳税人增值税的核算只需在"应交税费"科目下设置"应交增值税"一个明细科目。

（四）一般纳税人"应交增值税"明细账户一般采用多栏式账页，借、贷方总共设置 10 个专栏。借方专栏有：进项税额、已交税金、减免税款、出口抵减内销产品应纳税额、销项税额抵减、转出未交增值税；贷方专栏有：销项税额、进项税额转出、出口退税、转出多交增值税。

（五）小规模纳税人增值税核算采用简易计税方法，按征收率 3%（不动产 5%）计算增值税税额。其购进货物、接受劳务、服务等发生的进项税额不予抵扣，计入相关的成本、费用或资产。

（六）增值税免税收入，执行《企业会计准则》的企业，通过"其他收益"科目核算；执行《小企业会计准则》的企业，通过"营业外收入"科目核算。在利润表中，"其他收益"项目属于营业活动；"营业外收入"项目属于非营业活动。

任务训练 ↓

任务训练 40 练习增值税的核算

资料一：珠江公司为增值税一般纳税人，2022 年 10 月发生有关经济业务如下。

（1）以银行存款交纳上月增值税 65 380 元。

（2）购进 A 材料一批，买价 150 000 元，增值税 19 500 元，货款以银行存款支付，材料已入库。

（3）购入生产设备一台，买价 280 000 元，增值税 36 400 元，设备收到，货款签发商业承兑汇票一张。

（4）销售甲产品一批，售价 360 000 元，增值税 46 800 元，货款通过银行收到。

（5）销售甲产品一批，售价 250 000 元，增值税 32 500 元，收到银行承兑汇票一张。

（6）收到出租房屋租金收入 90 000 元，增值税 5 400 元，款项通过银行收到。

（7）以银行存款预缴本月增值税 30 000 元。

（8）本月发生进项税额合计 680 000 元，销项税额合计 850 000 元，进项税额转出合计 20 000 元，当月预缴增值税 30 000 元。结转本月应交增值税税额。

资料二：南江公司为增值税小规模纳税人，2022 年 10 月发生有关经济业务如下。

（1）购进 B 材料一批，增值税普通发票上注明价款为 100 000 元，增值税为 13 000 元，款项用银行存款支付，材料已验收入库。

（2）销售 A 产品一批，含税售价为 150 000 元，增值税征收率为 3%，货款通过银行收到。

（3）本月销售额未达到起征点，免征增值税，月末结转免税收入。

要求：根据上述业务编制会计分录。

任务五　应交消费税及其他税费核算

任务导言 ↓

本任务涉及 10 种企业常见税费的核算，它们是：消费税、资源税、城市维护建设税、教育费附加、地方教育附加、土地增值税、房产税、城镇土地使用税、车船税和印花税。

这 10 种税费虽然各不相同，但与增值税相比，也有很多共同之处。第一，它们都属于"价内税"，而增值税是"价外税"。所谓"价内税"，是指商品的售价包含了要交纳的税费。第二，价内税核算的方法基本相同，就是月末计提，月初交纳。而增值税是在售价之外向购买单位或消费者收取的，不存在计提的问题。10 种税费计提的账务处理相同：借记"税金及附加"科目，贷记"应交税费——××税费"科目。第三，价内税核算一般都比较简单。每一种税费只需在"应交税费"科目下，设置一个明细科目核算即可。

10 种税费的账务处理并不复杂，关键是税费的计算要正确。财会实务中，企业涉及的各种应交税费，都由企业财会人员自行申报、交纳。如果税费计算不正确，其会计核算也必然不正确。

知识准备（消费税） ↓

一、消费税的相关知识

（一）消费税的含义

消费税是对我国境内从事生产、委托加工和进口，以及销售特定消费品的单位和个人，就其销售额或销售数量，在特定环节征收的一种税。

（二）消费税的计算方法

（1）从价定率法。应交消费税=销售额×适用税率

（2）从量定额法。应交消费税=销售数量×单位税额

（3）从价定率和从量定额复合计税法。应交消费税=销售额×适用税率+销售数量×单位税额

（三）消费税税目、税率（见附录）

二、消费税核算的会计科目

（一）"税金及附加——消费税"科目

（二）"应交税费——应交消费税"科目

业务处理（消费税） ↓

一、销售应税消费品

【例 6-21】白云酒业公司 2022 年 8 月共计销售白酒 60 吨，每吨售价 80 000 元。计算并计提本月应交消费税。

应交消费税=60×80 000×20%+60×2 000×0.5=960 000+60 000=1 020 000（元）

借：税金及附加——消费税　　　　　　　　　　　　　　　　　1 020 000

　　贷：应交税费——应交消费税　　　　　　　　　　　　　　　　　　　1 020 000

二、自产自用应税消费品

纳税人自产自用的应税消费品，除用于连续生产应税消费品外，凡用于其他方面的，于移送使用时纳税。用于其他方面是指纳税人用于生产非应税消费品、在建工程、管理部门、非生产机构、提供劳务、馈赠、赞助、集资、广告、样品、职工福利、奖励等方面。

【例6-22】白云酒业公司2022年8月将自产白酒2吨用于职工福利，该白酒售价为80 000元/吨，成本为20 000元/吨。本例与【例6-12】类似，现按照税法的规定处理如下。

（1）确认收入。

借：应付职工薪酬——非货币性福利　　　　　　　　　　　　　　180 800
　　贷：主营业务收入——白酒　　　　　　　　　　　　　　　　160 000
　　　　应交税费——应交增值税（销项税额）　　　　　　　　　20 800

（2）结转成本。

借：主营业务成本——白酒　　　　　　　　　　　　　　　　　　40 000
　　贷：库存商品——白酒　　　　　　　　　　　　　　　　　　40 000

（3）计提消费税。

应交消费税=2×80 000×20%+2×2 000×0.5=34 000（元）

借：应付职工薪酬——非货币性福利　　　　　　　　　　　　　　34 000
　　贷：应交税费——应交消费税　　　　　　　　　　　　　　　34 000

（4）计提非货币性福利。

借：管理费用等科目　　　　　　　　　　　　　　　　　　　　214 800
　　贷：应付职工薪酬——非货币性福利　　　　　　　　　　　214 800

三、委托加工应税消费品

企业如有委托加工应税消费品，其消费税一般由受托方代收代缴。委托加工应税消费品收回后，直接对外销售，不再征收消费税；用于连续生产应税消费品的，其已纳税款准予从生产的应税消费品应纳消费税税额中扣除。

委托加工的应税消费品，按照受托方的同类消费品的销售价格计算纳税。没有同类消费品销售价格的，按组成计税价格计算。

从价定率计税办法的组成计税价格计算公式：

组成计税价格=（材料成本+加工费）÷（1-消费税税率）

复合计税办法的组成计税价格计算公式：

组成计税价格=（材料成本+加工费+委托加工数量×单位税额）÷（1-消费税税率）

【例6-23】白云酒业公司将购入的粮食委托南山公司加工成白酒。粮食的成本为500 000元，加工费用580 000元，增值税为75 400元，没有同类产品销售价格，加工收回白酒18吨，直接对外销售。白云酒业公司有关账务处理如下。

（1）发出加工粮食。

借：委托加工物资——南山公司（白酒）　　　　　　　　　　　500 000
　　贷：原材料——原料及主要材料（粮食）　　　　　　　　　500 000

（2）支付加工费。

借：委托加工物资——南山公司（白酒）　　　　　　　　　　　580 000
　　应交税费——应交增值税（进项税额）　　　　　　　　　　75 400
　　贷：银行存款　　　　　　　　　　　　　　　　　　　　　655 400

（3）支付消费税。

组成计税价格=（500 000+580 000+18×2 000×0.5）÷（1-20%）=1 372 500（元）

应交消费税=1 372 500×20%=274 500（元）

```
借：委托加工物资——南山公司（白酒）                        274 500
    贷：银行存款                                           274 500
```

（4）收回加工白酒。

```
借：库存商品——白酒                                      1 354 500
    贷：委托加工物资——南山公司（白酒）                     1 354 500
```

本例假设白云酒业公司委托加工的白酒收回后用于生产药酒，其他资料不变。则发出粮食及支付加工费的分录不变，支付消费税及收回白酒的会计分录如下。

支付消费税。

```
借：应交税费——应交消费税                                  274 500
    贷：银行存款                                           274 500
```

收回加工的白酒。

```
借：原材料——原料及主要材料（白酒）                        1 080 000
    贷：委托加工物资——南山公司（白酒）                     1 080 000
```

四、进口应税消费品

企业进口应税消费品的消费税由海关代征。应交消费税按照组成计税价格和适用的税率计算，消费税计入该项物资的成本。举例见【例 5-2】。

知识准备（资源税）↓

一、资源税相关知识

（一）资源税的含义

资源税是以应税资源为课税对象，对在中华人民共和国领域和中华人民共和国管辖的其他海域开发应税资源的单位和个人，就其应税资源销售额或销售数量为计税依据而征收的一种税。

（二）资源税的征收范围

目前我国资源税的征税范围包括以下五类产品：（1）能源矿产；（2）金属矿产；（3）非金属矿产；（4）水气矿产；（5）盐。

（三）资源税的计税方法

资源税的应纳税额，按照从价定率或者从量定额的办法，分别以应税产品的销售额乘以适用的比例税率或者以应税产品的销售数量乘以适用的单位税额计算。

二、资源税核算的会计科目

（一）"税金及附加——资源税"科目

（二）"应交税费——应交资源税"科目

业务处理（资源税）↓

【例 6-24】天山公司 2022 年 8 月对外销售原煤 10 万吨，不含税售价为 5 000 万元。该公司原煤的适用税率为 5%。月末计算并计提资源税的处理如下。

应纳资源税 = 5 000 × 5% = 250（万元）

```
借：税金及附加——资源税                                  2 500 000
    贷：应交税费——应交资源税                              2 500 000
```

下月交纳资源税。

借：应交税费——应交资源税   2 500 000

   贷：银行存款   2 500 000

知识准备（城市维护建设税） ↓

一、城市维护建设税的相关知识

（一）城市维护建设税的含义

城市维护建设税简称"城建税"，是对缴纳增值税和消费税的单位和个人，按其增值税和消费税实缴税额为计税依据而征收的一种税。

（二）城市维护建设税的税率

纳税人所在地为市区的，税率为 7%；纳税人所在地为县城、镇的，税率为 5%；纳税人所在地不在市区、县城或镇的，税率为 1%。

（三）城市维护建设税的计税依据

城市维护建设税的计税依据是纳税人实际缴纳增值税和消费税税额，其应纳税额的计算公式如下：

应交城市维护建设税=（本期实际缴纳的增值税+本期实际缴纳的消费税）×适用税率

二、城市维护建设税核算的会计科目

（一）"税金及附加——城市维护建设税"科目

（二）"应交税费——应交城市维护建设税"科目

业务处理（城市维护建设税） ↓

【例6-25】2022 年 8 月，珠江公司本月实际交纳增值税 1 200 000 元、消费税 320 000 元，城市维护建设税适用税率为 7%。计算并结转本月应交城市维护建设税如下。

本月应交城市维护建设税=（1 200 000+320 000）×7%=106 400（元）

月末计提城市维护建设税。

借：税金及附加——城市维护建设税   106 400

   贷：应交税费——应交城市维护建设税   106 400

下月交纳城市维护建设税。

借：应交税费——应交城市维护建设税   106 400

   贷：银行存款   106 400

知识准备（教育费附加和地方教育附加） ↓

一、教育费附加和地方教育附加相关知识

（一）教育费附加和地方教育附加的含义

教育费附加是对缴纳增值税、消费税的单位和个人，以其实际缴纳的税额为计算依据征收的一种附加费。

地方教育附加是对缴纳增值税、消费税的单位和个人，以其实际缴纳的税额为计算依据征收的一种用于教育的地方附加费。

（二）教育费附加和地方教育附加的征收率

教育费附加的征收率为 3%；地方教育附加的征收率为 2%。

（三）教育费附加和地方教育附加的计费依据

教育费附加和地方教育附加的计费依据与城市维护建设税的计税依据相同，是纳税人实际缴纳增值税和消费税税额，其应纳费额的计算公式如下：

应交教育费附加=（本期实际缴纳的增值税+本期实际缴纳的消费税）×适用费率（3%）

应交地方教育附加=（本期实际缴纳的增值税+本期实际缴纳的消费税）×适用费率（2%）

二、教育费附加和地方教育附加核算的会计科目

（一）"税金及附加——教育费附加"科目

（二）"税金及附加——地方教育附加"科目

（三）"应交税费——应交教育费附加"科目

（四）"应交税费——应交地方教育附加"科目

业务处理（教育费附加和地方教育附加） ↓

【例6-26】沿用【例6-25】的资料，计算并结转本月应交教育费附加和地方教育附加如下。

本月应交教育费附加=（1 200 000+320 000）×3%=45 600（元）

本月应交地方教育附加=（1 200 000+320 000）×2%=30 400（元）

月末计提教育费附加和地方教育附加。

借：税金及附加——教育费附加   45 600

     ——地方教育附加   30 400

 贷：应交税费——应交教育费附加   45 600

     ——应交地方教育附加   30 400

下月交纳教育费附加和地方教育附加。

借：应交税费——应交教育费附加   45 600

     ——应交地方教育附加   30 400

 贷：银行存款   76 000

📖 注意事项

编者在审计工作中发现有的企业将教育费附加和地方教育附加合并按5%的征收率计算，账务处理上也不分彼此。这样处理不正确！因为教育费附加和地方教育附加是两个税费项目，入库时也都是分成两笔数据缴纳，所以，应当分别考核。

06

知识准备（土地增值税） ↓

一、土地增值税相关知识

（一）土地增值税的含义

土地增值税是对转让国有土地使用权、地上建筑物及其附着物并取得收入的单位和个人，就其转让房地产所取得的增值额征收的一种税。

（二）土地增值税的税率

土地增值税实行4级超率累进税率。税率如表6-14所示。

表6-14 土地增值税税率表

级数	土地增值额占扣除项目金额的比例	税率	速算扣除率
1	未超过50%（含）的部分	30%	0
2	超过50%未超过100%（含）的部分	40%	5%
3	超过100%未超过200%（含）的部分	50%	15%
4	超过200%的部分	60%	35%

（三）土地增值税的计算

土地增值税的应纳税额，可以利用速算扣除率，按照简易办法计算。计算公式如下：

$$应纳土地增值税=土地增值额×适用税率-扣除项目金额×速算扣除率$$
$$土地增值额=应税收入-扣除项目金额$$

二、土地增值税核算的会计科目

（一）"税金及附加——土地增值税"科目

（二）"应交税费——应交土地增值税"科目

业务处理（土地增值税） ↓

【例6-27】越秀公司为房地产开发企业，2022年9月取得房地产转让收入3 000万元，扣除项目金额为1 980万元。计算并计提本月应交土地增值税。

增值额=30 000 000-19 800 000=10 200 000（元）

增值率=10 200 000÷19 800 000=52%

应交税额=10 200 000×40%-19 800 000×5%=3 090 000（元）

月末计提土地增值税。

借：税金及附加——土地增值税 　　　　　　　　　　　　　　　　3 090 000
　　贷：应交税费——应交土地增值税 　　　　　　　　　　　　　　　　3 090 000

下月交纳土地增值税。

借：应交税费——应交土地增值税 　　　　　　　　　　　　　　　　3 090 000
　　贷：银行存款 　　　　　　　　　　　　　　　　　　　　　　　　3 090 000

【例6-28】珠江公司2022年12月出售办公楼一栋，售价为2 000万元，增值税180万元。该办公楼为2017年12月购入，原价为1 500万元，已提折旧350万元。有关收付款项均通过银行转账结算。珠江公司的账务处理如下。

（1）注销固定资产原值及累计折旧。

借：累计折旧——房屋建筑物（办公楼） 　　　　　　　　　　　　3 500 000
　　固定资产清理——办公楼 　　　　　　　　　　　　　　　　　11 500 000
　　贷：固定资产——房屋建筑物（办公楼） 　　　　　　　　　　　15 000 000

（2）收取价款。

借：银行存款 　　　　　　　　　　　　　　　　　　　　　　　21 800 000
　　贷：固定资产清理——房屋建筑物（办公楼） 　　　　　　　　　20 000 000
　　　　应交税费——应交增值税（销项税额） 　　　　　　　　　　1 800 000

（3）计算并结转土地增值税。

转让收入=20 000 000（元）

扣除项目金额=15 000 000+15 000 000×5%×5=18 750 000（元）

出售旧房的扣除项目规定，提供的购房发票为营改增后取得的增值税专用发票的，按照发票所载不含增值税金额加上不允许抵扣的增值税进项税额之和，并从购买年度起至转让年度止每年加计5%计算扣除。

增值额=20 000 000-18 750 000=1 250 000（元）

增值率=1 250 000÷18 750 000=7%

应交土地增值税=1 250 000×30%=375 000（元）

借：固定资产清理——房屋建筑物（办公楼）　　　　　　　　375 000

　　贷：应交税费——应交土地增值税　　　　　　　　　　　　　　375 000

（4）结转出售净损益。

借：固定资产清理——房屋建筑物（办公楼）　　　　　　　8 125 000

　　贷：资产处置损益——固定资产处置损益　　　　　　　　　　8 125 000

知识准备（地方四税）　↓

一、房产税、城镇土地使用税、车船税和印花税（简称"地方四税"）的含义

（1）房产税是对在我国境内拥有房屋产权的单位和个人，以房产为征税对象，以房产的评估价值或房产租金收入为计税依据征收的一种税。

（2）城镇土地使用税是以城镇土地为征税对象，对拥有土地使用权的单位和个人征收的一种税。

（3）车船税是对在我国境内依法应当在车船管理部门登记的机动车辆和船舶，以及依法不需要在车船管理部门登记的在单位内部场所行驶或者作业的机动车辆和船舶，按照规定的计税单位和年税额标准对车船的所有人或者管理人征收的一种税。

（4）印花税是指对经济活动和经济交往中书立、领受、使用的应税经济凭证所征收的一种税。纳税人主要是通过在应税凭证上粘贴印花税票来完成纳税义务。

二、房产税、城镇土地使用税、车船税和印花税核算的会计科目

（一）税金及附加——房产税

（二）税金及附加——城镇土地使用税

（三）税金及附加——车船税

（四）税金及附加——印花税

（五）应交税费——应交房产税

（六）应交税费——应交城镇土地使用税

（七）应交税费——应交车船税

（八）应交税费——应交印花税

注意事项

由于车船税和印花税纳税义务一旦发生，随即就要交纳，往往不能提前预计，所以，企业交纳车船税、印花税时，可以不通过"应交税费"科目核算，直接借记"税金及附加"科目，贷记"银行存款"科目。

业务处理（地方四税） ↓

【例6-29】2022年6月，珠江公司经计算本月应交房产税159 000元、城镇土地使用税68 000元。有关账务处理如下。

计提房产税、城镇土地使用税时。

借：税金及附加——房产税	159 000
——城镇土地使用税	68 000
贷：应交税费——应交房产税	159 000
——城镇土地使用税	68 000

以后交纳房产税、城镇土地使用税时。

借：应交税费——应交房产税	159 000
——城镇土地使用税	68 000
贷：银行存款	227 000

任务小结 ↓

（一）消费税是对我国境内从事生产、委托加工和进口，以及销售特定消费品的单位和个人，就其销售额或销售数量，在特定环节征收的一种税。

（二）纳税人自产自用的应税消费品，除用于连续生产应税消费品外，凡用于其他方面的，于移送使用时纳税。

（三）委托加工应税消费品的消费税一般由受托方代收代缴。委托加工应税消费品收回后，直接对外销售，不再征收消费税；用于连续生产应税消费品的，其已纳税款准予从生产的应税消费品应纳消费税税额中扣除。

（四）企业进口应税消费品的消费税由海关代征。应交消费税按照组成计税价格和适用的税率计算，消费税计入该项物资的成本。

（五）资源税是以应税资源为课税对象，对在我国领域和我国管辖的其他海域开发应税资源的单位和个人，就其应税资源销售额或销售数量为计税依据而征收的一种税。

（六）城市维护建设税是对缴纳增值税和消费税的单位和个人，按其增值税和消费税实缴税额为计税依据而征收的一种税。

（七）教育费附加是对缴纳增值税、消费税的单位和个人，以其实际缴纳的税额为计算依据征收的一种附加费。地方教育附加是对缴纳增值税、消费税的单位和个人，以其实际缴纳的税额为计算依据征收的一种用于教育的地方附加费。

（八）土地增值税是对转让国有土地使用权、地上建筑物及其附着物并取得收入的单位和个人，就其转让房地产所取得的增值额征收的一种税。

（九）房产税是对在我国境内拥有房屋产权的单位和个人，以房产为征税对象，以房产的评估价值或房产租金收入为计税依据征收的一种税。

（十）城镇土地使用税是以城镇土地为征税对象，对拥有土地使用权的单位和个人征收的一种税。

（十一）车船税是对在我国境内依法应当在车船管理部门登记的机动车辆和船舶，以及依法不需要在车船管理部门登记的在单位内部场所行驶或者作业的机动车辆和船舶，按照规定的计税单位和年税额标准对车船的所有人或者管理人征收的一种税。

（十二）印花税是指对经济活动和经济交往中书立、领受、使用的应税经济凭证所征收的一种税。

任务训练（一） ↓

任务训练41　练习消费税核算

资料：白云酒业公司为增值税一般纳税人，2022年10月发生有关经济业务如下。

业务一：本月共计销售白酒 100 吨，销售收入共计 8 000 000 元。

业务二：本月将自产白酒 3 吨用于职工福利，该白酒不含税售价为 80 000 元/吨。增值税税率为 13%。每吨白酒生产成本为 30 000 元。

业务三：委托北山公司加工白酒 20 吨，发出材料成本 600 000 元，加工费用 600 000 元，增值税为 78 000元，没有同类产品销售价格，加工收回后的白酒用于生产药酒。

要求：根据上述资料分别计算应交纳的消费税税额并编制相关的会计分录（业务二按照税法的规定做账务处理）。

任务训练（二）　↓

任务训练 42　练习土地增值税及其他税费核算

资料：越秀公司为房地产开发企业、增值税一般纳税人，2022 年 12 月发生有关业务如下。

业务一：取得房地产转让收入 5 000 万元，扣除项目金额为 3 200 万元。

业务二：出售使用过的办公楼一栋，售价为 3 000 万元，增值税 270 万元。该办公楼为 2017 年 12 月购入，原价为 2 000 万元，已提折旧 500 万元。

业务三：本月共计实际交纳增值税 320 万元，实际交纳消费税 175 万元。计提本月应交城市维护建设税、教育费附加和地方教育附加。

业务四：经计算，本月应交房产税 12 万元，应交城镇土地使用税 6 万元。

要求：根据上述资料分别计算有关税费并编制相关的会计分录。

项目测试

一、判断题（每小题 2 分，本题 20 分）

（1）短期借款是指企业向银行或其他金融机构借入的期限不满 1 年的各种借款。（　　）

（2）同一往来单位不能在"应付账款"和"预付账款"科目下分别开设明细科目。（　　）

（3）在填列资产负债表时，"应付账款"和"预付账款"这两个项目可以根据其总账的余额直接填列。（　　）

（4）工资核算的一般程序是：月末发放上月工资，月初计提本月工资。（　　）

（5）企业财务会计与企业工会组织会计是不同的会计主体。（　　）

（6）职工福利费的核算有"预提法"和"实际列支法"，不管采用哪种方法，发生的福利费都要通过"应付职工薪酬"科目核算。（　　）

（7）增值税的免税收入，应通过"其他收益"科目核算或"营业外收入"科目核算。（　　）

（8）增值税纳税人分为一般纳税人和小规模纳税人。（　　）

（9）银行按季收取短期借款利息，但是银行的计息季度与企业的计息季度的起止时间是不同的。（　　）

（10）企业将自产的产品用于职工福利或个人消费，不仅增值税视同销售，企业所得税也视同销售。（　　）

二、单选题（每小题 3 分，本题 30 分）

（1）计提短期借款利息时，应借记（　　）科目。

　　A. 管理费用　　　　B. 销售费用　　　　C. 财务费用　　　　D. 投资收益

（2）企业缴纳的下列税款，不记入"税金及附加"的是（　　）。

　　A. 房产税　　　　　B. 车船税　　　　　C. 印花税　　　　　D. 增值税

（3）企业结转代扣款项时，应借记的科目是（　　）。

　　A. 应付职工薪酬　　B. 其他应付款　　　C. 其他应收款　　　D. 应交税费

（4）企业向工会组织拨付预提的工会经费时，应借记的科目是（　　）。

    A. 应付职工薪酬　　　B. 其他应付款　　　C. 其他应收款　　　D. 应交税费

（5）企业缴纳的下列税费中，一般不通过"应交税费"科目核算的是（　　）

    A. 消费费　　　　　　B. 城建税　　　　　C. 教育费附加　　　D. 印花税

（6）下列各项中，不属于职工薪酬内容的是（　　）。

    A. 社会保险费　　　　B. 住房公积金　　　C. 职工教育经费　　D. 业务招待费

（7）下列各项不属于企业职工的是（　　）。

    A. 临时雇员　　　　　　　　　　　　　　　B. 兼职会计

    C. 独立监事　　　　　　　　　　　　　　　D. 为企业提供审计服务的注册会计师

（8）一般工商企业预缴本月增值税时，应借记的科目是（　　）。

    A. 应交税费——应交增值税（已交税金）　　B. 应交增值税——未交增值税

    C. 应交税费——应交增值税（进项税额）　　D. 应交费用——预缴增值税

（9）自 2021 年 4 月 1 日起，小规模纳税人发生增值税应税销售行为，合计月销售额未超过（　　）万元的，免征增值税。

    A. 5　　　　　　　　　B. 10　　　　　　　　C. 15　　　　　　　D. 20

（10）土地增值税税率的形式是（　　）。

    A. 比例税率　　　　　B. 定额税率　　　　　C. 超额累进税率　　D. 超率累进税率

三、多选题（每小题 5 分，本题 50 分）

（1）职工薪酬包括（　　）。

    A. 短期薪酬　　　　　B. 离职后福利　　　　C. 辞退福利　　　　D. 其他长期职工福利

（2）下列属于"应交税费——应交增值税"明细账户贷方栏目的有（　　）。

    A. 销项税额　　　　　B. 进项税额　　　　　C. 进项税额转出　　D. 出口退税

（3）下列属于"应交税费——应交增值税"明细账户借方栏目的有（　　）。

    A. 进项税额　　　　　　　　　　　　　　　B. 已交税金

    C. 出口抵减内销产品应纳税额　　　　　　　D. 减免税款

（4）资产负债表中的"应付账款"项目期末余额应根据（　　）所属明细账户贷方余额计算填列。

    A. 应付账款　　　　　B. 预付账款　　　　　C. 应收账款　　　　D. 预收账款

（5）资产负债表中的"预收账款"项目期末余额应根据（　　）所属明细账户贷方余额计算填列。

    A. 应付账款　　　　　B. 预付账款　　　　　C. 应收账款　　　　D. 预收账款

（6）结算工资结转代扣款时可能贷记的科目有（　　）。

    A. 其他应收款　　　　B. 其他应付款　　　　C. 应交税费　　　　D. 应付职工薪酬

（7）消费税、资源税、城市维护建设税、教育费附加、地方教育附加、土地增值税、房产税、城镇土地使用税、车船税和印花税等 10 种税费虽然各不相同，但也有很多共同之处，它们是（　　）。

    A. 都属于"价内税"

    B. 都只需在"应交税费"科目下设置一个明细科目

    C. 都属于"价外税"

    D. 计提或发生时都是借记"税金及附加"科目

（8）城建税、教育费附加和地方教育附加均按（　　）的一定比例计算缴纳。

    A. 增值税　　　　　　B. 消费税　　　　　　C. 土地增值税　　　D. 企业所得税

（9）下列属于职工福利费列支范围的有（　　）。

    A. 职工生活困难补助　B. 丧葬补助费　　　　C. 抚恤费　　　　　D. 防暑降温费

（10）下列属于城建税税率的有（　　）。

    A. 7%　　　　　　　　B. 5%　　　　　　　　C. 3%　　　　　　　D. 1%

项目七
长期负债与所有者权益

项目导图 ↓

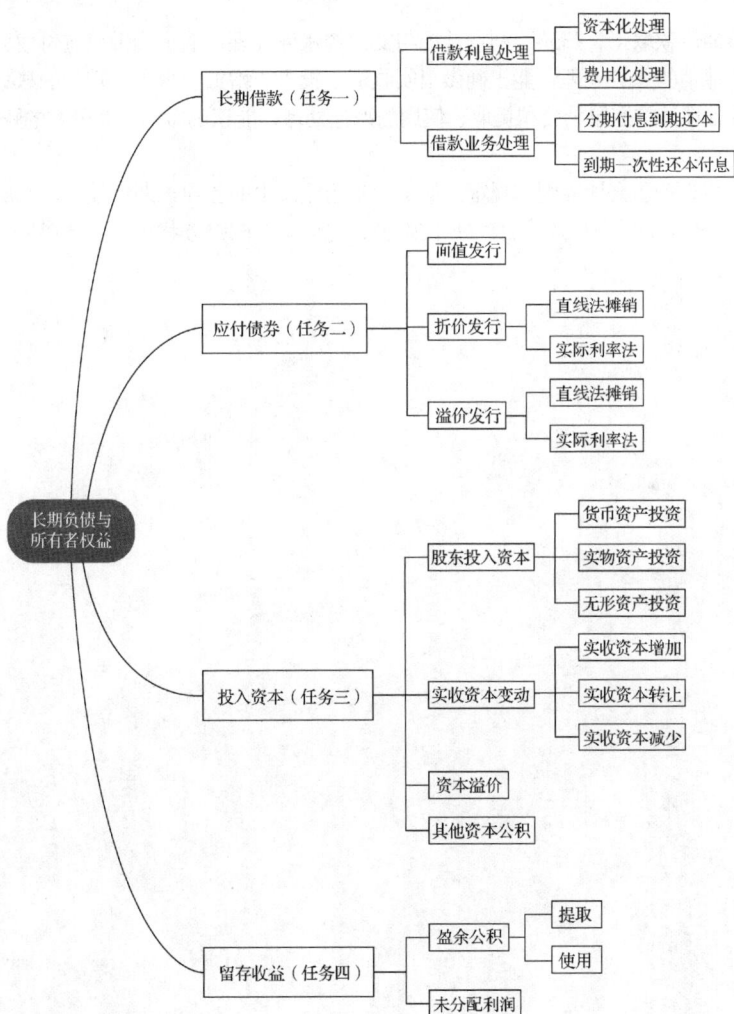

项目导言 ↓

　　长期负债也称为非流动负债，是指偿还期在一年（或超过一年的一个营业周期）以上的债务，主要有长期借款、应付债券、长期应付款等。由于长期应付款不是常见业务，且其内容也不够一个任务的容量，所以，本项目只讲解长期借款和应付债券的核算。长期借款与短期借款在核算上有很多是相同的，比如按月计提借款利息，按季支付借款利息，利息计算方法等；应付债券的核算比较难，难在债券溢、折价摊销的实际利率法。

所有者权益又称为"净资产"，是指企业资产总额扣除负债总额后由所有者享有的剩余权益。所有者权益主要包括实收资本、资本公积、盈余公积和未分配利润。

项目目标 ↓

知识目标

理解长期借款、应付债券、实收资本、资本公积、盈余公积、未分配利润等概念的含义，熟悉它们核算的会计科目。

技能目标

能正确做出长期借款取得、归还、利息计提与支付的账务处理；能正确做出应付债券取得、归还、利息计提及溢、折价摊销的账务处理；能正确做出实收资本投入、增加、减少及转让的账务处理；能正确做出资本溢价的账务处理；掌握盈余公积提取、使用的账务处理；能正确做出利润分配的账务处理。

素养目标

培养学生按照相关企业会计准则的规定，如实记录企业发生的各项长期负债业务及所有者权益业务，按照相关法律的规定进行净利润的分配或亏损的弥补，保证企业的财务状况、经营成果真实、可靠的职业素养。

07

任务一　长期借款核算

任务导言

长期借款的核算与短期借款的核算大体相同，只是长期借款的利息费用有时要做资本化处理。长期借款利息符合资本化条件的，一般记入"在建工程""制造费用"等科目，待工程完工或产品完工后再转为相关的资产；不符合资本化条件的，则费用化处理，记入"财务费用"科目。

需要注意的是，银行对于长期借款一般按季收取利息，到期收回本金，但是，银行的计息季度起止时间与企业计息季度的起止时间是不同的（见项目六任务一）。在借款期内，企业累计计提的利息总额与银行累计收取的利息总额可能不一致，属于正常现象，其差额可于年末或借款还清之后进行调整。

知识准备

一、长期借款相关知识

（一）长期借款的含义

长期借款是指企业向银行或其他金融机构借入的偿还期限超过 1 年的各种借款。企业取得长期借款，一般用于固定资产的购建、改扩建工程、大修理工程等方面。

（二）借款费用的处理

借款费用是指企业因借款而发生的利息及其他相关成本。借款费用包括借款利息、折价或者溢价的摊销、辅助费用以及因外币借款而发生的汇兑差额等。

企业发生的借款费用，可直接归属于符合资本化条件的资产的购建或者生产的，应当予以资本化，计入相关资产成本；不符合资本化条件的借款费用，计入当期损益（财务费用）。

符合资本化条件的资产，是指需要经过相当长时间的购建或者生产活动才能达到预定可使用或者可销售状态的固定资产、投资性房地产和存货等资产。

（三）借款费用资本化的条件

借款费用同时满足下列条件的，才能开始资本化。

（1）资产支出已经发生，资产支出包括为购建或者生产符合资本化条件的资产而以现金、转移非现金资产或者承担带息债务形式发生的支出。

（2）借款费用已经发生。

（3）为使资产达到预定可使用或者可销售状态所必要的购建或者生产活动已经开始。

二、长期借款核算的会计科目

（一）"长期借款"科目

"长期借款"科目属于负债类科目，核算企业向银行或其他金融机构借入的期限超过一年的各种借款。本科目一般按贷款单位进行明细核算。如果长期借款利息在借款到期时一次性支付，则应在"长期借款"科目下设置"应计利息"明细科目核算。

（二）"应付利息"科目（见项目六任务一）

对于长期借款利息，银行一般按季收取，企业计提的长期借款利息，其支付期不超过一个季度，所以属于流动负债，应通过本科目核算。

（三）"财务费用"科目（见项目六任务一）

长期借款利息费用不符合资本化条件的，记入本科目。

（四）"在建工程"科目（见项目五任务一）

长期借款利息费用符合资本化条件并形成固定资产或投资性房地产的，应通过本科目核算。如果长期借利息费用符合资本化条件并形成存货的，则应通过"制造费用"科目核算。

业务处理 ↓

一、分期付息到期还本借款业务

【例7-1】2021年3月31日，珠江公司为建造厂房，向中国工商银行借入期限为2年的专门借款500万元，年利率为4.85%，按季付息，到期还本。工程于当年4月1日开工，5月12日支付第1期工程款100万元，9月12日支付第2期工程款250万元，当年12月31日工程完工，达到预定可使用状态，同时支付第3期工程款150万元。每期支付的工程款均为含税金额，并取得增值税专用发票，增值税税率为9%。该借款本金于到期日还清。珠江公司有关账务处理如下。

（1）2021年3月31日，收到借款本金。

借：银行存款   5 000 000

  贷：长期借款——本金（中国工商银行）   5 000 000

（2）2021年4月30日，计提当月借款利息。

月利息额=5 000 000×4.85%÷12=20 208.33（元）

借：在建工程——厂房建造工程   20 208.33

  贷：应付利息——中国工商银行   20 208.33

（2021年5月—12月计提利息的分录同上）

（3）2021年5月12日，支付第1期工程款。

不含税工程款=1 000 000÷（1+9%）=917 431.19（元）

增值税税额=917 431.19×9%=82 568.81（元）

借：在建工程——厂房建造工程   917 431.19

  应交税费——应交增值税（进项税额） 82 568.81

  贷：银行存款   1 000 000.00

（4）2021年6月21日，支付季度借款利息。

季度利息额=5 000 000×4.85%÷12×3=60 625（元）

借：应付利息——中国工商银行   60 625

  贷：银行存款   60 625

> **注意事项**
>
> 由于银行的计息期间与企业的计息期间不同，因而，银行收取的季度利息金额与企业计提的季度利息金额可能不一致。就本例而言，企业计提利息从3月31日起至6月30日止，正好3个月，而银行收取利息从3月31日起至6月20日止，不足3个月。所以，本季度银行收取的利息与企业计提的利息金额存在差异，但这个差异只是暂时的，待借款到期时，银行累计收取的利息与企业累计计提的利息将会趋于一致。为了简便起见，本例假设每个季度银行收取的利息金额与企业计提的利息金额一致。

（5）2021年9月12日，支付第2期工程款。

不含税工程款=2 500 000÷（1+9%）=2 293 577.98（元）

增值税税额=2 293 577.98×9%=206 422.02（元）

借：在建工程——厂房建造工程　　　　　　　　　　　　　2 293 577.98

　　应交税费——应交增值税（进项税额）　　　　　　　　206 422.02

　　贷：银行存款　　　　　　　　　　　　　　　　　　　　　　　2 500 000.00

（6）2021 年 12 月 31 日，支付第 3 期工程款。

不含税工程款=1 500 000÷（1+9%）=1 376 146.79（元）

增值税税额=1 376 146.79×9%=123 853.21（元）

借：在建工程——厂房建造工程　　　　　　　　　　　　　1 376 146.79

　　应交税费——应交增值税（进项税额）　　　　　　　　123 853.21

　　贷：银行存款　　　　　　　　　　　　　　　　　　　　　　　1 500 000.00

（7）2021 年 12 月 31 日，工程完工结转固定资产。

借：固定资产——房屋建筑物（厂房）　　　　　　　　　　4 769 030.96

　　贷：在建工程——厂房建造工程　　　　　　　　　　　　　　4 769 030.96

（3 期工程款不含税金额合计 4 587 155.96 元+9 个月的利息 181 875 元）

（8）2022 年 1 月 31 日，计提当月借款利息。

借：财务费用——利息　　　　　　　　　　　　　　　　　20 208.33

　　贷：应付利息——中国工商银行　　　　　　　　　　　　　　20 208.33

（以后各月计提利息同上）

（9）2023 年 3 月 31 日，归还借款本金。

借：长期借款——中国工商银行（本金）　　　　　　　　　5 000 000

　　贷：银行存款　　　　　　　　　　　　　　　　　　　　　　5 000 000

二、到期一次性还本付息借款业务

【例 7-2】沿用【例 7-1】的资料，假设该项专门借款为到期一次性还本付息，其他资料不变。则其账务处理与【例 7-1】不同的地方如下。

（1）2021 年 4—12 月，每月计提利息。

借：在建工程——厂房建造工程　　　　　　　　　　　　　20 208.33

　　贷：长期借款——应计利息（中国工商银行）　　　　　　　　20 208.33

（2）2022 年 1 月—2023 年 3 月每月计提利息。

借：财务费用——利息　　　　　　　　　　　　　　　　　20 208.33

　　贷：长期借款——应计利息（中国工商银行）　　　　　　　　20 208.33

（3）无须每季向银行支付利息。

（4）借款到期归还本金和利息。

借：长期借款——本金（中国工商银行）　　　　　　　　　5 000 000

　　　　　　——应计利息（中国工商银行）　　　　　　　485 000

　　贷：银行存款　　　　　　　　　　　　　　　　　　　　　　5 485 000

任务小结　↓

07

（一）长期借款是指企业向银行或其他金融机构借入的偿还期限超过 1 年的各种借款。

（二）企业发生的借款费用，可直接归属于符合资本化条件的资产的购建或者生产的，应当予以资本化，计入相关资产成本；不符合资本化条件的借款费用，计入当期损益（财务费用）。

（三）借款费用同时满足下列条件的，才能开始资本化：（1）资产支出已经发生；（2）借款费用已经发生；（3）为使资产达到预定可使用或者可销售状态所必要的购建或者生产活动已经开始。

（四）计提长期借款利息，如果借款利息按季支付，应通过"应付利息"科目核算；如果借款利息到期一次性支付，应通过"长期借款——应计利息"科目核算。

任务训练

任务训练43 练习长期借款的核算

资料：珠江公司2021年12月31日向中国工商银行借款900万元，用于厂房建造，借款期限为2年，年利率为4.75%，利息按季支付，到期还本。该项目从2022年1月1日开始建设，于2022年12月31完工。2022年1月10日支付工程款300万元，2022年5月10日支付工程款400万元，2022年12月30日支付工程款200万元。每期工程款均通过银行转账支付，均为含税金额，并取得增值税专用发票，增值税税率为9%。

要求：根据上述资料编制下列会计分录。

（1）2021年12月31日，收到借款。

（2）2022年1月10日，支付工程款300万元。

（3）2022年1月31日，计提当月借款利息。

（4）2022年3月21日，支付季度借款利息（假设支付的月利息额与企业计提的月利息额相同）。

（5）2022年5月10日，支付工程款400万元。

（6）2022年12月30日，支付工程款200万元。

（7）2022年12月31日，结转固定资产成本。

（8）2023年1月31日，计提当月借款利息。

（9）2023年12月31日，归还借款本金。

07

任务二　应付债券核算

任务导言 ↓

债券发行可能存在溢价发行或折价发行，那么，应付债券的核算也就存在溢价摊销或折价摊销。根据《企业会计准则》规定，应付债券溢、折价的摊销应采用实际利率法。

如今企业发行债券大都是电子记录债券，债券通常按面值发行，即便存在溢价或折价发行，其溢、折价的金额也是很小的。在债券溢、折价金额不大的情况下，可以采用简便的直线法摊销。所以，本任务的业务处理还是从债券面值发行入手，溢、折价摊销从直线摊销法入手。学习者只要弄懂了直线摊销法，那么，实际利率法就不难了。

知识准备 ↓

一、应付债券相关知识

（一）应付债券的含义

应付债券是指企业为筹措长期资金依法定程序对外发行，约定在一定期限内还本付息的有价证券。

（二）企业债券的发行方式

企业债券的发行价格主要取决于债券的票面利率与发行时的市场利率是否一致，因而，企业债券的发行方式有以下三种。

（1）面值发行。当债券的票面利率等于市场利率时，债券的发行价格等于面值，称为面值发行。

（2）溢价发行。当债券的票面利率高于市场利率时，债券的发行价格高于面值，称为溢价发行。

（3）折价发行。当债券的票面利率低于市场利率时，债券的发行价格低于面值，称为折价发行。

（三）债券溢价与折价的摊销方法

债券溢价与折价的摊销方法有两种：实际利率法与平均摊销法。《企业会计准则》规定，债券溢价和折价应在债券存续期间，采用实际利率法进行摊销。

实际利率法是指按照应付债券的实际利率计算其摊余成本及各期利息费用的方法。实际利率摊销法下，各年的摊销金额不相等，计算比较复杂。

平均摊销法也叫直线摊销法，各个会计期间摊销的金额相等，计算简便。在债券溢价或折价金额不大的情况下，可以采用平均摊销法摊销。

二、应付债券核算的会计科目

（一）"应付债券"科目

"应付债券"科目属于负债类科目，核算企业为筹集长期资金而发行债券的本金和利息。本科目应按"面值""利息调整""应计利息"等进行明细核算。"面值"核算企业发行债券的面值（本金）。"利息调整"核算企业发行债券实际收到的金额与债券面值的差额，即溢价或折价。"应计利息"核算到期一次还本付息方式下，计提的应付债券利息。

（二）"应付利息"科目（见项目六任务一）

当应付债券按期（不超过1年）付息的时候，计提债券利息时应通过本科目核算。

（三）"在建工程"科目（见项目五任务一）

与长期借款相同，债券利息如果符合资本化条件的，应通过本科目核算。

07

（四）"财务费用"科目（见项目六任务一）

与长期借款相同，债券利息如果不符合资本化条件的，应通过本科目核算。

业务处理 ↓

一、面值发行债券业务

【例7-3】2019年12月31日，珠江公司为新建厂房发行期限为3年期、按年付息、到期还本的公司债券，面值为9 000万元，每年年末支付利息，票面利率为5%。债券按面值发行（不考虑发行费用）。厂房的建造期间为2020年1月1日至2020年12月31日。珠江公司有关账务处理如下。

（1）取得发行收入。

借：银行存款 90 000 000
　　贷：应付债券——面值 90 000 000

（2）每年计提债券利息（年利息额=90 000 000×5%=4 500 000元）

2020年计提利息。

借：在建工程——厂房工程（利息） 4 500 000
　　贷：应付利息——债券利息 4 500 000

2021年和2022年计提利息。

借：财务费用——利息 4 500 000
　　贷：应付利息——债券利息 4 500 000

（3）每年支付债券利息。

借：应付利息——债券利息 4 500 000
　　贷：银行存款 4 500 000

（4）到期偿还债券本金。

借：应付债券——面值 90 000 000
　　贷：银行存款 90 000 000

二、折价发行债券业务

（一）直线摊销法

【例7-4】2019年12月31日，珠江公司为新建厂房发行期限为3年期、按年付息、到期还本的公司债券，面值为9 000万元，每年年末支付利息，票面利率为5%。债券实际利率为6.36%，发行价格为8 676万元。厂房的建造期间为2020年1月1日至2020年12月31日。债券折价采用直线法摊销，珠江公司有关账务处理如下。

（1）取得发行收入。

借：银行存款 86 760 000
　　应付债券——利息调整 3 240 000
　　贷：应付债券——面值 90 000 000

（2）每年计提利息。

年利息额=90 000 000×5%=4 500 000（元）

年折价摊销额=3 240 000÷3=1 080 000（元）

2020年计提利息。

借：在建工程——厂房工程 5 580 000
　　贷：应付利息——债券利息 4 500 000
　　　　应付债券——利息调整 1 080 000

2021年和2022年计提利息。

```
借：财务费用——利息                                              5 580 000
    贷：应付利息——债券利息                                          4 500 000
        应付债券——利息调整                                          1 080 000
（3）每年支付利息。
借：应付利息——债券利息                                          4 500 000
    贷：银行存款                                                    4 500 000
（4）到期归还本金。
借：应付债券——面值                                             90 000 000
    贷：银行存款                                                   90 000 000
```

（二）实际利率法

【例7-5】沿用【例7-4】的资料，债券折价摊销采用实际利率法。该债券每年摊销额计算如表7-1所示。

表7-1　　　　　　　　　　　　　　应付债券摊销计算表　　　　　　　　　　　　　　单位：元

年份	应付利息	实际利息	折价摊销	账面价值
2019				86 760 000.00
2020	4 500 000.00	5 517 936.00	1 017 936.00	87 777 936.00
2021	4 500 000.00	5 582 676.73	1 082 676.73	88 860 612.73
2022	4 500 000.00	5 651 534.97	1 139 387.27	90 000 000.00

（注：应付利息=债券面值×票面利率；实际利息=债券年初账面价值×实际利率；折价摊销=实际利息-应付利息；账面价值=年初账面价值+本年折价摊销。此外，为避免出现误差，最后1年的折价摊销额用"减法"计算得出。）

此例取得债券发行收入、每年支付利息及到期偿还本金的分录与【例7-4】完全相同，只是每年折价摊销的分录不同，列示如下。

```
（1）2020年度折价摊销（计提利息）。
借：在建工程——厂房工程                                          5 517 936
    贷：应付利息——债券利息                                          4 500 000
        应付债券——利息调整                                          1 017 936
（2）2021年度折价摊销（计提利息）。
借：财务费用——利息                                              5 582 676.73
    贷：应付利息——债券利息                                          4 500 000.00
        应付债券——利息调整                                          1 082 676.73
（3）2022年度折价摊销（计提利息）。
借：财务费用——利息                                              5 639 387.27
    贷：应付利息——债券利息                                          4 500 000.00
        应付债券——利息调整                                          1 139 387.27
```

三、溢价发行债券业务

（一）直线摊销法

【例7-6】2019年12月31日，珠江公司为新建厂房发行期限为3年期、按年付息、到期还本的公司债券，面值为9 000万元，每年年末支付利息，票面利率为5%，实际利率为3.29%，发行价格为9 432万元。厂房的建造期间为2020年1月1日至12月31日。债券溢价采用直线法摊销，有关账务处理如下。

```
（1）取得发行收入。
借：银行存款                                                    94 320 000
    贷：应付债券——面值                                             90 000 000
        应付债券——利息调整                                          4 320 000
```

（2）每年计提利息。

年利息额=90 000 000×5%=4 500 000（元）

年溢价摊销额=4 320 000÷3=1 440 000（元）

2020年计提利息。

借：在建工程——厂房工程　　　　　　　　　　　　　　　3 060 000
　　应付债券——利息调整　　　　　　　　　　　　　　　1 440 000
　　　贷：应付利息——债券利息　　　　　　　　　　　　　　　4 500 000

2021年和2022年计提利息。

借：财务费用——利息　　　　　　　　　　　　　　　　　3 060 000
　　应付债券——利息调整　　　　　　　　　　　　　　　1 440 000
　　　贷：应付利息——债券利息　　　　　　　　　　　　　　　4 500 000

（3）每年支付利息。

借：应付利息——债券利息　　　　　　　　　　　　　　　4 500 000
　　　贷：银行存款　　　　　　　　　　　　　　　　　　　　4 500 000

（4）到期归还债券本金。

借：应付债券——面值　　　　　　　　　　　　　　　　　90 000 000
　　　贷：银行存款　　　　　　　　　　　　　　　　　　　　90 000 000

（二）实际利率法

【例7-7】沿用【例7-6】的资料，债券溢价采用实际利率法摊销，该债券每年摊销额计算如表7-2所示。

表7-2　　　　　　　　　　　应付债券摊销计算表　　　　　　　　　　　单位：元

年份	应付利息	实际利息	溢价摊销	账面价值
2019				94 320 000.00
2020	4 500 000.00	3 103 128.00	1 396 872.00	92 923 128.00
2021	4 500 000.00	3 057 170.91	1 442 829.09	91 480 298.91
2022	4 500 000.00	3 009 701.83	1 480 298.91	90 000 000.00

（注：应付利息=债券面值×票面利率；实际利息=债券年初账面价值×实际利率；溢价摊销=应付利息-实际利息；账面价值=年初账面价值-本年溢价摊销。此外，为避免出现误差，最后1年的溢价摊销额用"减法"计算得出。）

此例取得债券发行收入、每年支付利息及到期偿还本金的分录与【例7-6】完全相同，只是每年溢价摊销的分录不同，列示如下。

（1）2020年度折价摊销（计提利息）。

借：在建工程——厂房工程　　　　　　　　　　　　　　　3 103 128
　　应付债券——利息调整　　　　　　　　　　　　　　　1 396 872
　　　贷：应付利息——债券利息　　　　　　　　　　　　　　　4 500 000

（2）2021年度折价摊销（计提利息）。

借：财务费用——利息　　　　　　　　　　　　　　　　　3 057 170.91
　　应付债券——利息调整　　　　　　　　　　　　　　　1 442 829.09
　　　贷：应付利息——债券利息　　　　　　　　　　　　　　　4 500 000.00

（3）2022年度折价摊销（计提利息）。

借：财务费用——利息　　　　　　　　　　　　　　　　　3 019 701.09
　　应付债券——利息调整　　　　　　　　　　　　　　　1 480 298.91
　　　贷：应付利息——债券利息　　　　　　　　　　　　　　　4 500 000.00

应付债券溢折价的
摊销

任务小结 ↓

（一）应付债券是指企业为筹措长期资金依法定程序对外发行，约定在一定期限内还本付息的有价
证券。

（二）由于债券的票面利率与发行时的市场利率可能不一致，企业债券的发行有面值发行、折价发生和
溢价发行三种方式。

（三）债券溢价与折价的摊销方法有两种：实际利率法与平均摊销法。《企业会计准则》规定，债券溢
价和折价应在债券存续期间采用实际利率法摊销。

（四）实际利率法是指按照应付债券的实际利率计算其摊余成本及各期利息费用的方法。

任务训练 ↓

任务训练 44　练习应付债券的核算

资料：2019 年 12 月 31 日，珠江公司发行债券一期，债券面值为 5 000 万元，期限为 3 年，票面利率
为 5%，利息每年年末支付，到期归还本金。该债券筹集的资金全部用于厂房扩建工程，工程于债券发行之
日开始，至债券到期日工程尚未完工。假设该期债券有下列三种发行方式。

（1）面值发行。

（2）溢价发行，发行价格为 5 240 万元。

（3）折价发行，发行价格为 4 820 万元。

要求：根据上述债券的三种发行方式，分别编制收到发行收入、每年计提债券利息、每年支付债券利
息及到期归还债券本金的会计分录。不考虑发行费用，溢、折价均采用直线法摊销。

任务三　投入资本核算

任务导言 ↓

"投入资本"意为投资者（股东）投入企业的资本。投入资本包括实收资本和资本公积。企业的实收资本主要来自股东投入，那么，资本公积来自哪里呢？资本公积有两个来源，但其主要来源是资本溢价。资本溢价也是由股东投入形成的。

股东可以用货币出资，也可以用实物、知识产权、土地使用权等出资，还可以用依法转让的非货币财产（如股权、债权）作价出资。

一般纳税人收到股东非货币资产出资，如果取得了增值税专用发票，其进项税额与购进货物相同，也可以抵扣销项税额。

知识准备 ↓

一、投入资本相关知识

（一）实收资本的含义

实收资本是指企业按照章程规定或合同、协议约定，接受投资者投入企业的资本。通俗来讲，实收资本就是股东投入企业做生意的本钱。与借款不同，在企业存续期间，实收资本不用归还，企业可以长期使用，但是，股东可根据其出资比例参与企业利润的分配。

（二）资本公积的含义

资本公积是指企业收到投资者的超出其在注册资本（或股本）中所占份额的投资，以及其他资本公积等。也就是说，资本公积主要有两个来源：一是股东投入，二是其他来源形成。

从上述含义中可以看出，资本公积与实收资本都属于股东投入企业的"本钱"，但二者是有区别的。实收资本属于法定资本，与企业注册资本一致，股东按其占有实收资本的比例，享受权益；而资本公积不属于法定资本，对企业来说，资本公积可有可无。资本公积的投入者不能根据其谋求经济利益。

（三）实收资本的分类

（1）按投资主体不同，实收资本可分为国家资本、法人资本、个人资本、港澳台资本和外商资本等。

国家资本是指有权代表国家投资的政府部门或机构以国有资产投入企业的资本；法人资本是指具有法人资格的经济组织以其依法可支配的资产投入企业的资本；个人资本是指公民个人或者企业职工个人以其合法财产投入企业的资本；港澳台资本是指香港特别行政区、澳门特别行政区和台湾地区的投资者投入企业的资本；外商资本是指外商投资者以其资产投入企业的资本。

（2）按投入资本的物质形态不同，实收资本可分为货币投资、实物投资和无形资产投资。

货币投资是指投资者将货币资金投入企业形成的资本；实物投资是指投资者以其房屋、设备、材料、产品等实物资产投入企业形成的资本；无形资产投资是指投资者以专利权、非专利技术、商标权、土地使用权等无形资产投入企业形成的资本。

（四）资本公积的构成

资本公积按其来源分为资本（股本）溢价和其他资本公积。

资本溢价是指企业投资者投入的超过其在注册资本中所占份额的部分。股本溢价是指股份有限公司发行股票时收到的款项超过股票面值总额的部分。

其他资本公积是指除净损益、其他综合收益和利润分配以外所有者权益的其他变动。如长期股权投资采用权益法核算时，因被投资单位除净损益、其他综合收益和利润分配以外所有者权益的其他变动，投资

07

企业应享有的份额而增加或减少的资本公积。

二、投入资本核算的会计科目

（一）"实收资本"科目

"实收资本"科目属于所有者权益类科目，核算企业接受投资者投入的实收资本。本科目应按投资者进行明细核算。股份有限公司可将本科目改为"股本"科目。

（二）"资本公积"科目

"资本公积"科目属于所有者权益类科目，核算企业收到投资者出资额超出其在注册资本或股本中所占份额的部分以及直接计入所有者权益的利得和损失。本科目可设置"资本溢价（股本溢价）""其他资本公积"两个明细科目。

（三）"库存股"科目

"库存股"科目属于所有者权益类备抵科目，核算股份有限公司收购、注销或转让的本公司股份金额。本科目是"实收资本（股本）"的抵减科目，该科目如有余额，一定为借方余额，在资产负债表中以负数填列。本科目无须明细核算。

业务处理 ↓

一、股东投入资本

【例7-8】珠江公司由甲、乙、丙3个股东共同出资设立，根据协议，公司注册资本为1 000万元，其中：股东甲出资500万元，以货币资金出资；股东乙出资300万元，以生产设备出资；股东丙出资200万元，以专利权出资。2019年3月1日，公司账户收到股东甲出资500万元；3月5日，收到股东乙作为出资的生产设备及增值税专用发票，发票列示设备价款为3 097 345.13元，增值税402 654.87元，计入注册资本的出资额为300万元；3月6日，收到股东丙作为出资的专利权及增值税专用发票，发票列示专利权价款2 169 811.32元，增值税130 188.68元，计入注册资本的出资额为200万元。珠江公司有关账务处理如下。

（1）3月1日，收到股东甲出资。

借：银行存款　　　　　　　　　　　　　　　　　　　5 000 000
　　贷：实收资本——股东甲　　　　　　　　　　　　　　　5 000 000

（2）3月5日，收到股东乙出资。

借：固定资产——机器设备　　　　　　　　　　　　　3 097 345.13
　　应交税费——应交增值税（进项税额）　　　　　　　402 654.87
　　贷：实收资本——股东乙　　　　　　　　　　　　　　3 000 000.00
　　　　资本公积——资本溢价　　　　　　　　　　　　　　500 000.00

（3）3月6日，收到股东丙出资。

借：无形资产——专利权　　　　　　　　　　　　　　2 169 811.32
　　应交税费——应交增值税（进项税额）　　　　　　　130 188.68
　　贷：实收资本——股东丙　　　　　　　　　　　　　　2 000 000.00
　　　　资本公积——资本溢价　　　　　　　　　　　　　　300 000.00

二、实收资本变动

（一）实收资本增加

【例7-9】接【例7-8】资料，2021年10月，珠江公司为了扩大生产经营，将注册资本由1 000万元增加到1 500万元。按照增资协议，股东甲增资150万元；股东乙增资90万元；股东丙增资60万元。股东增资均以货币资金出资，资金均已到账。此外，用资本公积80万元、盈余公积120万元转增资本。转增资本

07

部分，按各股东持股比例分配。珠江公司有关账务处理如下。

（1）收到股东增资。

借：银行存款　　　　　　　　　　　　　　　　　　　　　　3 000 000

　　贷：实收资本——股东甲　　　　　　　　　　　　　　　　　　1 500 000

　　　　　　　　——股东乙　　　　　　　　　　　　　　　　　　　900 000

　　　　　　　　——股东丙　　　　　　　　　　　　　　　　　　　600 000

（2）资本公积和盈余公积转增资本。

借：资本公积——资本溢价　　　　　　　　　　　　　　　　　800 000

　　盈余公积——法定盈余公积　　　　　　　　　　　　　　　1 200 000

　　贷：实收资本——股东甲　　　　　　　　　　　　　　　　　1 000 000

　　　　　　　　——股东乙　　　　　　　　　　　　　　　　　　　600 000

　　　　　　　　——股东丙　　　　　　　　　　　　　　　　　　　400 000

【例 7-10】2022 年 2 月，北江公司决定以配股的方式分配股利 300 万元，并办理注册资本变更登记事项。配股前公司共有 A、B、C、D 四个股东，各股东持股比例分别为：40%、30%、20%、10%。北江公司账务处理如下。

借：利润分配——转作股本的股利　　　　　　　　　　　　3 000 000

　　贷：实收资本——股东 A　　　　　　　　　　　　　　　　1 200 000

　　　　　　　　——股东 B　　　　　　　　　　　　　　　　　900 000

　　　　　　　　——股东 C　　　　　　　　　　　　　　　　　600 000

　　　　　　　　——股东 D　　　　　　　　　　　　　　　　　300 000

【例 7-11】2022 年 12 月，北江公司与债权人达成协议，将欠 E 公司的应付账款 250 万元全部转作该公司的投资，其中计算股权比例的金额为 200 万元。北江公司办理注册资本变更登记事项并做如下账务处理。

借：应付账款——E 公司　　　　　　　　　　　　　　　　　2 500 000

　　贷：实收资本——股东 E　　　　　　　　　　　　　　　　2 000 000

　　　　资本公积——资本溢价　　　　　　　　　　　　　　　　500 000

（二）实收资本转让

【例 7-12】沿用【例 7-8】、【例 7-9】的资料，2022 年 2 月，经过协议，珠江公司的股东甲将其持有股份中的 20%，计 300 万元转让给股东乙，双方股权转让手续已完成并在市场监督管理部门办理变更登记。珠江公司的账务处理如下。

借：实收资本——股东甲　　　　　　　　　　　　　　　　　3 000 000

　　贷：实收资本——股东乙　　　　　　　　　　　　　　　　3 000 000

（三）实收资本减少

企业如果要减少注册资本，按规定需经过一定的法律程序，时间也比较漫长。所以，减资业务比较少见。有限公司和一般企业的减资账务处理比较简单，现以公开上市的股份有限公司为例，说明其减资业务的账务处理。

【例 7-13】清江股份有限公司以每股 8 元的价格收购本公司股票 500 万股，每股面值 1 元。资本公积（资本溢价）账户余额足够弥补收购价格与股票面值的差额。有关账务处理如下。

（1）收购本公司股票时。

借：库存股　　　　　　　　　　　　　　　　　　　　　　40 000 000

　　贷：其他货币资金——存出投资款　　　　　　　　　　　40 000 000

（2）注销本公司股票时。

借：股本　　　　　　　　　　　　　　　　　　　　　　　5 000 000

　　资本公积——资本溢价　　　　　　　　　　　　　　　35 000 000

　　贷：库存股　　　　　　　　　　　　　　　　　　　　40 000 000

三、资本（股本）溢价

一般企业（包括有限公司）与股份有限公司的资本溢价核算有所不同，以下分别举例说明。

【例7-14】沿用【例7-8】、【例7-9】的资料，假设2022年9月，珠江公司再次增加注册资本，注册资本由原来的1500万元增加到2000万元。协议规定，本次增资全部由股东丁以货币资金出资，股东丁共计出资750万元，其中，计入注册资本的出资额为500万元。珠江公司收到股东丁出资时，应做如下账务处理。

```
借：银行存款                                    7 500 000
    贷：实收资本——股东丁                            5 000 000
        资本公积——资本溢价                          2 500 000
```

【例7-15】清江股份有限公司发行普通股10 000万股，每股面值1元，每股发行价格为5元，证券公司按发行收入的5‰收取手续费，从发行收入中扣除。清江公司收到股票发行收入时，应做如下账务处理。

```
借：其他货币资金——存出投资款                      497 500 000
    贷：股本                                       100 000 000
        资本公积——股本溢价                         397 500 000
```

四、其他资本公积

见【例4-30】。

任务小结

（一）实收资本是指企业按照章程规定或合同、协议约定，接受投资者投入企业的资本。按投资主体不同，实收资本可分为国家资本、法人资本、个人资本、港澳台资本和外商资本等；按投入资本的物质形态不同，实收资本可分为货币投资、实物投资和无形资产投资。

（二）资本公积是指企业收到投资者的超出其在注册资本（或股本）中所占份额的投资，以及其他资本公积等。资本公积按其来源分为资本溢价和其他资本公积。资本溢价是指企业投资者投入的超过其在注册资本中所占份额的部分。其他资本公积是指除净损益、其他综合收益和利润分配以外所有者权益的其他变动。

任务训练

任务训练45　练习投入资本的核算

资料：南江公司为有限责任公司，发生有关业务如下。

（1）2020年1月5日，收到股东A投入资本250万元，款项存入银行。

（2）2020年1月6日，收到股东B出资的机器设备一批，双方协议确认的价值为200万元，取得增值税专用发票，其中价款1 769 911.50元，增值税230 088.50元。

（3）2020年1月6日，收到股东C投入房屋一套，双方协议确认的价值为300万元。

（4）2020年1月8日，收到股东D投入专利权一项，双方协议确认的价值为50万元。取得增值税专用发票，其中：款价471 698.11元，增值税28 301.89元。

（5）2021年12月2日，收到股东E投入货币资金300万元，根据投资协议，计算股东E股权比例的金额为200万元。

（6）2022年12月1日，将资本公积100万元和盈余公积100万元转增资本，按各股东的股权比例分配。

（7）2022年3月8日，股东E将其持有的20%的股份240万元全部转让给股东A公司，已办妥相关手续。

要求：根据以上业务编制会计分录。

任务四 留存收益核算

任务导言 ↓

由于盈余公积和未分配利润均来自企业实现的净利润，所以，我们通常将二者合称为"留存收益"。

未分配利润核算的科目叫"利润分配"。"利润分配"核算内容比较复杂。我们可以把"利润分配"科目（账户）核算的内容分解为两种情况：当企业处在盈利的情况下，"利润分配"科目核算的内容为：有多少利润可供分配、已经分配了多少利润、还有多少利润未分配；当企业处在亏损的情况下，"利润分配"科目核算的内容为：有多少亏损需要弥补（累计发生了多少亏损）、已经弥补了多少亏损、还有多少亏损未弥补。

此外，亏损弥补的途径有 3 种，其中：税前利润弥补亏损和税后利润弥补亏损都不需要单独做账务处理，只有用盈余公积弥补亏损才需要做账务处理。本任务在核算举例及任务训练中均设有"利润分配"账户的登记。学习者通过对"利润分配"账户登记的结果进行分析，可以领悟其中的道理。

知识准备 ↓

一、留存收益相关知识

（一）留存收益的含义

留存收益是指企业从历年实现的净利润中提取或形成的留存于企业内部的积累资金。留存收益包括盈余公积和未分配利润。

盈余公积是企业按照规定从净利润中提取的一种积累，是留存企业具有专门用途的公积金。盈余公积分为法定盈余公积和任意盈余公积。法定盈余公积是指企业按照法律规定的比例从净利润中提取的盈余公积。我国《公司法》规定，公司制企业应按当年净利润的 10% 提取法定盈余公积。法定盈余公积累计额超过注册资本的 50% 时，可以不再提取。任意盈余公积是指企业按照股东大会或类似机构的决议，从净利润中提取的盈余公积。任意盈余公积的提取比例由企业自行决定。

未分配利润就是企业尚未分配的净利润，它是企业历年累计结存的未指明用途的利润。未分配利润可以用来弥补未来的亏损，也可以在未来向股东分红。未分配利润的基本计算公式如下：

期末未分配利润=期初未分配利润+本期净利润-本期已分配的利润±以前年度损益调整

（二）盈余公积的用途

盈余公积可以用于转增资本、弥补亏损及发放现金股利。

（1）转增资本。企业经过股东大会或类似权力机构批准，可以将盈余公积转为实收资本。

（2）弥补亏损。企业亏损弥补的途径和顺序如下。

第一，用以后年度税前利润弥补。按照税法的规定，企业当年发生的亏损，可以用以后连续五年的税前利润弥补。即亏损发生之后的连续五年内实现的利润先扣除其发生的亏损，扣除亏损后有剩余的，就剩余的部分按规定交纳所得税，扣除亏损后没有剩余的，则不需交纳所得税。用税前利润弥补亏损不需进行专门的账务处理。

第二，用以后年度税后利润弥补。按照税法的规定，企业发生的亏损经过 5 年尚未弥补完的，可用税后利润进行弥补。用税后利润弥补亏损也不需要进行专门的账务处理。

第三，用盈余公积弥补。如果企业发生的亏损经过前两种方式还未能弥补完的，经企业股东大会或类似权力机构批准，可以用盈余公积弥补。用盈余公积弥补亏损需进行账务处理。

（3）发放现金股利（利润）。经股东大会或类似权力机构批准，可以用盈余公积发放现金股利（利润）。

（三）利润分配的顺序

利润分配是将企业实现的净利润，按照财务制度规定的分配形式和分配顺序，在企业和投资者之间进行分配。根据《公司法》规定，企业应按下列顺序进行利润分配。

（1）弥补以前年度亏损。

（2）提取法定盈余公积。

（3）提取任意盈余公积。

（4）向投资者分配利润（股利）。

二、留存收益核算的会计科目

（一）"盈余公积"科目

"盈余公积"科目属于所有者权益类科目，核算企业从净利润中提取的盈余公积。一般企业可按"法定盈余公积"和"任意盈余公积"进行明细核算，外商投资企业可设置"储备基金""企业发展基金"等明细科目。

（二）"利润分配"科目

"利润分配"科目属于所有者权益类科目，核算企业利润的分配（或亏损的弥补）和历年分配（或弥补）后的余额。本科目可设置"提取法定盈余公积""提取任意盈余公积""提取现金股利""转作股本的股利""盈余公积补亏"和"未分配利润"等科目进行明细核算。

（三）"应付股利"科目

"应付股利"科目属于负债类科目，核算企业分配的应付现金股利或利润。本科目可按投资者进行明细核算。

业务处理 ↓

一、盈余公积业务

（一）盈余公积提取

企业当年实现的净利润，在弥补以前年度亏损后，按规定提取盈余公积。

【例 7-16】珠江公司 2022 年度净利润为 650 万元。以前年度有未弥补亏损 100 万元，分别按 10%、5% 提取法定盈余公积和任意盈余公积。计算并提取盈余公积的账务处理如下。

应提法定盈余公积=（6 500 000-1 000 000）×10%=550 000（元）

应提任意盈余公积=（6 500 000-1 000 000）×5%=275 000（元）

借：利润分配——提取法定盈余公积 550 000

        ——提取任意盈余公积 275 000

  贷：盈余公积——法定盈余公积 550 000

        ——任意盈余公积 275 000

（二）盈余公积使用

1. 转增资本

见【例 7-9】。

2. 弥补亏损

【例 7-17】2021 年年末，南江公司经股东大会批准，用法定盈余公积弥补以前年度累计未弥补的亏损 36 万元。账务处理如下。

（1）用盈余公积弥补亏损。

借：盈余公积——法定盈余公积　　　　　　　　　360 000

　　贷：利润分配——盈余公积补亏　　　　　　　　　360 000

（2）年终结转未分配利润。

借：利润分配——盈余公积补亏　　　　　　　　　360 000

　　贷：利润分配——未分配利润　　　　　　　　　360 000

3. 分配现金股利

【例7-18】2021年年末，珠江公司经股东大会批准，用法定盈余公积向股东分配现金股利100万元，各股东持股比例为：股东甲22.5%、股东乙37.5%、股东丙15%、股东丁25%。账务处理如下。

借：盈余公积——法定盈余公积　　　　　　　1 000 000

　　贷：应付股利——股东甲　　　　　　　　　　225 000

　　　　　　　　——股东乙　　　　　　　　　　375 000

　　　　　　　　——股东丙　　　　　　　　　　150 000

　　　　　　　　——股东丁　　　　　　　　　　250 000

二、未分配利润业务

【例7-19】2022年年初，珠江公司未分配利润为-100万元，本年度实现净利润为650万元。经股东大会批准，本年度利润分配方案为：（1）按10%和5%提取法定盈余公积和任意盈余公积；（2）分配现金股利300万元，股东持股比例见【例7-18】。珠江公司有关账务处理如下。

（1）年末结转"本年利润"账户余额。

借：本年利润　　　　　　　　　　　　　　　6 500 000

　　贷：利润分配——未分配利润　　　　　　　6 500 000

（2）提取法定盈余公积和任意盈余公积。

见【例7-16】。

（3）向股东分配利润。

借：利润分配——提取现金股利　　　　　　　3 000 000

　　贷：应付股利——股东甲　　　　　　　　　　675 000

　　　　　　　　——股东乙　　　　　　　　　1 125 000

　　　　　　　　——股东丙　　　　　　　　　　450 000

　　　　　　　　——股东丁　　　　　　　　　　750 000

（4）年末结转利润分配各明细账户余额。

借：利润分配——未分配利润　　　　　　　　3 975 000

　　贷：利润分配——提取法定盈余公积　　　　　650 000

　　　　　　　　——提取任意盈余公积　　　　　325 000

　　　　　　　　——提取现金股利　　　　　　3 000 000

根据以上会计分录及相关资料，登记"利润分配"账户如表7-3至表7-7所示。

表7-3　　　　　　　　　　　利润分配总分类账　　　　　　　　　　单位：元

2022年		凭证号码	摘要	借方	贷方	借或贷	余额
月	日						
1	1		年初余额			借	1 000 000
12	31	略	结转本年利润		6 500 000	贷	5 500 000
12	31		提取法定盈余公积	650 000		贷	4 850 000
12	31		提取任意盈余公积	325 000		贷	4 525 000
12	31		提取现金股利	3 000 000		贷	1 525 000
12	31		明细账户结转	3 975 000	3 975 000	贷	1 525 000

表 7-4　　　　　　　　　　　利润分配明细分类账

户名：提取法定盈余公积　　　　　　　　　　　　　　　　　　　　　　　　　　　　　　单位：元

2022 年		凭证号码	摘要	借方	贷方	借或贷	余额
月	日						
12	31	略	计提		650 000	贷	650 000
12	31		结转	650 000		平	0

表 7-5　　　　　　　　　　　利润分配明细分类账

户名：提取任意盈余公积　　　　　　　　　　　　　　　　　　　　　　　　　　　　　　单位：元

2022 年		凭证号码	摘要	借方	贷方	借或贷	余额
月	日						
12	31		计提		325 000	贷	325 000
12	31		结转	325 000		平	0

表 7-6　　　　　　　　　　　利润分配明细分类账

户名：提取现金股利　　　　　　　　　　　　　　　　　　　　　　　　　　　　　　　　单位：元

2022 年		凭证号码	摘要	借方	贷方	借或贷	余额
月	日						
12	31		计提		3 000 000	贷	3 000 000
12	31		结转	3 000 000		平	0

表 7-7　　　　　　　　　　　利润分配明细分类账

户名：未分配利润　　　　　　　　　　　　　　　　　　　　　　　　　　　　　　　　　单位：元

2022 年		凭证号码	摘要	借方	贷方	借或贷	余额
月	日						
1	1		年初余额			借	1 000 000
12	31		本年利润转入		6 500 000	贷	5 500 000
12	31		年末结转	3 975 000		贷	1 525 000

【例 7-20】东江公司 2020 年年初有未分配利润 10 万元；2020 年发生亏损 100 万元；2021 年实现利润总额 60 万元；2022 年实现利润总额 300 万元。所得税税率为 25%，假设没有纳税调整事项。各年有关账务处理如下。

（1）2020 年年末结转当年发生的亏损。

借：利润分配——未分配利润　　　　　　　　　　　　　　　　　　1 000 000

　　贷：本年利润　　　　　　　　　　　　　　　　　　　　　　　　　1 000 000

（2）2021 年年末结转当年利润（当年利润总额 60 万元弥补上年度亏损后没有余额，当年不用交纳所得税）。

借：本年利润　　　　　　　　　　　　　　　　　　　　　　　　　600 000

　　贷：利润分配——未分配利润　　　　　　　　　　　　　　　　　　600 000

（3）2022 年年末计算并计提应交所得税。

当年应纳税所得额=3 000 000-400 000=2 600 000（元）

当年应交所得税额=2 600 000×25%=650 000（元）

借：所得税费用　　　　　　　　　　　　　　　　　　　　　　　　650 000

　　贷：应交税费——应交所得税　　　　　　　　　　　　　　　　　　650 000

（4）2022 年年末结转当年所得税费用。

借：本年利润　　　　　　　　　　　　　　　　　　　　　　　　　650 000

　　贷：所得税费用　　　　　　　　　　　　　　　　　　　　　　　　650 000

07

（5）2022 年年末结转当年净利润。

当年净利润=3 000 000-650 000=2 350 000（元）

借：本年利润　　　　　　　　　　　　　　　　　　　　　2 350 000

　　贷：利润分配——未分配利润　　　　　　　　　　　　　　　　2 350 000

利润分配的账务处理

任务小结 ↓

（一）留存收益是指企业从历年实现的利润中提取或形成的留存于企业内部的积累资金。留存收益包括盈余公积和未分配利润。

（二）盈余公积是企业按照规定从净利润中提取的一种积累，是留存企业具有专门用途的公积金。盈余公积分为法定盈余公积和任意盈余公积。盈余公积可以用于转增资本、弥补亏损、发放现金股利。

（三）未分配利润就是企业尚未分配的净利润，它是企业历年累计结存的未指明用途的利润。未分配利润可以用来弥补未来的亏损，也可以在未来进行分配。

（四）企业亏损弥补的途径和顺序是：（1）用以后年度的税前利润弥补；（2）用以后年度税后利润弥补；（3）用盈余公积弥补。

（五）利润分配是将企业实现的净利润，按照国家财务制度规定的分配形式和分配顺序，在企业和投资者之间进行分配。利润分配的顺序是：（1）弥补以前年度亏损；（2）提取法定盈余公积；（3）提取任意盈余公积；（4）向投资者分配利润（股利）。

任务训练 ↓

任务训练 46　练习留存收益的核算

资料：西江公司 2019 年度开业，分别按 10%、5%提取法定盈余公积和任意盈余公积，企业所得税税率为 25%。该公司 2019 年度发生亏损 200 万元；2020 年度实现利润总额 80 万元；2021 年度现实利润总额 500 万元；2021 年分配现金股利 200 万元。该公司 3 个股东的股权比例为：A 股东 50%、B 股东 30%、C 股东 20%。

要求：

（一）根据以上资料编制下列会计分录。

（1）将 2019 年度"本年利润"账户的借方余额 200 万元结转"利润分配"账户。

（2）将 2020 年度"本年利润"账户的贷方余额 80 万元结转"利润分配"账户。

（3）计算并计提 2021 年应交所得税税额（假设无纳税调整事项）。

（4）将 2021 年度的所得税费用结转"本年利润"账户。

（5）将 2021 年度"本年利润"账户的贷方余额结转"利润分配"账户。

（6）计算并提取 2021 年度法定盈余公积和任意盈余公积。

（7）计算并提取 2021 年度应分配的现金股利 200 万元。

（8）结转 2021 年年末"利润分配"有关明细账户的余额。

（二）根据编制的会计分录，登记"利润分配"总分类账户，账户格式可用"三栏式"或"T"字形。

07

项目测试

一、判断题（每小题 2 分，本题 20 分）

（1）长期借款利息应通过"长期借款——应计利息"科目核算。　　　　　　（　　）

（2）应付债券溢、折价摊销应采用实际利率法，如果债券溢、折价的金额较小，也可以采用直线法摊销。　　　　　　（　　）

（3）"库存股"科目为所有者权益类科目，该科目期末如果有余额，一定为贷方余额。　　（　　）

（4）资本公积是指企业收到投资者的超出其在注册资本（或股本）中所占份额的投资，以及其他资本公积等。　　　　　　（　　）

（5）留存收益包括盈余公积和资本公积。　　　　　　（　　）

（6）用资本公积或盈余公积转增资本时，会引起所有者权益增加。　　　　　　（　　）

（7）计提盈余公积时，会引起所有者权益减少。　　　　　　（　　）

（8）用税前利润弥补亏损，不需做专门的账务处理。　　　　　　（　　）

（9）用税后利润弥补亏损，需单独做账务处理。　　　　　　（　　）

（10）计提法定盈余公积的基数是当年实现的净利润，不考虑以前年度未弥补亏损。　　（　　）

二、单选题（每小题 3 分，本题 30 分）

（1）弥补亏损需要专门进行账务处理的弥补方式是（　　）。

　　A. 税前弥补　　　B. 税后弥补　　　C. 盈余公积弥补　　　D. 当年利润弥补

（2）企业盈余公积的来源是（　　）。

　　A. 利润总额　　　B. 净利润　　　C. 资本溢价　　　D. 接受捐赠

（3）与购建固定资产有关的长期借款利息，在固定资产达到预定可使用状态前，应记入（　　）科目。

　　A. 财务费用　　　B. 在建工程　　　C. 制造费用　　　D. 固定资产

（4）下列各项中，会引起所有者权益减少的是（　　）。

　　A. 提取盈余公积　　　　　　　　B. 以资本公积转增资本

　　C. 宣告分派现金股利　　　　　　D. 以盈余公积弥补弥补

（5）下列各项中，会引起留存收益总额发生变动的是（　　）。

　　A. 盈余公积转增资本　　B. 资本公积转增资本　　C. 盈余公积弥补亏损　　D. 税后利润弥补亏损

（6）计提生产经营期间的长期借款利息时，应借记的科目是（　　）。

　　A. 财务费用　　　B. 在建工程　　　C. 制造费用　　　D. 固定资产

（7）应付债券溢、折价摊销应使用的方法是（　　）。

　　A. 实际利率法　　　B. 计划利率法　　　C. 直线摊销法　　　D. 平均摊销法

（8）我国公司制企业法定盈余公积的计提比例是（　　）。

　　A. 5%　　　B. 10%　　　C. 15%　　　D. 20%

（9）企业法定盈余公积累计超过注册资本的（　　）时，可以不再提取。

　　A. 30%　　　B. 40%　　　C. 50%　　　D. 60%

（10）盈余公积不能用于（　　）。

　　A. 转增资本　　　B. 发放股利　　　C. 弥补亏损　　　D. 发放职工福利

三、多选题（每小题 5 分，本题 50 分）

（1）借款费用包括（　　）。

　　A. 借款利息　　　B. 借款溢折价摊销　　　C. 借款辅助费用　　　D. 外币借款汇兑损益

（2）借款费用资本化的条件有（　　）。

　　A. 资产支出已经发生

B. 借款费用已经发生

C. 为使资产达到预定可使用或者可销售状态所必要的购建或者生产活动已经开始

D. 为使资产达到预定可使用或者可销售状态所必要的购建或者生产活动已经完成

（3）计提长期借款利息可能借记的科目有（   ）。

    A. 在建工程   B. 制造费用   C. 财务费用   D. 管理费用

（4）所有者权益主要包括（   ）。

    A. 实收资本   B. 资本公积   C. 盈余公积   D. 未分配利润

（5）股东出资的方式可以是（   ）。

    A. 货币资金   B. 实物资产   C. 知识产权   D. 土地使用权

（6）当企业处在盈利的情况下，"利润分配"科目核算的内容为（   ）。

    A. 有多少利润可供分配   B. 已经分配了多少利润

    C. 还有多少利润未分配   D. 还有多少利润不需要分配

（7）当企业处在亏损的情况下，"利润分配"科目核算的内容为（   ）。

    A. 有多少亏损需要弥补   B. 已经弥补了多少亏损

    C. 还有多少亏损未弥补   D. 还有多少亏损不需要弥补

（8）年末需要结平的利润分配账户所属的明细账户有（   ）。

    A. 提取法定盈余公积 B. 提取任意盈余公积 C. 提取现金股利   D. 未分配利润

（9）下列项目属于长期负债的是（   ）。

    A. 应付账款   B. 长期借款   C. 应付债券   D. 长期应付款

（10）下列项目中，属于盈余公积用途的有（   ）。

    A. 转增资本   B. 弥补亏损   C. 分配股利   D. 扩大生产经营

07

项目八

收入、费用和利润

项目导图 ↓

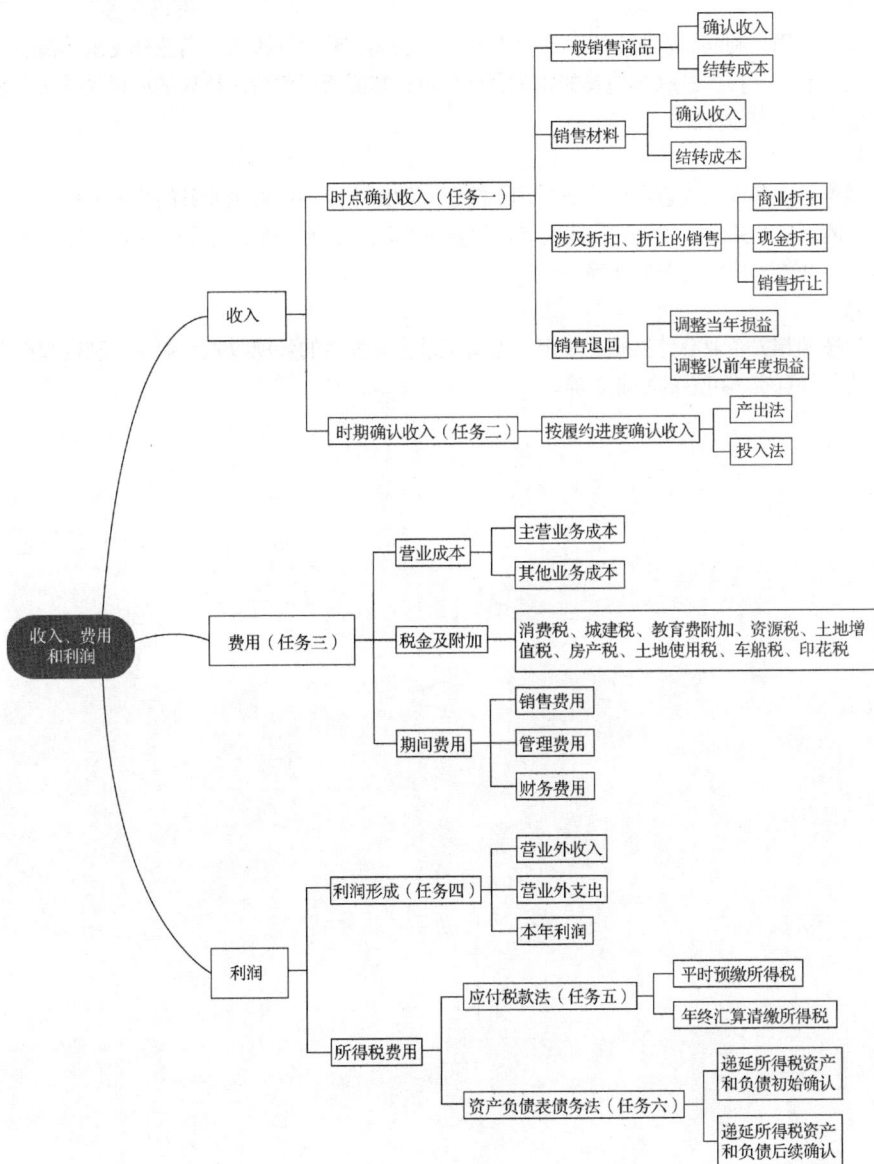

项目导言 ↓

本项目包括收入、费用和利润 3 个会计要素的内容，按照 3 个要素在利润表中的编排顺序，设计了 6 个任务。其中，收入核算的内容较多，也较复杂，按照收入确认的方式分成两个任务。费用核算只讲在利润表中列作营业收入减项的各种费用的核算，不包括已经资本化的费用。资本化费用主要是指生产费用，生产费用属于产品成本核算的内容。利润形成核算包括营业利润形成的核算和营业外收支的核算。所得税费用核算有两种方法：应付税款法和纳税影响会计法。纳税影响会计法又有很多种，我国采用的是资产负债表债务法。

项目目标 ↓

知识目标

理解收入、费用、利润、营业利润、利润总额、净利润、营业外收入、营业外支出等概念的含义；熟悉收入、费用、利得、损失和利润核算的相关会计科目；掌握所得税费用核算的应付税款法，理解所得税费用核算的资产负债表债务法。

技能目标

能正确做出企业各项收入业务的账务处理；能正确做出企业各项费用业务的账务处理；能正确做出利得、损失及利润形成业务的账务处理；能正确计算企业平时应预缴的所得税税额和年终汇算清缴应补（退）的所得税税额，并做出相关的账务处理。

素养目标

培养学生按照相关企业会计准则的规定，如实记录企业发生的各项收入、费用、利得和损失，确保企业的生产经营成果真实、可靠的职业素养。

08

任务一　时点确认收入核算

任务导言　↓

《企业会计准则》把收入的确认分为两种情况：一是在某一时点确认的收入；二是在某一时期确认的收入。合同如果在某一时点履行完成，其收入应在该时点确认；合同如果在某一时期履行完成，则其收入应在合同履行的期间确认。

通常情况下，销售商品收入为时点确认收入，应在销售实现的当日确认收入；提供劳务（服务）收入则属于时期确认收入。时期确认收入一般按月确认。两种收入确认的方法不同，其账务处理也有所不同。

本任务有两个难点：一是涉及现金折扣的销售业务；二是销售退回业务。销售退回根据不同情况有两种处理方法：一是作为当年的损益调整处理；二是作为以前年度的损益调整处理。

知识准备　↓

一、收入相关知识

（一）收入的含义

收入是指企业在日常活动中形成的、会导致所有者权益增加的、与所有者投入资本无关的经济利益的总流入。

（二）收入确认的条件

当企业与客户之间的合同同时满足下列条件时，企业应当在客户取得相关商品控制权时确认收入。

（1）合同各方已批准该合同并承诺将履行各自义务。

（2）该合同明确了合同各方与所转让商品或提供劳务相关的权利与义务。

（3）该合同有明确的与所转让商品或提供劳务相关的支付条件。

（4）该合同具有商业实质，即履行该合同将改变企业未来现金流量的风险、时间分布或金额。

（5）企业因向客户转让商品或提供劳务而有权取得的对价很可能收回。

（三）收入确认的方法

（1）对于在某一时点履行的履约义务，企业应当在客户取得相关商品控制权的时点确认收入。一般来说，销售商品属于在某一时点履行的履约义务，其收入应在客户取得相关商品控制权的时点确认。

（2）对于在某一时段内履行的履约义务，企业应当在该段时间内按照履约进度确认收入。企业应当考虑商品的性质，采用产出法或投入法确定恰当的履约进度。一般来说，提供劳务（服务）属于在某一时段内履行的履约义务，其收入应在该段时间内按照履约进度进行确认。

（四）收入的计量

企业应当分别按照分摊至各单项履约义务的交易价格计量收入。交易价格是指企业因向客户转让商品而预期有权收取的对价金额。企业代第三方收取的款项以及企业预期将退还给客户的款项，应当作为负债进行会计处理，不计入交易价格。

二、时点确认收入核算的会计科目

（一）"主营业务收入"科目

"主营业务收入"科目属于损益类科目，核算企业确认的销售商品、提供劳务等主营业务收入。本科目应按主营业务的种类进行明细核算。

08

（二）"其他业务收入"科目（见项目五任务七）

（三）"主营业务成本"科目

"主营业务成本"科目属于损益类科目，核算企业确认销售商品、提供劳务等主营业务收入时应结转的成本。本科目应按主营业务的种类进行明细核算。注意：本科目明细科目的设置应与"主营业务收入"的明细科目保持一致。

（四）"其他业务成本"科目（见项目五任务七）

（五）"以前年度损益调整"科目

本科目核算企业本年度发生的调整以前年度损益的事项以及本年度发现的重要前期差错更正涉及调整以前年度损益的事项。企业发生的资产负债表日后调整事项应通过本科目核算。本科目无须进行明细核算。年度终了时，本科目的余额应转入"利润分配——未分配利润"科目，结转后无余额。

业务处理 ↓

一、一般销售商品业务

凡是销售业务都需要做两个方面的账务处理：一是确认收入；二是结转相关的成本。一般来说，收入应在其实现的时候确认，而其相关成本的结转往往在月末集中进行，因为已销售商品的平均单价往往只有在月末的时候才能计算出来。

【例8-1】2022年3月10日，珠江公司向东江公司销售甲产品一批，增值税专用发票列示价款200 000元，增值税26 000元。商品及发票已交付给东江公司，当日货款通过网银入账。珠江公司应在当日确认收入如下。

借：银行存款　　　　　　　　　　　　　　　　　　　　　　　226 000
　贷：主营业务收入——甲产品　　　　　　　　　　　　　　　　200 000
　　　应交税费——应交增值税（销项税额）　　　　　　　　　　 26 000

【例8-2】2022年3月31日，珠江公司本月共计销售甲产品2 600件，甲产品的平均单位成本为150.36元。月末结转已销甲产品成本的账务处理如下。

借：主营业务成本——甲产品　　　　　　　　　　　　　　　　3 909 360
　贷：库存商品——甲产品　　　　　　　　　　　　　　　　　 3 909 360

二、销售材料业务

一般来说，销售材料业务只有制造业、建筑业等行业才有可能发生。因为这些行业购入材料都是为了自用，一般不会对外销售。只有购入的材料不适用或不再用的时候才需要对外销售。所以，销售材料业务对于制造业、建筑业等行业来说，只是偶尔发生，不属于主营业务。销售材料收入的确认、成本的结转与销售商品业务完全相同，只是核算的会计科目不同而已。

【例8-3】珠江公司2022年6月12日出售不再用的M材料一批，销售共计90 000元，增值税11 700元。月末经计算该批材料的成本为100 000元。价税款通过网银收讫，有关账务处理如下。

（1）6月12日，确认材料销售收入。

借：银行存款　　　　　　　　　　　　　　　　　　　　　　　101 700
　贷：其他业务收入——材料销售　　　　　　　　　　　　　　　 90 000
　　　应交税费——应交增值税（销项税额）　　　　　　　　　　 11 700

（2）6月30日，结转销售材料成本。

借：其他业务成本——材料销售　　　　　　　　　　　　　　　100 000
　贷：原材料——原料及主要材料（M材料）　　　　　　　　　　100 000

三、涉及折扣、折让的销售业务

（一）涉及商业折扣的销售业务

商业折扣是指企业为促进商品销售而给予购货方一定比例的价格扣除。常言道：买的越多越便宜，其实指的就是商业折扣。由于商业折扣在销售前即已发生，不属于成交价格的构成内容，商家也是按照商品的实际成交价格开具销货发票的，所以，在会计处理上购销双方都不需要反映商业折扣。即销售商品涉及商业折扣的，按照扣除折扣后的净额确认收入，增值税销项税额也按扣除折扣后的净额计算确定。

【例8-4】2022年6月10日，珠江公司向西江公司销售甲产品一批，不含税售价为900 000元，由于西江公司一次购货数量较多，珠江公司给予10%的商业折扣。珠江公司按扣除折扣后的售价开具发票，货款通过网银收讫，甲产品已交付西江公司。珠江公司的账务处理如下。

借：银行存款　　　　　　　　　　　　　　　　　　　　915 300
　　贷：主营业务收入——甲产品　　　　　　　　　　　　　　810 000
　　　　应交税费——应交增值税（销项税额）　　　　　　　　105 300

（二）涉及现金折扣的销售业务

现金折扣是指在赊销的情况下，企业为鼓励客户在约定的赊销期内提前支付货款而给予一定比例的价格扣除。现金折扣的"现金"，是指"现钱"或"现款"，而非狭义的"现钞"。在我国会计实务中，商业折扣比较常见，而现金折扣则非常罕见。

销售商品涉及现金折扣的，由于其折扣是在销售之后发生的，在销售实现的时候无法预见购货方是否提前支付货款，所以只能按照商品的销售原价确认收入、计算销项税额，从而确定应收账款的金额。当日后购货方在规定的赊销期内提前支付了货款，销货方给予的现金折扣实际属于企业的理财费用，在实际发生时计入财务费用。

现金折扣一般用"折扣比例/付款期限"来表示，例如：3/10、2/20、n/30，其含义为：如果10日以内支付了货款，则给予3%的折扣；如果10日以上、20日以内支付了货款，则给予2%的折扣；如果20日以上、30日以内才支付货款，则不给予折扣。计算现金折扣的基数一般为商品不含税售价，销项税额是否参与计算折扣，由企业自行确定，但是折扣额不能冲减销项税额。

【例8-5】2022年6月20日，珠江公司向北江公司赊销丙产品一批，不含税售价为800 000元，最长付款期限为30日，现金折扣条件为：3/10、2/20、n/30，现金折扣按不含税售价计算。6月20日，珠江公司按售价向北江公司开具销货发票并交付产品。北江公司于6月29日通过网银支付了货款。珠江公司的账务处理如下。

（1）6月20日，确认收入。

借：应收账款——北江公司　　　　　　　　　　　　　　904 000
　　贷：主营业务收入——甲产品　　　　　　　　　　　　　　800 000
　　　　应交税费——应交增值税（销项税额）　　　　　　　　104 000

（2）6月29日，收到货款。

现金折扣额=800 000×3%=24 000（元）

实收货款额=904 000-24 000=880 000（元）

借：银行存款　　　　　　　　　　　　　　　　　　　　880 000
　　财务费用——现金折扣　　　　　　　　　　　　　　　 24 000
　　贷：应收账款——北江公司　　　　　　　　　　　　　　904 000

北江公司的账务处理如下（假设北江公司购入货物为原材料）。

（1）6月20日，收到材料。

借：原材料——原料及主要材料　　　　　　　　　　　　 800 000
　　应交税费——应交增值税（进项税额）　　　　　　　　 104 000
　　贷：应付账款——珠江公司　　　　　　　　　　　　　　904 000

08

（2）6月29日，支付货款。

借：应付账款——珠江公司   904 000

 贷：银行存款   880 000

  财务费用——现金折扣   24 000

（三）涉及折让的销售业务

销售折让是指企业因售出商品的质量不符合要求等原因而在售价上给予一定比例的减让。销售折让如果发生在收入确认之前，则应在确认销售收入时直接按扣除销售折让后的金额确认；已确认销售收入的售出商品发生销售折让，且不属于资产负债表日后事项的，应在发生时冲减当期销售商品收入，如规定允许扣减增值税税额的，还应冲减已确认的销项税额。

【例8-6】2022年3月15日，珠江公司上月销售给东江公司的一批乙产品，因商品存在质量问题，现经双方协商同意在价格上给予20%的减让。该批产品的不含税售价为600 000元，增值税78 000元，珠江公司已收取货款并确认收入，现按规定开具红字（负数）增值税专用发票，并退还折让的货款。珠江公司账务处理如下。

借：银行存款   135 600

 贷：主营业务收入——乙产品   120 000

  应交税费——应交增值税（销项税额） 15 600

> **注意事项**
>
> 销售折让冲销收入的会计分录（记账凭证）也可以用蓝字编制，但是它会导致主营业务收入的发生额出现虚增的现象，在编制利润表时应注意识别。

四、销售退回业务

销售退回是指企业售出的商品由于质量、品种不符合要求等原因而发生的退货。销售退回应分别根据以下不同情况进行账务处理。

（1）发生在确认收入之前的销货退回，只需办理退货入库手续，不做账务处理。如已转作"发出商品"，则将"发出商品"转回"库存商品"。

（2）已确认收入不属于资产负债表日后事项的销售退回，不论是当年销售的，还是以前年度销售的，均作冲减退回当月的销售收入，同时冲减（或少结转）当月该产品的销售成本。

（3）已确认收入且属于资产负债表日后事项的销售退回，无论金额大小，均应按资产负债表日后调整事项处理，冲减报告年度的收入以及相关的成本、税金等。

> **注意事项**
>
> 资产负债表日后事项，是指资产负债表日至财务报告批准报出日之间发生的有利或不利事项。资产负债表日后事项包括调整事项和非调整事项。资产负债表日后调整事项是指对资产负债表日已经存在的情况提供了新的或进一步证据的事项。例如，2021年12月31日之前（包括当日）销售的商品，在2022年度的某一天退回，只要退货当日2021年的财务报告尚未批准报出，即尚未经过董事会批准对外送送（公布），则属于资产负债表日后调整事项，此时，应当对2021年度的财务报表进行调整。如果退货当日，2021年度的财务报告已经批准并对外报送（公布），则该销售退回不属于资产负债表日后事项。

【例8-7】2022年3月15日，珠江公司上月销售给东江公司的乙产品一批，因商品质量存在问题，东江公司已将该批产品全部退回。该批产品的生产成本为450 000元，不含税售价为600 000元，增值税为78 000元，珠江公司已收取货款并确认收入、结转成本。此例销售退回不属于资产负债表日后事项，珠江公司应做如下账务处理。

（1）退还货款并冲减已确认的收入。

借：银行存款 678 000
　　贷：主营业务收入——乙产品 600 000
　　　　应交税费——应交增值税（销项税额） 78 000

（2）根据退回商品入库单冲减已结转的成本。

借：主营业务成本——乙产品 450 000
　　贷：库存商品——乙产品 450 000

【例 8-8】2022 年 2 月 5 日，珠江公司 2021 年 12 月销售给东江公司甲产品一批，因商品质量存在问题，东江公司已将该批产品全部退回。该批产品的生产成本为 600 000 元，不含税售价为 900 000 元，增值税为 117 000 元，珠江公司确认收入并结转成本，尚未收到货款。此时，珠江公司 2021 年度财务报告尚未经批准报出。此例销售退回属于资产负债表日后事项，在不考虑所得税、计提盈余公积等情况下，珠江公司应做如下账务处理。

（1）调整上年度主营业务收入。

借：以前年度损益调整 900 000
　　应交税费——应交增值税（销项税额） 117 000
　　贷：应收账款——东江公司 1 017 000

（2）调整上年度主营业务成本。

借：库存商品——甲产品 600 000
　　贷：以前年度损益调整 600 000

（3）结转以前年度损益调整。

借：利润分配——未分配利润 300 000
　　贷：以前年度损益调整 300 000

同时，珠江公司应调整 2021 年度会计报表下列项目。

利润表中的"营业收入"项目调减 900 000 元、"营业成本"项目调减 600 000 元，同时"营业利润""利润总额"和"净利润"等项目金额均随之调减 300 000 元。

资产负债表中的"未分配利润"项目调减 300 000 元，所有者权益合计随之调减 300 000 元。

任务小结　↓

（一）收入是指企业在日常活动中形成的、会导致所有者权益增加的、与所有者投入资本无关的经济利益的总流入。

（二）对于在某一时点履行的履约义务，企业应当在客户取得相关商品控制权时点确认收入；对于在某一时段内履行的履约义务，企业应当在该段时间内按照履约进度确认收入。

（三）企业应当分别按照分摊至各单项履约义务的交易价格计量收入。交易价格是指企业因向客户转让商品而预期有权收取的对价金额。

（四）凡是销售业务都需做两个方面的账务处理：一是确认收入；二是结转相关的成本。一般来说，收入应在其实现的时候确认，而其相关成本结转往往在月末集中进行。

（五）商业折扣是指企业为促进商品销售而给予购货方一定比例的价格扣除。销售商品涉及商业折扣的，按照扣除折扣后的净额确认收入，增值税销项税额也按扣除折扣后的净额计算确定。

（六）现金折扣是指在赊销的情况下，企业为鼓励客户在约定的赊销期内提前支付货款而给予一定比例的价格扣除。销售商品涉及现金折扣的，只能按照商品的销售原价确认收入、计算销项税额，从而确定应收账款的金额。发生的现金折扣计入财务费用。

（七）销售折让是指企业因售出商品的质量不符合要求等原因而在售价上给予一定比例的减让。销售折让如果发生在确认销售收入之前，则应在确认销售收入时直接按扣除销售折让后的金额确认；已确认销售收入的售出商品发生销售折让，且不属于资产负债表日后事项的，应在发生时冲减当期销售商品收入，如规定允许扣减增值税税额的，还应冲减已确认的销项税额。

（八）已确认收入不属于资产负债表日后事项的销售退回，不论是当年销售的，还是以前年度销售的，均作冲减退回当月的销售收入，同时冲减（或少结转）当月该产品的销售成本。已确认收入且属于资产负债表日后事项的销售退回，无论金额大小，均应按资产负债表日后事项的调整事项处理，冲减报告年度的收入以及相关的成本、税金等。

任务训练 ↓

任务训练 47　练习时点确认收入的核算

资料：珠江公司 2022 年 12 月—2023 年 3 月发生有关业务如下。

（1）2022 年 12 月 10 日，销售给东江公司甲产品一批，售价 1 800 000 元，增值税 234 000 元。当日商品交付给购货单位，货款通过网银收讫。

（2）2022 年 12 月 12 日，销售不需用的 M 材料一批，售价 100 000 元，增值税 13 000 元。当日材料交付给购货单位，货款通过网银收讫。

（3）2022 年 12 月 16 日，销售给西江公司乙产品一批，不含税售价为 3 000 000 元，由于西江公司一次购货数量较多，给予 10% 的商业折扣。珠江公司当日开具增值税专用发票、交付商品，货款收到商业承兑汇票一张。

（4）2022 年 12 月 18 日，赊销给天山公司丙产品一批，增值税专用发票列明销售为 500 000 元，增值税 65 000 元。赊销期限为 30 天。现金折扣条件为：2/10，1/20，n/30，折扣按不含税售价计算。

（5）2022 年 12 月 20 日，本月 10 日向东江公司销售的甲产品存在质量问题，经协商同意给予对方 10% 的折让，开具红字增值税专用发票并通过网银退还折让的货款。

（6）2022 年 12 月 26 日，通过网银收到天山公司赊购丙产品的货款 555 000 元。

（7）2022 年 12 月 31 日，经汇总计算，本月销售甲产品的成本为 3 600 000 元，销售乙产品的成本为 2 800 000 元，销售丙产品的成本为 1 900 000 元。

（8）2022 年 12 月 31 日，结转本月销售 M 材料成本 105 000 元。

（9）2023 年 2 月 28 日，上月销售给南江公司的甲产品一批因质量问题退回，该批商品的生产成本为 1 200 000 元，不含税售价为 1 500 000 元，增值税为 195 000 元，上月已收到货款并确认收入、结转成本。当日通过网银退还全部货款。

（10）2023 年 3 月 1 日，2022 年 12 月 30 日销售给北江公司的乙产品全部退回，该批商品的成本为 8 000 000 元，售价为 12 000 000 元，增值税为 1 560 000 元。该退回产品于销售当日已确认收入，货款至退货日仍未收到。退货时，珠江公司 2022 年度的财务报告尚未批准报出。不考虑所得税、盈余公积等事项调整。

要求：根据上述业务编制相关的会计分录。

任务二 时期确认收入核算

任务导言 ↓

时期确认收入是指应在某一时段确认的收入。时期确认收入一般为提供劳务（服务）收入，通常按月确认。

时期确认收入应按履约进度确认。履约进度通常也称为"完工程度"。完工程度一般用百分比来表示，所以完工程度也称为"完工百分比"。

履约进度可以采用"产出法"或"投入法"法确定。时期确认收入的期间为该合同履约的期间。时期确认收入履行合约的期间通常比较长，至少应跨越两个最小的会计期间（月份）。在合同约定的履约期间内，每个月份应确认多少收入？取决于履行合同当月的履约进度，履约进度多的月份确认的收入就多，履约进度少的月份确认的收入就少。收入确认了，与之相关的成本也要确认。成本确认的比例与当期收入确认的比例应当一致。

知识准备 ↓

一、时期确认收入相关知识

（一）在某一时段内履行履约义务确认收入的条件

满足下列条件之一的，属于在某一时段内履行履约义务，相关收入应当在该履约义务履行的期间内确认。

（1）客户在企业履约的同时即取得并消耗企业履约所带来的经济利益。

（2）客户能够控制企业履约过程中在建的商品。

（3）企业履约过程中所产出的商品具有不可替代用途，且该企业在整个合同期内有权就累计至今已完成的履约部分收取款项。

（二）在某一时段内履行履约义务确认收入的方法

对于在某一时段内履行的履约义务，企业应当在该时间段内按照履约进度确认收入，履约进度不能合理确认的除外。企业应当考虑商品的性质，采用产出法或投入法确定恰当的履约进度。

产出法是根据已转移给客户的商品对于客户的价值确定履约进度，包括按照实际测量的完工进度、评估已实现的结果、已达到的里程碑、时间进度、已完工或交付的产品等确定履约进度的方法。

投入法是根据企业为履行履约义务的投入确定履约进度，主要有以投入的材料数量、花费的人工工时或机器工时、发生的成本和时间进度等投入指标确定履约进度。

二、时期确认收入核算的会计科目

时期确认收入核算的会计科目除"主营业务收入""主营业务成本""其他业务收入""其他业务成本"外，还涉及下列科目。

（一）"合同履约成本"科目

"合同履约成本"科目属于成本类科目，核算企业为履行合同发生的各项成本。本科目应按合同进行明细核算。

（二）"合同负债"科目

"合同负债"科目属于负债类科目，核算企业已收或者应收客户对价而应向客户转让商品的义务。本科目应按合同进行明细核算。

08

业务处理 ↓

【例8-9】天山公司为建筑施工企业，天山公司为珠江公司提供一项办公楼装修服务，合同主要内容为：装修期限为3个月（2022年12月1日至2023年2月28日）；合同金额为327万元（含增值税27万元）；每月月末支付109万元（含税）。天山公司采用投入法估计装修工程完工程度。估计完成合同发生的成本总额为240万元。实际发生成本总额为238万元。各月实际发生装修成本如表8-1所示（其他成本假设以银行存款支付）。

表8-1   实际发生装修成本统计表   单位：元

月份	实际发生成本			合计
	材料成本	人工成本	其他成本	
12月	300 000	400 000	140 000	840 000
1月	450 000	500 000	58 000	1 008 000
2月	220 000	240 000	72 000	532 000
合计	970 000	1 140 000	270 000	2 380 000

天山公司有关账务处理如下。

（1）2022年12月，发生装修成本。

借：合同履约成本——珠江公司装修合同   840 000

    贷：原材料——装修材料   300 000

        应付职工薪酬——工资   400 000

        银行存款   140 000

（2）2022年12月，收取合同款项。

借：银行存款   1 090 000

    贷：合同负债——珠江公司装修合同   1 090 000

（3）2022年12月，确认装修收入和成本。

本月完工程度=840 000÷2 400 000=35%

本月应确认含税收入=3 270 000×35%=1 144 500（元）

本月应确认不含税收入=1 144 500÷（1+9%）=1 050 000（元）

本月应确认销项税额=1 050 000×9%=94 500（元）

本月应确认装修成本=2 400 000×35%=840 000（元）

借：合同负债——珠江公司装修合同   1 144 500

    贷：主营业务收入——房屋装修   1 050 000

        应交税费——应交增值税（销项税额）   94 500

借：主营业务成本——房屋装修   840 000

    贷：合同履约成本——珠江公司装修合同   840 000

（4）2023年1月，发生装修成本。

借：合同履约成本——珠江公司装修合同   1 008 000

    贷：原材料——装修材料   450 000

        应付职工薪酬——工资   500 000

        银行存款   58 000

（5）2023年1月，收取合同款项，同（2）。

（6）2023年1月，确认装修收入与成本。

本月完工程度=1 008 000÷2 400 000=42%

本月应确认含税收入=3 270 000×42%=1 373 400（元）

本月应确认不含税收入=1 373 400÷（1+9%）=1 260 000（元）

08

本月应确认销项税额=1 260 000×9%=113 400（元）

本月应确认成本=2 400 000×42%=1 008 000（元）

借：合同负债——珠江公司装修合同 1 373 400

贷：主营业务收入——房屋装修 1 260 000

应交税费——应交增值税（销项税额） 113 400

借：主营业务成本——房屋装修 1 008 000

贷：合同履约成本——珠江公司装修合同 1 008 000

（7）2023年2月，发生装修成本。

借：合同履约成本——珠江公司装修合同 532 000

贷：原材料——装修材料 220 000

应付职工薪酬——工资 240 000

银行存款 72 000

（8）2023年2月，收取合同款项，同（2）。

（9）2023年2月，确认装修收入与成本。

本月应确认含税收入=3 270 000-1 144 500-1 373 400=752 100（元）

本月应确认不含税收入=752 100÷（1+9%）=690 000（元）

本月应确认销项税额=690 000×9%=62 100（元）

本月应确认成本=2 380 000-840 000-1 008 000=532 000（元）

借：合同负债——珠江公司装修合同 752 100

贷：主营业务收入——房屋装修 690 000

应交税费——应交增值税（销项税额） 62 100

借：主营业务成本——房屋装修 532 000

贷：合同履约成本——珠江公司装修合同 532 000

【例8-10】东山健身俱乐部为增值税一般纳税人，2022年6月30日，收取会员赵某年费6 360元（含税、6%增值税）。会员可未来12个月内在俱乐部健身，没有时间、次数限制。

此例约定的服务期间为一年，属于时期确认的收入，采用直线法确认收入比较合理。有关账务处理如下。

（1）2022年6月30日，收取会费。

借：银行存款 6 360

贷：合同负债——会员会费（赵某） 6 360

（2）2022年7月31日，确认收入。

每月含税收入=6 360÷12=530（元）

每月不含税收入=530÷（1+6%）=500（元）

每月价外增值税税额=500×6%=30（元）

借：合同负债——会员会费（赵某） 530

贷：主营业务收入——健身业务 500

应交税费——应交增值税（销项税额） 30

2022年8月—2023年6月，每月确认收入分录同上。

任务小结 ↓

（一）时期确认收入是指应在某一时段确认的收入。时期确认收入一般为提供劳务（服务）收入，通常按月进行，在月末计算确认。

（二）对于在某一时段内履行的履约义务，企业应当在该时间段内按照履约进度确认收入，同时按履约进度确认成本。履约进度通常采用产出法或投入法。

08

任务训练

任务训练 48　练习时期确认收入核算

资料：天山公司为建筑施工企业，天山公司为珠江公司提供一项办公楼装修服务，合同主要内容为：装修期限为 3 个月（2022 年 11 月 1 日至 2023 年 1 月 31 日）；合同金额为 370.6 万元（含 9%的增值税）；合同金额分两次支付：11 月 30 日支付 218 万元（含税）、1 月 30 日支付 152.6 万元（含税）。天山公司采用投入法估计装修工程完工程度。估计完成合同发生的成本总额为 260 万元。实际发生成本总额为 262 万元。各月实际发生装修成本如表 8-2 所示（其他成本假设以银行存款支付）。

表 8-2　　　　　　　　　　　　实际发生装修成本统计表　　　　　　　　　　　　单位：元

月份	实际发生成本			合计
	材料成本	人工成本	其他成本	
11 月	150 000	100 000	50 000	300 000
12 月	300 000	400 000	80 000	780 000
1 月	670 000	740 000	130 000	1 540 000
合计	1 120 000	1 240 000	260 000	2 620 000

要求：根据上述业务编制相关的会计分录。

08

任务三　费用核算

任务导言　↓

什么是费用？从报表角度讲，费用是指在利润表中列作营业收入减项的营业成本、营业税费和期间费用等，不包括发生的已经资本化的费用支出。例如，为生产产品、提供劳务等应归属于产品成本、劳务成本的费用，我们称之为"生产费用"。"生产费用"在产品完工之前叫作"生产成本"（"在产品成本"），在产品完工之后叫作"库存商品"。"生产成本"和"库存商品"均在资产负债表中列示（存货）。"库存商品"只有在出售之后才形成"营业成本"，"营业成本"则在利润表中列示。所以，费用必定是在利润表中列示的耗费或支出，不在利润表中列示的耗费或支出则不属于费用。当然，在利润表中列示的支出也不一定都是费用，如"营业外支出"就不属于费用，因为它不是日常活动中产生的。

知识准备　↓

一、费用相关知识

（一）费用的含义

费用是指企业在日常活动中发生的、会导致所有者权益减少的、与向所有者分配利润无关的经济利益的总流出。费用的含义指出了费用的以下三个特征。

（1）费用是企业在日常活动中发生的经济利益的总流出。经济利益流出表现为资产的减少或负债的增加。非日常活动也会导致经济利益流出，但不属于费用，如处置固定资产、无形资产、发生营业外支出等。

（2）费用会导致所有者权益的减少。费用的发生意味着利润的减少，利润在分配之前属于所有者权益，利润减少了，所有者权益必然随之减少。

（3）费用与向所有者分配利润无关。费用的发生一定会导致所有者权益的减少，但所有者权益的减少就不一定是费用所引起的，因为其他原因也会导致所有者权益减少，如向股东分配利润、发生营业外支出等。

（二）费用的内容

费用主要包括营业成本、营业税费和期间费用。

（1）营业成本是指与当期营业收入相关的产品成本或劳务成本，是当期已实现营业收入从而结转到当期损益的产品成本或劳务成本。营业成本由主营业务成本和其他业务成本两部分构成。主营业务成本是指企业的主要经营业务发生的成本；其他业务成本是指企业主营业务以外的其他经营业务发生的成本。

（2）营业税费通常称为"税金及附加"，是指企业经营活动应负担的相关税费，包括消费税、城市维护建设税、教育费附加、资源税、土地增值税、房产税、城镇土地使用税、车船税、印花税等。

（3）期间费用是指企业日常活动发生的不能计入特定核算对象而计入当期损益的费用。期间费用包括销售费用、管理费用和财务费用。

（三）费用的确认

费用只有在经济利益很可能流出从而导致企业资产减少或负债增加且经济利益的流出额能够可靠计量时才能予以确认。

确认费用时应遵循权责发生制原则。对于金额较小的费用，可以在其发生时全部归入当期费用，也可以按受益期间合理分摊；对于金额较大的费用，应在其受益期间合理预计或摊销。

08

二、费用核算的会计科目

（一）"主营业务成本"科目（见本项目任务一）

（二）"其他业务成本"科目（见项目五任务七）

（三）"税金及附加"科目

"税金及附加"科目属于损益类科目，核算企业经营活动发生的消费税、城市维护建设税、资源税、土地增值税、房产税、城镇土地使用税、车船税、印花税及教育费附加等相关税费。本科目应按税费种类进行明细核算。

（四）"销售费用"科目

"销售费用"科目属于损益类科目，核算企业销售商品和材料、提供劳务的过程中发生的各种费用，包括保险费、包装费、展览费、广告费、商品维修费、预计产品质量保证损失、运输费、装卸费等以及为销售本企业商品而专设的销售机构（含销售网点、售后服务网点等）的职工薪酬、业务费、折旧费、维修费等经营费用。本科目应按费用项目进行明细核算。

（五）"管理费用"科目

"管理费用"科目属于损益类科目，核算企业为组织和管理企业生产经营所发生的管理费用，包括企业在筹建期间内发生的开办费、董事会和行政管理部门在企业经营管理中发生的或者应由企业统一负担的公司经费（包括行政管理部门职工工资及福利费、物料消耗、低值易耗品摊销、办公费、差旅费等）、工会经费、董事会费（包括董事会成员津贴、会议费、差旅费等）、聘请中介机构费、咨询顾问费、诉讼费、业务招待费、技术转让费、矿产资源补偿费、研究费用、排污费等。企业生产车间（部门）和行政管理部门等发生的固定资产修理费等后续支出（不符合资本化条件），也在本科目核算。本科目应按费用项目进行明细核算。

（六）"财务费用"科目（见项目六任务一）

业务处理 ↓

一、营业成本业务

【例8-11】2022年3月31日，珠江公司经汇总，本月共计销售甲产品2 600件、乙产品3 500件、丙产品4 200件。甲、乙、丙三种产品的平均单位成本分别为153元、128元、165元。珠江公司有关账务处理如下。

（1）结转本月已销商品成本。

借：主营业务成本——甲产品	397 800	
——乙产品	448 000	
——丙产品	693 000	
贷：库存商品——甲产品		397 800
——乙产品		448 000
——丙产品		693 000

（2）将主营业务成本结转本年利润。

借：本年利润	1 538 000	
贷：主营业务成本——甲产品		397 800
——乙产品		448 000
——丙产品		693 000

【例8-12】2022年3月31日，珠江公司经汇总，本月共计销售M材料500千克、N材料300千克。M、N材料的平均单价分别为56元、35元。珠江公司有关账务处理如下。

（1）结转本月已销材料成本。

借：其他业务成本——材料销售   38 500

   贷：原材料——原料及主要材料（M材料）   28 000

          ——原料及主要材料（N材料）   10 500

（2）将其他业务成本结转本年利润。

借：本年利润   38 500

   贷：其他业务成本——材料销售   38 500

二、税金及附加业务

【例8-13】2022年3月，珠江公司本月实际应交增值税640 000元、应交消费税260 000元。月末计提城市维护建设税（7%）、教育费附加（3%）及地方教育附加（2%）并结转损益。珠江公司有关账务处理如下。

税金及附加的账务处理

（1）计提税金及附加。

应交城市维护建设税=（640 000+260 000）×7%=63 000（元）

应交教育费附加=（640 000+260 000）×3%=27 000（元）

应交地方教育附加=（640 000+260 000）×2%=18 000（元）

借：税金及附加——城市维护建设税   63 000

          ——教育费附加   27 000

          ——地方教育附加   18 000

   贷：应交税费——应交城市维护建设税   63 000

          ——应交教育费附加   27 000

          ——应交地方教育附加   18 000

（2）将税金及附加结转本年利润。

借：本年利润   108 000

   贷：税金及附加——城市维护建设税   63 000

          ——教育费附加   27 000

          ——地方教育附加   18 000

三、期间费用业务

（一）销售费用业务

【例8-14】2022年3月14日，珠江公司支付广告费159 000元（含税），取得增值税专用发票，款项通过网银支付。账务处理如下。

借：销售费用——广告费   150 000

    应交税费——应交增值税（进项税额）   9 000

   贷：银行存款   159 000

【例8-15】2022年3月16日，珠江公司支付销售产品运输费32 700元（含税），取得增值税专用发票，款项通过网银支付。账务处理如下。

借：销售费用——运输费   30 000

    应交税费——应交增值税（进项税额）   2 700

   贷：银行存款   32 700

【例8-16】2022年3月31日，根据销售费用明细账记录，珠江公司本月共计发生销售费用368 900元，月末结转本年利润。账务处理如下。

借：本年利润   368 900

   贷：销售费用（明细科目略）   368 900

08

（二）管理费用业务

【例8-17】2022年3月15日，珠江公司支付中介机构审计费106 000元（含税），取得增值税专用发票，款项通过网银付清。账务处理如下。

借：管理费用——聘请中介机构费 　　　　　　　　　　　　　　　　100 000
　　应交税费——应交增值税（进项税额）　　　　　　　　　　　　　　6 000
　　贷：银行存款 　　　　　　　　　　　　　　　　　　　　　　　　　106 000

【例8-18】2022年3月16日，珠江公司支付行政管理部门发生的业务招待费3 180元（含税），取得增值税普通发票，款项以单位信用卡支付。账务处理如下。

借：管理费用——业务招待费 　　　　　　　　　　　　　　　　　　3 180
　　贷：其他货币资金——信用卡存款 　　　　　　　　　　　　　　　　3 180

📠 税法提示

一般纳税人购进的旅客运输服务、餐饮服务、居民日常服务和娱乐服务的进项税额不得从销项税额中抵扣。

【例8-19】2022年3月31日，根据管理费用明细账的记录，珠江公司本月共计发生管理费用980 620元，月末结转本年利润。账务处理如下。

借：本年利润 　　　　　　　　　　　　　　　　　　　　　　　　　980 620
　　贷：管理费用（明细科目略）　　　　　　　　　　　　　　　　　　980 620

（三）财务费用业务

【例8-20】2022年3月15日，珠江公司支付开户银行手续费212元（含税），取得增值税专用发票，款项已在公司账户中划转。账务处理如下。

借：财务费用——手续费 　　　　　　　　　　　　　　　　　　　　200
　　应交税费——应交增值税（进项税额）　　　　　　　　　　　　　　12
　　贷：银行存款 　　　　　　　　　　　　　　　　　　　　　　　　212

【例8-21】2022年3月21日，珠江公司收到银行存款利息698.26元，款项由银行转入公司存款账户。

借：银行存款 　　　　　　　　　　　　　　　　　　　　　　　　　698.26
　　贷：财务费用——利息收入 　　　　　　　　　　　　　　　　　　698.26

📗 注意事项

企业收到存款利息应在"财务费用"科目单设"利息收入"明细科目核算，不宜在"利息支出"明细科目中冲减，以便分别反映"利息支出"和"利息收入"的原始金额。

【例8-22】2022年3月30日，计提本月短期借款利息60 000元。账务处理如下。

借：财务费用——利息支出 　　　　　　　　　　　　　　　　　　　60 000
　　贷：应付利息——中国工商银行 　　　　　　　　　　　　　　　　60 000

08

📠 税法提示

利息支出的进项税额不允许抵扣。

【例8-23】2022年3月31日，根据财务费用明细账的记录，珠江公司本月共计发生财务费用59 653.95元，其中：银行手续费352.21元；利息支出60 000元；利息收入698.26元（贷方发生额）。此例财务费用月末结转本年利润有以下两种处理方法。

（1）编制一笔会计分录（记账凭证）。

借：本年利润　　　　　　　　　　　　　　　　　　　　59 653.95

　　财务费用——利息收入　　　　　　　　　　　　　　　698.26

　　贷：财务费用——手续费　　　　　　　　　　　　　　　　352.21

　　　　　　　　——利息支出　　　　　　　　　　　　　　60 000.00

（2）编制两笔会计分录（记账凭证）。

借：本年利润　　　　　　　　　　　　　　　　　　　　60 352.21

　　贷：财务费用——手续费　　　　　　　　　　　　　　　　352.21

　　　　　　　　——利息支出　　　　　　　　　　　　　　60 000.00

借：财务费用——利息收入　　　　　　　　　　　　　　　698.26

　　贷：本年利润　　　　　　　　　　　　　　　　　　　　698.26

任务小结 ↓

（一）费用是指企业在日常活动中发生的、会导致所有者权益减少的、与向所有者分配利润无关的经济利益的总流出。费用主要包括营业成本、营业税费和期间费用。

（二）营业成本是指与当期营业收入相关的产品成本或劳务成本，是当期已实现营业收入从而结转到当期损益的产品成本或劳务成本。营业成本由主营业务成本和其他业务成本两部分构成。

（三）营业税费是指企业经营活动应负担的相关税费，包括消费税、城市维护建设税、教育费附加、资源税、土地增值税、房产税、城镇土地使用税、车船税、印花税等。

（四）期间费用是指企业日常活动发生的不能计入特定核算对象而计入当期损益的费用。期间费用包括销售费用、管理费用和财务费用。

任务训练 ↓

任务训练 49　练习费用的核算

资料：珠江公司 2022 年 6 月发生有关业务如下。

（1）6 月 3 日，支付广告费，价款 120 000 元，增值税 7 200 元，取得增值税专用发票，款项通过网银支付。

（2）6 月 10 日，支付销售产品运输费，价款 20 000 元，增值税 1 800 元，取得增值税专用发票，款项通过网银支付。

（3）6 月 12 日，支付行政管理部门办公费 33 900 元（其中增值税 3 900 元），取得增值税专用发票，款项通过网银付清。

（4）6 月 18 日，支付企业行政管理部门业务招待费，取得增值税普通发票，价款为 5 000 元，增值税为 300 元。款项以单位信用卡支付。

（5）6 月 21 日，收到银行存款利息收入 564.69 元，款项由银行转入公司存款账户。

（6）6 月 30 日，本月共计销售甲产品 1 500 件、乙产品 2 600 件、丙产品 3 800 件。甲、乙、丙三种产品的平均单位成本分别为 150 元、120 元、160 元。

（7）6 月 30 日，本月共计销售 M 材料 600 千克、N 材料 400 千克。M、N 材料的平均单价分别为 51 元、36 元。

（8）6 月 30 日，本月实际应交增值税 560 000 元、消费税 240 000 元，月末计提城市维护建设税（7%）、教育费附加（3%）及地方教育附加（2%）。

（9）6 月 30 日，计提本月短期借款利息 58 000 元。

（10）6 月 30 日，将本月发生的费用全部结转本年利润，假设上述业务 1～9 为本月发生的全部费用。

要求：根据上述资料分别编制会计分录。

08

任务四　利润形成核算

利润核算包括利润形成的核算和利润分配的核算。利润分配核算在"项目七任务四 留存收益核算"中已经讲到，所以，本任务只讲利润形成的核算。

利润形成是通过"本年利润"账户来实现的。期末，将所有收入（收益）账户的余额结转到"本年利润"账户的贷方，将所有费用（损失）账户的余额结转到"本年利润"账户的借方，然后结出"本年利润"账户的余额，利润（或亏损）就形成了。"本年利润"账户如果出现贷方余额，为实现的利润额；如果出现借方余额，为发生的亏损额。

需要注意的是，有一部分损益类账户既核算收入（收益），又核算费用（损失），如投资收益、公允价值变动损益、资产处置损益、财务费用等，如何判断它是收入（收益）还费用（损失）呢？这个容易，根据它结转前的余额方向来判断！余额在贷方的为收入，余额在借方的为费用（损失）。损益类账户结转前有余额，结转后没有余额。

一、利润相关知识

（一）利润的构成

利润是指企业在一定会计期间的经营成果。利润包括收入减去费用后的净额、直接计入当期利润的利得和损失等。利得是指企业非日常活动中产生的，会导致所有者权益增加的、与所有者投入资本无关的经济利益的流入。损失是指企业非日常活动中产生的，会导致所有者权益减少的、与向所有者分配利润无关的经济利益的流出。利润按其形成过程分为以下三个层次。

1. 营业利润

营业利润是指企业在销售商品、提供劳务等日常活动中所产生的利润，是企业最基本的经营活动成果，也是企业利润的主要来源。营业利润的计算公式如下：

营业利润=营业收入-营业成本-税金及附加-销售费用-管理费用-财务费用-资产减值损失-信用减值损失+其他收益+投资收益（-损失）+公允价值变动收益（-损失）+资产处置收益（-损失）

营业收入是指企业经营业务所实现的收入总额，包括主营业务收入和其他业务收入。

营业成本是指企业经营业务所发生的成本总额，包括主营业务成本和其他业务成本。

资产减值损失是指存货、固定资产、无形资产等计提的减值准备所形成的损失。

信用减值损失是指各种金融资产（包括应收款项）计提的减值准备所形成的损失。

其他收益是指企业按规定收到的与日常活动有关的政府补助。

投资收益（或损失）是指企业以各种方式对外投资所取得的收益或发生的损失。

公允价值变动损收益（或损失）是指企业交易性金融资产等公允价值变动形成的应计入当期损益的利得或损失。

资产处置收益（或损失）是指企业生产经营期间处置固定资产、在建工程及无形资产等非流动资产而产生的利得或损失。

2. 利润总额

利润总额又称"税前利润"，是指企业在一定时期内通过生产经营活动所实现的最终财务成果。利润总额的计算公式如下：

08

$$利润总额=营业利润+营业外收入-营业外支出$$

3. 净利润

净利润又称"税后利润"，是指企业当期利润总额减去所得税费用后的金额。净利润的计算公式为：

$$净利润=利润总额-所得税费用$$

（二）营业外收入和营业外支出

1. 营业外收入

营业外收入是指企业发生的与其日常活动无直接关系的各项利得，主要包括非流动资产毁损报废收益、与企业日常活动无关的政府补助、盘盈利得、捐赠利得、罚没利得等。

（1）非流动资产毁损报废收益，是指因自然灾害等发生毁损、已丧失使用功能而报废的非流动资产所产生的清理净收益。

（2）与企业日常活动无关的政府补助，是指企业从政府无偿取得货币性资产或非货币性资产，且与企业日常活动无关的利得。

（3）盘盈利得，指企业库存现金等资产发生盘盈而生产的利得。

（4）捐赠利得，指企业接受捐赠生产的利得。

（5）罚没利得，指企业取得的各项罚款利得。

2. 营业外支出

营业外支出是指企业发生的与其日常活动无直接关系的各项损失，主要包括非流动资产毁损报废损失、捐赠支出、盘亏损失、非常损失、罚款支出等。

（1）非流动资产毁损报废损失，是指因自然灾害等发生毁损、已丧失使用功能而报废的非流动资产所产生的清理净损失。

（2）捐赠支出，是指企业对外捐赠发生的支出。

（3）盘亏损失，是指在财产清查中盘亏的资产，在查明原因并报经批准计入营业外支出的损失。

（4）非常损失，是指客观因素（如自然灾害）造成的资产净损失。

（5）罚款支出，是指企业支付的行政罚款、滞纳金以及其他违反法律法规、合同协议等而支付的罚款、违约金、赔偿金等支出。

二、利润形成核算的会计科目

（一）"本年利润"科目

"本年利润"科目属于所有者权益类科目，核算企业本年度实现的净利润（或发生的亏损）。本科目无须进行明细核算。

（二）"营业外收入"科目

"营业外收入"科目属于损益类科目，核算企业发生的与其日常活动无直接关系的各项收入，主要包括非流动资产毁损报废收益、与企业日常活动无关的政府补助、盘盈利得、捐赠利得等。本科目应按收入项目进行明细核算。

> **注意事项**
>
> 按照《企业会计准则》的规定，企业取得的政府补助，应判断其与企业日常活动是否有关。与企业日常活动无关的政府补助，核算的科目为"营业外收入"；与企业日常活动有关的政府补助，核算的科目为"其他收益"。

（三）"营业外支出"科目

"营业外支出"科目属于损益类科目，核算企业发生的与其日常活动无直接关系的各项损失，主要包括

08

非流动资产毁损报废损失、捐赠支出、盘亏损失、非常损失、罚款支出等。本科目应按支出项目进行明细核算。

业务处理 ↓

一、营业外收入业务

（一）非流动资产毁损报废收益（见【例 5-26】）

（二）与企业日常活动无关的政府补助

【例 8-24】2022 年 8 月 15 日，珠江公司因遭受自然灾害收到一笔政府补助款 200 000 元。款项已转入企业银行结算户。账务处理如下。

借：银行存款　　　　　　　　　　　　　　　　　　　　　　200 000
　　贷：营业外收入——政府补助收入　　　　　　　　　　　　　　200 000

（三）盘盈利得

【例 8-25】2022 年 12 月 31 日，珠江公司通过财产清查，盘盈库存现金 300 元。因无法查明原因，经批准转作营业外收入。账务处理如下。

发现盘盈时：

借：库存现金　　　　　　　　　　　　　　　　　　　　　　300
　　贷：待处理财产损溢——待处理流动资产损溢　　　　　　　　　300

批准核算时：

借：待处理财产损溢——待处理流动资产损溢　　　　　　　　300
　　贷：营业外收入——盘盈利得　　　　　　　　　　　　　　　　300

（四）捐赠利得

【例 8-26】2022 年 12 月 21 日，珠江公司收到友好人士捐赠的运输货车一辆，价值 500 000 元，已办理过户手续。账务处理如下。

借：固定资产——运输工具　　　　　　　　　　　　　　　　500 000
　　贷：营业外收入——捐赠利得　　　　　　　　　　　　　　　　500 000

（五）罚没利得

【例 8-27】2022 年 10 月 26 日，因黄海公司违约，珠江公司按规定没收该公司预付的购货定金 50 000 元。珠江公司账务处理如下。

借：预收账款——黄海公司　　　　　　　　　　　　　　　　50 000
　　贷：营业外收入——罚没利得　　　　　　　　　　　　　　　　50 000

二、营业外支出业务

（一）非流动资产毁损报废损失

【例 8-28】沿用【例 5-26】的资料，假设清理该批固定资产发生的清理费用为 15 000 元，其他资料不变。则清理完成，"固定资产清理"账户出现借方余额 752.21 元，为清理净损失，应做如下结转的账务处理。

借：营业外支出——非流动资产毁损报废损失　　　　　　　　752.21
　　贷：固定资产清理——生产设备　　　　　　　　　　　　　　752.21

（二）捐赠支出

【例 8-29】2022 年 3 月 22 日，珠江公司向中国红十字会捐赠 30 000 元，捐款通过网银支付，同时取得红十字会开具的捐赠收据。珠江公司账务处理如下。

借：营业外支出——公益性捐赠支出　　　　　　　　　　　　　　30 000
　　贷：银行存款　　　　　　　　　　　　　　　　　　　　　　　　30 000

假如此例珠江公司的捐赠对象不是公益性社会组织或政府部门，而是直接向受赠人（单位或个人）捐赠，则其账务处理如下。

借：营业外支出——非公益性捐赠支出　　　　　　　　　　　　　30 000
　　贷：银行存款　　　　　　　　　　　　　　　　　　　　　　　　30 000

注意事项

公益性捐赠支出可以按照年度利润总额 12%的比例计算在税前扣除，超过年度利润总额 12%的部分，准予在以后的 3 年内税前扣除；而非公益性捐赠支出不允许税前扣除。所以，在会计核算上，对于捐赠支出要区分公益性捐赠和非公益性捐赠。

（三）盘亏损失

【例 8-30】2022 年 12 月 31 日，珠江公司通过财产清查，盘亏设备一台，该设备原值为 30 000 元，已提折旧 17 100 元。无法查明原因，经批准核销。账务处理如下。

发现盘亏时：

借：累计折旧——机器设备　　　　　　　　　　　　　　　　　　17 100
　　待处理财产损溢——待处理固定资产损溢　　　　　　　　　　　12 900
　　贷：固定资产——机器设备　　　　　　　　　　　　　　　　　　30 000

批准核销时：

借：营业外支出——盘亏损失　　　　　　　　　　　　　　　　　12 900
　　贷：待处理财产损溢——待处理固定资产损溢　　　　　　　　　　12 900

（四）非常损失（见【例 5-27】）

（五）罚款支出

【例 8-31】2022 年 9 月 20 日，珠江公司因未按时申报税费，被税务机关加收滞纳金 1 269 元，滞纳金与迟报的税费一起交纳。账务处理如下。

借：营业外支出——罚款支出　　　　　　　　　　　　　　　　　1 269
　　贷：银行存款　　　　　　　　　　　　　　　　　　　　　　　　1 269

【例 8-32】沿用【例 8-27】的资料，黄海公司的账务处理如下。

借：营业外支出——违约金　　　　　　　　　　　　　　　　　　50 000
　　贷：预付账款——珠江公司　　　　　　　　　　　　　　　　　　50 000

注意事项

罚款（包括滞纳金）是纳税人因违反国家有关法律、法规，被政府有关部门所处的罚金，不得税前扣除；违约金是指不履行或者不完全履行合同义务的违约方按照合同约定，支付给非违约方的补偿金。企业支付的违约金允许在税前扣除，所以，违约金与罚款应分设明细科目进行核算。

08

三、本年利润业务

企业当年实现了多少利润（或发生了多少亏损），是通过"本年利润"科目来核算的。期末（月末或年末），企业应将各损益类账户的余额（其实也是发生额，结转之后就没有余额）结转到"本年利润"账户。"本年利润"账户出现贷方余额，说明是当年实现的利润；出现借方余额，说明当年发生了亏损。

那么，损益类账户余额结转"本年利润"，是按月结转还是按年结转呢？两种方法都可以。按月结转，我们可以通过"本年利润"账户知道当月及当前累计实现的利润（或发生的亏损）是多少，所以，我们把这一方法称为"账结法"；按年结转（只在年末将各损益类账户的全年余额一次性结转到"本年利润"账户），我们把这一方法称为"表结法"。因为在这种情况下，平时各月是通过利润表来计算利润的。

【例8-33】2022年1月31日，珠江公司本月损益类账户结转前的余额如表8-3所示。

表8-3　　　　　　　　　　　　　损益类账户余额表　　　　　　　　　　　　单位：元

账户名称	借方余额	贷方余额
主营业务收入		8 600 000
其他业务收入		698 000
投资收益		120 000
其他收益		30 000
营业外收入		20 000
主营业务成本	6 450 000	
其他业务成本	558 400	
税金及附加	86 200	
销售费用	260 000	
管理费用	930 500	
财务费用		1 600
营业外支出	15 000	
资产减值损失	19 800	
合计	8 319 900	9 469 600

月末将上述账户余额结转到"本年利润"账户。此例在会计实务中有两种结转方法：一是编制两笔会计分录（记账凭证），即收入与费用分别结转；二是编制一笔会计分录（记账凭证），即收入与费用合并结转。以下分别说明。

（1）编制两笔会计分录（记账凭证）。

借：主营业务收入　　　　　　　　　　　　　8 600 000
　　其他业务收入　　　　　　　　　　　　　　698 000
　　投资收益　　　　　　　　　　　　　　　　120 000
　　其他收益　　　　　　　　　　　　　　　　 30 000
　　营业外收入　　　　　　　　　　　　　　　 20 000
　　财务费用　　　　　　　　　　　　　　　　　1 600
　　　贷：本年利润　　　　　　　　　　　　　9 469 600
借：本年利润　　　　　　　　　　　　　　　8 319 900
　　　贷：主营业务成本　　　　　　　　　　　6 450 000
　　　　　其他业务成本　　　　　　　　　　　　558 400
　　　　　税金及附加　　　　　　　　　　　　　 86 200
　　　　　销售费用　　　　　　　　　　　　　　260 000
　　　　　管理费用　　　　　　　　　　　　　　930 500
　　　　　营业外支出　　　　　　　　　　　　　 15 000
　　　　　资产减值损失　　　　　　　　　　　　 19 800

（2）编制一笔会计分录（记账凭证）。

借：主营业务收入	8 600 000
其他业务收入	698 000
投资收益	120 000
其他收益	30 000
营业外收入	20 000
财务费用	1 600
贷：主营业务成本	6 450 000
其他业务成本	558 400
税金及附加	86 200
销售费用	260 000
管理费用	930 500
营业外支出	15 000
资产减值损失	19 800
本年利润	1 149 700

【例 8-34】沿用【例 8-33】的资料，假设不存在所得税纳税调整事项，按利润总额及 25% 的税率计提当月应交所得税。有关账务处理如下。

（1）计提所得税。

应交所得税=1 149 700×25%=287 425（元）

借：所得税费用	287 425
贷：应交税费——应交所得税	287 425

（2）结转所得税费用。

借：本年利润	287 425
贷：所得税费用	287 425

任务小结 ↓

（一）利润是指企业在一定的会计期间的经营成果。利润包括收入减去费用后的净额、直接计入当期利润的利得和损失等。

（二）营业利润是指企业在销售商品、提供劳务等日常活动中所产生的利润，是企业最基本经营活动成果，也是企业利润的主要来源。

（三）利润总额又称"税前利润"，是指企业在一定时期内通过生产经营活动所实现的最终财务成果。包括营业利润和营业外收支净额。

（四）净利润又称"税后利润"，是指企业当期利润总额减去所得税费用后的金额。

（五）营业外收入是指企业发生的与其日常活动无直接关系的各项利得，主要包括非流动资产毁损报废收益、与企业日常活动无关的政府补助、盘盈利得、捐赠利得、罚没利得等。

（六）营业外支出是指企业发生的与其日常活动无直接关系的各项损失，主要包括非流动资产毁损报废损失、捐赠支出、盘亏损失、非常损失、罚款支出等。

（七）利润结转有"账结法"和"表结法"两种。账结法是指按月将损益类账户余额结转到"本年利润"账户；表结转只是年终才将损益类账户余额结转到"本年利润"账户，平时各月通过利润表来计算利润。

08

任务训练 ↓

任务训练 50 练习利润形成的核算

资料：北江公司 2022 年 6 月发生有关业务如下，涉及收付款的业务均通过银行结算。

（1）接受捐赠生产设备一台，价值 300 000 元。

（2）收到税务部门支付代扣代缴个人所得税的手续费收入 5 000 元。

（3）收到研究开发新产品的政府补助 150 000 元。

（4）向当地民政局捐赠救灾款 100 000 元。

（5）直接捐赠给某单位生产设备一台，该设备原值为 200 000 元，已提折旧 30 000 元。

（6）支付税收滞纳金 856 元。

（7）损益类账户结转前的余额如表 8-4 所示，结转本年利润。

表 8-4 损益类账户余额表 单位：元

科目名称	借方余额	贷方余额
主营业务收入		6 500 000
其他业务收入		269 800
投资收益		90 000
其他收益		26 000
营业外收入		455 000
主营业务成本	5 200 000	
其他业务成本	215 840	
税金及附加	56 800	
销售费用	210 000	
管理费用	656 000	
财务费用	16 000	
营业外支出	270 856	
资产减值损失	19 800	
合计	6 645 296	7 340 800

（8）假设不存在所得税纳税调整事项，按当月利润总额及 25% 的税率计提当月应交所得税并结转所得税费用。

要求：根据上述业务编制会计分录。

任务五 所得税费用核算之应付税款法

任务导言

所得税费用核算方法有两种：应付税款法和纳税影响会计法。应付税款法是指不确认时间性差异对所得税的影响金额，按照当期计算的应交所得税确认为当期所得税费用的方法；纳税影响会计法是将本期会计利润与纳税所得之间的时间性差异造成影响纳税的金额，递延和分配到以后各期。

对于所得税的核算，《企业会计准则》规定采用资产负债表债务法，它属于纳税影响会计法的一种。《小企业会计准则》虽然没有明确说明采用哪种方法，但根据其会计科目的设置及会计报表项目的设置来判断，显然是应付税款法。可见，两种所得税核算方法在我国属于并用。应付税款法比较简单，而资产负债表债务法则较为复杂。

会计教材大都只讲资产负债表债务法，不讲应付税款法。所得税核算的关键不在于所得税的账务处理，而在于所得税的计算。所得税计算包括平时预缴所得税的计算和年度汇算清缴所得税的计算，如果所得税的计算不正确，那么，其账务处理必然也不正确。基于实务的考虑，本任务先讲应付税款法，下一任务再讲资产负债表债务法。为了便于比较和理解，两种所得税核算方法将使用同一例题资料。此外，先讲简单的应付税款法，也有助于学习者更好地理解资产负债表债务法。

本任务的重点是所得税的计算。平时预缴所得税的计算比较容易，而年度所得税汇算清缴的计算则比较难。难在将全年的会计利润总额按税法的规定调整为应纳税所得额，这就要求准确地找出所有的纳税调整事项。

知识准备

一、企业所得税相关知识

（一）企业所得税的含义

企业所得税是对在我国境内的企业和其他取得收入的组织，就其生产经营所得和其他所得征收的一种税。企业所得税纳税人包括居民企业和非居民企业，但不包括个人独资企业、合伙企业。

（二）企业所得税的税率

（1）企业所得税基本税率为25%。

（2）符合条件的小型微利企业减按20%的税率征收所得税。

税法提示

小型微利企业除享受税率优惠外，还享受应纳税所得额的优惠。如：2019年1月1日至2021年12月31日，对小型微利企业年应纳税所得额不超过100万元的部分，减按25%计入应纳税所得额，按20%的税率缴纳企业所得税；对年应纳税所得额超过100万元但不超过300万元的部分，减按50%计入应纳税所得额，按20%的税率缴纳企业所得税。2021年1月1日至2022年12月31日，对小型微利企业年应纳税所得额不超过100万元的部分，减按12.5%计入应纳税所得额，按20%的税率缴纳企业所得税。

（3）国家重点扶持的高新技术企业，减按15%的税率征收企业所得税。

（4）在中国境内未设立机构、场所，或者虽设立机构、场所但取得的所得与其机构、场所没有实际联系的非居民企业的中国境内所得，减按10%的税率征收企业所得税。

（三）企业所得税的征收方式

企业所得税的征收方式有两种：查账征收和核定征收。

查账征收是指针对财务会计制度健全的纳税人，税务机关依据其报送的纳税申报表、财务会计报表和

08

其他有关纳税资料，依照适用税率，计算其应缴纳税款的征收方式。我国大部分企业都属于查账征收。

核定征收是指由于纳税人的会计账簿不健全，资料残缺难以查账，或者其他原因难以准确确定纳税人应纳税额时，由税务机关采用合理的方法依法核定纳税人应纳税款的一种征收方式。核定征收又分为核定应税所得率、核定征收率、定期定额征收三种。

（四）企业所得税的纳税期限

企业所得税按纳税年度计算，分月或者分季预缴，年终汇算清缴，多退少补。

二、所得税费用的核算方法

所得税费用的核算方法有两种：应付税款法和纳税影响会计法。

应付税款法是指企业不确认时间性差异对所得税的影响金额，按照当期计算的应交所得税确认为当期所得税费用的方法。在这种方法下，当期计入损益的所得税费用就等于当期应交的所得税，当期税前会计利润与纳税所得之间的差异造成的影响纳税的金额直接计入当期损益，而不递延到以后各期。

纳税影响会计法是将本期会计利润与纳税所得之间的时间性差异造成的影响纳税的金额，递延和分配到以后各期。纳税影响会计法又分为递延法和债务法，债务法又分为利润表债务法和资产负债表债务法。

我国《企业会计准则》规定，所得税会计核算采用资产负债表债务法。执行《小企业会计准则》的企业，所得税核算一般采用应付税款法。

三、应付税款法下所得税核算的会计科目

（一）"所得税费用"科目

"所得税费用"科目属于损益类科目，核算企业确认的应从当期利润总额中扣除的所得税费用。采用应付税法核算时，本科目不需进行明细核算；采用资产负债表债务法时，本科目可按"当期所得税费用"和"递延所得税费用"进行明细核算。

（二）"应交税费"科目

"应交税费"科目属于负债类科目，核算企业按照税法等规定计算应交纳的各种税费。企业所得税的承担期与支付期往往不一致，应在本科目下设置"应交所得税"明细科目，核算计提和交纳的企业所得税。

业务处理 ↓

一、平时预缴所得税

根据税法的规定，企业所得税应当按照月份或者季度的实际利润额预缴。即企业平时预缴申报所得税时，应按实际利润额与适用的所得税税率计算预缴的所得税税额并进行预缴申报。

> **注意事项**
>
> 平时计算每季（月）预缴所得税时，不能只用当季（月）利润总额来计算税额，要用每一季（月）末的累计利润总额乘以所得税税率，然后减去以前季（月）度累计已预缴的所得税税额。计算结果为正数，为本季（月）度应预缴的所得税；计算结果为负数，则说明本季（月）度发生了亏损，暂不预缴所得税。用累计利润额来计算所得税税额，能使得某一季（月）度的亏损得到弥补，避免平时多缴所得税。

【例8-35】珠江公司按季度预缴申报企业所得税。2021年3月累计利润总额为300万元，6月累计利润总额为650万元，9月累计利润总额为600万元，12月累计利润总额为1 000万元。该公司无以前年度未弥补亏损，适用所得税税率为25%。珠江公司各季度预缴所得税税额的计算及相应的账务处理如下。

（1）3月末计算并计提第一季度应预缴的所得税税额。

第一季度应预缴所得税=3 000 000×25%=750 000（元）

借：所得税费用   750 000

    贷：应交税费——应交所得税   750 000

（2）6月末计算并计提第二季度应预缴的所得税税额。

第二季度应预缴所得税=6 500 000×25%−750 000=875 000（元）

借：所得税费用   875 000

    贷：应交税费——应交所得税   875 000

（3）9月末计算并计提第三季度应预缴的所得税税额。

第三季度应预缴所得税=6 000 000×25%−750 000−875 000=−125 000（元）

第三季度因出现亏损，本季度不用预缴所得税，前两个季度多交了所得税125 000元，用来抵减第四季度应预缴的所得税，暂不退还。

（4）12月末计算并计提第四季度应预缴的所得税税额。

第四季度应预缴所得税=10 000 000×25%−750 000−875 000=875 000（元）

借：所得税费用   875 000

    贷：应交税费——应交所得税   875 000

珠江公司全年累计预缴所得税=750 000+875 000+875 000=2 500 000（元）

二、年度汇算清缴所得税

年度汇算清缴所得税的关键是要将会计利润总额，按照税法的规定调整为应纳税所得额，从而计算确定全年应补（退）所得税税额。

> **注意事项**
>
> 年度所得税汇算清缴的时间有两种可能：一是在当年年末（结账前）；二是在次年年初（结账后）。一般来说，《企业所得税年度纳税申报表》（汇算清缴）通常是在次年的年初完成的，例如，广东省税务部门规定企业所得税年度汇算清缴应在次年的五月底之前完成。年度所得税汇算清缴完成的时间不同，其账务处理也是不同的。

【例8-36】沿用【例8-35】的资料，珠江公司2021年度会计利润总额为1 000万元，全年营业收入为10 000万元，适用所得税率为25%，全年已预缴所得税250万元。无以前年度未弥补亏损。有关纳税调整事项如下。

（1）交易性金融资产账面价值为125万元，计税基础为100万元。

（2）应收账款账面价值为1 900万元，计税基础为2 000万元，当年计提坏账准备100万元。

（3）购进生产设备一台原值200万元，企业采用年限平均法按10年计提折旧，当年计提折旧20万元。税法规定允许一次性税前扣除。

（4）自创无形资产账面价值100万元，企业按10年平均摊销，当年摊销10万元。税法规定按照无形资产成本的200%摊销扣除。

（5）本年计提预计负债80万元。

（6）营业外支出列支罚款支出30万元。

（7）营业外支出列支赞助支出180万元。

（8）管理费用中列支研发费100万元，税法规定按100%加计扣除。

（9）管理费用中列支业务招待费90万元。（业务招待费按照发生额的60%税前扣除，但最高不得超过当年营业收入的5‰。）

（10）未取得合法凭证的费用支出10万元。

假设珠江公司所得税核算采用应付税款法，企业所得税年度汇算清缴过程及账务处理如下。

1. 分析纳税调整事项

（1）交易性金融资产的账面价值大于计税基础25万元，说明产生了公允价值变动收益，它是未实现的收益，税法规定暂不交所得税。此项应调减纳税所得25万元。

（2）坏账损失实际发生时可以税前扣除，但计提的坏账准备不能税前扣除。此项应调增纳税所得100万元。

（3）税法规定，原值200万元的固定资产可以一次性税前扣除，会计上已计提折旧20万元。此项应调减纳税所得180万元。

（4）自创无形资产，会计上当年摊销10万元，按税法规定可以摊销20万元。此项应调减纳税所得10万元。

（5）预计负债与预提资产减值准备的道理是一样的，待费用实际发生时才能扣除。此项应调增纳税所得80万元。

（6）罚款支出不得税前扣除。此项应调增纳税所得30万元。

（7）赞助支出不得税前扣除。此项应调增纳税所得180万元。

（8）管理费用中列支研发费用100万元，税法规定可以加计扣除100%。此项应调减纳税所得100万元。

（9）按营业收入计算的业务招待费扣除限额=10 000×0.5%=50万元；按业务招待费发生额计算的限额=90×60%=54万元。此项应调增纳税所得40万元（90-50）。

（10）未取得合法凭证的费用支出不得在税前扣除。此项应调增纳税所得10万元。

2. 计算全年应纳税所得额及应补（退）所得税税额

全年应纳税所得额=1 000-25+100-180-10+80+30+180-100+40+10=1 125（万元）

全年应补（退）所得税=1 125×25%-250=31.25（万元）

（计算结果为正数表示应补所得税税额；计算结果为负数表示应退所得税税额。）

3. 根据汇算清缴结果做出账务处理

（1）如果年度所得税汇算清缴是在年末结账前完成的，其账务处理如下。

计提汇算清缴应补所得税。

借：所得税费用	312 500
贷：应交税费——应交所得税	312 500

结转所得税费用。

借：本年利润	312 500
贷：所得税费用	312 500

日后缴纳汇算清缴所得税。

借：应交税费——应交所得税	312 500
贷：银行存款	312 500

（2）如果年度所得税汇算清缴是在年末结账后（次年初）完成的，其账务处理如下。

计提汇算清缴应补所得税。

借：以前年度损益调整	312 500
贷：应交税费——应交所得税	312 500

缴纳汇算清缴所得税。

借：应交税费——应交所得税	312 500
贷：银行存款	312 500

结转以前年度损益调整。

借：利润分配——未分配利润	312 500
贷：以前年度损益调整	312 500

如果年度所得税汇算清缴是在年末结账后完成的，则该业务是作为资产负债表日后调整事项来处理的，此时，企业的财务报表如果尚未批准报出，应当调整资产负债表日的财务报表。

本例对资产负债表日的财务报表调整如下。

利润表项目（本期金额）：

所得税费用+312 500元（净利润随之变动）

资产负债表项目（期末余额）：

应交税费+312 500元（流动负债合计、负债合计随之变动）

未分配利润-312 500元（所有者权益合计随之变动）

现金流量表（补充资料）项目（本期金额）：

净利润-312 500 元

经营性应付项目的增加+312 500 元

企业所得税汇算清缴
的账务处理

任务小结 ↓

（一）企业所得税是对在我国境内的企业和其他取得收入的组织，就其生产经营所得和其他所得征收的一种税。企业所得税纳税人包括居民企业和非居民企业，但是不包括个人独资企业、合伙企业。

（二）企业所得税基本税率为 25%。符合条件的小型微利企业减按 20% 的税率征收所得税。

（三）企业所得税的征收方式分查账征收和核定征收两种。

（四）企业所得税按纳税年度计算，分月或者分季预缴，年终汇算清缴，多退少补。

（五）所得税费用核算的方法有两种：应付税款法和纳税影响会计法。

（六）应付税款法是指企业不确认时间性差异对所得税的影响金额，按照当期计算的应交所得税确认为当期的所得税费用的方法。

（七）平时计算每季预缴所得税税额时，要用每一季度的累计利润总额乘以所得税税率，然后减去以前季度累计已预缴的所得税税额。

（八）企业年度所得税汇算清缴一般是在次年的年初完成的。汇算清缴应补（退）所得税应按资产负债表日后调整事项进行账务处理，并对资产负债日的财务报表进行调整。

任务训练 ↓

任务训练 51　练习所得税费用核算的应付税款法

资料：珠江公司按季度预缴申报企业所得税，所得税核算采用应付税款法。2022 年 3 月累计利润总额为 500 万元，6 月累计利润总额为 480 万元，9 月累计利润总额为 800 万元，12 月累计利润总额为 1 200 万元。该公司无以前年度未弥补亏损，适用所得税税率为 25%。该公司 2023 年 3 月完成年度所得税汇算清缴，有关纳税调整事项如下。

（1）利润表中列示公允价值变动收益为-15 万元。（交易性金融资产。）

（2）当年计提坏账准备 25 万元。

（3）上年购入生产设备一台 200 万元，本年计提折旧 20 万。该固定资产上年度已一次性税前扣除。

（4）上年自创无形资产账面价值 100 万元，本年摊销 10 万元，税法规定摊销 20 万元。

（5）本年计提预计负债 30 万元。

（6）营业外支出列支赞助支出 50 万元。

（7）管理费用中列支研发费 90 万元，税法规定按 100% 加计税前扣除。

（8）管理费用中列支业务招待费 80 万元。（2022 年度营业收入总额为 11 000 万元。）

（9）未取得合法凭证的费用支出 6 万元。

要求：

（1）计算每季应预缴所得税税额并做出相应的账务处理。

（2）计算年终汇算清缴应补（退）所得税税额并做出相应的账务处理。

08

任务六　所得税费用核算之资产负债表债务法

任务导言　↓

　　资产负债表债务法较为完全地体现了资产负债观，在所得税会计核算方面贯彻了资产、负债的界定。可以说，资产负债表债务法是一个合理、客观、严谨的所得税核算方法。然而这一方法却难理解、难掌握。

　　资产负债表债务法为什么这么难？难在会计利润与纳税所得之间暂时性差异的确认。一般来说，暂时性差异是由于资产、负债的账面价值与其计税基础不一致而产生的，但也有特殊情况。例如，制造业自创的无形资产，税法规定可按其成本的200%在税前摊销，也就是说，自创无形资产的计税基础是其账面价值的2倍，二者虽然存在差异，但这个差异却不是暂时性的，而是永久性的。再例如，以前年度可弥补亏损，并未表现任何资产或负债的账面价值与计税基础存在差异，但未来可以享受抵减所得税的好处，可以视同暂时性差异。可见，暂时性差异的形成较为复杂。如果无法准确确认暂时性差异，那么就无法采用资产负债表债务法进行所得税核算。

　　针对资产负债表债务法，本任务在编写上与其他会计教材还是有很大的不同，就是基于实务、遵从实务，避免抽象、不切实际的理论分析。首先，选取会计实务中常见、实用的暂时性差异来进行分析和处理。其次，将资产负债表债务法放在具体的日常所得税业务中来处理。企业所得税核算分为两个环节：平时预缴所得税和年终汇算清缴所得税，两个环节的账务处理是不同的。此外，年度所得税汇算清缴完成的时间可能是在当年的年末（结账前），也可能是在次年的年初（结账后），完成的时间不同，其账务处理也是不同的。

　　本任务设计了两个例题，一个是递延所得税资产与递延所得税负债的初始确认，一个是递延所得税资产与递延所得税负债的后续确认。这两个例题实用性很强，也比较容易理解。相信通过本任务的学习，学习者能够攻克所得税核算这一难关。

知识准备　↓

一、什么是资产负债表债务法

　　资产负债表债务法，是从资产负债表出发，通过比较资产负债表上列示的资产、负债按照会计准则规定确定的账面价值与按照税法规定确定的计税基础，对于两者之间的差异分别应纳税暂时性差异与可抵扣暂时性差异，确认相关的递延所得税负债与递延所得税资产，并在此基础上确定每一会计期间利润表中的所得税费用。

二、计税基础与暂时性差异

（一）资产的计税基础

　　资产的计税基础，是指企业收回资产账面价值过程中，计算应纳税所得额时按照税法规定可以自应税经济利益中抵扣的金额，即某一项资产在未来期间计税时按照税法规定可以税前扣除的金额。

　　通常情况下，资产在取得时其入账价值与计税基础是相同的，只是在后续计量过程中，因会计准则规定与税法规定不同，可能造成计税基础与其账面价值不同。常见的资产计税基础与账面价值不同的情况列举如下。

1. 交易性金融资产

　　交易性金融资产采用公允价值计量，账面价值为其公允价值，而交易性金融资产的计税基础为其取得成本。在会计期末企业要将交易性金融资产的账面价值调整为公允价值，因而交易性金融资产的账面价值与其计税基础总是不一致的。此外，投资性房地产如果采用公允价值模式核算，与交易性金融资产一样，其账面价值与计税基础通常也是不同的。

2. 固定资产

企业固定资产采用的折旧方法与折旧年限大都与税法规定一致，一般不会产生账面价值与计税计基础的差异，这里不进行假设、讨论。实际上，固定资产有一个最普遍、最常见的计税基础与账面价值不一致的情况：根据"财税〔2018〕54号"文件规定，企业在2018年1月1日至2020年12月31日期间（这一政策已延期到2023年12月31日）新购进的设备、器具，单位价值不超过500万元的，允许一次性计入当期成本费用在计算应纳税所得额时扣除，不再分年度计算折旧。

单价不超过500万元的生产设备，税法规定一次性税前扣除，会计上按年计提折旧，这是典型的暂时性差异。这一情况下固定资产的账面价值与计税基础如何不同？在后面的举例中说明。

> **注意事项**
>
> 会计实务中，很多企业将单价不超过500万元的设备、器具在账务处理上，做一次性计提折旧处理。这是对上述"财税〔2018〕54号"文件的误解。一次性税前扣除是指在计算应纳税所得额时可以一次性扣减，并不是一次性计提折旧。计提折旧要遵循会计准则，按照预计使用年限，每年按月计提折旧。

3. 计提减值准备的所有资产

除上述情况外，所有计提减值准备的资产，必然会导致账面价值与其计税基础不一致。账面价值为取得成本减累计计提的减值准备（固定资产还应减去累计折旧、无形资产还应减去累计摊销），而计税基础为其取得成本。计提减值准备的资产包括应收款项、存货、固定资产、无形资产、债权投资、长期股权投资等。计提的资产减值准备不得在税前扣除，只有在资产实际发生减值损失时才可以税前扣除，所以，计提减值准备的资产的账面价值与计税基础的差异属于暂时性差异。

（二）负债的计税基础

负债的计税基础是指负债的账面价值减去未来期间计算应纳税所得额时按照税法规定可予抵扣的金额。

负债的计税基础=账面价值-未来期间按照税法规定可予税前扣除的金额

一般情况下，负债的计税基础与其账面价值是一致的，不产生差异。最常见的计税基础与其账面价值不一致的负债是预计负债（预提费用）。例如，企业预计负债100万元，该负债的账面价值为100万元；按照税法规定，预计负债计提时，其费用还没有发生，不允许税前扣除。预提的负债只有在未来实际发生时才可以税前扣除。所以，该预计负债的计税基础为0（100万元-100万元）。

（三）暂时性差异

暂时性差异是指资产、负债的账面价值与计税基础不同而产生的差异。暂时性差异分为应纳税暂时性差异和可抵扣暂时性差异。

1. 应纳税暂时性差异

应纳税暂时性差异，是指在确定未来收回资产或清偿负债期间的应纳税所得额时，将导致产生应税金额的暂时性差异。该差异在未来期间转回时，会增加转回期间的应纳税所得额，即在未来期间不考虑该事项影响的应纳税所得额的基础上，由于该暂时性差异的转回，会进一步增加转回期间的应纳税所得额和应交所得税金额。在应纳税暂时性差异产生当期，应当确认相关的递延所得税负债。应纳税暂时性差异通常产生于以下情况。

（1）资产的账面价值大于其计税基础。例如，交易性金融资产的计税基础为500万元，其账面价值为600万元，账面价值大于计税基础的差额为100万元，即该交易性金融资产的公允价值上涨了100万元，这是未实现的收益，暂不交所得税。所以，这一差异为应纳税暂时性差异。未来期间要多交所得税25万元（100×25%），因此确认为负债。

借：所得税费用——递延所得税费用   250 000

    贷：递延所得税负债   250 000

（2）负债的账面价值小于其计税基础。这种情况一般不会发生。

2. 可抵扣暂时性差异

可抵扣暂时性差异，是指在确定未来收回资产或清偿负债期间的应纳税所得额时，将导致产生可抵扣金额的暂时性差异。该差异在未来期间转回时，会减少转回期间的应纳税所得额，减少未来期间的应交所得税。在可抵扣暂时性差异产生当期，应当确认相关的递延所得税资产。可抵扣暂时性差异一般产生于以下情况。

（1）资产的账面价值小于其计税基础。例如，交易性金融资产的计税基础为 500 万元，其账面价值为 420 万元。该资产账面价值小于其计税基础的差额为 80 万元，说明该交易性金融资产的公允价值下跌了 80 万元，这一损失暂时不能税前扣除，但以后可以扣除。所以，这一差异为可抵扣暂时性差异，未来期间可以少交所得税 20 万元（80×25%），因而确认为资产。

借：递延所得税资产   200 000

    贷：所得税费用——递延所得税费用   200 000

（2）负债的账面价值大于其计税基础。例如，企业对将发生的产品保修费用在销售当期确认预计负债100万元，但税法规定有关费用支出只有在实际发生时才能够税前扣除。预计负债的账面价值为 100 万元，预计负债的计税基础为 0，可抵扣暂时性差异为 100 万元，应确认相关的递延所得税资产 25 万元（100×25%）。

借：递延所得税资产   250 000

    贷：所得税费用——递延所得税费用   250 000

（3）可抵扣亏损和税款抵减。对于按税法规定可以结转以后年度弥补的亏损和税款抵减，虽然不是因为资产与负债的账面价值与计税基础的不同而产生的，但本质上与可抵扣暂时性差异具有相同的作用，均能减少未来期间的应纳税所得额，应视同可抵扣暂时性差异处理。

（4）某些交易或事项的发生，因不符合资产、负债的确认条件而未体现为资产和负债，但按税法规定能够确定其计税基础的，其计税基础与账面价值（视为 0）之间的差异应视同可抵扣暂时性差异。例如，准予结转以后年度扣除的广告费和业务宣传费、职工教育经费等。

三、递延所得税资产与递延所得税负债的确认

（一）递延所得税资产的确认

企业对于可抵扣暂时性差异，在估计未来期间能够取得足够的应纳税所得额用以抵扣该可抵扣暂时性差异时，应以很可能取得用来抵扣暂时性差异的应纳税所得额为限，确认为递延所得税资产。初始确认递延所得税资产的金额可按下列公式计算：

$$递延所得税资产＝可抵扣暂时性差异×适用所得税税率$$

后续确认递延所得税资产金额应按下列公式计算：

$$递延所得税资产＝可抵扣暂时性差异×适用所得税税率-递延所得税资产期初余额$$

按上述公式计算的结果如为负数，说明递延所得税资产的账面余额大于应有余额，此时，应将其差额转回。

（二）递延所得税负债的确认

企业对于应纳税暂时性差异，应确认为递延所得税负债。初始确认递延所得税负债的金额可按下列公式计算：

$$递延所得税负债＝应纳税暂时性差异×适用所得税税率$$

后续确认递延所得税负债金额应按下列公式计算：

$$递延所得税负债＝应纳税暂时性差异×适用所得税税率-递延所得税负债期初余额$$

按上述公式计算的结果如为负数，说明递延所得税负债的账面余额大于应有余额，此时，应将其差额转回。

四、所得税费用的确认

在资产负债表债务法下，所得税费用由当期所得税费用和递延所得税费用两部分构成。

所得税费用=当期所得税费用±递延所得税费用

当期所得税费用=当期应纳税所得额×适用所得税税率

递延所得税费用=（期末递延所得税负债-期初递延所得税负债）-（期末递延所得税资产-期初递延所得税资产）

这一公式难以理解，也可按下列方式判断：

递延所得税费用=结转"本年利润"账户借方的递延所得税费用（结转"本年利润"账户贷方的递延所得税费用则用"-"号表示）

五、资产负债表债务法下所得税核算的会计科目

（一）"递延所得税资产"科目

"递延所得税资产"科目属于资产类科目，核算企业确认的可抵扣暂时性差异生产的递延所得税资产。本科目可按可抵扣暂时性差异的项目进行明细核算。

（二）"递延所得税负债"科目

"递延所得税负债"科目属于负债类科目，核算企业确认的应纳税暂时性差异产生的所得税负债。本科目可按应纳税暂时性差异的项目进行明细核算。

（三）"所得税费用"科目（见本项目任务五）

（四）"应交税费——应交所得税"科目（见本项目任务五）

业务处理　↓

一、初始确认递延所得税资产和递延所得税负债

【例8-37】沿用【例8-35】、【例8-36】的资料，珠江公司2021年度利润总额为1 000万元，全年营业收入为10 000万元，适用所得税税率为25%，全年已预缴所得税250万元。无以前年度未弥补亏损。假设2020年年末资产负债表各项目的账面价值与其计税基础一致（即"递延所得税资产"和"递延所得税负债"两个项目的年初数为0）。本年度有关纳税调整事项如下。

（1）交易性金融资产账面价值为125万元，计税基础为100万元。

（2）应收账款账面价值为1 900万元，计税基础为2 000万元，当年计提坏账准备100万元。

（3）购进生产设备一台原值200万元，企业采用年限平均法按10年计提折旧，当年计提折旧20万元。税法规定允许一次性税前扣除。

（4）自创无形资产账面价值100万元，企业按10年平均摊销，当年摊销10万元。税法规定按照无形资产当年摊销额的200%在税前扣除。

（5）本年计提预计负债80万元。

（6）营业外支出列支罚款支出30万元。

（7）营业外支出列支赞助支出180万元。

（8）管理费用中列支研发费100万元，税法规定按100%加计税前扣除。

（9）管理费用中列支业务招待费90万元。（业务招待费按照发生额的60%税前扣除，但最高不得超过当年营业收入的5‰。）

（10）未取得合法凭证的费用支出10万元。

假设珠江公司所得税核算采用资产负债表债务法，有关所得税计算及账务处理如下。

08

1. 平时预缴所得税（这是全年四个季度累计预缴的所得税合计）

借：所得税费用——当期所得税费用　　　　　　　　　　　2 500 000
　　贷：应交税费——应交所得税　　　　　　　　　　　　　2 500 000
借：应交税费——应交所得税　　　　　　　　　　　　　　2 500 000
　　贷：银行存款　　　　　　　　　　　　　　　　　　　　2 500 000

2. 年终汇算清缴所得税

（1）分析纳税调整事项（见【例 8-36】）。

（2）计算并计提当年应补缴所得税。

全年应纳税所得额=1 000-25+100-180-20+80+30+180-100+40+10=1 125（万元）

全年应补（退）所得税=1 125×25%-250=31.25（万元）

如果所得税汇算清缴在 2021 年年末（结账前）完成，其账务处理如下。

借：所得税费用——当期所得税费用　　　　　　　　　　　312 500
　　贷：应交税费——应交所得税　　　　　　　　　　　　　312 500
借：本年利润　　　　　　　　　　　　　　　　　　　　　312 500
　　贷：所得税费用——当期所得税费用　　　　　　　　　　312 500
借：应交税费——应交所得税　　　　　　　　　　　　　　312 500
　　贷：银行存款　　　　　　　　　　　　　　　　　　　　315 200

如果所得税汇算清缴在 2022 年年初（结转后）完成，其账务处理如下。

借：以前年度损益调整　　　　　　　　　　　　　　　　　312 500
　　贷：应交税费——应交所得税　　　　　　　　　　　　　312 500
借：应交税费——应交所得税　　　　　　　　　　　　　　312 500
　　贷：银行存款　　　　　　　　　　　　　　　　　　　　315 200
借：利润分配——未分配利润　　　　　　　　　　　　　　312 500
　　贷：以前年度损益调整　　　　　　　　　　　　　　　　312 500

（3）确定资产和负债的计税基础及暂时性差异如表 8-5 所示。

表 8-5　　　　　　　　　　暂时性差异计算表　　　　　　　　　　单位：元

项目	账面价值	计税基础	暂时性差异	
			应纳税差异	可抵扣差异
交易性金融资产	1 250 000	1 000 000	250 000	
应收账款	19 000 000	20 000 000		1 000 000
固定资产原值	2 000 000	2 000 000		
减：累计折旧	200 000	2 000 000		
减：固定资产减值准备	0	0		
固定资产账面价值	1 800 000	0	1 800 000	
预计负债	800 000	0		800 000
合计			2 050 000	1 800 000

注意事项

除了表 8-5 中 4 项暂时性差异外，其他纳税调整事项均属于永久性差异。需要说明的是，企业自创无形资产，会计上摊销了 10 万元，税法允许摊销 20 万元，其账面价值与计税基础确实存在差异，但是这一差异在未来期间是无法转回的，实际上是永久性差异。

（4）计算并确认递延所得税资产和递延所得税负债。

递延所得税负债=2 050 000×25%=512 500（元）

递延所得税资产=1 800 000×25%=450 000（元）

如果所得税汇算清缴在 2021 年年末（结账前）完成，其账务处理如下。

借：所得税费用——递延所得税费用 512 500
　　贷：递延所得税负债 512 500

借：递延所得税资产 450 000
　　贷：所得税费用——递延所得税费用 450 000

借：本年利润 62 500
　　贷：所得税费用——递延所得税费用 62 500

如果所得税汇算清缴在 2022 年年初（结账后）完成，其账务处理如下。

借：以前年度损益调整 512 500
　　贷：递延所得税负债 512 500

借：递延所得税资产 450 000
　　贷：以前年度损益调整 450 000

注意事项

　　上述两个不同时间的账务处理虽然不同，但是，报告年度（2021 年度）会计报表的有关数据却是相同的：资产负债表中的"递延所得税资产"项目期末余额为 450 000 元；"递延所得税负债"项目期末余额为 512 500 元；利润表中的"所得税费用"项目为 2 875 000 元（其中：当期所得税费用为 2 812 500 元，递延所得税费用为 62 500 元）。因为资产负债表日后调整事项所做的账务处理是要调整报告年度会计报表的，就是将日后事项作为当年事项来调整报表。

二、后续确认递延所得税资产和递延所得税负债

　　【例 8-38】沿用【例 8-37】的资料，假设珠江公司 2022 年度利润总额为 1 200 万元，适用所得税税率为 25%。平时已预缴所得税 300 万元。2022 年度有关纳税调整事项如下。

　　（1）交易性金融资产账面价值为 85 万元，计税基础为 100 万元。

　　（2）应收账款账面价值为 2 375 万元，计税基础为 2 500 万元，累计计提坏账准备 125 万元。

　　（3）上年度购入生产设备一台 200 万元，本年计提折旧 20 万元。该固定资产上年度一次性税前扣除。

　　（4）上年度自创无形资产账面价值 100 万元，本年摊销 10 万元。税法规定按照无形资产成本的 200% 在税前摊销。

　　（5）年末预计负债账面价值 110 万元。

　　（6）营业外支出列支赞助支出 50 万元。

　　（7）管理费用中列支研发费 90 万元，税法规定按 100% 加计税前扣除。

　　（8）管理费用中列支业务招待费 80 万元。（2022 年度营业收入总额为 11 000 万元。）

　　（9）未取得合法凭证的费用支出 6 万元。

　　假设珠江公司 2022 年度的所得税汇算清缴于 2023 年 3 月完成，年度所得税计算及有关账务处理如下。

1. 分析纳税调整事项

　　（1）交易性金融资产账面价值低于计税基础 15 万元，说明交易性金融资产产生了公允价值变动损失，这一损失暂不能在税前扣除。此项应调增纳税所得 15 万元。

　　（2）坏账准备年末数为 125 万元，年初数为 100 万元，说明本年度计提了坏账准备 25 万元。此项应调增纳税所得 25 万元。

　　（3）原值为 200 万元的固定资产上一年度已经一次性税前扣除，本年不能再税前扣除了，会计上已计提折旧了 20 万元，减少了当年利润。此项应调增纳税所得 20 万元。

　　（4）自创无形资产，会计上当年摊销 10 万元，按税法规定可以摊销 20 万元。此项应调减纳税所得 10

08

万元。

（5）预计负债年末数为 110 万元，年初数为 80 万元，说明本年度新提了预计负债 30 万元。此项应调增纳税所得 30 万元。

（6）赞助支出不得税前扣除。此项应调增纳税所得 50 万元。

（7）管理费用中列支研发费用 90 万元，税法规定可以加计扣除 100%。此项应调减纳税所得 90 万元。

（8）按营业收入计算的业务招待扣除限额=11 000×0.5%=55 万元；按业务招待费发生额计算的限额=80×60%=48 万元。此项应调增纳税所得 32 万元（80-48）。

（9）未取得合法凭证的费用支出不得在税前扣除。此项应调增纳税所得 6 万元。

2. 计算全年应纳税所得额及应补（退）所得税额

2022 年度全年应纳税所得额=1 200+15+25+20-10+30+50-90+32+6=1 278（万元）

2022 年度全年应补（退）所得税=1 278×25%-300=19.50（万元）

借：以前年度损益调整	195 000	
贷：应交税费——应交所得税		195 000
借：应交税费——应交所得税	195 000	
贷：银行存款		195 000
借：利润分配——未分配利润	195 000	
贷：以前年度损益调整		195 000

3. 确定资产和负债的计税基础及暂时性差异（见表 8-6）

表 8-6　　　　　　　　　　暂时性差异计算表　　　　　　　　　　单位：元

项目	账面价值	计税基础	暂时性差异	
			应纳税差异	可抵扣差异
交易性金融资产	850 000	1 000 000		150 000
应收账款	23 750 000	25 000 000		1 250 000
固定资产原值	2 000 000	2 000 000		
减：累计折旧	400 000	2 000 000		
减：固定资产减值准备	0	0		
固定资产账面价值	1 600 000	0	1 600 000	
预计负债	1 100 000	0		1 100 000
合计			1 600 000	2 500 000

4. 计算并确认递延所得税资产和递延所得税负债

递延所得税负债=1 600 000×25%-512 500=-112 500（元）

递延所得税资产=2 500 000×25%-450 000=175 000（元）

借：递延所得税负债	112 500	
贷：以前年度损益调整		112 500
借：递延所得税资产	175 000	
贷：以前年度损益调整		175 000

此例根据有关账户记录的结果，2022 年年末资产负债表中的"递延所得税资产"项目期末余额为 625 000 元；"递延所得税负债"项目期末余额为 400 000 元；利润表中的"所得税费用"项目为 2 907 500 元，其中：当期所得税费用为 3 195 000 元，递延所得税费用为-287 500 元。

任务小结 ↓

（一）资产负债表债务法是从资产负债表出发，通过比较资产负债表上列示的资产、负债按照会计准则规定确定的账面价值与按照税法规定确定的计税基础，对于两者之间的差异分别应纳税暂时性差异与可抵扣暂时性差异，确认相关的递延所得税负债与递延所得税资产，并在此基础上确定每一会计期间利润表中的所得税费用。

（二）资产的计税基础是指该资产在未来期间计税时按照税法规定可以税前扣除的金额。负债的计税基础是指负债的账面价值减去未来期间计算应纳税所得额时按照税法规定可予抵扣的金额。

（三）暂时性差异是指资产、负债的账面价值与计税基础不同而产生的差异。暂时性差异分为应纳税暂时性差异和可抵扣暂时性差异。

（四）应纳税暂时性差异，是指在确定未来收回资产或清偿负债期间的应纳税所得额时，将导致产生应税金额的暂时性差异。企业对于应纳税暂时性差异，应确认为递延所得税负债。

（五）可抵扣暂时性差异，是指在确定未来收回资产或清偿负债期间的应纳税所得额时，将导致产生可抵扣金额的暂时性差异。企业对于可抵扣暂时性差异，应以未来很可能取得用来抵扣暂时性差异的应纳税所得额为限，确认为递延所得税资产。

（六）在资产负债表债务法下，所得税费用由当期所得税费用和递延所得税费用（或收益）两部分构成。

（七）平时预缴所得税的计算和账务处理，资产负债表债务法与应付税款法相同。

（八）年度企业所得税汇算清缴完成的时间不同，其账务处理方法也是不同的。如果汇算清缴在年末结账前完成，应按当年业务事项来处理；如果汇算清缴在年末结账后完成，则按资产负债表日后调整事项来处理。

任务训练

任务训练 52　练习所得税费用核算的资产负债表债务法

资料：沿用【例 8-37】、【例 8-38】珠江公司 2021 年及 2022 年所得税核算资料。假设 2023 年度珠江公司利润总额为 900 万元，平时已预缴所得税 225 万元。2023 年度有关纳税调整事项如下。

（1）交易性金融资产账面价值为 130 万元，计税基础为 100 万元。

（2）应收账款账面价值为 1 710 万元，计税基础为 1 800 万元，计提坏账准备 90 万元。

（3）2021 年度购入生产设备一台 200 万元，企业采用年限平均法按 10 年计提折旧，本年计提折旧 20 万元。该固定资产于 2021 年度一次性税前扣除。

（4）2021 年度自创无形资产账面价值为 100 万元，企业按 10 年平均摊销，本年摊销 10 万元。税法规定按照无形资产成本的 200% 在税前摊销。

（5）年末预计负债账面价值 90 万元。

（6）营业外支出列支赞助支出 160 万元。

（7）管理费用中列支研发费 80 万元，税法规定按 100% 加计税前扣除。

（8）管理费用中列支业务招待费 70 万元。（2023 年度营业收入总额为 9 500 万元。）

（9）未取得合法凭证的费用支出 12 万元。

要求：采用资产负债表债务法，对珠江公司 2023 年度的所得税进行汇算清缴并做出有关账务处理，假设汇算清缴的时间为 2024 年 2 月。

项目测试

一、判断题（每小题 2 分，本题 20 分）

（1）收入是指企业在日常活动中形成的、会导致所有者权益增加的、与所有者投入资本无关的经济利益的总流入。
（　　）

（2）凡是销售业务都必需做两个方面的账务处理：一是确认收入；二是结转与该收入相关的成本。
（　　）

08

（3）销售商品涉及现金折扣的，按照扣除折扣后的净额确认收入，增值税销项税额也按扣除折扣后的净额计算确定。　　　　　　　　　　　　　　　　　　　　　　　　　　　　（　　）

（4）对于在某一时段内履行的履约义务，企业应当在该时间段内按照履约进度确认收入，同时按履约进度确认成本。　　　　　　　　　　　　　　　　　　　　　　　　　（　　）

（5）企业当年实现了多少利润（或发生了多少亏损），是通过"利润分配"科目来核算的。（　　）

（6）利润总额又称"税后利润"，是指企业在一定时期内通过生产经营活动所实现的最终财务成果，包括营业利润和营业外收支净额。　　　　　　　　　　　　　　　　　　　　（　　）

（7）企业所得税按纳税年度计算，分月或者分季预缴，年终汇算清缴，多退少补。　（　　）

（8）应付税款法是指企业不确认时间性差异对所得税的影响金额，按照当期计算的应交所得税确认为当期所得税费用的方法。　　　　　　　　　　　　　　　　　　　　　　　（　　）

（9）资产的计税基础是指该资产在未来期间计税时按照税法规定可以税前扣除的金额。（　　）

（10）平时预缴所得税的计算和账务处理，资产负债表债务法与应付税款法相同。　（　　）

二、单选题（每小题 3 分，本题 30 分）

（1）下列可以确认为收入的是（　　）。
　A. 出售交易性金融资产取得的收入　　　B. 出售固定资产取得的收入
　C. 出售无形资产取得的收入　　　　　　D. 出售原材料取得的收入

（2）下列各项属于其他业务收入的是（　　）。
　A. 出售固定资产取得的收入　　　　　　B. 出售报废低值易耗品变价收入
　C. 出售产品取得的收入　　　　　　　　D. 出售原材料取得的收入

（3）下列各项不记入营业外收入的是（　　）。
　A. 接受捐赠利得　　B. 现金盘盈利得　　C. 存货盘盈利得　　D. 罚没利得

（4）下列项目中应记入营业外支出的是（　　）。
　A. 坏账损失　　　　　　　　　　　　　B. 自然灾害造成的固定资产净损失
　C. 存货跌价损失　　　　　　　　　　　D. 出售固定资产净损失

（5）下列各项不影响营业利润的是（　　）。
　A. 销售商品收入　　B. 提供服务收入　　C. 固定资产出租收入　　D. 罚款收入

（6）我国企业所得税的基本税率是（　　）。
　A. 15%　　　　　　B. 20%　　　　　　C. 25%　　　　　　D. 30%

（7）下列各项不记入销售费用的是（　　）。
　A. 已售商品预计保修费用　　　　　　　B. 随同产品出售不单独计价的包装物成本
　C. 产品广告费　　　　　　　　　　　　D. 随同产品出售并单独计价的包装物成本

（8）根据《企业会计准则》的规定，下列各项应记入管理费用的是（　　）。
　A. 产品广告费　　　　　　　　　　　　B. 专设销售机构人员工资
　C. 生产车间管理人员工资　　　　　　　D. 生产车间固定资产修理费

（9）销售商品给予客户的现金折扣应记入（　　）科目。
　A. 管理费用　　　　B. 财务费用　　　　C. 主营业务收入　　D. 营业外收入

（10）下列可以所得税税前扣除的是（　　）。
　A. 计提的坏账准备　　　　　　　　　　B. 预计负债
　C. 赞助支出　　　　　　　　　　　　　D. 不超过限额的业务招待费

三、多选题（每小题 5 分，本题 50 分）

（1）费用是指企业在日常活动中发生的、会导致所有者权益减少的、与向所有者分配利润无关的经济利益的总流出。费用主要包括（　　）。
　A. 营业成本　　　　B. 营业税费　　　　C. 期间费用　　　　D. 生产成本

（2）期间费用是指企业日常活动发生的不能计入特定核算对象而计入当期损益的费用。期间费用包括（　　）。

A. 销售费用　　　　B. 管理费用　　　　C. 财务费用　　　　D. 制造费用

（3）下列属于营业税费的有（　　）。

A. 消费税　　　　B. 土地增值税　　　　C. 车辆购置税　　　　D. 教育费附加

（4）利润总额构成的内容包括（　　）。

A. 营业利润　　　　B. 营业外收入　　　　C. 营业外支出　　　　D. 所得税费用

（5）下列属于财务费用核算内容的是（　　）。

A. 银行手续费　　　　B. 利息支出　　　　C. 利息收入　　　　D. 外币汇兑损益

（6）下列既核算收入（收益）又核算费用（损失）的科目有（　　）。

A. 投资收益　　　　B. 公允价值变动损益　　　C. 资产处置损益　　　D. 财务费用

（7）下列各项中，年终需要转入"利润分配——未分配利润"账户的有（　　）。

A. 本年利润　　　　　　　　　　　　B. 利润分配——提取法定盈余公积

C. 利润分配——盈余公积补亏　　　　D. 利润分配——提取应付股利

（8）可抵扣暂时性差异，是指在确定未来收回资产或清偿负债期间的应纳税所得额时，将导致产生可抵扣金额的暂时性差异。下列属于可抵扣暂时性差异的有（　　）。

A. 资产的账面价值小于其计税基础产生的差异

B. 负债的账面价值大于其计税基础产生的差异

C. 资产的账面价值大于其计税基础产生的差异

D. 负债的账面价值小于其计税基础产生的差异

（9）下列不允许所得税前扣除的有（　　）。

A. 赞助支出　　　　　　　　　　　　B. 罚款支出

C. 预计负债　　　　　　　　　　　　D. 未取得合法凭证的费用

（10）在资产负债表债务法下，影响利润表"所得税费用"项目金额的有（　　）。

A. 当期应交所得税　　B. 递延所得税费用　　C. 递延所得税收益　　D. 前期应交所得税

项目九

财务报表

项目导图 ↓

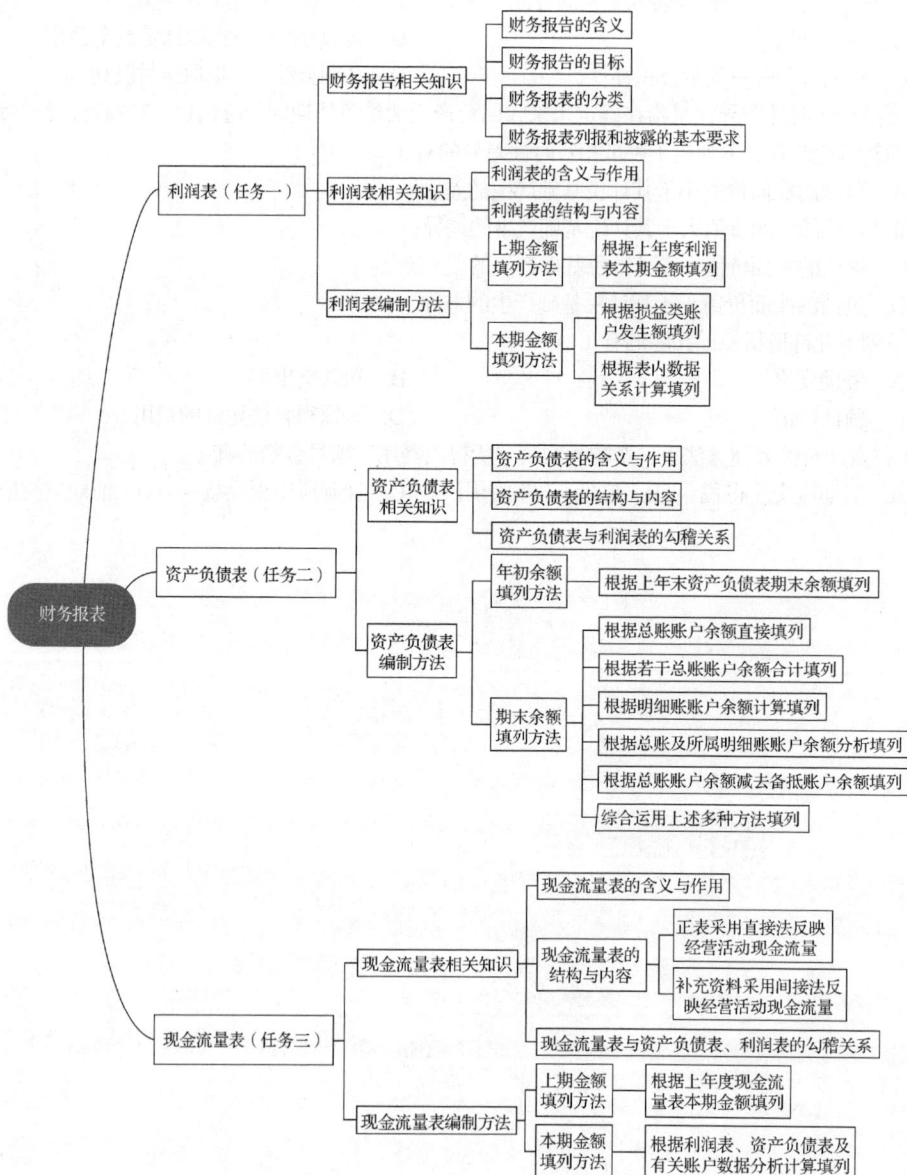

财务报表

利润表（任务一）
- 财务报告相关知识
  - 财务报告的含义
  - 财务报告的目标
  - 财务报表的分类
  - 财务报表列报和披露的基本要求
- 利润表相关知识
  - 利润表的含义与作用
  - 利润表的结构与内容
- 利润表编制方法
  - 上期金额填列方法
    - 根据上年度利润表本期金额填列
  - 本期金额填列方法
    - 根据损益类账户发生额填列
    - 根据表内数据关系计算填列

资产负债表（任务二）
- 资产负债表相关知识
  - 资产负债表的含义与作用
  - 资产负债表的结构与内容
  - 资产负债表与利润表的勾稽关系
- 资产负债表编制方法
  - 年初余额填列方法
    - 根据上年末资产负债表期末余额填列
  - 期末余额填列方法
    - 根据总账账户余额直接填列
    - 根据若干总账账户余额合计填列
    - 根据明细账账户余额计算填列
    - 根据总账及所属明细账账户余额分析填列
    - 根据总账账户余额减去备抵账户余额填列
    - 综合运用上述多种方法填列

现金流量表（任务三）
- 现金流量表相关知识
  - 现金流量表的含义与作用
  - 现金流量表的结构与内容
    - 正表采用直接法反映经营活动现金流量
    - 补充资料采用间接法反映经营活动现金流量
  - 现金流量表与资产负债表、利润表的勾稽关系
- 现金流量表编制方法
  - 上期金额填列方法
    - 根据上年度现金流量表本期金额填列
  - 本期金额填列方法
    - 根据利润表、资产负债表及有关账户数据分析计算填列

项目导言 ↓

　　财务报表是对企业财务状况、经营成果和现金流量的结构性表述。一套完整的财务报表至少应当包括资产负债表、利润表、现金流量表、所有者权益变动表及附注。本项目主要讲解 3 个主要财务报表的编制。之所以先讲利润表，也是基于任务间篇幅平衡的考虑。利润表的编制比较简单，项目也不多，所以附带地介绍财务报告的相关知识。资产负债表的编制相对较难，项目内容也较多，但是，有些较难项目的填列方法已经分别在有关的任务中讲到，例如应收账款、预付账款、其他应收款、应付账款、预收账款、其他应付款等，本项目任务中就不再重复。现金流量表，可以说是财务会计教学中最难的内容。该表项目多，编制复杂，篇幅也较长，但其内容无法拆分，只能作为一个任务来教学。需要注意的是，3 个任务的报表编制举例，使用的是同一会计主体同一时期的数据，3 个报表之间的很多数据存在勾稽关系，学习时要注意对照和识别。

项目目标 ↓

知识目标

　　掌握财务报告的含义、目标、分类、列报和披露的基本要求等相关知识；掌握利润表、资产负债表、现金流量表的含义、作用、结构与内容等相关知识。

技能目标

　　能正确编制利润表和资产负债表；能理解现金流量表各项目数据的推算方法。

素养目标

　　培养学生按照相关企业会计准则的规定，根据账户记录的结果，如实地填列财务报表各项目数据，客观地反映企业的财务状况、经营成果和现金流量，及时为报表使用者提供有用的会计信息的职业素养。

09

任务一　利润表编制

任务导言

　　利润表的编制比较容易，它主要根据损益类账户的实际发生额填列。损益类账户在结转"本年利润"之后没有余额，只有发生额，且借方发生额与贷方发生额相等。

　　需要注意的是，损益类账户记录的发生额可能存在虚增的现象，在编制利润表时，要对损益类账户发生额的真伪进行甄别。只有结转到"本年利润"账户的金额才是损益类账户真实的发生额。

　　此外，某些损益类账户的发生额虽然是真实的，但它是费用（损失）发生额，还是收入（收益）发生额呢？如"财务费用""投资收益""公允价值变动损益""资产处置损益"等。此时要根据它结转到"本年利润"账户的方向来判断：凡是结转到"本年利润"账户贷方的，属于收入（收益）发生额；凡是结转到"本年利润"账户借方的，则属于费用（损失）发生额。

知识准备

一、财务报告相关知识

（一）财务报告的含义

　　财务报告是指企业对外提供的反映企业某一特定日期的财务状况和某一会计期间的经营成果、现金流量等会计信息的文件。财务报告包括财务报表和其他应当在财务报告中披露的相关信息和资料。

　　财务报表是对企业财务状况、经营成果和现金流量的结构性表述。财务报表至少应当包括资产负债表、利润表、现金流量表、所有者权益变动表及附注。

（二）财务报告的目标

　　财务报告的目标是向财务报告使用者提供与企业财务状况、经营成果和现金流量等有关的会计信息，反映企业管理层受托责任履行情况，有助于财务报告使用者做出经济决策。财务报告使用者通常包括投资者、债权人、政府及其有关部门和社会公众等。

（三）财务报表的分类

1. 财务报表按其反映的经济内容不同分为静态报表和动态报表

静态报表是指综合反映企业某一特定日期资产、负债和所有者权益状况的财务报表，如资产负债表。

动态报表是指综合反映企业一定期间经营成果、现金流量情况的财务报表，如利润表、现金流量表、所有者权益变动表。

2. 财务报表按其编报期间不同分为年度财务报表和中期财务报表

年度财务报表是指以一个完整会计年度为基础编制的财务报表。

中期财务报表是指以短于一个完整的会计年度为基础编制的财务报表，包括月报、季报和半年报。中期财务报表至少应当包括资产负债表、利润表、现金流量表和附注。

3. 财务报表按其编报主体不同分为个别报表和合并报表

个别报表是指由各会计主体在自身会计核算基础上，对账簿记录进行汇总加工而编制的财务报表，它只反映各会计主体自身的财务状况、经营成果和现金流量等情况。

合并报表是以母公司和子公司组成的企业集团为会计主体，根据母公司和所属子公司的财务报表，由母公司编制的综合反映企业集团财务状况、经营成果及现金流量等情况的财务报表。

（四）财务报表列报和披露的基本要求

　　为了保证同一企业不同期间和同一期间不同企业的财务报表相互可比，财务报表列报和披露应遵循以

09

下基本要求。

（1）以持续经营为基础编制。企业应当以持续经营为基础，根据实际发生的交易和事项，按照会计准则的规定进行确认和计量，在此基础上编制财务报表。

（2）按权责发生制原则编制。除现金流量表按照收付实现制原则编制外，企业应当按照权责发生制原则编制财务报表。

（3）依据重要性原则列报。重要性是指在合理预期下，财务报表某项目的省略或错报会影响使用者据此做出经济决策的，该项目具有重要性。

（4）依据一致性原则列报。企业对外提供的财务报表项目的列报应当在各个会计期间保持一致，不得随意变更。但在下列两种情况下可以变更：一是会计准则要求改变财务报表项目的列报；二是企业经营业务的性质发生重大变化后变更财务报表项目的列报能够提供更可靠更相关的会计信息。

（5）项目金额不得相互抵销。财务报表中的资产项目和负债项目的金额、收入项目和费用项目的金额、直接计入当期利润的利得项目和损失项目的金额不得相互抵销，但其他会计准则另有规定的除外。下列三种情况不属于抵销：一是一组类似交易形成的利得和损失以净额列示，如汇兑损益；二是资产或负债项目按扣除备抵项目后的净额列示，如应收账款、固定资产、无形资产等；三是非日常活动产生的利得和损失，以同一交易形成的收益扣减相关费用后的净额列示，如资产处置损益。

（6）依据可比性原则列报。当期财务报表的列报，至少应当提供所有列报项目上一可比会计期间的比较数据，以及与理解当期财务报表相关的说明。目的是向报表使用者提供对比数据，提高信息在会计期间的可比性，以反映企业财务状况、经营成果和现金流量的发展趋势，提高报表使用者的判断与决策能力。

二、利润表相关知识

（一）利润表的含义与作用

利润表通常又叫损益表，它是反映企业在一定会计期间经营成果的报表。报表使用者通过利润表可以了解企业一定期间收入、费用及利润的构成情况、分析企业生产经营收益和耗费情况、分析企业未来盈利趋势及获利能力。

（二）利润表的结构与内容

利润表的格式有单步式和多步式两种。单步式利润表，是将当期所有的收入列在一起，所有的费用列在一起，然后将两者相减得出当期净损益。多步式利润表，是通过对当期的收入、费用、支出项目按性质加以归类，按利润形成的主要环节列示一些中间性利润指标，分步计算当期净损益。我国企业利润表采用多步式列报，分为三个主要步骤：第一步，以营业收入为基础，计算营业利润；第二步，以营业利润为基础，计算利润总额；第三步，以利润总额为基础，计算净利润。

利润表通常包括表头和表体两部分。表头列示报表名称、编表单位名称、报表涵盖的会计期间和人民币金额单位（元；万元）等内容。表体反映形成经营成果的各个项目和计算过程。

三、利润表的编制方法（以《企业会计准则》报表为例）

利润表的月报与年报列示的项目完全相同，并且都要列示两个栏目的金额，但是两栏金额内容却不相同。月报分别列示"本年累计数"和"本月数"两栏金额如表 9-1 所示；年报则列示"本期金额"（本年累计数）和"上期金额"（上年累计数）两栏金额如表 9-2 所示。

表 9-1　　　　　　　　　　　　利润表（月报）

编制单位：　　　　　　　　　　　　年　月　　　　　　　　　　　　　　　单位：

项目	行次	本年累计数	本月数

表 9-2   利润表（年报）

编制单位：   年度   单位：

项目	行次	本期金额	上期金额

"本年累计数"是指截至报告月份为止的当年累计金额；"本月数"是指报告月份当月的金额；"本期金额"是指当年全年的累计金额；"上年金额"是指上一年度全年累计金额。以下按利润表年度报表的栏目说明其编制方法。

（一）"上期金额"（上年金额）栏填列

利润表中的"上期金额"栏各项目数据，应根据上年度利润表"本期金额"栏内数字填列。如果上年度利润表规定的各个项目的名称和内容与本期不一致，应对上年度利润表各项目的名称和数字按本期的规定进行调整，填入利润表"上期金额"栏内。

（二）"本期金额"（本年金额）栏填列

利润表"本期金额"栏反映本年度的实际发生额，各项目数据填列方法分为以下两种情况。

1. 根据有关损益类账户的本期发生额分析填列

需要注意的是，利润表的各项目主要根据损益类账户的发生额填列，但为什么要对发生额进行分析呢？因为某些损益类账户记录的发生额可能不是实际发生额，比如，当销货退回冲减收入、成本时，没有使用红字冲销，而是使用蓝字冲销的时候，这就会导致收入及成本的发生额出现虚增的现象。那么，如何确定损益类账户的实际发生额是多少呢？一个非常简单的判断方法，就是查看每一个损益类账户结转到"本年利润"账户的金额是多少，则实际发生额就是多少。当账户发生额与结转到"本年利润"的金额不一致时，说明账户记录的发生额不真实，应以转入"本年利润"账户的金额为准。

（1）"营业收入"项目，反映企业经营主要业务和其他业务所确认的收入总额。本项目应根据"主营业务收入"和"其他业务收入"账户实际发生额合计填列。

（2）"营业成本"项目，反映企业经营主要业务和其他业务所发生的成本总额。本项目应根据"主营业务成本"和"其他业务成本"账户实际发生额合计填列。

（3）"税金及附加"项目，反映企业经营业务应当负担的消费税、城市维护建设税、教育费附加、地方教育附加、资源税、土地增值税、房产税、车船税、城镇土地使用税、印花税等相关税费。本项目应根据"税金及附加"账户实际发生额填列。

（4）"销售费用"项目，反映企业在销售商品过程中发生的包装费、广告费等费用和为销售本企业商品而专设的销售机构的职工薪酬、业务费等费用。本项目应根据"销售费用"账户实际发生额填列。

（5）"管理费用"项目，反映企业为组织和管理生产经营发生的管理费用。本项目应根据"管理费用"账户的发生额分析填列。其中，研发费用单独列报。

（6）"研发费用"项目，反映企业进行研究与开发过程中发生的费用化支出以及计入管理费用的自行开发无形资产的摊销。本项目应根据"管理费用"账户下的"研发费用"项目和"无形资产摊销"项目的发生额分析填列。

（7）"财务费用"项目，反映企业为筹集生产经营所需资金等而发生的应予费用化的利息支出。本项目应根据"财务费用"账户实际发生额填列，如为净收益以负数填列。

（8）"其他收益"项目，反映企业计入其他收益的政府补助等收益。本项目应根据"其他收益"账户实际发生额填列。

（9）"投资收益"项目，反映企业以各种方式对外投资所取得的收益。本项目应根据"投资收益"账户实际发生额填列，如为损失以负数填列。

（10）"公允价值变动收益"项目，反映企业计入当期损益的资产或负债的公允价值变动收益。本项目应根据"公允价值变动损益"账户实际发生额填列，如为损失以负数填列。

（11）"资产减值损失"项目，反映企业有关资产发生的减值损失。本项目应根据"资产减值损失"账户实际发生额填列。

（12）"信用减值损失"项目，反映企业计提的各项金融工具减值准备所确认的信用损失。本项目应根据"信用减值损失"账户实际发生额填列。

（13）"资产处置收益"项目，反映企业出售、转让固定资产、在建工程、生产性生物资产、无形资产等而产生的处置利得或损失。本项目应根据"资产处置损益"账户实际发生额填列，如为损失以负数填列。

（14）"营业外收入"项目，反映企业发生的除营业利润以外的收益。本项目应根据"营业外收入"账户实际发生额填列。

（15）"营业外支出"项目，反映企业发生的除营业利润以外的支出。本项目应根据"营业外支出"账户实际发生额填列。

（16）"所得税费用"项目，反映企业应从当期利润总额中扣除的所得税费用。本项目应根据"所得税费用"账户实际发生额填列。

2. 根据表内数字计算填列

（1）"营业利润"项目，根据利润表中的营业收入减去营业成本、税金及附加、销售费用、管理费用、研发费用、财务费用、资产减值损失、信用减值损失，加上其他收益、投资收益、公允价值变动收益、资产处置收益填列，如为亏损以负数填列。

（2）"利润总额"项目，根据上一步骤计算出的营业利润，加上表中营业外收入，减去营业外支出填列，如为亏损以负数填列。

（3）"净利润"项目，根据上一步骤计算出的利润总额减去表中的所得税费用填列，如为亏损以负数填列。

（4）"综合收益总额"项目，根据表中"净利润"与"其他综合收益的税后净额"合计填列。

业务处理（利润表编制举例） ↓

【例9-1】珠江公司2021年度损益类账户结转"本年利润"账户前累计余额如表9-3所示。

表9-3 损益类账户余额表 单位：元

科目名称	借方余额	贷方余额	备注
主营业务收入		65 689 403.80	
其他业务收入		2 656 842.96	
投资收益		212 320.00	
营业外收入		182 530.00	
主营业务成本	45 502 600.24		
其他业务成本	2 360 360.98		
税金及附加	262 449.59		
销售费用	2 875 695.00		
管理费用	8 764 479.00		其中，研发费用784 520元
财务费用	1 056 569.86		
营业外支出	256 584.00		
信用减值损失	168 138.22		
所得税费用	1 915 589.52		
合计	63 162 466.41	68 741 096.76	

根据表9-3所示资料，编制年度利润表如表9-4所示（上期金额略）。

09

表 9-4

利润表

2021 年度

会企 02 表

编制单位：珠江公司

单位：元

项目	行次	本期金额	上期金额
一、营业收入	1	68 346 246.76	0.00
减：营业成本	2	47 862 961.22	0.00
税金及附加	3	262 449.59	0.00
销售费用	4	2 875 695.00	0.00
管理费用	5	7 979 959.00	0.00
研发费用	6	784 520.00	0.00
财务费用	7	1 056 569.86	0.00
其中：利息费用	8	1 038 265.25	0.00
利息收入	9	9 873.68	0.00
加：其他收益	10	0.00	0.00
投资收益（损失以"-"号填列）	11	212 320.00	0.00
其中：对联营企业和合营企业的投资收益	12	0.00	0.00
以摊余成本计量的金融资产终止确认收益（损失以"-"号填列）	13	0.00	0.00
净敞口套期收益（损失以"-"号填列）	14	0.00	0.00
公允价值变动收益（损失以"-"号填列）	15	0.00	0.00
信用减值损失（损失以"-"号填列）	16	-168 138.22	0.00
资产减值损失（损失以"-"号填列）	17	0.00	0.00
资产处置收益（损失以"-"号填列）	18	0.00	0.00
二、营业利润（亏损以"-"号填列）	19	7 568 273.87	0.00
加：营业外收入	20	182 530.00	0.00
减：营业外支出	21	256 584.00	0.00
三、利润总额（亏损总额以"-"号填列）	22	7 494 219.87	0.00
减：所得税费用	23	1 915 589.52	0.00
四、净利润（净亏损以"-"号填列）	24	5 578 630.35	0.00
（一）持续经营净利润（净亏损以"-"号填列）	25	5 578 630.35	0.00
（二）终止经营净利润（净亏损以"-"号填列）	26	0.00	0.00
五、其他综合收益的税后净额	27	0.00	0.00
（一）不能重分类进损益的其他综合收益	28	0.00	0.00
1. 重新计量设定受益计划变动额	29	0.00	0.00
2. 权益法下不能转损益的其他综合收益	30	0.00	0.00
3. 其他权益工具投资公允价值变动	31	0.00	0.00
4. 企业自身信用风险公允价值变动	32	0.00	0.00
	33		
（二）将重分类进损益的其他综合收益	34	0.00	0.00
1. 权益法下可转损益的其他综合收益	35	0.00	0.00
2. 其他债权投资公允价值变动	36	0.00	0.00
3. 金融资产重分类计入其他综合收益的金额	37	0.00	0.00
4. 其他债权投资信用减值准备	38	0.00	0.00
5. 现金流量套期储备	39	0.00	0.00
6. 外币财务报表折算差额	40	0.00	0.00
	41	0.00	0.00
六、综合收益总额	42	5 578 630.35	0.00
七、每股收益	43	0.00	0.00
（一）基本每股收益	44	0.00	0.00
（二）稀释每股收益	45	0.00	0.00

利润表的常见错误

任务小结

（一）财务报告是指企业对外提供的反映企业某一特定日期的财务状况和某一会计期间的经营成果、现金流量等会计信息的文件。财务报告包括财务报表和其他应当在财务报告中披露的相关信息和资料。

（二）财务报表是对企业财务状况、经营成果和现金流量的结构性表述。财务报表至少应当包括资产负债表、利润表、现金流量表、所有者权益变动表和附注。

（三）财务报告的目标是向财务报告使用者提供与企业财务状况、经营成果和现金流量等有关的会计信息，反映企业管理层受托责任履行情况，有助于做出经济决策。

（四）财务报表按其反映的经济内容不同分为静态报表和动态报表；财务报表按其编报期间不同分为年度财务报表和中期财务报表；财务报表按其编报主体不同分为个别报表和合并报表。

（五）财务报表列报和披露的基本要求有：（1）以持续经营为基础编制；（2）按权责发生制原则编制；（3）依据重要性原则列报；（4）依据一致性原则列报；（5）项目金额不得相互抵销；（6）依据可比性原则列报。

（六）利润表是反映企业在一定会计期间经营成果的报表。报表使用者通过利润表可以了解企业一定期间收入、费用及利润的构成情况，分析企业生产经营收益和耗费情况，分析企业未来盈利趋势及获利能力。

（七）利润表的格式有单步式和多步式两种。我国企业利润表采用多步式列报。

（八）利润表的月报与年报列示的栏目内容不同。月报分别列示"本年累计数"和"本月数"；年报则列示"本期金额"和"上期金额"。

（九）利润表主要根据损益类账户的实际发生额填列，但账户上记录的发生额可能不是实际发生额，在编制利润表时，要对损益类账户的发生额进行分析。

任务训练

任务训练53　练习利润表的编制

资料：珠江公司2022年度各损益类账户结转"本年利润"账户前累计余额如表9-5所示。

表9-5　　　　　　　　　　　　　　　损益类账户余额表　　　　　　　　　　　　　　　单位：元

科目名称	借方余额	贷方余额	备注
主营业务收入		78 827 284.56	
其他业务收入		3 321 053.70	
投资收益		216 982.00	
营业外收入		165 000.00	
主营业务成本	55 968 198.30		
其他业务成本	2 879 640.40		
税金及附加	288 694.55		
销售费用	2 980 056.00		
管理费用	10 517 374.80		其中，研发费用980 650元
财务费用	986 500.56		
营业外支出	159 840.00		
资产减值损失	50 354.80		
所得税费用	2 174 915.21		
合计	76 005 574.62	82 530 320.26	

要求：根据上述资料编制珠江公司2022年度利润表，"上期金额"根据上年度利润表填列（见表9-4）。

09

任务二　资产负债表编制

利润表根据损益类账户的实际发生额填列，资产负债表则根据账户的期末余额来填列。也就是说，凡是期末出现余额的账户，其余额都要在资产负债表中列示。期末出现借方余额的账户，一般来说属于资产类账户，其余额应在资产项目下列示（也有例外，比如"坏账准备""累计折旧"等备抵账户期末出现贷方余额，作为资产项目的减项填列）；期末出现贷方余额的账户，一般来说属于负债类账户或所有者权益类账户（资产类备抵账户除外），其余额应分别在负债项目和所有者权益项目下列示。

可能有人或有疑问：期末有余额的账户一定是资产、负债和所有者权益这 3 类账户吗？是的，这个毋庸置疑！因为损益类账户期末结账之后是不会出现余额的，也就是说，期末出现余额的账户绝不可能是损益类账户。成本类账户如果期末出现余额，归属到资产类。可见，资产负债表是反映企业的资产、负债和所有者权益 3 个会计要素状况的报表。

由于资产与负债和所有者权益之间存在一种恒等的关系，所以，我们在完成资产负债表的编制之后，如果发现资产总额与负债及所有者权益总额不相等（通常称为"不平衡"），则说明编制的资产负债表不正确，需要进一步查找原因，直至平衡为止。但是，资产负债表编制平衡了，就说明一定正确吗？也不一定，因为有些项目的数据虽然不正确，但并不影响报表的平衡关系，例如往来项目不做重分类，直接根据其总账账户余额填列的情况就是如此。

此外，资产负债表与利润表之间存在一定的勾稽关系，可以利用这一勾稽关系来验证利润表中的净利润正确与否。

一、资产负债表相关知识

（一）资产负债表的含义与作用

资产负债表又叫财务状况表，是反映企业在某一特定日期财务状况的报表。资产负债表可以提供某一日期资产的总额及其结构，表明企业拥有或控制的资源及其分布情况；可以提供某一日期的负债总额及其结构，表明企业未来需要用多少资产或劳务清偿债务及清偿时间；可以反映所有者所拥有的权益，据以判断资本保值、增值的情况以及对负债的保障程度。此外，资产负债表还可以提供财务分析的基本资料。

（二）资产负债表的结构与内容

资产负债表一般由表头和表体两部分组成。表头部分列明报表名称、编制单位名称、报表日、报表编号及计量单位；表体部分是资产负债表的主体，列示用以说明企业财务状况的各个项目。

资产负债表的表体格式一般有两种：报告式和账户式。报告式资产负债表为上下结构，上半部分列示资产各项目，下半部分列示负债和所有者权益各项目。账户式资产负债表为左右结构，左边列示资产各项目，右边列示负债和所有者权益各项目。不管什么格式的资产负债表，资产各项目的合计一定等于负债和所有者权益各项目的合计。

我国企业的资产负债表采用账户式，左方列示资产项目，资产项目按资产流动性强弱排列，流动性强的排在前面，流动性弱的排在后面；右方列示负债和所有者权益项目，负债项目按负债偿还时间的长短排列，偿还时间短的排在前面，偿还时间长的排在后面。所有者权益项目按资本的永久性高低排列，永久性高者排在前面，永久性低者排在后面。资产负债表的格式如表 9-7 表示。

（三）资产负债表与利润表的勾稽关系

资产负债表与利润表之间存在一定的勾稽关系，用公式表示如下：

期末"未分配利润"=年初"未分配利润"+ 利润表"净利润"-本期已经分配的利润±以前年度损益调整

上述公式可变动如下：

期末"未分配利润"-年初"未分配利润"+本期已分配利润-以前年度利润调增（或+以前年度利润调减）
=利润表"净利润"

这一公式可以用来检验利润表正确与否，即在资产负债表其他项目数据正确的情况下，利润表中的净利润如果满足上述公式，使得资产负债表的平衡关系成立，则说明利润表的数据是正确的；如果按照上述公式计算的结果，导致资产负债表的平衡关系不成立，则说明编制的利润表不正确，应当查找原因。

二、资产负债表的编制方法（以《企业会计准则》报表为例）

（一）"年初余额"栏的填列方法

资产负债表"年初余额"栏内各项目数字应根据上年年末资产负债表的"期末余额"栏内数字填列。如果本年度资产负债表规定的各个项目的名称和内容与上年度不一致，则应对上年年末资产负债表各项目，按照本年度的规定进行调整，填入本年度资产负债表"年初余额"栏。

（二）"期末余额"栏的填列方法

资产负债表各项目"期末余额"栏的填列主要有以下几种方法。

（1）根据总账账户的期末余额直接填列。如"交易性金融资产""短期借款""应付票据""应付职工薪酬""应交税费""实收资本""资本公积""盈余公积"等项目。

（2）根据几个总账账户期末余额合计填列。如"货币资金""其他应付款""未分配利润"等项目。

（3）根据明细账账户期末余额计算填列。如"应收账款""预收账款""应付账款""预付账款""其他应收款""其他应付款"等项目。

（4）根据总账账户和所属明细账账户期末余额分析计算填列。如"长期待摊费用""债权投资""长期借款""应付债券"等项目。

（5）根据总账账户期末余额减去其备抵账户期末余额后的净额填列。如"债权投资""长期股权投资""固定资产""无形资产"等项目。

（6）综合运用上述两种或两种以上方法填列。如"应收账款""其他应收款""存货"等项目。

（三）资产负债表主要项目填列方法说明

（1）"货币资金"项目，根据"库存现金""银行存款""其他货币资金"账户期末余额合计填列。

（2）"应收账款"项目，根据"应收账款"和"预收账款"账户所属明细账户借方余额合计，减去"坏账准备——应收账款"明细账户期末余额填列。计算方法举例见【例 2-7】。

（3）"预付款项"项目，根据"预付账款"和"应付账款"账户所属明细账户期末借方余额合计填列。计算方法举例见【例 6-4】。

（4）"其他应收款"项目，根据"其他应收款"和"其他应付款"账户所属明细账户期末借方余额合计，加上"应收股利"和"应收利息"账户期末余额，减去"坏账准备——其他应收款"明细账户期末余额填列。

（5）"存货"项目，根据"在途物资""物资采购""原材料""库存商品""周转材料""生产成本""劳务成本""发出商品""委托加工物资""委托代销商品""材料成本差异""商品进销差价"等账户期末余额合计，减去"存货跌价准备"账户期末余额填列（上述账户期末余额一般为借方余额，如为贷方余额则要减去该余额）。

（6）"一年内到期的非流动资产"项目，根据将于一年内到期的"债权投资""其他债权投资""长期应收款"以及摊销期限在一年以内的"长期待摊费用"金额合计填列。

（7）"债权投资"项目，根据"债权投资"账户期末余额，减去"债权投资减值准备"账户期末余额，再减去"债权投资"账户中将于一年内到期的投资后的期末余额填列。

（8）"长期股权投资"项目，根据"长期股权投资"账户期末余额，减去"长期股权投资减值准备"账户期末余额后的余额填列。

（9）"固定资产"项目，根据"固定资产"账户的期末余额，减去"累计折旧"和"固定资产减值准备"账户的期末余额，加上"固定资产清理"账户的期末余额填列（该账户如为贷方余额则减）。

（10）"在建工程"项目，根据"在建工程"账户的期末余额，加上"工程物资"账户期末余额，减去"在建工程减值准备"和"工程物资减值准备"账户的期末余额填列。

（11）"无形资产"项目，根据"无形资产"账户期末余额，减去"累计摊销"和"无形资产减值准备"账户的期末余额填列。

（12）"长期待摊费用"项目，根据"长期待摊费用"账户的期末余额，减去摊销期限将不超过一年的部分后的金额填列。

（13）"应付账款"项目，根据"应付账款"和"预付账款"账户所属明细账户期末贷方余额合计填列。计算方法见【例6-4】。

（14）"预收款项"项目，根据"预收账款"和"应收账款"账户所属明细账户期末贷方余额合计填列。计算方法见【例2-7】。

（15）"应付职工薪酬"项目，根据"应付职工薪酬"账户期末贷方余额填列，该账户期末如为借方余额，则以负数填列。

（16）"应交税费"项目，根据"应交税费"账户期末贷方余额填列，该账户期末如为借方余额，则以负数填列。

（17）"其他应付款"项目，根据"其他应付款"和"其他应收款"账户所属明细账户期末贷方余额合计，加上"应付利息"和"应付股利"账户的期末余额填列。

（18）"一年内到期的非流动负债"项目，根据"长期借款""应付债券""长期应付款"账户中将于一年内到期的金额合计填列。

（19）"长期借款"项目，根据"长期借款"账户的期末余额，减去将于一年内到期的长期借款金额填列。

（20）"应付债券"项目，根据"应付债券"账户的期末余额，减去将于一年内到期的应付债券金额填列。

（21）"长期应付款"项目，根据"长期应付款"账户的期末余额，减去将于一年内到期的长期应付款金额填列。

（22）"未分配利润"项目，根据"利润分配"和"本年利润"账户期末贷方余额的合计数填列，合计数如为借方余额则用负数填列。（注意：两个账户余额方向相同时，将其余额相加；余额方向不同时，将其余额相互抵减后确定其余额方向。）

业务处理（资产负债表编制举例）　↓

【例9-2】珠江公司2021年12月31日账户余额表如表9-6所示。

表9-6　　　　　　　　　　　账户余额表　　　　　　　　　　　单位：元

账户名称	期末余额		备注
	借方余额	贷方余额	
库存现金	20 356.00		
银行存款	6 513 538.56		
其他货币资金	32 000.00		
应收票据	3 612 560.00		
应收账款	6 512 564.00		

续表

账户名称	期末余额		备注
	借方余额	贷方余额	
其中：明细账账户余额合计	7 982 005.00	1 469 441.00	
坏账准备		474 420.20	均为应收账款计提的坏账准备
预付账款	2 212 540.00		
其中：明细账账户余额合计	2 500 000.00	287 460.00	
其他应收款	155 423.83		
原材料	6 698 006.00		
库存商品	3 853 494.00		
生产成本	3 698 500.00		
债权投资	2 000 000.00		其中 100 万元将于 1 年内到期
长期股权投资	4 500 000.00		
固定资产	65 123 120.81		期初余额 52 689 008.90 元
累计折旧		16 750 231.20	期初余额 12 345 540.32 元
在建工程	3 000 000.00		
无形资产	3 211 200.00		
累计摊销		642 240.00	
长期待摊费用	399 168.00		
短期借款		6 000 000.00	
应付票据		3 600 000.00	
应付账款		8 201 250.95	
其中：明细账账户余额合计	748 749.05	8 950 000.00	
预收账款		8 053 600.93	
其中：明细账账户余额合计	1 506 399.07	9 560 000.00	
应付职工薪酬		689 300.00	
应付利息		77 559.68	
应付股利		2 600 000.00	
应交税费		532 689.87	
其他应付款		3 938 703.00	
长期借款		12 000 000.00	其中：300 万元将于 1 年内到期
实收资本		30 000 000.00	
盈余公积		10 207 863.04	
利润分配		7 774 612.33	

根据表 9-6 所示资料编制资产负债表如表 9-7 所示。

表 9-7

资产负债表
2021 年 12 月 31 日

会企表 01

编制单位：珠江公司

单位：元

资产	行次	期末余额	年初余额	负债和所有者权益（或股东权益）	行次	期末余额	年初余额
流动资产：	1			流动负债：	42		
货币资金	2	6 565 894.56	4 959 620.52	短期借款	43	6 000 000.00	4 500 000.00
交易性金融资产	3	0.00	0.00	交易性金融负债	44	0.00	0.00
衍生金融资产	4	0.00	0.00	衍生金融负债	45	0.00	0.00
应收票据	5	3 612 560.00	255 690.00	应付票据	46	3 600 000.00	2 189 470.00
应收账款	6	9 013 983.87	5 819 357.58	应付账款	47	9 237 460.00	6 524 980.45
应收款项融资	7	0.00	0.00	预收款项	48	11 029 441.00	8 809 781.75
预付款项	8	3 248 749.05	2 646 682.45	合同负债	49	0.00	0.00
其他应收款	9	155 423.83	674 568.89	应付职工薪酬	50	689 300.00	585 905.00
存货	10	14 250 000.00	11 824 802.20	应交税费	51	532 689.87	452 778.00
合同资产	11	0.00	0.00	其他应付款	52	6 616 262.68	4 365 890.00
持有待售的资产	12	0.00	0.00	持有待售的负债	53	0.00	0.00
一年内到期的非流动资产	13	1 000 000.00	0.00	一年内到期的非流动负债	54	3 000 000.00	0.00

09

续表

资产	行次	期末余额	年初余额	负债和所有者权益（或股东权益）	行次	期末余额	年初余额
其他流动资产	14	0.00	0.00	其他流动负债	55	0.00	0.00
流动资产合计	15	37 846 611.31	26 180 721.64	流动负债合计	56	40 705 153.55	27 428 805.20
非流动资产：	16			非流动负债：	57		
债权投资	17	1 000 000.00	2 000 000.00	长期借款	58	9 000 000.00	10 000 000.00
其他债权投资	18	0.00	0.00	应付债券	59	0.00	0.00
长期应收款	19	0.00	0.00	其中：优先股	60	0.00	0.00
长期股权投资	20	4 500 000.00	3 500 000.00	永续债	61	0.00	0.00
其他权益工具投资	21	0.00	0.00	租赁负债	62	0.00	0.00
其他非流动金融资产	22	0.00	0.00	长期应付款	63	0.00	0.00
投资性房地产	23	0.00	0.00	预计负债	64	0.00	0.00
固定资产	24	48 372 889.61	40 343 468.58	递延收益	65	0.00	0.00
在建工程	25	3 000 000.00	6 698 300.00	递延所得税负债	66	0.00	0.00
生产性生物资产	26	0.00	0.00	其他非流动负债	67	0.00	0.00
油气资产	27	0.00	0.00	非流动负债合计	68	9 000 000.00	10 000 000.00
使用权资产	28	0.00	0.00	负债合计	69	49 705 153.55	37 428 805.20
无形资产	29	2 568 960.00	3 211 200.00	所有者权益（或股东权益）：	70		
开发支出	30	0.00	0.00	实收资本（或股本）	71	30 000 000.00	30 000 000.00
商誉	31	0.00	0.00	其他权益工具	72	0.00	0.00
长期待摊费用	32	399 168.00	498 960.00	其中：优先股	73	0.00	0.00
递延所得税资产	33	0.00	0.00	永续债	74	0.00	0.00
其他非流动资产	34	0.00	0.00	资本公积	75	0.00	0.00
非流动资产合计	35	59 841 017.61	56 251 928.58	减：库存股	76	0.00	0.00
	36			其他综合收益	77	0.00	0.00
	37			专项储备	78	0.00	0.00
	38			盈余公积	79	10 207 863.04	9 650 000.00
	39			未分配利润	80	7 774 612.33	5 353 845.02
	40			所有者权益合计	81	47 982 475.37	45 003 845.02
资产总计	41	97 687 628.92	82 432 650.22	负债和所有者权益（或股东权益）总计	82	97 687 628.92	82 432 650.22

报表项目的重分类

任务小结 ↓

（一）资产负债表又叫财务状况表，它是反映企业在某一特定日期财务状况的报表。

（二）资产负债表一般由表头和表体两部分组成。表头部分列明报表名称、编制单位名称、报表日、报表编号及计量单位；表体部分是资产负债表的主体，列示用以说明企业财务状况的各个项目。

（三）我国企业的资产负债表采用账户式，左方列示资产项目，资产项目按资产流动性强弱排列；右方列示负债和所有者权益项目，负债项目按负债偿还时间的长短排列。所有者权益项目按资本的永久性高低排列。

（四）资产负债表"年初余额"栏内各项数字应根据上年年末资产负债表的"期末余额"栏内数字填列。

（五）资产负债表"期末余额"栏的填列方法主要有以下几种：（1）根据总账账户的期末余额直接填列；（2）根据几个总账账户期末余额合计填列；（3）根据明细账账户期末余额计算填列；（4）根据总账账户和

所属明细账账户期末余额分析计算填列；（5）根据总账账户期末余额减去其备抵账户期末余额后的净额填列；（6）综合运用上述两种或两种以上方法填列。

（六）资产负债表中的"未分配利润"与利润表中的"净利润"存在一定的勾稽关系。

任务训练

任务训练 54　练习资产负债表的编制

资料：珠江公司 2022 年 12 月 31 日账户余额表如表 9-8 所示。

表 9-8　　　　　　　　　　　　　　账户余额表　　　　　　　　　　　　单位：元

账户名称	期末余额		备注
	借方余额	贷方余额	
库存现金	36 502.00		
银行存款	7 997 998.00		
其他货币资金	35 000.00		
应收票据	2 659 800.00		
应收账款	7 784 455.00		
其中：明细账账户余额合计	9 793 775.00	2 009 320.00	
坏账准备		524 775.00	均为应收账款计提的坏账准备
预付账款	1 925 640.00		
其中：明细账账户余额合计	3 226 900.00	1 301 260.00	
其他应收款	356 980.00		
原材料	7 984 800.00		
库存商品	3 193 920.00		
生产成本	4 790 880.00		
债权投资	2 500 000.00		其中 100 万元将于 1 年内到期
长期股权投资	4 500 000.00		
固定资产	68 123 120.81		
累计折旧		21 154 922.08	
无形资产	3 211 200.00		
累计摊销		1 284 480.00	
长期待摊费用	299 376.00		
短期借款		5 000 000.00	
应付票据		4 500 000.00	
应付账款		6 400 000.00	
其中：明细账账户余额合计	1 258 900.00	7 658 900.00	
预收账款		8 600 000.00	
其中：明细账账户余额合计	1 226 500.00	9 826 500.00	
应付职工薪酬		726 950.00	
应付利息		20 833.56	
应付股利		2 800 000.00	
应交税费		569 800.00	
其他应付款		2 296 160.00	
长期借款		10 500 000.00	其中：400 万元将于 1 年内到期
实收资本		30 000 000.00	
盈余公积		10 856 438.95	
利润分配		10 165 312.22	

要求：编制珠江公司 2022 年 12 月 31 日的资产负债表，年初余额如表 9-7 所示。

任务三　现金流量表编制

任务导言 ↓

　　编制现金流量表是每一个企业财务人员必须完成的一项工作。可以说，现金流量表是财务会计教学中最难的内容，现金流量表为什么这么难呢？原因在于：我们设置的会计科目都是用来核算企业财务状况和经营成果的，并不核算现金流量。资产负债表和利润表可以根据账户记录的结果来编制，比较容易；而现金流量表就无法利用账户记录的结果直接填制。虽然很多财务软件同时具有单独核算现金流量的功能，就是在处理每一笔涉及现金业务的同时，确认该现金流量的类型及其金额，但其工作量非常大，也没有会计法规硬性规定企业在日常工作中专门核算现金流量。所以，一般只能根据资产负债表、利润表的数据以及有关账户的记录来推算现金流量表各个项目的金额。

　　编制现金流量表，没有任何捷径或窍门可寻。教学中，让学生完全理解和掌握现金流量表的编制有点困难。本任务只讲分析填列法，尽可能地给出现金流量表各个项目的推算公式或分析方法。学生只要大致懂得现金流量表的结构以及表内、表间的数据勾稽关系就可以了，至于各项目为何如此推算，只能有待在日后的学习或工作中慢慢领悟了。

知识准备 ↓

一、现金流量表相关知识

（一）现金流量表的含义与作用

　　现金流量表是反映企业在一定会计期间现金和现金等价物流入和流出的报表。这里的现金是指广义的现金，泛指随时可以用于支付的货币资金。现金等价物是指企业持有的期限短、流动性强、易于转换为已知金额现金、价值变动风险很小的投资。

　　现金流量表是以现金为基础编制的财务状况变动表，它以收付实现制为原则编制，将权责发生制下的盈利信息调整为收付实现制下的现金流量信息。通过现金流量表，报表使用者能够了解企业现金流量的影响因素，评价企业的支付能力、偿债能力和现金周转能力，预测企业未来现金流量，为其决策提供依据。

（二）现金流量表的结构与内容

　　现金流量表由正表和补充资料两部分构成（表头除外，其内容与利润表、资产负债表相同）。

　　正表项目将现金流量分为三类：经营活动产生的现金流量、投资活动产生的现金流量和筹资活动产生的现金流量。正表采用直接法编制，即通过现金收入和现金支出的主要类别列示经营活动的现金流量。采用直接法编制经营活动的现金流量时，一般以利润表中的营业收入为起算点，调整与经营活动有关项目的增减变动，然后计算出经营活动的现金流量。

　　补充资料项目由三个部分组成：一是"将净利润调节为经营活动现金流量"；二是"不涉及现金收支的重大投资和筹资活动"；三是"现金及现金等价物净变动情况"。补充资料则采用间接法编制，即以利润表中的"净利润"为起算点，来计算经营活动产生的现金流量，对不涉及现金收付的业务和非经营活动业务进行剔除。一般企业现金流量表格式如表9-9、表9-10所示。

（三）现金流量表与资产负债表、利润表的勾稽关系

（1）补充资料中的"现金的期末余额"=资产负债表中"货币资金"项目的期末余额；

（2）补充资料中的"现金的期初余额"=资产负债表中"货币资金"项目的年初余额；

（3）补充资料中的"现金等价物的期末余额"=资产负债表中"交易性金融资产"项目的期末余额；

（4）补充资料中的"现金等价物的期初余额"=资产负债表中"交易性金融资产"项目的年初余额；

（5）补充资料中的"净利润"=利润表中的"净利润"。

二、现金流量表编制方法（以《企业会计准则》报表为例）

（一）"上期金额"栏的填列

现金流量表的"上期金额"栏数据根据上年度现金流量表的"本期金额"栏数据填列。

（二）"本期金额"栏的填列

1. 主表项目内容及填列方法

（1）"销售商品、提供劳务收到的现金"项目，反映企业销售商品、材料、提供劳务实际收到的现金（含增值税销项税额），包括本期销售商品、提供劳务收到的现金，以及前期销售商品、提供劳务本期收到的现金和本期预收的款项，减去本期退回商品支付的现金（包括退回本期销售和前期销售的商品）。本项目数据可按下列公式计算确定：

销售商品、提供劳务收到的现金=营业收入+本期销项税额+应收账款（期初-期末）+应收票据（期初-期末）+预收账款（期末-期初）-当期计提的坏账准备-财务费用中的票据贴现和现金折扣

（2）"收到的税费返还"项目，反映企业实际收到返还的各种税费，如收到的增值税、消费税、所得税、城市维护建设税、教育费附加返还等。本项目的业务事项比较少，可根据"库存现金""银行存款""税金及附加""营业外收入"等账户的记录分析填列。

（3）"收到的其他与经营活动有关的现金"项目，反映企业除了上述各项现金流入外，收到的其他与经营活动有关的现金流入，如罚款收入、流动资产损失中由个人赔偿的现金收入、收到的押金等。本项目数据可按下列方法分析计算确定：

收到的其他与经营活动有关的现金=营业外收入+补贴收入+其他应收款（期初-期末>0时）+其他应付款（期末-期初>0时）-营业外收入/出售固定资产收益-营业外收入/处置固定资产净收益+财务费用/利息收入

（4）"购买商品、接受劳务支付的现金"项目，反映企业购买材料、商品、接受劳务实际支付的现金（含增值税进项税额），包括本期购入材料、商品、接受劳务实际支付的现金，以及本期支付前期购入商品、接受劳务的应付款项和本期预付款项。本期发生的购货退回收到的现金应从本项目内减去。本项目数据可按下列公式计算确定：

购买商品、接受劳务支付的现金=营业成本+本期进项税额-进项税额转出+存货（期末-期初）+应付账款（期初-期末）+应付票据（期初-期末）+预付账款（期末-期初）+计提的存货跌价准备-生产成本中的职工薪酬-营业成本（制造费用）中的职工薪酬、折旧费、无形资产摊销、长期待摊费用摊销-购置固定资产、无形资产和其他长期资产以及办公用品等支付的进项税额

（5）"支付给职工以及为职工支付的现金"项目，反映企业实际支付给职工，以及为职工支付的现金，包括本期实际支付给职工的工资、奖金、各种津贴和补贴等，以及为职工支付的其他费用。企业代扣代缴的职工个人所得税也在本项目反映。本项目数据可按下列方法计算确定：

支付给职工以及为职工支付的现金=应付职工薪酬（期初-期末）+营业成本、制造费用、生产成本、销售费用、管理费用中的职工薪酬

（6）"支付的各项税费"项目，反映企业按规定支付的各种税费，包括本期发生并支付的税费，以及本期支付以前各期发生的税费和预缴的税金。包括增值税、消费税、资源税、土地增值税、企业所得税、城市维护建设税、房产税、土地使用税、车船税、印花税、教育费附加等。不包括计入固定资产价值的耕地占用税，也不包括退回的增值税、所得税等。本项目数据可按下列方法计算确定：

支付的各项税费=应交税费（期初-期末）+税金及附加+所得税费用+销项税额-进项税额+进项税额转出+
递延所得税资产（期末-期初）+递延所得税负债（期初-期末）

（7）"支付其他与经营活动有关的现金"项目，反映企业除上述各项目外，支付的其他与经营活动有关的现金流出，如罚款、差旅费、业务招待费、广告费、保险费等现金支出。本项目现金支出对应的账户是销售费用、管理费用、财务费用/手续费、营业外支出等，可根据这些账户的发生额分析计算填列。还有一个简便倒挤的方法：将现金流量表正表的其他各项目的数据确定下来，根据正表和补充资料的"现金及现金等价物净增加额"相等的关系，最后求出"支付的其他与经营活动有关的现金"数额。

（8）"收回投资收到的现金"项目，反映企业出售、转让或到期收回除现金等价物以外的短期投资、长期股权投资、债权投资等而收到的现金。本项目数据可按下列方法计算确定：

收回投资收到的现金=短期投资贷方发生额+长期股权投资（成本法）贷方发生额+债权投资贷方发生额

（9）"取得投资收益收到的现金"项目，反映企业除现金等价物以外的对其他企业的交易性金融资产、长期股权投资、债权投资等分回的现金股利和利息等。本项目可直接根据"银行存款""库存现金"账户的借方发生额分析确定。也可按下列方法计算确定：

取得投资收益收到的现金=投资收益（>0时）+应收股利（期初-期末）+应收利息（期初-期末）-权益法
计提的投资收益

（10）"处置固定资产、无形资产和其他长期资产收回的现金净额"项目，反映企业处置固定资产、无形资产和其他长期资产所取得的现金，减去为处置这些资产而支付的有关费用后的净额。本项目涉及的业务一般不多，可根据"固定资产清理"及"银行存款"等账户的记录分析确定。

（11）"处置子公司及其他营业单位收到的现金净额"项目，反映企业处置子公司及其他营业单位所取得的现金，减去相关处置费用以及子公司及其他营业单位持有的现金和现金等价物后的净额。本项目可根据"长期股权投资"及"银行存款"等账户的记录分析确定。

（12）"收到其他与投资活动有关的现金"项目，反映企业除了上述各项以外，收到的其他与投资活动有关的现金流入。如收回购买股票和债券时支付的已宣告但尚未领取的现金股利或已到付息期但尚未领取的债券的利息。本项目可根据"应收股利"和"应收利息"账户的贷方发生额确定。

（13）"购建固定资产、无形资产和其他长期资产支付的现金"项目，反映企业购买、建造固定资产，取得无形资产和其他长期资产所支付的现金（含增值税税款）。本项目数据可按下列方法计算确定：

购建固定资产、无形资产和其他长期资产所支付的现金=固定资产借方发生额+在建工程借方发生额+
无形资产借方发生额+投资性房地产借方发生额+
长期待摊费用借方发生额（如果上述账户借方
发生额对应的不是货币资金账户，则应将其
发生额从中减去）+购置固定资产、无形资产
和其他长期资产所支付的进项税额

（14）"投资支付的现金"项目，反映企业取得除现金等价物以外的对其他企业股权投资、债权投资所支付的现金，以及支付的佣金、手续费等交易费用。本项目数据可按下列方法计算确定：

投资所支付的现金=交易性金融资产（短期投资）借方发生额+长期股权投资借方发生额+债权投资借方
发生额-长期股权投资权益法计提的借方发生额

（15）"取得子公司及其他营业单位支付的现金净额"项目，反映企业购买子公司及其他营业单位以现金支付的部分，减去子公司及其他营业单位持有的现金和现金等价物后的净额。本项目可根据"长期股权投资""银行存款"等账户的记录分析确定。

（16）"支付其他与投资活动有关的现金"项目，反映企业除了上述各项以外，支付的其他与投资活动有关的现金流出。如企业购买股票和债券时，实际支付的价款中包含的已宣告但尚未领取的现金股利或已到付息期但尚未领取的债券的利息。本项目可根据"应收利息"和"应收股利"账户的借方发生额分析确定。

（17）"吸收投资收到的现金"项目，反映企业收到的投资者投入的现金。本项目可根据实收资本、资

本公积账户分析确定。

（18）"取得借款收到的现金"项目，反映企业举借各种短期、长期借款所收到的现金。本项目数据可按下列方法计算确定：

取得借款收到的现金=短期借款贷方发生额+长期借款贷方发生额+应付债券贷方发生额

（19）"收到其他与筹资活动有关的现金"项目，反映企业除上述各项目外，收到的其他与筹资活动有关的现金流入，如接受现金捐赠等。本项目数据可以根据营业外收入、银行存款等账户分析确定。

（20）"偿还债务支付的现金"项目，反映企业以现金偿还债务的本金，包括偿还金融企业的借款本金和偿还债券本金等。本项目数据可按下列方法计算确定：

偿还债务支付的现金=短期借款借方发生额+长期借款借方发生额+应付债券借方发生额

（21）"分配股利、利润或偿付利息支付的现金"项目，反映企业实际支付的现金股利，支付给其他投资单位的利润以及支付的借款利息、债券利息等。本项目数据可按下列方法计算确定：

分配股利、利润或偿付利息所支付的现金=应付股利（期初−期末）+利润分配/分配现金股利+应付利息（期初−期末）+财务费用/利息支出

（22）"支付其他与筹资活动有关的现金"项目，反映企业除了上述各项外，支付的其他与筹资活动有关的现金流出，如捐赠现金支出、融资租入固定资产支付的租赁费等。本项目的数据可以根据营业外支出、银行存款、库存现金等账户的记录分析确定。

（23）"汇率变动对现金及现金等价物的影响"项目，反映企业外币现金流量及境外子公司的现金流量折算为人民币时，所采用的现金流量发生日的汇率或平均汇率折算的人民币金额与"现金及现金等价物净增加额"中外币现金净增加额按期末汇率折算的人民币金额之间的差额。本项目可根据外币"银行存款"和外币"库存现金"账户年末调整汇率的记录填列。调汇记录如果为借记"银行存款/某外币账户""库存现金/某外币现金"，则本项目以正数填列，调汇记录如果为贷记"银行存款/某外币账户""库存现金/某外币现金"，则本项目以负数填列。

2. 补充资料项目内容及填列方法

现金流量表的补充资料部分是以净利润为基础，推算出经营活动产生的现金流量净额。净利润是按照权责发生制原则核算的结果，并且净利润不仅是经营活动的成果，也包括投资活动和筹资活动的成果。所以，把净利润调整为经营活动的现金流量净额，要剔除两个方面的影响：一是剔除经营活动中形成净利润但不产生现金流量的影响；二是剔除非经营活动（投资活动和筹资活动）对净利润的影响。补充资料项目填列方法说明如下。

（1）"净利润"项目。本项目直接根据利润表中的"净利润"填列。

（2）"资产减值准备"项目，反映企业本期实际计提的各项资产的减值准备。本项目数据可直接根据利润表中的"资产减值损失""信用减值损失"项目数据确定。

（3）"固定资产折旧、油气资产折耗、生产性生物资产折旧"项目，反映企业本期累计提取的固定资产折旧、油气资产折耗、生产性生物资产折旧。本项目可根据"累计折旧""累计折耗"等账户贷方发生额分析确定。在没有固定资产减少的情况下，本项目可按"累计折旧"账户（期末−期初）确定。

（4）"无形资产摊销"项目，反映企业本期累计摊入成本费用的无形资产价值。本项目可根据"累计摊销"账户货方发生额分析确定。在没有无形资产减少的情况下，本项目可按"累计摊销"账户（期末−期初）确定。

（5）"长期待摊费用摊销"项目，反映企业本期累计摊入成本费用的长期待摊费用。本项目可根据"长期待摊费用"账户贷方发生额分析确定。在没有长期待摊费用增加的情况下，本项目可按"长期待摊费用"账户（期末−期初）确定。

（6）"处置固定资产、无形资产和其他长期资产的损失"项目，反映企业本期处置固定资产、无形资产和其他长期资产而发生的净损失。本项目可根据"资产处置损益""营业外支出""营业外收入"账户的发生额分析填列。

09

（7）"固定资产报废损失"项目，反映企业本期固定资产盘亏净损失。本项目可以根据"营业外支出""营业外收入"的发生额分析填列。

（8）"公允价值变动损失"项目，反映企业持有的交易性金融资产、交易性金融负债、采用公允价值模式计量的投资性房地产等公允价值变动形成的净损失。本项目可根据利润表中的"公允价值变动收益"项目的数据直接确定。

（9）"财务费用"项目，反映企业本期发生的属于筹资活动的财务费用。本项目可以根据"财务费用/利息支出"的发生额确定。

（10）"投资损失"项目，反映企业对外投资实际发生的投资损失减去收益后的净损失。本项目可直接根据利润表中的"投资收益"项目数据确定。如为投资收益，以"-"号填列。

（11）"递延所得税资产减少"项目，反映企业本期递延所得税资产的净减少。本项目可按"递延所得税资产"账户（期初-期末）确定。

（12）"递延所得税负债增加"项目，反映企业本期递延所得税负债的净增加。本项目可按"递延所得税负债"账户（期末-期初）确定。

（13）"存货的减少"项目，反映企业本期存货的减少。本项目可按资产负债表存货项目（期初-期末）确定。

（14）"经营性应收项目的减少"项目，反映企业本期经营性应收项目的减少。经营性应收项目包括应收账款、应收票据、预付账款及长期应收款、其他应收款中与经营活动有关的部分。一般情况下，本项目可按下列方法确定：

经营性应收项目的减少=应收票据（期初-期末）+应收账款（期初-期末）+预付账款（期初-期末）+长期应收款（期初-期末）+其他应收款（期初-期末）-坏账准备贷方余额

（注意：长期应收款和其他应收款中如果有非经营性的，应剔除。）

（15）"经营性应付项目的增加"项目，反映企业本期经营性应付项目的增加。经营性应付项目包括应付账款、应付票据、预收账款、应付职工薪酬、应交税费及其他应付款中与经营活动有关的部分。一般情况下，本项目可按下列方法确定：

经营性应付项目的增加=应付票据（期末-期初）+应付账款（期末-期初）+预收账款（期末-期初）+应付职工薪酬（期末-期初）+应交税费（期末-期初）+其他应付款（期末-期初）

（注意：其他应付款中如有不属于经营活动的，应当剔除。）

（16）"其他"项目，反映不属于上述项目应对净利润进行调整的数额。本项目没有具体内容，可作为调节平衡来进行处理。

业务处理（现金流量表编制举例） ↓

【例9-3】珠江公司2021年度利润表及年末资产负债表如表9-4、表9-7所示。有关账户资料如下。

（1）"应交税费——应交增值税"账户记录的全年销项税额为8 885 012.08元，全年进项税额为6 230 316.75元。

（2）"短期借款"贷方发生额为6 000 000元，借方发生额为4 500 000元；"长期借款"贷方发生额为2 000 000元。

（3）"生产成本"中，"直接人工"发生额为10 831 681.71元。

（4）"制造费用"中，折旧费为3 523 752.70元，职工薪酬费用为1 058 114.59元。

（5）"管理费用"中，职工薪酬费用为4 820 787.63元，无形资产摊销642 240元。

（6）"财务费用"中，利息支出为1 038 265.25元，利息收入为9 873.68元，手续费为28 178.29元。

（7）"信用减值损失"全部为计提的坏账准备。

（8）全年共计计提固定资产折旧费4 404 690.88元。

（9）"固定资产"账户借方发生额为12 434 111.91元；"在建工程""无形资产""长期待摊费用"等账户借方发生额均为0。

（10）长期股权投资采用成本法核算，"长期股权投资"账户借方发生额为 1 000 000 元。

（11）应付股利年初数为 0，期末数为 2 600 000 元。

（12）利润分配/分配现金股利 2 600 000 元。

（13）应付利息年初数为 69 750 元，期末数为 77 559.68 元。

（14）其他应收款与其他应付款均为经营性款项。

根据上述资料，编制现金流量表如表9-9和表9-10所示。

表 9-9

现金流量表
2021 年度

会企 03 表

单位：元

编制单位：珠江公司

项目	行次	本期金额	上期金额
一、经营活动产生的现金流量：	1		
销售商品、提供劳务收到的现金	2	72 731 283.58	0.00
收到的税费返还	3	0.00	0.00
收到其他与经营活动有关的现金	4	711 548.74	0.00
经营活动现金流入小计	5	73 442 832.32	0.00
购买商品、接受劳务支付的现金	6	37 583 983.82	0.00
支付给职工以及为职工支付的现金	7	16 607 188.93	0.00
支付的各项税费	8	4 752 822.57	0.00
支付其他与经营活动有关的现金	9	2 140 315.48	0.00
经营活动现金流出小计	10	61 084 310.80	0.00
经营活动产生的现金流量净额	11	12 358 521.52	0.00
二、投资活动产生的现金流量：	12		
收回投资收到的现金	13	0.00	0.00
取得投资收益收到的现金	14	212 320.00	0.00
处置固定资产、无形资产和其他长期资产收回的现金净额	15	0.00	0.00
处置子公司及其他营业单位收到的现金净额	16	0.00	0.00
收到其他与投资活动有关的现金	17	0.00	0.00
投资活动现金流入小计	18	212 320.00	0.00
购建固定资产、无形资产和其他长期资产支付的现金	19	12 434 111.91	0.00
投资支付的现金	20	1 000 000.00	0.00
取得子公司及其他营业单位支付的现金净额	21	0.00	0.00
支付其他与投资活动有关的现金	22	0.00	0.00
投资活动现金流出小计	23	13 434 111.91	0.00
投资活动产生的现金流量净额	24	-13 221 791.91	0.00
三、筹资活动产生的现金流量：	25		
吸收投资收到的现金	26	0.00	0.00
取得借款收到的现金	27	8 000 000.00	0.00
收到其他与筹资活动有关的现金	28	0.00	0.00
筹资活动现金流入小计	29	8 000 000.00	0.00
偿还债务支付的现金	30	4 500 000.00	0.00
分配股利、利润或偿付利息支付的现金	31	1 030 455.57	0.00
支付其他与筹资活动有关的现金	32	0.00	0.00
筹资活动现金流出小计	33	5 530 455.57	0.00
筹资活动产生的现金流量净额	34	2 469 544.43	0.00
四、汇率变动对现金及现金等价物的影响	35	0.00	0.00
五、现金及现金等价物净增加额	36	1 606 274.04	0.00
加：期初现金及现金等价物余额	37	4 959 620.52	0.00
六、期末现金及现金等价物余额	38	6 565 894.56	0.00

09

表 9-10　　　　　　　　　　现金流量表（续）

一、补充资料			
项目	行次	本期金额	上期金额
1. 将净利润调节为经营活动现金流量：	39		
净利润	40	5 578 630.35	0.00
加：资产减值准备	41	168 138.22	0.00
固定资产折旧、油气资产折耗、生产性生物资产折旧	42	4 404 690.88	0.00
无形资产摊销	43	642 240.00	0.00
长期待摊费用摊销	44	99 792.00	0.00
处置固定资产、无形资产和其他长期资产的损失（收益以"-"号填列）	45	0.00	0.00
固定资产报废损失（收益以"-"号填列）	46	0.00	0.00
公允价值变动损失（收益以"-"号填列）	47	0.00	0.00
财务费用（收益以"-"号填列）	48	1 038 265.25	0.00
投资损失（收益以"-"号填列）	49	-212 320.00	0.00
递延所得税资产减少（增加以"-"号填列）	50	0.00	0.00
递延所得税负债增加（减少以"-"号填列）	51	0.00	0.00
存货的减少（增加以"-"号填列）	52	-2 425 197.80	0.00
经营性应收项目的减少（增加以"-"号填列）	53	-6 634 417.83	0.00
经营性应付项目的增加（减少以"-"号填列）	54	6 168 538.67	0.00
其他	55	3 530 161.78	0.00
经营活动产生的现金流量净额	56	12 358 521.52	0.00
2. 不涉及现金收支的重大投资和筹资活动：	57		0.00
债务转为资本	58	0.00	0.00
一年内到期的可转换公司债券	59	0.00	0.00
融资租入固定资产	60	0.00	0.00
3. 现金及现金等价物净变动情况：	61		0.00
现金的期末余额	62	6 565 894.56	0.00
减：现金的期初余额	63	4 959 620.52	0.00
加：现金等价物的期末余额	64	0.00	0.00
减：现金等价物的期初余额	65	0.00	0.00
现金及现金等价物净增加额	66	1 606 274.04	0.00
二、现金及现金等价物			
项目	行次	本期金额	上期金额
一、现金	67	6 565 894.56	0.00
其中：库存现金	68	20 356.00	0.00
可随时用于支付的银行存款	69	6 513 538.56	0.00
可随时用于支付的其他货币资金	70	32 000.00	0.00
存放同业款项	71	0.00	0.00
拆放同业款项	72	0.00	0.00
二、现金等价物	73	0.00	0.00
其中：三个月内到期的债券投资	74	0.00	0.00
三、期末现金及现金等价物余额	75	6 565 894.56	0.00
其中：母公司或集团内子公司使用受到限制的现金及现金等价物	76	0.00	0.00

主要项目计算说明如下。

（1）销售商品、提供劳务收到的现金=营业收入 68 346 246.76+应收票据（期初-期末）-3 356 870+应收账款（期初-期末）-3 194 626.29+预收账款（期末-期初）2 219 659.25+销项税额 8 885 012.08-计提的坏账准备 168 138.22=72 731 283.58（元）。

（2）收到其他与经营活动有关的现金=营业外收入 182 530+其他应收款（期初-期末）519 145.06+财务费用/利息收入 9 873.68=711 548.74（元）。

（3）购买商品、接受劳务支付的现金=营业成本 47 862 961.22+存货（期末-期初）2 425 197.80+应付票据（期初-期末）-1 410 530+应付账款（期初-期末）-2 712 479.55+预付账款（期末-期初）602 066.60+进项税额 6 230 316.75-生产成本/直接人工费 10 831 681.71-制造费用/职工薪酬 1 058 114.59-制造费用/折旧费 3 523 752.70=37 583 983.82（元）。

（4）支付给职工以及为职工支付的现金=制造费用/职工薪酬 1 058 114.59+生产成本/直接人工 10 831 681.71+管理费用/职工薪酬 4 820 787.63+应付职工薪酬（期初-期末）-103 395=16 607 188.93（元）。

（5）支付的各项税费=税金及附加 262 449.59+所得税费用 1 915 589.52+应交税费（期初-期末）-79 911.87+增值税（销项-进项）2 654 695.33=4 752 822.57（元）。

（6）支付其他与经营活动有关的现金，待主表其他项目数据确定之后，最后采用倒挤的方法推算出本项目金额。

（7）取得投资收益收到的现金=投资收益 212 320 元。

（8）购建固定资产、无形资产和其他长期资产支付的现金=固定资产账户借方发生额 12 434 111.91 元。

（9）投资收到的现金=长期股权投资借方发生额 1 000 000 元。

（10）取得借款收到的现金=短期借款贷方发生额 6 000 000 元+长期借款贷方发生额 2 000 000 元。

（11）偿还债务支付的现金=短期借款借方发生额 4 500 000 元。

（12）分配股利、利润或偿付利息所支付的现金=应付股利（期初-期末）-2 600 000+利润分配/分配现金股利 2 600 000+应付利息（期初-期末）7 809.68+财务费用/利息支出 1 038 265.25=1 030 455.57（元）。

任务小结　↓

（一）现金流量表是反映企业在一定会计期间现金和现金等价物流入和流出的报表。现金流量表是以现金为基础编制的财务状况变动表，它以收付实现制为原则编制，将权责发生制下的盈利信息调整为收付实现制下的现金流量信息。

（二）现金流量表由正表和补充资料两部分构成。正表项目将现金流量分为三类：经营活动产生的现金流量、投资活动产生的现金流量和筹资活动产生的现金流量。补充资料项目由三个部分组成：一是"将净利润调节为经营活动现金流量"；二是"不涉及现金收支的投资和筹资活动"；三是"现金及现金等价物净变动情况"。

（三）现金流量表的"上期金额"栏数据根据上年度现金流量表的"本期金额"栏数据填列。现金流量表的"本期金额"栏数据一般根据资产负债表、利润表以及有关账户记录分析推算填列。

任务训练　↓

任务训练 55　练习现金流量表的编制

资料：南山公司 2021 年度资产负债表、利润表如表 9-11 和表 9-12 所示。

表 9-11
资产负债表
2021 年 12 月 31 日

编制单位：南山公司　　　　　　　　　　　　　　　　　　　　　　　　　　　　　　　　　　　　　单位：元

资产	期末余额	期初余额	负债和所有者权益（或股东权益）	期末余额	期初余额
流动资产：			流动负债：		
货币资金	12 798 019.00	0.00	短期借款	3 000 000.00	0.00
交易性金融资产	0.00	0.00	交易性金融负债	0.00	0.00

续表

资产	期末余额	期初余额	负债和所有者权益（或股东权益）	期末余额	期初余额
衍生金融资产	0.00	0.00	衍生金融负债	0.00	0.00
应收票据	3 000 000.00	0.00	应付票据	6 000 000.00	0.00
应收账款	8 550 000.00	0.00	应付账款	5 000 000.00	0.00
应收款项融资	0.00	0.00	预收款项	0.00	0.00
预付款项	0.00	0.00	合同负债	0.00	0.00
其他应收款	0.00	0.00	应付职工薪酬	58 000.00	0.00
存货	7 667 500.00	0.00	应交税费	192 077.63	0.00
合同资产	0.00	0.00	其他应付款	520 833.00	0.00
持有待售资产	0.00	0.00	持有待售负债	0.00	0.00
一年内到期的非流动资产	0.00	0.00	一年内到期的非流动负债	0.00	0.00
其他流动资产	0.00	0.00	其他流动负债	0.00	0.00
流动资产合计	32 015 519.00	0.00	流动负债合计	14 770 910.63	0.00
非流动资产：			非流动负债：		
债权投资	0.00	0.00	长期借款	2 000 000.00	0.00
其他债权投资	0.00	0.00	应付债券	0.00	0.00
长期应收款	0.00	0.00	其中：优先股	0.00	0.00
长期股权投资	6 000 000.00	0.00	永续债	0.00	0.00
其他权益工具投资	0.00	0.00	租赁负债	0.00	0.00
其他非流动金融资产	0.00	0.00	长期应付款	0.00	0.00
投资性房地产	0.00	0.00	预计负债	0.00	0.00
固定资产	9 000 000.00	0.00	递延收益	0.00	0.00
在建工程	0.00	0.00	递延所得税负债	0.00	0.00
生产性生物资产	0.00	0.00	其他非流动负债	0.00	0.00
油气资产	0.00	0.00	非流动负债合计	2 000 000.00	0.00
使用权资产	0.00	0.00	负债合计	16 770 910.63	0.00
无形资产	800 000.00	0.00	所有者权益（或股东权益）：		
开发支出	0.00	0.00	实收资本（或股本）	30 000 000.00	0.00
商誉	0.00	0.00	其他权益工具	0.00	0.00
长期待摊费用	1 600 000.00	0.00	其中：优先股	0.00	0.00
递延所得税资产	0.00	0.00	永续债	0.00	0.00
其他非流动资产	0.00	0.00	资本公积	0.00	0.00
非流动资产合计	17 400 000.00	0.00	减：库存股	0.00	0.00
			其他综合收益	0.00	0.00
			专项储备	0.00	0.00
			盈余公积	414 460.84	0.00
			未分配利润	2 230 147.53	0.00
			所有者权益（或股东权益）合计	32 644 608.37	0.00
资产总计	49 415 519.00	0.00	负债和所有者权益（或股东权益）总计	49 415 519.00	0.00

表 9-12

利润表

2021 年度

会企 02 表

编制单位：南山公司

单位：元

项目	行次	本期金额	上期金额
一、营业收入	1	37 836 250.00	0.00
减：营业成本	2	26 207 500.00	0.00
税金及附加	3	38 845.51	0.00
销售费用	4	2 260 000.00	0.00
管理费用	5	3 125 000.00	0.00
研发费用	6	0.00	0.00
财务费用	7	248 760.00	0.00
其中：利息费用	8	250 000.00	0.00
利息收入	9	3 920.00	0.00
加：其他收益	10	0.00	0.00
投资收益（损失以"-"号填列）	11	0.00	0.00
其中：对联营企业和合营企业的投资收益	12	0.00	0.00
以摊余成本计量的金融资产终止确认收益（损失以"-"号填列）	13	0.00	0.00
净敞口套期收益（损失以"-"号填列）	14	0.00	0.00
公允价值变动收益（损失以"-"号填列）	15	0.00	0.00
信用减值损失（损失以"-"号填列）	16	-450 000.00	0.00
资产减值损失（损失以"-"号填列）	17	0.00	0.00
资产处置收益（损失以"-"号填列）	18	0.00	0.00
二、营业利润（亏损以"-"号填列）	19	5 506 144.49	0.00
加：营业外收入	20	50 000.00	0.00
减：营业外支出	21	30 000.00	0.00
三、利润总额（亏损总额以"-"号填列）	22	5 526 144.49	0.00
减：所得税费用	23	1 381 536.12	0.00
四、净利润（净亏损以"-"号填列）	24	4 144 608.37	0.00
（一）持续经营净利润（净亏损以"-"号填列）	25	4 144 608.37	0.00
（二）终止经营净利润（净亏损以"-"号填列）	26	0.00	0.00
五、其他综合收益的税后净额	27	0.00	0.00
（一）不能重分类进损益的其他综合收益	28	0.00	0.00
1. 重新计量设定受益计划变动额	29	0.00	0.00
2. 权益法下不能转损益的其他综合收益	30	0.00	0.00
3. 其他权益工具投资公允价值变动	31	0.00	0.00
4. 企业自身信用风险公允价值变动	32	0.00	0.00
	33		
（二）将重分类进损益的其他综合收益	34	0.00	0.00
1. 权益法下可转损益的其他综合收益	35	0.00	0.00
2. 其他债权投资公允价值变动	36	0.00	0.00
3. 金融资产重分类计入其他综合收益的金额	37	0.00	0.00
4. 其他债权投资信用减值准备	38	0.00	0.00
5. 现金流量套期储备	39	0.00	0.00
6. 外币财务报表折算差额	40	0.00	0.00
	41	0.00	0.00
六、综合收益总额	42	4 144 608.37	0.00
七、每股收益	43	0.00	0.00
（一）基本每股收益	44	0.00	0.00
（二）稀释每股收益	45	0.00	0.00

有关账户资料如下。

（1）"应交税费——应交增值税"账户记录的全年销项税额为 4 918 712.50 元，全年进项税额为 4 595 000 元。

（2）"短期借款"贷方发生额为 3 000 000 元，借方发生额为 0；"长期借款"贷方发生额为 2 000 000 元，借方发生额为 0。

（3）"生产成本"中，"直接人工"项目发生额为 6 575 000 元。

（4）"制造费用"中，折旧费为 1 000 000 元，职工薪酬费用为 400 000 元。

（5）"管理费用"中，职工薪酬费用为 1 025 000 元，无形资产摊销 200 000 元，长期待摊销 400 000 元。

（6）"财务费用"中，利息支出为 250 000 元，利息收入为 3 920 元，手续费为 2 680 元。

（7）"信用减值损失" 450 000 全部为计提的坏账准备。

（8）全年计提固定资产折旧费 1 000 000 元。"固定资产"账户借方发生额为 10 000 000 元；"无形资产"账户借方发生额为 1 000 000 元；"长期待摊费用"账户借方发生额为 2 000 000 元。

（9）"长期股权投资"账户借方发生额为 6 000 000 元。

（10）应付股利期末数为 500 000 元；应付利息期末数为 20 833 元。

（11）利润分配/分配现金股利 1 500 000 元。

（12）"坏账准备"账户贷方发生额为 450 000 元。

要求：根据上述资料编制南山公司 2021 年度现金流量表。

项目测试

一、判断题（每小题 2 分，本题 20 分）

（1）利润表是反映企业在一定会计期间经营成果的报表。利润表主要根据损益类账户的余额填列。
（　　）

（2）损益类账户的发生额可能不是真实的发生额。 （　　）

（3）资产负债表又叫财务状况表，它是反映企业在某一特定期间财务状况的报表。 （　　）

（4）资产负债表中的"未分配利润"与利润表中的"净利润"存在一定的关系。 （　　）

（5）现金流量表是反映企业在一定会计期间现金和现金等价物流入和流出的报表。 （　　）

（6）财务报表中的资产项目和负债项目的金额、收入项目和费用项目的金额不得相互抵销。 （　　）

（7）资产负债表编制平衡了，但不能说明该表一定正确。 （　　）

（8）"长期借款"项目应根据"长期借款"总账的期末余额直接填列。 （　　）

（9）年末资产负债的"未分配利润"项目期末余额应等于"利润分配"总账年末余额。 （　　）

（10）用银行存款支付应付账款属于投资活动的现金流出。 （　　）

二、单选题（每小题 3 分，本题 30 分）

（1）现金流量表的编制基础是（　　）。

    A. 权责发生制　　　　B. 收付实现制　　　　C. 永续盘存制　　　　D. 实地盘存制

（2）资产负债表和利润表的编制基础是（　　）。

    A. 权责发生制　　　　B. 收付实现制　　　　C. 永续盘存制　　　　D. 实地盘存制

（3）我国资产负债表的结构为（　　）。

    A. 报告式　　　　　　B. 账户式　　　　　　C. 单步式　　　　　　D. 多步式

（4）"应收账款"账户的明细账户如果出现贷方余额，应将其在（　　）项目填列。

    A. 应收账款　　　　　B. 预收账款　　　　　C. 应付账款　　　　　D. 预付账款

（5）下列属于静态报表的是（　　）。

    A. 资产负债表　　　　B. 利润表　　　　　　C. 现金流量表　　　　D. 所有者权益变动表

（6）在编制资产负债表时，可以根据总账账户余额直接填列的项目是（　　　）。

    A. 应收账款　　　　B. 其他应收款　　　　C. 应付职工薪酬　　　D. 预收账款

（7）下列各项不属于资产负债表"存货"项目内容的是（　　　）。

    A. 原材料　　　　　B. 周转材料　　　　　C. 生产成本　　　　　D. 工程物资

（8）下列各项不应列入利润表"营业收入"项目的是（　　　）。

    A. 销售产品收入　　B. 销售材料收入　　　C. 出租固定资产收入　D. 出售固定资产收入

（9）下列各项会引起现金流量净额发生变动的是（　　　）。

    A. 从银行提取现金　　　　　　　　　　B. 收回应收账款

    C. 生产产品领用原材料　　　　　　　　D. 计提固定资产折旧

（10）下列各项不影响企业营业利润的是（　　　）。

    A. 税金及附加　　　B. 财务费用　　　　　C. 资产减值损失　　　D. 营业外收入

三、多选题（每小题 5 分，本题 50 分）

（1）期末有余额的账户可能是（　　　）账户。

    A. 资产类　　　　　B. 负债类　　　　　　C. 所有者权益类　　　D. 损益类

（2）完整的财务报表应当包括（　　　）。

    A. 资产负债表　　　　　　　　　　　　B. 利润表

    C. 现金流量表　　　　　　　　　　　　D. 所有者权益变动表及附注

（3）下列资产负债表项目中，可以填列负数的项目有（　　　）。

    A. 应交税费　　　　B. 应付职工薪酬　　　C. 预付账款　　　　　D. 应付账款

（4）下列属于动态报表的有（　　　）。

    A. 资产负债表　　　B. 利润表　　　　　　C. 现金流量表　　　　D. 所有者权益变动表

（5）现金流量表的正表列示（　　　）活动产生的现金流量。

    A. 经营　　　　　　B. 投资　　　　　　　C. 筹资　　　　　　　D. 投机

（6）在编制资产负债表时，可以根据总账账户余额直接填列的项目有（　　　）。

    A. 交易性金融资产　B. 短期借款　　　　　C. 应交税费　　　　　D. 预收账款

（7）"销售商品、提供劳务收到的现金"项目，反映企业销售商品、材料、提供劳务实际收到的现金（含增值税销项税额），包括（　　　）。

    A. 本期销售商品、提供劳务收到的现金　　B. 前期销售商品、提供劳务本期收到的现金

    C. 本期销售商品、提供劳务预收的现金　　D. 本期销售商品、提供劳务后期收到的现金

（8）资产负债表中的"货币资金"项目，应根据（　　　）总账的期末余额合计填列。

    A. 库存现金　　　　B. 银行存款　　　　　C. 其他货币资金　　　D. 交易性金融资产

（9）"购买商品、接受劳务支付的现金"项目，反映企业购买材料、商品、接受劳务实际支付的现金（含增值税进项税额），包括（　　　）。

    A. 本期购入商品、接受劳务实际支付的现金

    B. 本期支付前期购入商品、接受劳务的应付现金

    C. 本期购入商品、接受劳务预付的现金

    D. 本期购入商品、接受劳务后期支付的现金

（10）企业需要对外报送的报表包括（　　　）。

    A. 资产负债表　　　B. 利润表　　　　　　C. 现金流量表　　　　D. 成本报表

参考文献

[1] 中华人民共和国财政部. 企业会计准则[M]. 2021 年版. 上海：立信会计出版社. 2021.

[2] 中华人民共和国财政部. 企业会计准则应用指南[M]. 2021 年版. 上海：立信会计出版社. 2021.

[3] 中华人民共和国财政部. 小企业会计准则 2011 [M]. 北京：经济科学出版社. 2011.

[4] 财政部会计资格评价中心. 初级会计实务[M]. 北京：经济科学出版社. 2020.

[5] 陈强. 企业财务会计[M]. 2 版. 北京：人民邮电出版社. 2021.

[6] 高丽萍. 财务会计实务[M]. 4 版. 北京：高等教育出版社. 2022.

[7] 梁伟祥. 税务会计[M]. 3 版. 北京：人民邮电出版社. 2020.

[8] 全国税务师职业资格考试教材编写组. 税法（Ⅰ）[M]. 北京：中国税务出版社. 2022.

[9] 全国税务师职业资格考试教材编写组. 税法（Ⅱ）[M]. 北京：中国税务出版社. 2022.